骆驼船长

梅贻琦与清华大学

金富军 著

商务印书馆
The Commercial Press
创于1897

图书在版编目(CIP)数据

骆驼船长:梅贻琦与清华大学 / 金富军著.

北京:商务印书馆,2024. -- ISBN 978-7-100-24506-7

I. K825.46

中国国家版本馆 CIP 数据核字第 2024UG5614 号

骆驼船长

梅贻琦与清华大学

金富军 著

商 务 印 书 馆 出 版

(北京王府井大街 36 号 邮政编码 100710)

商 务 印 书 馆 发 行

北京盛通印刷股份有限公司印刷

ISBN 978-7-100-24506-7

2024 年 11 月第 1 版 开本 710×1000 1/16

2024 年 11 月北京第 1 次印刷 印张 39¼

定价:170.00 元

我心目中的梅贻琦（代序）

在中国现代高等教育史上，梅贻琦是一位富有爱国情怀、极具世界眼光的著名教育家。他毕生以发展教育学术为己任，享有广泛的社会盛誉。他也是清华大学历史上任期最长的校长，为学校的稳定、建设和进步，为学校优良传统和办学风格的形成和发展，做出了卓越贡献，深受师生和校友尊崇爱戴。

北京大学校长蒋梦麟曾说梅贻琦像骆驼一样，负重前行。梅贻琦数次说过清华像一艘行驶在风雨飘摇、惊涛骇浪之中的大船，自己负驾驶责任，不应退却，不应畏缩，只能鼓起勇气，坚忍前进。本书书名"骆驼船长"即来自蒋梦麟的评价和梅贻琦的自况。

一

1915 年梅贻琦到清华任教，正处于清华筹备提升办学层次而改办大学之际。随着改办大学逐步深入，尤其是 1922 年后改办大学加速，学校教育思想与目标、管理、教职工与学生结构、教学组织等都在发生着重大变化，各类问题和矛盾也因而层出并激化。

梅贻琦谦冲自牧，与人为善，赢得中外、新老教师的共同认可。1926 年当选为教务长。1928 年代理校务，领导清华顺利过渡。1929

年任留美学生监督处监督。1931 年出任清华大学校长。

在梅贻琦出长清华之前，先后有周自齐、唐国安、周诒春、张煜全、金邦正、曹云祥、罗家伦、吴南轩任校长，颜惠庆、赵国材、严鹤龄、王文显、余日章、梅贻琦、叶企孙、翁文灏等先后代理校长或主持校务。这些校长任期有长有短、事功有大有小、声名有誉有毁，命运亦有起有伏。他们犹如接力赛选手，持续接力办好清华。1931 年，这根接力棒交到了梅贻琦手上。

梅贻琦在清华的崛起并非一路坦途，更非一蹴而就，与周诒春、赵国材、严鹤龄、王文显、张煜全、金邦正、曹云祥、余日章、罗家伦等校长或代理校长先后共事、配合，经历了从边缘到中心、中心到边缘、边缘再到中心的过程。在校务陷入困境时，得益于国民党内各方势力的妥协、外部环境的相对缓和、校内同事的鼎力支持等，梅贻琦如囊中之锥脱颖而出。而这，绝非梅贻琦刻意追求，实乃不期自至。梅贻琦出任校长，是清华之幸、国家之幸。

梅贻琦长校 17 年，忠于职守，目光长远，意志坚定，为人平和，冷静理智。他留心政事但无意政治，尊重教育规律和人才成长规律，不卷入虚耗和内斗，不提空洞的口号和不切实际的计划。在他任职期间，校务稳定，理念、制度等较为连贯。清华有基金作为稳定财源，很大程度上让他规避了作为校长必须面对的重大难题。在梅贻琦领导下，清华大学经历 1930 年代前半期快速崛起，熬过风雨如晦的南迁岁月，捱过内外交困的战后恢复时期。清华大学与梅贻琦互相成就，可谓二而一。

樊际昌说，梅贻琦"毕生的理想是教育，实现这个理想的对象是清华"。梅贻琦既像骆驼一样整日负着重责，又有舍我其谁、当仁不让的气魄和责任感、使命感。1931 年 12 月，梅贻琦在就职典礼上表示："为清华服务，乃是应尽的义务，所以只得勉力去做，但求能够尽自己的心力，为清华谋相当的发展，将来可告无罪于清华足矣。"1945 年 4 月，他对校友说："在这风雨飘摇之秋，清华正好像一个船，飘流在惊涛骇浪之中，有人正赶上驾驶它的责任，此人必不应退却，必不应畏缩，只有鼓起勇气，坚忍前进，虽然此时使人有长夜漫漫之感，但我们相信不久就要天明风定，到那时我们把这船好好地开回清华园，到那时他才能向清华的同人校友说一句'幸告无罪'……"1955 年，他对校友说："我只希望大家能有勇气去做一个最平凡的人，不要追求轰轰烈烈。"1958 年，他又对校友说："由于各人的机遇、环境和人生观点不同，看起来好像成就差别很大，其实向远一点看，并没有什么大的差别，赤子之心必须保留，凡是能做的和应当做的，好好去做就行了！"话虽平淡重逾千斤，于无声处听惊雷。他不追求轰轰烈烈，最终却在历史上留下了浓墨重彩的一笔。

梅贻琦自幼熟读经史，深受传统熏陶。在他去世后，治丧委员会称他为"粹然儒者"。他一生行谊体现了中国传统推崇的君子之风、中和之美。但不仅于此，正如马约翰所说，"梅先生不但是一个真君子，而且是一个中西合璧的真君子，他一切的举措态度，是具备中西人的优美部分"。

梅贻琦留学时皈依基督教，在他看来，"宗教是研究生活之意义的，科学是研究生活之方法的，二者可以相辅，不必相妨"。1920年，梅贻琦翻译乐灵生的《基督教与社会生活》。乐灵生歌颂耶稣"度量宽大，无恐惧的心，有纯全的爱，并且思想行事都是清洁的"；"他无己的服务便是人生最高最大的模范……耶稣的道理却注重在个人对于社会所负的责任"。乐氏的歌颂也是梅贻琦的心声，并且是他终身行事的圭臬矩矱。在梅贻琦身上，宗教信仰、科学研究、教育事业、服务社会等统一而无违和。

纵观梅贻琦一生，他抱定赤子之心，始终以勇敢之心、纯全之爱、无己精神献身教育。这既有中国传统和梅氏家族的影响，也始终贯穿着基督教信仰。

梅贻琦无意政治，但又跳不出政治。1948年底，各方竞相争取梅贻琦。经过反复思虑，梅贻琦最终离校南下，但他又未接受国民党当局的教育部长任命，避居上海以明心志。

离开学校，对梅贻琦、对清华，都是遗憾。

二

"九一八"事变发生两个月后，梅贻琦出长清华。当时华北渐成前线，北平首当其冲。无论在北平，还是此后在长沙和昆明，梅贻琦始终处在复杂恶劣的环境之中。国事蜩螗、群言沸羹之际，非有思想、有情怀、有办法的教育家不能驾驭。沧海横流，方显本色。梅贻琦宵衣旰食，诚忧诚恐，兢惕之至，领导清华大学、西南联大安然向前。

梅贻琦对恶劣局势有清醒认识，也有心理准备。1931年12月，他在就职典礼上明确表示："中国现在的确是到了紧急关头，凡是国民一份子，不能不关心的。不过我们要知道救国的方法极多，救国又不是一天的事。我们只要看日本对于图谋中国的情形，就可以知道了。日本田中的奏策，诸位都看过了，你看他们那种处心积虑的处在，就该知道我们救国事业的困难了。我们现在，只要紧记住国家这种危急的情势，刻刻不忘了救国的重责，各人在自己的地位上，尽自己的力，则若干时期之后，自能达到救国的目的了。我们做教师做学生的，最好最切实的救国方法，就是致力学术，造成有用人材，将来为国家服务。"

就职讲话是他领导清华大学的施政纲领，也是针对时局的宣言书。他将国家危难、险恶局势、日寇野心、师生责任、工作重点、救国途径交代得清清楚楚明明白白。

对梅贻琦而言，外需应付局势随时恶化，内要稳定人心维持教学。在内外多重矛盾之中，他实事求是，执两用中。对他模棱两可的说话特点，邹文海的理解是："梅校长的大概也许差不多决非圆滑之辞，而是恰到好处地能把一时的复杂心理充分表达出来的语句。……现在事隔数十年，回想梅校长当时的处境，依旧觉得这几句话是最为适当的。他说明了学生可以自由选择的途径，也说明了他处理这个问题的立场。"

梅贻琦毕生追求教育救国、教育强国，力求减少政治对教育的干预、干扰，尽可能营造兼容并包、思想自由的校园环境和学术生态。他说："对于校局则以为应追随蔡子民先生兼容并包之态度，以克尽学术自由之使命。昔日之所谓新旧，今日之所谓左右，其在学校应均予以自由探讨之机会，情况正同。此昔日北大之所以为北大，而将来清华之为清华，正应于此注意也。"

他还说："吾们要争取学术自由，吾们即应善用此学术自由。"如果说前者学校负有主要责任，那么后者学生则要积极主动。他经常鼓励学生独立思考。他说："我们应保持科学家的态度，不存先见，不存意气，安安静静的去研究，才是正当的办法，才可以免除将来冒险的试验，无谓的牺牲。""思想上，要具有自动的力量，要用自己脑筋去判别索求。……青年意志容易浮动，最应在起始时注意，不可操切，不可盲从。""思想要独立，态度要谦虚，不要盲从，不要躁进。""自由并不是随便，……不论思想行动，首要自己对自己负责。各人都能依照科学的认识和逻辑的方法来判断什么是应该的，什么不是应该的，这么绝对比强迫着做这样或不准做那样要好些。"

梅贻琦力图在学术自由的框架下处理部分教授思想激进问题，将原因归结于经济困窘；将学生参加运动归于认识问题，并肯定其动机。他将政治态度转化为经济问题、思想认识从而淡化师生责任，变相地保护师生。面对蒋介石和朱家骅，他提出："大学可否不设训导长？青年团可否不在校内设分团？"他对更换院系主任意见不置可否。面对政府对进步师生的通牒和镇压，他可以敷衍塞责，提前送走进步师生。这些都反映了他对思想独立、学术自由的衷心拥护。

梅贻琦尊重个性、尊重常识、尊重规律，参与清华民主传统的形成并发扬光大之。共产党员蒋南翔在离开清华时对送行同学说："'一二九'的行动，是群众性行动。不管赞成我们的反对我们的都参加了，才打退了几千军警。之所以能做到这一点是因为清华有民主传统。梅校长不把我们交出去，也是出于民主传统。"蒋南翔这几句话很值得深思琢磨。

清华大学之所以名师荟萃、人才辈出，重要原因就在于梅贻琦不但提倡、还切实营造了学术自由的校园氛围。

追求学术自由不等于站在政府的对立面，梅贻琦是在与政府合作的立场上争取学术自由，这既是他的思想立场，也是他的政治立场。1940 年 6 月，西南联大教务会议向教育部写信抗议其官僚作风。作为学校负责人，梅贻琦面临着校内教授和上级教育部双重压力。他尊重教育规律，反对学校机关化，认同教授意见。但他不对抗，而用灵活变通的方式化解矛盾。

在梅贻琦身上，教育家、校长、教师等多个角色完美融合，不但领导学校发展，也赢得了师生爱戴。

三

梅贻琦管理校务，常为人称道"教授治校""无为而治"（或"垂拱而治"）。

梅贻琦推重为政不在言多，实行教授治校，充分调动了教授积极性。朱自清深有感触地说："有人也许惊奇，为什么梅先生在种种事件上总不表示他的主见，却只听大家的。是的，这的确可惊奇。但是可惊奇而且可敬佩的是他那'吾从众'的态度和涵养。"

梅贻琦继承并继续发扬清华业已形成的民主管理传统，充分尊重并吸纳教授在教学、科研以及学校管理上的意见，使得学术民主和行政管理之间的内在紧张得到缓解，从而保证教学、科研、管理等学校各方面工作协调快速发展。浦薛凤说："当时所谓教授治校，绝非教授干预学校行政，更非校长推诿责任，而是环境、传统、作风、需要，交织形成。……在校长方面，因虚怀若谷，尽量听取同仁意见，在教授方面，正因校长谦虚诚挚，故对其所持意见特别尊重。"

谈及"教授治校"，论者多肯定梅贻琦择善而从的一面。择善而从固然是梅贻琦民主素养和民主精神的体现，但不是全部。谦逊民主不等于随波逐流，梅贻琦强调"思想要独立，态度要谦虚"。他不以人蔽己，也不以己自蔽，坚持己见与择善而从调和统一。正如蒋梦麟指出的，梅贻琦"雍容中道，温恭谦让，择善固执两者兼有"。

邹文海指出："有人说清华是教授治校，梅校长高拱无为，凡知道清华传统及梅校长为人者，都不会相信那种话的。梅校长从没有放弃过自己的责任。……清华的评议会，在学校行政上固然是重要的一环，……并不妨害校长的决策权。……当各人的意见没有什么出入时，他的结论只是归纳大家的意见。当各人的意见距离很大时，他的结论可能表示他自己的看法。无论在那种情形中，梅校长的结论多数是为与会人士所乐于接受的。梅校长以后主持任何会议，都是采取上述方式。我们相信，懂得英国内阁制的人，决不会说英国首相高拱无为的。"

在决策上，梅贻琦择善与固执兼有，出发点和落脚地都是清华。樊际昌说："假使他坚持某个意见，那一定是为了学校的利益；假使他犹疑不决，那一定是为了各方面的意见尚不一致，他要使多数人有表示意见的机会而有所适从。无论坚持或犹疑，梅先生只知有'事'，不知有'我'。"

在执行上，梅贻琦善于知人并委以重任，将各事项分工下去，有条不紊加以推进。他强调每个人应该"各就所能，各尽其责"，决不越俎代庖、包办代替，充分发挥每个人的积极性和主动性。同时，梅贻琦经常自拟文件，或拟定提纲请别人成文，或修改别人底稿。无论是文字润色、句式修改、顺序调整，都极为细致用心。现存大量留有他修改痕迹的档案，就是他举大不让小、处高不避低、不厌其烦其碎的记录和见证。1952年任清华大学校长的蒋南翔提出每个人要"各按步伐，共同前进"。如果将"各就所能，各尽其责""各按步伐，共同前进"前后连缀起来，可以说几近完美。

西南联大时期，梅贻琦的卓越领导也得到了北大、南开师生的拥戴。1939年有人写道："自教职员到学生，都知道一件事情，就是三个校长缺一个也不方便。梅贻琦先生是一个书生。办事方面也不脱书生本色，少说话，而很认真。他有一副和蔼可亲的面貌，一口调协沉着的国语。言词不大流利，但很能把握住要点。他慈善的心肠，感化得学生教授心悦意服。三个历史不同、性质不同的学校，能够快快乐乐的合在一起，可以说完全是梅校长内里的工夫。"

面对各方称颂和赞誉，梅贻琦始终保持清醒。他说："清华近些年之进展，不是而亦不能是一个人的原故，是因为清华还有这很多位老同事，同心合力的去做，才有今日。现在给诸位说一个比喻，诸位大概都喜欢看京戏，京戏角里有一个角色，叫'王帽'的，他每出场总是王冠齐整，仪仗森严，文武将官，前呼后拥，'像煞有介事'。其实会看戏的绝不注意这正中端坐的'王帽'。因为好戏……并不要他唱，他因为运气好，搭在一个好班子里，那么人家对这台戏叫好时，他亦觉得'与有荣焉'而已。"这自然是梅贻琦的自谦，他对清华、西南联大的意义，又岂止是戏剧中"王帽"可比？

四

梅贻琦很享受为人师者聚天下英才而育之的快乐。他说："教书，诚然辛苦，但也还有喜乐。"他还说："我们应该把我们的地位看清，把事业看清，认真地去做教师，教师的地位还是很重要。教师的报酬虽然少，但，教师另外还有一种报酬，这是做别种事业得不到的。这就是对于学生的人与人之间的一种关系，能得学生的敬仰与信赖，这种价值虽然难讲，但它能给我们的安慰愉快却很大。"

梅贻琦特别强调教师的作用，说："学生没有坏的，坏学生都是教坏的。"那么教师如何教学生呢？他强调"教"和"育"并重，教师不仅要传授知识，还要培养学生的健全人格。他说："吾认为，教授责任不尽在指导学生如何读书，如何研究学问。凡能领导学生做学问的教授，必能指导学生如何做人，因为求学与做人是两相关连的。""学校教育为养成青年人格的最要之关键，学校可以成人，亦可以毁人。""在一学校里，教师的责任要比其他的人更大，因为教师和学生接触的时最多，勿论教师认为是不是他的责任，他对于学生总要发生影响。这种影响，不只是在教室里和学科上。教师是什么样的人，整个儿地都会影响到学生。教师还没有开口，观感上已经给学生有了一种影响了。这种影响，不只在教什么学科，教的多少，甚至还可以说不在乎教的好坏。教师有个人天赋的限制，不见得都教的很好，也许别的教员比他会教的更好，但是教师在身心上给学生的影响，往往在学科以外，即使教的不好，只要很诚恳，很认真，学生在学科上虽或不免吃亏，在做人的训练上，收效仍可很大。总之，在思想习惯方面，教师给学生的影响，在乎教师是如何教，即是否认真切实地做到教师应该做的事。"

这些思想，被梅贻琦总结在 1941 年发表的《大学一解》中。他继承中外历史上"从游"思想，结合自己的教育实践，提出："学校犹水也，师生犹鱼也，其行动犹游泳也，大鱼前导，小鱼尾随，是从游也，从游既久，其濡染观摩之效，自不求而至，不为而成。"

朱自清在《教育的信仰》一文中写道："教育的价值是在培养健全的人格，这已成了老生常谈了。但要认真培养起来，那却谈何容易！第一教育者必须有'培养'的心，坦白的、正直的、温热的、忠于后一代的心！……教育者必须有健全的人格，而且对于教育，须有坚贞的信仰，如宗教信徒一般。他的人生的理想，不用说，也应该超乎功利以上。……教育者须对于教育有信仰心，如宗教徒对他的上帝一样；教育者须有健全的人格，尤须有深广的爱；教育者须能牺牲自己，任劳任怨。"

朱自清的这段文字，恰似对梅贻琦一生的白描。

五

梅贻琦在《大学一解》指出："今日中国之大学教育，溯其源流，实自西洋移植而来。"到 1930 年代初，中国现代大学学术体制正在建立之中。在清华，经周诒春、曹云祥等校长接续努力，清华成立大学部、国学研究院，学术体制和水平向前迈出一大步。罗家伦长校后，强调"研究是大学的灵魂"，进一步夯实了清华学术化基础。

学校发展的良窳在于是否遵循教育规律，以及是否对已有优良传统的传承发扬。梅贻琦领导清华事功卓著。他在此前历任校长基础上，继承并发扬符合教育规律、人才成长规律的传统，结合当下和长远发展需要，集思广益，因时制宜，不墨守成规，不因循守旧，更不故步自封。

1931 年 12 月，梅贻琦在就职典礼上说："我希望清华在学术方面应向高深专精的方面去做。办学校，特别是办大学，应有两种目的：一是研究学术，二是造就人材……我希望清华今后仍保持它的特殊地位，不使坠落。我所谓特殊地位，并不是说清华要享受什么特殊的权利，我的意思是要清华在学术的研究上，应该有特殊的成就，我希望清华在学术方面应向高深专精的方面去做。"在他领导下，清华"不徒限于有效之教学，且当致力于研究事业之提倡"。

曹云祥、罗家伦任校长时，确定了以文理为中心的学科建设思路。梅贻琦任校长后，重视科学技术运用和发展，尤其重视在国难当头之际服务国家需要。为此，学校健全研究院，在文、理、法学院外，增设工学院，先后成立农业、航空、金属学、无线电、国情普查等研究所，同时增加学术刊物，完善教师学术休假制度，及时引进国外自然科学新成就和先进仪器设备，添建电机工程馆等重要试验场馆，促进研究水平迅速提高，涌现出一批有影响力的成果，成为国内学术研究重镇。

梅贻琦强调，学科，尤其是新学科的建立和发展，一定要统筹、结合好学校办学理念与传统、国家与社会需要、必要的办学资源等诸多因素，良好的愿望、广阔的前景一定要结合具体的校情，要量力而行，切忌好高骛远；要循序渐进，而非立竿见影。他说："研究事业特别在创始之际，规模不宜扩张，贵在认清途径，选定题材，由小而大，由近而远，然后精力可以专注，工作可以切实，至于成效，虽不可预期，然积渐积久，必有相当之收获也。"

梅贻琦强调学科综合、平衡发展，兼顾眼前与长远发展。他反对大学自我孤立，强调要为现实服务。他说："在中国今日状况之下，除安心读书外，还要时时注意到国家的危难。吾们如果要像欧洲中世纪僧院的办法，是绝对做不到的。""我们要从速研究实用科学，以供国家需要。"同时，他也反对单纯的实用主义和功利主义。他说："理工为实用科学，固宜重视。但同时文法课程，亦不宜过于偏废"，"学术界可以有'不合时宜'的理论及'不切实用'的研究"。

1943年，梅贻琦拟纲、潘光旦成文的《工业化的前途与人才问题》指出："学以致用，不错，不过同样一个'用'字，我们可以有好几个看法，而这几个看法应当并存，更应当均衡的顾到。任何学问有三种用途，一是理论之用，二是技术之用，三是组织之用。没有理论，则技术之为用不深；没有组织，则技术之为用不广，政治就是如此；政治学与政治思想属于理论，吏治属于技术，而政术或治道则属于组织；三者都不能或缺。工的学术又何尝不如此。近年来国内工业化运动的趋势，似乎过于侧重技术之用，而忽略了理论之用和组织之用，流弊所及，一时代以内工业人才的偏枯是小事，百年的建国大业受到不健全的影响却是大事。"

在梅贻琦领导下，清华大学研究事业发展，做到了着眼长远与服务当下结合、理工与文法并重、基础研究与应用开发兼顾。清华大学形成中西融会、古今贯通、文理渗透的学术传统。冯友兰在《清华的回顾与前瞻》一文中说："清华大学之成立，是中国人要求学术独立的反映。在对日全面战争开始以前，清华的进步真是一日千里，对于融合中西新旧一方面也特别成功。这就成了清华的学术传统。"

六

梅贻琦始终抱定教育救国、教育强国的宗旨，以发展教育学术为己任。他时时牢记教育规律，牢记人才成长规律。自强与开放、处常与求变、战时与平时在他领导下都能高度统一。

梅贻琦是一个坚定的爱国主义者，领导学校积极参与爱国运动。他经常提醒师生"紧记住国家这种危急的情势，刻刻不忘了救国的重责"。1933年2月7日，梅贻琦在总理纪念周上报告指出："近来国人提倡科学运动的日多，实因我国对日作战，非忠勇之气不能过人，徒以科学逊色，武器不及，为未能克敌制胜之主因。我们要从速研究实用科学，以供国家需要。"抗战全面爆发后，梅贻琦领导清华"将研究事业更加扩展，冀由学术研究，增强抗战力量"。

在他的领导下，清华大学既有针对直接服务于抗日战场的烟幕弹、防毒面具等有组织的应用开发，也有国情课程、航空工程、水工研究、工业化学设备等"今日于国防与民生皆应特别注重"的基础研究，还通过发表通电、形势报告、学生军训、校庆阅兵等多种形式将抗日救亡融于学校日常工作之中。他领导清华大学进行的抗日救亡活动，虽然与共产党领导的表现形式不全相同，但爱国本质同一，二者一起构成了中国大学面对民族危机奋起自救的协奏曲。

梅贻琦的性格、经历与思想，都决定了他不是激进的革命派、思想家。作为教育家，他紧紧扭住人才培养这个中心任务，明确救国途径"就是致力学术，造成有用人材，将来为国家服务"。1940年，在风雨飘摇、势岨财匮之际，他仍坚定地认为："吾人固知抗战期间经济之困难，吾人尤知建国事业需才之迫切。"对教师要求如此，对学生亦然。他坚定地表示学校"绝不希望变成一个难民营。我们诚心地欢迎那些能够证明他自身值得在此国难当头受国家培植的学生。不过，要是谁当学校不过是一个有膳有宿的逆旅，要是谁老是在轻佻的行动里暴弃时间与精力，那么他可体会错了学校的主意了。我们准得把他摒诸门外"。

梅贻琦爱国，但绝不排外。他深知近代以来世界日益成为一个紧密联系的整体，任何民族、国家、文明不可能自外于这个整体而独立发展，只有互相学习交流，取长补短，才能在共存、融合中共同前进。他留学美国，了解美国等国家现代化的历程，主张学习西方先进的学术文化，坚决反对画地为牢、故步自封，深知只有通过开放、交流与互鉴，才能真正达到中华民族的教育独立与学术自主。他常对学生说："中国人懂外国的太少。中国要改良维新需要新人物，通西洋文化及有近代学术的。"他对新生说："外间有人说本校'洋气太重'，不知这话究何所指？如仅以洋服洋餐而论，恐未见比校外为重，而且无论多少，吾以为皆无关宏旨。但如吾们认为外国人大都能勤苦耐劳，办事认真，公私清楚，不因循，不敷衍，不拖泥带水。我们如果有这点洋气，那么吾们不必惭愧，并且要时刻保持的。"学人之美是谦虚，美人之美是自信，美美与共是格局。他的谦虚、自信与雍容，鲜明地体现了清华校歌中所称的"东西文化，荟萃一堂；新旧合冶，殊途同归；立德立言，无问西东"。

梅贻琦明确指出中国近代高等教育自西方移植而来，但"制度为一事，而精神又为一事。就制度言，中国教育史中固不见有形式相似之组织，就精神言，则文明人类之经验大致相同，而事有可通者"。因此，他主张学习西方，但不是全盘西化。事实上，爱国与开放，本来就不是对立的，二者完整地体现在梅贻琦有关一流大学建设的实践上。

梅贻琦强调清华大学"不仅为国内最高学府之一个，同时亦当努力负起与国外学术界沟通之使命"。他将派出与引进并重。一方面，他继承清华传统，以更加积极的姿态选拔、派遣更高质量、更多类型留学生，开创近代以来中西高等教育双向互动交流新局面。同时，他强调延聘世界一流学者。在他主持下，冯·卡门、华敦德、郎之万、波尔、狄拉克、诺伯特·维纳、哈达玛等均来清华访问、交流或工作。维纳、华敦德、哈达玛等在清华三个月、甚至一年的工作交流，实现了一流学者从学术报告到较长时间驻校工作的重要变化，表明清华大学已经初步建立起了与国际学术界密切来往的学术网络和良好的校内学术生态，并在国际学术界产生了积极影响。这标志着清华大学对外交流与合作达到了新的高度，也代表了当时中国高等教育和学术发展进步的高度。

七

梅贻琦一生"不取巧，不偷懒，不作伪"，孜孜矻矻，勤于工作，但也有倦怠和苦闷。

1931 年 12 月，"九一八"事变后两个多月，梅贻琦就任校长。在就职演讲中他自明心志："本人能够回到清华，当然是极高兴，极快慰的事……本人与清华已有十余年的关系，又享受过清华留学的利益，则为清华服务，乃是应尽的义务，所以只得勉力去做，但求能够尽自己的心力，为清华谋相当的发展，将来可告无罪于清华足矣。"

担任校长后，复杂环境、繁巨事务让梅贻琦心力交瘁。1936 年校庆，他对校友说："琦以民国二十年秋，奉教部之召，自美返国，继翁前校长之后，勉承其乏。光阴荏苒，瞬及五载。自维德薄能鲜，无多建树。且此五年之中，国难日趋严重，因而校外事务之因应，至为频繁，尤令琦生时力不继之感。"

西南联大时期，梅贻琦主持联大校务。他如履薄冰，处事正而不谲，持以大信、示以大公。但三校之间以及清华内部不可避免地存在各种矛盾和冲突，他身处旋涡之中，压力之大、烦恼之多，或可想见。在重重矛盾和压力之下，梅贻琦自有一种旷达与淡然，穷达之间，持一种微妙平衡。

1941 年 1 月，梅贻琦和顾毓琇诗："敢言程雪与春风，困学微忱今昔同。廿载切磋心有愧，五年漂泊泪由衷。英才自是骅骝种，佳果非缘老圃功。最忆故园清绝处，堂前古月伴孤松。"4 月，他化用陶渊明"众鸟欣有托，吾亦爱吾庐"诗意，深情写出他之于清华园"生斯长斯，吾爱吾庐"。1946 年 3 月 11 日，梅贻琦在日记中写道："下午再整理花草，甚感兴趣，惜对于园艺无多研究。以后有暇当更努力。从事教育逾卅载，近来颇感失望。他日倘能如愿，吾其为老圃乎！"

梅贻琦借"孤松"表达眷念故园、内心寂寥的心情，这是他在自强不息奋斗精神之外的另一种情绪。想为"老圃"，显然心存"误落尘网中，一去三十年"的感慨，并油然而生"欢然酌春酒，摘我园中蔬"，"久在樊笼里，复得返自然"的向往。

尽管偶有退为"老圃"、终老田园的想法，但他并无圣人韬光、贤者遁世的明达，更无"生意尽矣"的消沉。淑世情怀、公共精神始终是梅贻琦人生的主要方面。1945年他对从军学生说："才力不用即意志颓废，精神愈用则愈奋发，许多终生一事不作至老年徒自悲伤者，即囤积才力的错误。诸位行将入营，受训后将东征，收复失土。希望利用受训时机，锻炼强健之身体与意志，从大处远处着眼，做一番事业。这样人生才有收获。"1958年，他对校友说："由于各人的机遇、环境和人生观点不同，看起来好像成就差别很大，其实向远一点看，并没有什么大的差别，赤子之心必须保留，凡是能做的和应当做的，好好去做就行了！"梅贻琦勉励校友，也是自勉。

在时代大潮的裹挟之下，梅贻琦退为"老圃"、终老田园的愿望始终没能实现。他秉持"赤子之心"，向往"平凡"，却做出了轰轰烈烈的成就。

八

本书主体分五部分。第一部分侧重考察梅贻琦在清华的崛起及出任校长经过，时间跨越清华学校、国立清华大学两个阶段。其余四部分分别对应清华学校、国立清华大学、国立西南联合大学、复员后国立清华大学等四个历史阶段，梅贻琦在教育教学、师资队伍、学科建设、抗日救亡等方面为学校发展所做的重要工作，以及蕴含在卓越事功中的优良品格和办学风格均有所体现。

考虑到梅贻琦接替张彭春任教务长后对大学部进行了改革。本书附有一篇考察张彭春在清华改办大学过程中所做贡献的专文，可与本书第二部分中考察梅贻琦对大学部改革一文对照，以期更好地了解梅贻琦的理念、实践与贡献。

需要说明的是，本书不是梅贻琦的传记，对梅贻琦教育思想等重要专题也没有展开，书中涉及的方面，仅是梅贻琦丰富人生的吉光片羽、全部功业的冰山一角。

金富军

2024 年 7 月

目录

出长清华　人地相宜

本人能够回到清华，当然是极高兴、极快慰的事。可是想到责任之重大，诚恐不能胜任，所以一再请辞，无奈政府方面，不能邀准，而且本人与清华已有十余年的关系，又享受过清华留学的利益，则为清华服务，乃是应尽的义务，所以只得勉力去做，但求能够尽自己的心力，为清华谋相当的发展，将来可告无罪于清华足矣。

——1931 年 12 月 3 日

琦自一九〇九年（即宣统元年），应母校第一次留美考试，被派赴美，自此即与清华发生关系，即受清华之多方培植。三十二年来，从未间断，以谓"生斯长斯，吾爱吾庐"之喻，琦于清华，正复如之。

——1941 年 4 月

"梅派"中心

梅贻琦与清华渊源很深，是 1909 年游美学务处派出的第一批直接留美生之一，1915 年起在清华任教，先后教授数学、物理、英文、写作等课程。

无论是课堂教学还是课外辅导，无论是校内任职还是社会服务，梅贻琦都兢兢业业、认真负责、乐于奉献、勇于牺牲。同时，他也参与部分学校常设委员会工作，从而参与校务管理。

1922 年 4 月，曹云祥代理清华校长。1923 年 5 月，曹云祥聘请"学问渊博、热心教育"[①] 的中华教育改进社干事张彭春为教务长，以加快推进清华学校改办大学。1926 年 4 月，张彭春辞职，梅贻琦被选为教务长，成为清华的二号人物，[②] 开始对校务发生直接、重要的影响。

梅贻琦影响扩大、地位上升，主要有三方面原因：

首先，得益于清华教师队伍结构变化和教授治校体制的建立。

早期，外籍教师在学校的教学工作中起着主导作用。1923 年以后，随着清华留美生陆续返校服务、留欧生以及从其他大学招揽的中国教师增多，中国教师逐步成为教师的主体。这些年轻的教授对校务有积极进取的热情，对学校的种种问题深感不满并要求改

---

① 清华大学档案，1-1-9:1-040。

② 1922 年 11 月 26 日，清华学校以节省经费为由向外交部呈请裁撤副校长一职。12 月 6 日，外交部批复同意。这样，校长之下，教务长为学校第二号人物。清华大学档案，1-1-5-067，1-1-5-068。

革。1925 年 9 月 11 日出版的《清华周刊》发表梁启超的《学问独立与清华第二期事业》。梁启超在文章中写道："今之清华，渐已为本校毕业回国同学所支配；今后此种趋势，当益加强烈，此无庸为讳者。吾侪虽不愿清华以畛域自封；然利用同学爱护母校之心理以图校业之进展，于势最便而为效最宏，故吾侪对于此种趋势，不惟不反对，且热烈欢迎焉。质而言之，则清华前途之使命，由现在在校及留美同学所负者什而八九也。"[①] 或许是看到梁氏文章，张彭春在当日日记中写道："清华人回来的加多。……渐渐清华归入清华人之手！"[②]

在曹云祥校长与年轻教授的共同努力下，清华建立了体现教授治校原则的教授会与评议会。1925 年初，曹云祥以"教务会议"为校内最高权力机关，由校长委派职员六人和教授四人组成。不过这种形式遭到教授反对，钱端升批评清华组织混乱，教员地位太低："清华今日之组织，既非校长集权，又非教授治校，而职员之权，则有长无已。大权旁落，校长教授俱乏统率之力。改良之法，允宜赋教授会以治校之权。""教授会得设各种委员会，以统治全校。"[③] 曹云祥接受了钱端升的建议。同年 9 月，清华成立"十人校务管理委员会"，委员除校长与各行政主管外，还有教员会议代表四人，这是教员参与校政之始。

1926 年初，清华又成立"清华学校改组委员会"，经多次讨论，于 4 月 15 日，清华教职员大会通过《清华学校组织大纲》，成立了

① 梁启超：《学问独立与清华第二期事业》，《清华周刊》第 350 期，1925 年 9 月 11 日，第 6—7 页。

② 《张彭春清华日记（1925）》，（香港）开源书局出版有限公司 2020 年版，第 158 页。

③ 钱端升：《清华学校》，《清华周刊》第 362 期，1925 年 12 月 4 日，第 40 页。

教授会和评议会。4月19日，第一次教授会选举梅贻琦为教务长，选举陈达等为评议员。依照大纲，清华学校设有"评议会"与"教授会"两个重要权力机关。"评议会"由校长、教务长及教授会互选之评议员七人组成，校长为当然主席，其功能相当于原先的"校务会议"；"教授会"由全体教授及全体行政各部门主任组成，校长为主席，教务长为副主席，功能相当于原先"教职员会议"。两会相互制约。

　　纵向比较1926年颁布的《清华学校组织大纲》[①]、1928年颁布的

---

① 1926年《清华学校组织大纲》中的评议会、教授会职权如下：

第三章　评议会

第八条　本校设评议会，以校长、教务长及教授会互选之评议员七人组织之。校长为当然主席。

第九条　评议会之职权如左：

一、规定全校教育方针；

二、议决各学系之设立、废止及变更；

三、议决校内各机关之设立、废止及变更；

四、制定校内各种规则；

五、委任下列各种常任委员会：

甲、财务委员会　乙、训育委员会　丙、出版委员会　丁、建筑委员会；

六、审定预算、决算；

七、授予学位；

八、议决教授、讲师及行政各主任之任免；

九、议决其他重要事件。

第四章　教授会

第十二条　本校设教授会，以全体教授及行政部各主任组织之。由校长为主席，教务长为副主席。

第十三条　教授会之职权如左：

一、选举评议会及教务长；

二、审定全校课程；

三、议决向评议会建议事件；

四、议决其他教务上之公共事项。

参见《清华学校组织大纲》，清华大学校史研究室编：《清华大学史料选编》一，清华大学出版社1991年版，第298—299页。

《国立清华大学条例》^①、1929年颁布的《国立清华大学规程》^②中关

---

① 1928年《国立清华大学条例》教授会、评议会职权如下：

第十八条　国立清华大学设教授会，以本大学全体教授组织之，审议下列事项：

一、课程之编制；

二、学生之训育；

三、学生之考试成绩及学位之授予；

四、其他建议于董事会或评议会之事项。

第二十二条　国立清华大学设评议会，以校长、教务长、秘书长及教授会所互选之评议员四人组成之，其职权如左：

一、制定大学各部分之预算；

二、审议科系之设立或废止；

三、拟订校内各种规程；

四、建议于本大学董事会之事项。

参见《国立清华大学条例（1928年9月通过）》，清华大学校史研究室编：《清华大学史料选编》二（上），清华大学出版社1991年版，第140—141页。

② 1929年《国立清华大学规程》评议会、教授会职权如下：

第十四条　国立清华大学设评议会，以校长、教务长、秘书长、各院长及教授会所互选之评议员七人组织之。其职权如左：

一、议决重要章制；

二、审议预算；

三、依据部定方针，议决建筑及他项重要设备；

四、依据部定方针，议决各学系之设立或废止；

五、依据部定方针，议决本大学派遣及管理留学生之计划，与留学经费之分配；

六、议决校长交议之事项。

第十五条　国立清华大学设教授会，以全体中国教授组织之，外国教授，亦得同等参加。其审议事项如左：

一、教课及研究事业改进之方案；

二、学风改进之方案；

三、学生之考试成绩及学位之授与；

四、建议于评议会之事项；

五、由校长或评议会交议之事项。

参见《国立清华大学规程（1929年6月12日）》，清华大学校史研究室编：《清华大学史料选编》二（上），第143—144页。

于教授会、评议会的权限，可以发现教授会权限在三份文件的规定中差别不大，主要涉及教学、教务及选举评议会成员；而评议会权限变化较大。1926年评议会掌握了学校的行政、财务、人事等大权，教授权利延至校务各方面，评议会实际上成为学校的决策机构。1928年后的评议会失去了审议学校决算、教授与讲师及行政部各主任之任免等重要权限。

再与1924年教育部颁布《国立大学条例》做横向比较。《国立大学条例》规定："国立大学各科系及大学院各设教授会，规划课程及其进行事宜。"而清华学校"教授会"是全校性教授组织，且权限亦有扩大，不仅包括规划课程，亦有选举评议会及教务长等权。因此，苏云峰认为1926年大纲的规定"是清华教授治校的巅峰时期"[①]。

中国教师比例和影响力增加，教授治校体制的建立，客观上限制了校长职权，成为梅贻琦地位上升的背景，并提供了助力。

其次，梅贻琦温恭蕴藉、表里如一、作风民主、海纳百川，"对事有主张，对人有礼貌"[②]。可以说，梅贻琦为人达到传统所推崇的中和境界，[③]因而威信日隆，得到多数人拥护。

梅贻琦被誉为"寡言君子"，凡与他有接触之人，无不对他的君

---

① 苏云峰：《从清华学堂到清华大学 1911—1929》，生活·读书·新知三联书店 2001 年版，第 43 页。

② 郑天挺：《梅贻琦先生和西南联大》，西南联大校友会编：《笳吹弦诵在春城——回忆西南联大》，云南人民出版社、北京大学出版社 1986 年版，第 69 页。

③ 三国时期的刘劭在《人物志》指出："凡人之质量，中和最贵矣。中和之质，必平淡无味，故能调成五材，变化应节。"表里高度一致、达到中和境界的是最高品第的人才。[三国魏]刘劭：《人物志》，中华书局 2016 年版，第 12 页。

图 1-1　1909—1910 年，梅贻琦在劳伦斯学院。前排左起陆宝淦、程义法、吴清度、杨永言，后排左起范永增、朱维杰、梅贻琦、程义藻、胡刚复、张福良

子之风交口称赞。在美留学期间，同学评价他："在四年时间里，梅以其彬彬有礼、和蔼可亲的性格结交了许多朋友。"[①]

在清华，梅贻琦热心为教职工服务，与同事相处融洽。例如，他曾担任职教员住宅委员会主任委员，为改善职教员住宿条件与学校、董事会等积极沟通，赢得大家的信赖。

1923 年 11 月 7 日下午，学校召开华员教职员宴会。"国文科教员暨其他教职员共二十余人，均被邀请，宾主一堂，都六十余人。跻跻跄跄，酒馔丰美。宴罢，由该会交际主任梅月涵先生引导作种

① Yi Chi Mei, *Worcester Polytechnic Institute*, p. 109.

WORCESTER POLYTECHNIC INSTITUTE

YI CHI MEI

Σ Ξ "Skull", Electric.

Born, Jan. 15, 1892, Tientsin, Province Chili, China

Prep., Nankai Middle School.

Treasurer of Y. M. C. A. (4); Cosmopolitan Club.

Our friend Yi Chi Mei is one of the chosen few who are sent to the United States by the Chinese Government to obtain a higher education, after having successfully passed a competitive examination. Mei came to this country in the late fall of 1909, and being too late to enter Tech that year, took a preparatory course at the Lawrence Academy, Groton, Mass., and in the fall of 1910 entered Tech.

During the four years on the Hill, Mei has made many friends as a result of his pleasant courteous manners and genial disposition. Being endowed with a good mind, he has been able to devote a considerable portion of his time to activities outside of his technical work, so the Tech Y. M. C. A., the Chinese Students' Christian Association, and the Chinese Students' Alliance have received his hearty, active support. He served one year as Treasurer of the Y. M. C. A., and also held the position of English Secretary of the Chinese Students' Christian Association. In recognition of his valuable services to the Y. M. C. A., he was elected to the "Skull" Society, and appointed one of the delegates to represent the Institute at the Student Volunteer Convention, held at Kansas City, Dec. 1913.

It would seem that a man who has so many irons in the fire as Mei has, would have no time for, or any inclination toward, any sentimental stunts, but that is not so. He is just as human as the rest of us in that respect, as is shown by his occasional week-end trips to Wellesley, Mass.

Mei expects to return to China after concluding his course here; and as to the work he ultimately expects to engage in, no definite information is as yet available, but it will not be in the line of engineering.

(109)

图 1-2 《伍斯特理工学院》上对梅贻琦的介绍

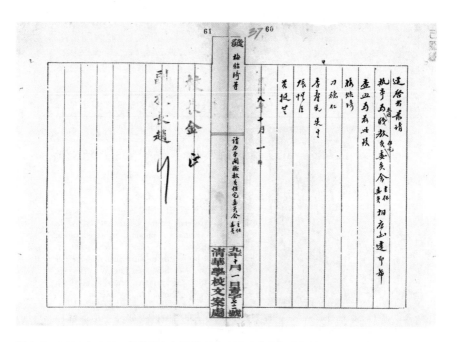

图 1-3　1920 年 2 月，梅贻琦担任职教员住宅委员会主任委员，为改善职教员住宿条件与学校积极沟通

种游戏，如打电报、做双簧等等。而汪巩菴先生等之谐谈，尤令人捧腹。十时半始尽欢而敏（散）。"①

梅贻琦就像连接器和润滑剂，将中与西、新与旧、教与职等各种人团结在一起。梅贻琦夫人韩咏华回忆：

> 一九二六年春，月涵被清华教授会推举，继张彭春先生为第二任教务长。清华大学的教务长就是从这时起改为推举产生的。他时年三十七岁，在教授中是比较年轻的。那时清华的教授中获得博士学位的大有人在，为什么却选中了他？我以为这

---

① 《华员大学会宴会》，《清华周刊》第 294 期，1923 年 11 月 16 日，第 19 页。

是出于大家对他的人品的信任。月涵开始主持教务会议，即已显示了他的民主作风。在会上，他作为主席很少讲话，总是倾听大家的意见，集思广益，然后形成决议。[①]

陈岱孙指出：

> 在出国任留学生监督之前，梅一直是清华的教授，从感情上和教育的基本观点上说，他和广大教师们是一致的。他平易近人，作风民主，学校大事率多征询教师意见，这也和他的谦虚平和的性格有关。[②]

1920年代中后期起，清华教师逐渐分化，以北院7号饭厅和工字厅饭厅为中心分为两派。倾向于曹云祥校长的教师聚集在工字厅饭厅，叶企孙等少壮派教师则聚集在北院7号饭厅。当然，也有部分教师比较超脱而无明显派系特征。李辑祥回忆：

> "改大"以后，清华大学的领导有所谓内圈与外圈之别。内圈的人，指与梅贻琦接近的，是领导核心；外圈的人，大体是指评议会的范围，我即属于外圈。内外圈之外，尚有不属圈的。[③]

---

① 韩咏华：《同甘共苦四十年——记我所了解的梅贻琦》，《清华校友通讯》1987年复15期，第48页。

② 陈岱孙：《三、四十年代清华大学校务领导体制和前校长梅贻琦》，《校友文稿资料选编》（第四辑），清华大学出版社1996年版，第106页。

③ 《李辑祥访谈录（1962年3月7日）》，清华大学校史研究室藏。

当时，在清华留学回国教师中，赵元任、陈寅恪、李济、吴宓、钱端升、叶企孙、陈岱孙等出身哈佛的教师关系较近，与梅贻琦、杨光弼、朱自清等人关系也好。其中，赵元任与张彭春同为1910年第二批直接留美生，陈寅恪与张彭春也有私交。这些人都与曹云祥有矛盾。

在教师中，大体上分为三类：外籍教师、留学生和老先生。一般来说，三者互相轻视，留学生看不起外国人，也看不起老先生；老先生瞧不上留学生，认为他们不懂国情。周培源回忆：

> 当时，教员以北院7号饭厅和工字厅饭厅为中心，分为两派。一派是"五凶"，聚集在工字厅饭厅；一派是叶企孙等……一些人，聚集在北院7号饭厅。北院原来是外国教员的住宅，被称作"外国地"，中国教员一般是不能住过去。中国教员住工字厅，教国文的老先生住古月堂，差别是很明显的。这时清华教员水平很低，只要在外国留过学，会说洋文，回国后即可做月薪200元的教员，如果得了博士，再加40元，共240元。美国教员水平更糟，都是照原来在美国教中、小学的。中国留学生看不起他们，认为我是美国博士，美国我也去过，你在美国不过教中、小学的，穷得没有办法才到中国来的。可是一到中国之后身价百倍，工资高，拿美金，住房不要钱。北院几乎是中国人的禁地，因此叶企孙、钱端升等一定要打入北院去住，以示身份和外国教员平等。[1]

---

[1] 《周培源访谈录（1959年7月）》，清华大学校史研究室藏。

1925 年，钱端升对外国教授俸禄之厚、待遇之优但水平之低愤愤不平：

> 中国各项新学术，尚属幼稚，延致外国通人为教授，固无不可；清华既有美国赔款关系，请美国人更无不可；然必其人之学问博通可为师表而后可。惟清华美教员之大半，能在美国著名大学中充教习（instructor）者，且不多觏，今在清华则养尊处优，録（禄）食供应远出本国教员之上。不仅如此，美国教员除自动辞退外，校中因惮于美使馆之挑剔，不敢有所黜斥。欲平本国学者之气，得本国贤材而乐用之，尚可能乎？……清华而不欲多得第一流教授则已，若欲之，则非增加教授之地位不为功。而所聘之外国教授，尤宜特别出众，庶受较高之俸给，而不招物议。①

作为留学回国的年轻教授，钱端升对老先生也有怨言。1925 年 6 月 9 日，张彭春在日记中写道："钱端升不满意教授二等待遇，表示辞意。以居多数旧教员下为耻。"② 钱端升批评清华校内种种弊病，也以"清华虽成立有年，然讲学之风未盛"③ 暗讽老先生们水平不高。

对钱端升的不满，教务长张彭春表示理解。张彭春也觉得"旧人中学问不高明的实在是有！待遇过优"④。1928 年 5 月 8 日，同为

---

① 钱端升：《清华学校》，《清华周刊》第 362 期，1925 年 12 月 4 日，第 38、40 页。

② 《张彭春清华日记（1925）》，第 95 页。

③ 钱端升：《清华学校》，《清华周刊》第 362 期，1925 年 12 月 4 日，第 40 页。

④ 《张彭春清华日记（1925）》，第 98 页。

留学回国年轻教授的吴宓在日记中写道:"汪鸾翔来,求在评议会中为力,俾得续聘。此类老耄而学识俱乏之人,其卑鄙之状,殊可悯也。"[1] 同时,张彭春注意到钱端升与部分北大的人有接触,认为钱端升等人的计划"若是成功,一般旧职员必须更换,一般旧教员将来也在被摈斥之列"[2]。

梅贻琦性谦和,少锋芒。1924年到清华任教的蒋复璁评价梅贻琦"是一个谦谦君子,不多说话,但颇幽默"[3]。一方面,梅贻琦面对"不常往来,关系十分冷淡"的中、外教师,"站在教务长的地位,对两方面都保持了一个公正无私的关系。这对清华的教务,可以说起了一种示范作用"[4]。另一方面,当时教师开会,外籍和留学生教师经常中英文混用,而老先生因外语欠佳自然没有多少发言权,梅贻琦则经常充当翻译。[5]

1911年即到校教授历史的麻伦(Malone)称赞梅贻琦:"他让我们这些身在异国他乡的美国人意识到:他有朋友,他是受欢迎的。他和蔼可亲、热情好客、个性迷人、幽默风趣。"[6]

梅贻琦既为庚款第一批留学生,是留学生中的老大哥;又居间

---

① 《张彭春清华日记(1925)》,第220—221页。

② 《吴宓日记:1928—1929》,生活·读书·新知三联书店1998年版,第58页。

③ 蒋复璁:《永生不是死——追念梅月涵先生》,《清华校友通讯》新2期,1962年8月29日,第7页。

④ 余才友:《梅月涵与清华大学》,《观察》第3卷第13期,1947年,第18页。

⑤ 清华一些老先生外语程度有限,不能用英语与外籍教授和留学回国教师交流。1922年7月14日,汪鸾翔在日记中记载:"早七钟乘人力车至清华。见黄挺芝、张梦兰、赵瑞侯诸人。西人而乃司Rice来,劝保寿险,学生石佐、胡敦元二人当翻译。"《汪鸾翔文集》日记卷(上),清华大学出版社2023年版,第75页。

⑥ Carroll B. Malone, *Dr. Mei, a Kind Friend, a Fine Scholar, a Good Educator*,《清华校友通讯》新12期,1965年4月29日,第9页。

调和鼎鼐，赢得了老先生们的信任和好感。

以被吴宓鄙视的汪鸾翔为例。1924 年 12 月 31 日下午，学校全体教职员及学生在大礼堂联欢。汪鸾翔表演魔术，受到欢迎。"汪巩庵先生之戏法，久别重逢，特别欢迎；而尤以解释戏法之原理，言辞精长，殊堪发噱；戏法在英文为 Magic，汪先生因名为'梅贻琦'法，于是通场大笑。"[1]

1928 年年中，梅贻琦赴美出任留美学生监督处监督，汪鸾翔题《烟浮远岫》扇面赠送："节过黄梅雨又风，一春花事太悾偬。九州咫尺回看隘，且握云岚在掌中。"并题注："梅月涵先生将之美洲，作此以壮其行。"[2] 汪鸾翔这样老辈人物能在全校师生大会上开梅贻琦玩笑，且在梅贻琦赴美之前题扇相赠，两人关系显然不仅是同事之间彬彬有礼泛泛之交，更有一层亲近在内。这与钱端升、吴宓等人对老辈学者的态度适成鲜明对比。

张彭春自我评价"我的态度太窄狭，太苛求，太偏冷！"并评价梅贻琦"梅是好人，精神不足。负担也重，难有动转的自由"[3]。从另一方面看，这也未尝不是梅贻琦的优点。

梅贻琦和光同尘、居间不偏的性格在张彭春离职时表现得极为典型。

① 《年终俱乐大会志盛》，《清华周刊》第 334 期，1925 年 1 月 9 日，第 17 页。
② 《汪鸾翔文集》诗词卷（上），清华大学出版社 2023 年版，第 209 页。按：1928 年 5 月 15 日，清华学校第 65 次评议会上，会议主席、校长温应星提出拟将留美学生监督处监督赵国材调回，改派学校得力教授充任。学校推荐教务长梅贻琦接任留美学生监督处监督。同年 5 月 25 日，外交部发布第 169 号令，任命梅贻琦任留美学生监督处监督。又汪鸾翔在 1928 年暑假离开清华。故此题扇当作于 1928 年 5 月底至 8 月间。
③ 《张彭春清华日记（1925）》，第 5、160 页。

1925 年，校长曹云祥、教务长张彭春矛盾激化。曾传曹云祥将辞清华学校校长，吴宓、钱端升、叶企孙等人串联反对教务长张彭春继任校长。1926 年 2 月 4 日，张彭春辞职离校。清华学生掀起"挽张去恶"运动，并征求部分老师意见。

刚任国学研究院导师不久的梁启超明确表示："张先生是有才具、有主张、有气节之人，且于清华之功不小，万不可去。今兹情势，不啻小人道长，君子道消，殊非清华之福。且为校长个人计，似不可自坏长城，为学校前途计，亦不可遽烹功狗。"[1]梁启超还写信给曹云祥挽留张彭春。[2]

国学研究院筹备部主任吴宓丝毫不掩饰自己与张彭春的矛盾，直言："余与张先生系主张不同，公开辩论，并无私人恶感。反张运动，已非一日，此次研究院问题，不过适逢其会耳。张先生之去留，似早已决于研究院问题之前。反张之人，可分数类：有主张不同者，有利害冲突者，有出自野心者，有感情不洽者。"[3]

图书馆主任戴志骞表示："张先生很忠实，有主见，有才能，其大学计画于事实上虽未必尽善，但颇合教育原理。校中多不尽分内之责、而好管事之人，似亦不利于张先生。张先生减薪自苦，颇为一部份教职员所忌恨。"[4]

① 《张仲述先生致董事会书》，《清华周刊》第 368 期，1926 年 2 月 27 日，第 31 页。

② 《梁任公教授为挽留张彭春致校长书》，《清华周刊》第 368 期，1926 年 2 月 27 日，第 35 页。

③ 《张仲述先生致董事会书》，《清华周刊》第 368 期，1926 年 2 月 27 日，第 31 页。

④ 同上。

课外作业部主任全绍文说:"余与张先生在美同学,感情素好。张先生很忠爱清华,但其为人性情很怪,颇令人误会。对张之人格学问,非常钦佩。临行时,曾去与张先生送行。"①

张彭春助手、教务主任室秘书朱敏章认为:"张先生之坚决辞职,乃最近发生。最大原因,由于许多人不能谅解,不能合作,致不能贯彻其主张。因张先生每定一计划,或发表一主张,均必经长时间之考虑,故发表后即坚持不让。彼发言耿直,虽对事不对人,但亦易引人误会。"②

梁、吴、戴、全、朱等人对张彭春态度,或拥护、或反对,态度和倾向均极鲜明。相比而言,梅贻琦的态度就很微妙。梅、张二人在南开为同学、在清华为同事,同时还有张伯苓这层关系,私交甚笃。张彭春到清华前及后,通过梅贻琦了解了不少清华内情,这在张彭春日记中都有记载。当张彭春辞职、学生征求梅贻琦意见时,身处冲突双方之间的梅贻琦表示:"校中组织上似有不妥之处,即使任何人来处于张先生之地位,与别人冲突之事,亦所难免。张先生个人可以去,但去后,必为清华之大损失。"③梅贻琦极为冷静、温和地表达了对张彭春辞职的看法,虽有惋惜之情,但比梁启超温和得多。

梅贻琦谦冲自牧的性格特点和温和冷静的处世原则赢得了大多数教师的欢迎和尊重,树立了公正不偏的威信。1926年2月4日,张彭春辞职离校。22日,全校教职员会议决改组学校行政系统,实

---

① 《张仲述先生致董事会书》,《清华周刊》第368期,1926年2月27日,第32页。

② 同上。

③ 同上。

行教授治校，并两次投票（复选法）选举梅贻琦、钱端升、孟宪承、戴超、陈达、吴宓等六人连同校长曹云祥为宪法起草委员，共同起草清华学校组织大纲。4月19日，教授会议选举梅贻琦继任教务长。可见，虽然张彭春离开了，但张彭春、梁启超、梅贻琦等代表的南开影响力仍在，且梅贻琦得到了反对张彭春诸人的认可。

最后，在很多少壮派教授眼里，梅贻琦不仅是同事和教务长，更是他们的业师。李济、吴宓、叶企孙、钱端升、陈岱孙等在清华学校读书时均曾是梅贻琦的学生，且叶企孙等组织科学社等社团时，梅贻琦又是指导教师。因此，这些少壮派与梅贻琦有师生加同事的双重关系。正如陈岱孙所说："在清华教师中，许多人是他过去的学生或后辈。他们对于他是尊敬的。他也相信广大教师是有办好清华的共同事业心的。"①

1925年9月11日，张彭春在日记中写道：

清华人回来的加多。现有：吴、庄、王、蔡、笪、陈、钱、叶、朱（J.P.）、刘、朱。
渐渐清华归入清华人之手！
他们的野心不过如此。
然而我的小成绩就要完全无效了！

1925年12月20日，他在日记中再次写道：

① 陈岱孙：《三、四十年代清华大学校务领导体制和前校长梅贻琦》，《校友文稿资料选编》（第四辑），第106页。

清华将来一定落在新起毕业生之手。

庄、张、钱、李、陈、朱、叶、吴、蔡、朱、赵等——这都不过是先锋，大队在后面！学校发展必须加入。加进的十之八九是清华新毕业生。所谓新毕业生的，就是曾受过清华园毒环境在三年以至八年之久的！[①]

张彭春还指责校内非清华出身的人不团结，梅贻琦、虞振镛等旧人水平不够办大学，埋怨梅贻琦等人不一致赞成他的主张。但他也承认"梅是好人"。[②]

张彭春没注意到的是，梅贻琦较他早八年到清华任教，这些清华的"新毕业生"多是梅贻琦的学生，他们对梅贻琦保持了学生对老师的尊重。少壮派叶企孙一直非常支持和尊重梅贻琦。1927年底，曹云祥校长和梁启超矛盾加剧时，叶企孙主张不助曹云祥，推梅贻琦任校长，梁启超为董事长。[③]多年以来，叶企孙与梅贻琦通信，多次以"涵师"起头；陈岱孙与梅贻琦通信，多次以"学生陈岱孙拜启"结束；充分体现了他们对梅贻琦的尊重。

担任领导，谦虚性格、推诚之心、私人之谊固然重要，但远非全部。自1931年梅贻琦出长清华后，他知人善任，校内人尽其才、材得其序，学校得以快速发展。对梅贻琦而言，叶企孙、顾毓琇、潘光旦、陈岱孙之俦精明强干，入为腹心，出则股肱，"各就所能，各尽其责"，是其长期长校的重要支撑。

---

① 《张彭春清华日记（1925）》，第158、235—236页。

② 同上书，第236、160页。

③ 《吴宓日记：1925—1927》，第432页。

在曹云祥校长外出期间，校务由教务长梅贻琦暂代。例如，1927 年 2 月 23 日，曹云祥赴沪奔兄丧，向外交部呈请派梅贻琦代理校务。[①] 3 月 1 日，外交部批复同意。[②] 这既是惯例，也是曹云祥、外交部认可梅贻琦影响力的明证。

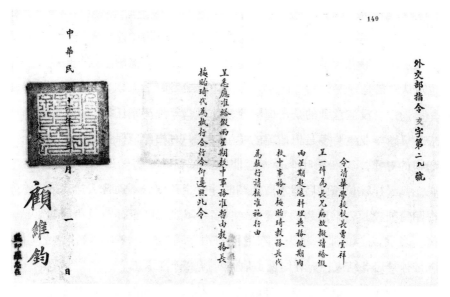

图 1-4　1927 年 3 月 1 日，外交部令梅贻琦暂代校务的指令

韩愈在《原毁》中写道："古之君子，其责己也重以周，其待人也轻以约。重以周，故不怠；轻以约，故人乐为善。"这段话用来形容梅贻琦一生为人处世，可说是极为贴切。

作为清华留学生中的老大哥，梅贻琦逐渐团结了一批少壮派教

①　清华大学档案，1-1-5-082。

②　清华大学档案，1-1-5-083。

授，在学校具有重要影响力。1928 年 5 月 15 日，评议会通过任命梅贻琦为留美学生监督处监督。吴宓在当天日记中写道："校中众所拟为梅派者，多属公正之人，宓亦在其列。将失其中心，而消散不复存矣。"[1] 这恰可说明梅贻琦已经成为少壮派的"中心"。

梅贻琦在清华影响的扩大和地位的提升，是一个自然形成的过程，与学校发展、个人性格等有关。他就像是枕戈待旦的将军，一旦条件成熟，就可跃马扬鞭，发挥自己折冲各方的优势，为学校的发展做出不可替代的贡献。

---

[1] 《吴宓日记：1928—1929》，第 61—62 页。

在留美预备部学生提前出洋风波中

1922 年曹云祥代理清华学校校长，1924 年真除。来校之前，他任外交官，折冲樽俎，成绩斐然。外交经历让他养成处事讲求圆润的特点。1923 年受曹云祥聘请担任教务长的张彭春评价："他是实力派的，想用外交手段来维护他自己的地位。""曹就想保自己的地位，手术是特长。""曹是官僚，长于敷衍。校内取有饭大家吃的政策，各方面都不得罪。"[①]

梅贻琦自 1915 年到清华后，主要从事物理与数学的教学。在生活和工作中，他为人低调务实，工作勤勉有加。1926 年之前，他与曹云祥在工作上交集不多，但对曹评价不高。在他看来，曹云祥"无教育眼光，更谈不到学问"。[②] "现时董事部，外交小官僚，及校长都是教育上的外行汉！"[③] 梅贻琦甚至萌生与曹不能相容而求去之

---

① 《张彭春清华日记（1923—1924）》，第 63—64、82、207 页。

② 1923 年 3 月 18 日，张彭春在日记中记载了与梅贻琦的谈话内容："昨天同月涵谈：曹志久留，董事不能大改组。办事人无教育眼光，更谈不到学问。"3 月 23 日，张彭春在日记中再次写道："清华现在办事人是毫无眼光的，勿容为讳的。"当时，曹云祥正有意聘请时在天津的张彭春到清华学校任教务长，推动清华教学改革和改办大学。此前，张彭春与曹云祥并无接触，日记中两次一样的负面评价只可能来自梅贻琦。参见《张彭春清华日记（1923—1924）》，第 36、38 页。

③ 1923 年 4 月 9 日，张彭春到清华与曹云祥见面，在当日的日记中写到对曹云祥的观察："（一）曹是外交部人，在董事部里很能主持些事，现时不合手续的是部里一般小官僚不愿舍开一点权利，他们自己信清华是他们私有，不愿把权让出。改进第一步是产出一个能负责的董事部，能明白教育政策的董事部。外交部 （转下页）

意。1923 年 12 月 26 日，梅贻琦告诉张彭春："如果曹若久在，他要他去；他同曹精神上不能同处。"①

1923—1926 年，张彭春主持教学改革，站在与曹云祥合作又斗争的前沿。梅贻琦在清华已工作数年，熟悉学校情况，因而多在幕后帮张彭春熟悉校情、商量改革进行、了解教师诉求，甚至帮忙撰写讲话稿等，并不与曹云祥直接冲突。这在张彭春日记中有多处记载。张彭春曾表示"与月涵长谈，得益很多"。②

张彭春辞职后，梅贻琦继任教务长，开始全面深入地参与学校管理，与曹云祥在工作上的交集增加。两人矛盾不可避免地显露并逐渐激化，标志性的事件就是 1927 年留美预备部学生提前出洋风波。

（接上页）或者有一部份的认可权，然而在琐事上不应干涉执行。董事部通过大政策，次由外交总、次长认可，然后执行事应全在学校教职员手里。这一步的改组或者可以期望作到。（二）现时董事部，外交小官僚，及校长都是教育上的外行汉！可是他们自己知道自己的短处，并且外边的意见，他们也能被移动，例如本年派女生事。（三）曹是外行，然比较黄、郭派的人还直正些，要紧的是改组后不叫郸派人拿了去！郸作事的手段在各处都现的出，孟禄已被郭用，要小心从孟处转来的美国影响。"按：郸指黄炎培、郭秉文二人。这段观察和描述，涉及清华学校在管理、尤其是外交部与董事会的很多信息，不可能由曹云祥和盘托出，也绝非与曹云祥一次谈话就能获悉，应该是张彭春本人观察与梅贻琦观点的结合。参见《张彭春清华日记（1923—1924）》，第 49 页。

① 《张彭春清华日记（1923—1924）》，第 224 页。

② 例如，1923 年 7 月 5 日，梅贻琦告诉张彭春，教师对于新任教务长张彭春的期望："（一）是课程的改组，（二）与教员接洽及他们的训练。" 7 月 6 日，梅贻琦告诉张彭春："曹觉着我有点拿架子，不肯一请就来，若是没有几位顾问的主张，早就定了全了。" 7 月 14 日，张彭春"与月涵长谈，得益很多"。9 月 23 日，梅贻琦替张彭春整理出开学讲演稿，张彭春只修改了几个字。参见《张彭春清华日记（1923—1924）》，第 66、67、77、141 页。

这场风波是对已建立的教授治校制度的考验。在这过程中，以梅贻琦为核心的少壮派迫使曹云祥让步并道歉，进一步巩固了教授治校制度，梅贻琦的地位也得到强化。

当时，反对留美预备部学生提前出洋的大学部学生称"清华学校自民国十四年增设大学部后，新制（大学部）与旧制（留美预备部）并行，学校以制度参差、顾此失彼，办事上深感困难。董事会有鉴于此，谋早日结束旧制，专力发展新大学，故有将旧制现余两级今秋提前（出）洋之议"[①]。反对者认为，随着国民党北伐由南往北推进，国内形势发生剧烈变化，留美预备部最后两届学生"见革命军势力，急转直下，深恐时局一变，受有影响，不能出洋"[②]，故相互联络，申请在 1927 年夏提前出洋。

1927 年 3 月 21 日下午，曹云祥在评议会报告：董事会开会议决"旧制学生，于必要时均可送往美国留学"[③]。6 月 16 日，曹云祥召集临时会议，梅贻琦、赵元任、吴宓、杨光弼等参会讨论。会议认为，提前出洋兹事体大，须审慎决定；如外交部有成议，则依部进行。6 月 24 日，在第 38 次评议会上，曹云祥报告：董事会已经通过派送高二、高三两级旧制生出洋案，外交部总、次长已有允意，且已派人征询美公使意见。这次评议会并没有展开讨论提前出洋事。[④]7 月 8 日，第 39 次评议会就派送高二、高三级学生出洋、部分学生如何处理等事进行讨论。[⑤]由上述会议看，提前出洋事未遭

---

① 《清华出洋纠纷之一函》，《新闻报》1927 年 8 月 4 日，第 3 版。
② 《清华学生提前出洋之纠纷》，《新闻报》1927 年 7 月 31 日，第 3 版。
③ 清华大学档案，1-2:1-6:1-029，1-2:1-6:1-030。
④ 清华大学档案，1-2:1-6:1-029，1-2:1-6:1-038。
⑤ 清华大学档案，1-2:1-6:1-029，1-2:1-6:1-039。

教授反对且进行似乎颇为顺利。

留美预备部学生提前出洋，意味着不仅要缩短学制，还要提前支用留学费用，并可能延及清华基金。最先起来反对的是大学部学生。1927年7月15日，大学部全体学生大会一致反对留美预备部学生提前出洋，并选举11人组成"清华大学部留校同学反对旧制提前出洋动用基金委员会"。委员会一面向美国公使、社会等宣示提前出洋的不当；一面发表宣言，申明反对理由。[①]

在1927年6月16日的那次临时会议上，梅贻琦、赵元任、吴宓等同意如外交部有成议则依部议。但不久后，他们态度发生变化，明确反对提前出洋，并将矛头指向曹云祥。

7月16日，在梅贻琦做东的午宴上，来自大学部、国学研究院的赵元任、陈寅恪、李济、吴宓、唐钺、叶企孙等教授决定公开发表宣言反对留美预备部学生提前出洋，并请吴宓起草宣言。显而易见，梅贻琦居间领导了这次反对运动。除梅贻琦，这些人清一色为哈佛大学出身。

午宴后，根据大家意见，吴宓起草的底稿为：

> 此次本校留美预备部高三高二级学生，未届毕业期限，竟予提前出洋。此种办法，实属有违校章，且挪用巨额基金，妨碍全校发展。某等对于此举，极不赞成。除向当局陈说，力图取消此案外，特此宣言。
>
> 北京清华学校教授赵元任、陈寅恪、李济讲师、梅贻琦、

---

① 《清华学校大学部反对高中学生出洋》，《新闻报》1927年7月24日，第2版。

吴宓、唐钺、叶企孙等同启。[①]

17 日，叶企孙、赵元任、吴宓、陈寅恪等在赵元任住宅再次商议。吴宓主张用兵谏之法，将声明出示曹云祥，并迫使其取消提前送学生出洋之议。陈寅恪持审慎态度："主张由同意之三四人另发宣言，表明一己态度。不嫌激切。"陈寅恪并建议宣言修改为：

> 此次……二两级……期限，学校当局，竟予……出洋。似此办法，实属违背校章，某等原拟反对，近闻该项留学经费，须移用巨额基金，必致妨碍全校发展，尤不赞同，除向当局……宣言。[②]

修改后的宣言，态度鲜明如故，语气较为和缓，且为曹云祥留有余地。

18 日，这份宣言在《大公报》发表，[③]其他报纸也随之跟进[④]。校内争论转为社会公议，双方都在寻求社会舆论支持。

大学部学生、部分教授的反对宣言分别发表，引起社会关注，给清华造成压力。7 月 17 日晚 8—11 点，学校召集教授会讨论。曹云祥做说明，认为"旧制提前出洋，意在结束旧制，专办大学，未始无便利之处。但现因（一）校外舆论，（二）评议会征求教授意见，

---

① 《吴宓日记：1925—1927》，第 370 页。

② 同上书，第 371 页。

③ 《清华教授反对高等科学生提前出洋　赵元任等连名发表宣言》，《大公报》（天津）1927 年 7 月 18 日，第 3 版。

④ 《清华学生提前出洋之纠纷》，《新闻报》1927 年 7 月 31 日，第 3 版。

谓不宜违背校章，（三）动用基金有困难。故由评议会慎重讨论。认为旧制高三高二级不当于今年出洋，但董事会及外交部应明白保障旧制照章应有之出洋权利。至大学部学生此次宣言，措辞未免激烈，其望新旧学生此后能和衷共济，勿存意见，以顾大局而利前途"[1]。在蔡竞平建议下，教授会决定马上召开第 40 次评议会。评议会讨论时，留美预备部学生代表前来陈述提前出洋理由。经协商，评议会同意留美预备部学生写明提前出洋理由供评议会审议。评议会从 17 日晚 11 点持续到 18 日凌晨 1 点半，由会议时间之长，可见双方分歧之大。18 日上午 10 点，学校召开第 41 次评议会。经过两个小时审议，评议会否决留美预备部学生提前出洋的申请，议决如下：

（一）按照校章，及为学校前途计，旧制高三高二级不应提前于今年出洋；

（二）校章所定旧制高三高二级毕业留美之权利应积极保障；

（三）旧制及新大学学生，应互相爱敬、融和无间，不宜以此次事故而稍存芥蒂。[2]

三条决议饶有趣味。第一条否决了留美预备部学生陈请，也即否决了曹云祥校长的意见；第二条本为校章规定；第三条则为曹云祥在 7 月 17 日晚教授会上的表态。显然，评议会既否决了曹云祥意见，也为其保留了一丝体面。

---

[1] 清华大学档案，1-2:1-6:1-029。

[2] 清华大学档案，1-2:1-6:1-040。

评议会决议即时公布，并呈报董事会。[①]7月30日，第43次评议会通过呈外交总、次长说明，再次重申第41次评议会通过的决议案。[②]

在此次风潮中，曹云祥支持留美预备部学生提前出洋。这从7月17日曹云祥在教授会上的说明与8月4日留美预备部学生发表在《新闻报》上的答复内容基本一致可以看出来。为此，在评议会上，曹云祥受到了叶企孙、赵元任、吴宓等人的指责。而教务长梅贻琦与叶企孙、赵元任等人配合默契，颇堪玩味。其实，这折射出少壮派教授与校长的权力之争。[③]

社会上的部分舆论也反对提前出洋，并对学校提出批评。1927年7月18日，天津《大公报》社论指出：

> 旧制学生动用基金提前出洋，确于道理不合。因为看见时局不好，恐怕学校将来变动，便不顾多数同学之前途。先提基金，出洋作了了汉。这种思想未免太自私自利，太近于西方式的功利主义，我们委实不赞成中国青年染此等习气。……清华当局为了少数学生私心，牺牲多数学生利益，办法也是欠妥。依我们看，还是及早转圜，别闹笑话才好。[④]

梅贻琦等教授以及大学部学生等借助社会舆论给曹云祥施加压力的目的基本实现，但事情并未结束。

---

① 清华大学档案，1-2:1-6:1-041。

② 清华大学档案，1-2:1-6:1-043。

③ 《清华出洋纠纷之一函》，《新闻报》1927年8月4日，第3版。

④ 《两校的新风潮》，《大公报》（天津）1927年7月18日，第1版。

外交部对学校有指令"提前出洋有违校章，似难照准，旧制学生程度究竟如何，外部不甚明了，请校长查明呈复"。曹云祥即呈文称"高三可入美国大学一年级，高二则否。因而更云高三提前于今年出洋，高二改为明年出洋，亦为解决此事办法之一"[①]。

清华学生在校学习八年，高等科的三、四年级，相当于大学的一、二年级或美国大学的初级大学（Junior College）。学生毕业后公费赴美留学，一般都插入美国大学二、三年级，少数甚至能上大四，一年后即取得学士学位。[②]可见，曹云祥对高等科二、三年级水平的描述符合实际，并无刻意拔高。

但梅贻琦"以校长关于学生之程度一层，既未询问本人，且上述之办法更未征求本人及评议会之意见，遽而呈覆外部，既易引起误会，于手续尤为不合，因而呈请辞职"[③]。可见，梅贻琦在意的是程序与制度。8月7日，评议会以曹云祥轻视评议会、所作所为有违教授治校之精神，全体提出辞职。辞职函由吴宓起草。

> 按照本校《组织大纲》第三章第九条评议会职权第一第四第六项之明文，此次留美预备部高三高二级提前出洋问题，在校内，自应先交评议会讨论决定。乃此事发生之始，未经评议会正式讨论，即由校长与部中直接商办。其后因大学部学生反

① 《教务长及全体评议员愤而辞职》，《消夏周刊》第 5 期，1927 年 8 月 12 日，第 5 页。

② 金富军：《清华大学留学管理研究 1909—1949》，清华大学出版社 2022 年版，第 99 页。

③ 《教务长及全体评议员愤而辞职》，《消夏周刊》第 5 期，1927 年 8 月 12 日，第 5 页。

对，及在校教授表示意见，评议会遂于七月十八日开会，通过决议案三条。旋外交总长，为决定此事，特邀各评议员至外交部会议。方谓部令一下，校长自必召集评议会，共商妥善办法。乃顷闻外交部批令已于八月五日送到校中，校长立即呈复，该项部令及呈文底稿，某等至今均未得见。是某等于评议会之职权，已不能执行。自愧有亏职守，实无以对选举某等之教授会，只有立即辞职。自本日起，所有评议员一切职务，某等概不负责。……评议员戴超、杨光弼、吴宓、赵元任、陈福田、赵学海同启。①

在评议会及社会舆论反对下，外交部于 8 月 10 日下令，否决留美预备部高二、高三提前出洋的要求。8 月 15 日下午，清华学校召开教授会，通报了外交部这一决定。同时，曹云祥引咎屈服。教授会当场通过决议案，要求以后校长应遵守《组织大纲》，重要事件必经评议会正式议决后方可执行。于是，教务长梅贻琦以及吴宓等六位评议员也都收回辞呈。②

至此，风潮告一段落。

留美预备部学生提前出洋，于校章无凭，本可据实验回。但因曹云祥的迁就默许而引发风潮，以致他本人不得不引咎认错。究其原因，在于外交部、曹云祥管理惯性使然。

1912 年后，外交部管理清华学校，时时警惕教育部染指清华。"'外交系'不愿舍开管辖权！不要作梦！在'外交系'下弄几年舒

---

① 《吴宓日记：1925—1927》，第 386 页。

② 同上书，第 390 页。

服饭吃倒可以办到，想要根本改造是万万不能的！""董事会改组不肯加入教育家，他们怕教育界把权夺了去！"曹云祥曾任外交官，长于折冲，对学校管理多采取怀柔政策。"外交部所怕的是学生们同他们去捣乱，敷衍一般学生是曹下手时第一段。现在他对学生还是很注意！给学生想最好方法让他们得利益，这是保守地位的公式！""曹是官僚，长于敷衍。校内取有饭大家吃的政策，各方面都不得罪。"①因此，就不难理解曹云祥对留美预备部学生提前出洋的态度。

校长"总理全校并筹画游美学生事宜"②，权力较大；教师专注教学，无权过问校政。1922 年，曹云祥任校长后，认为清华人治主义严重，政出多门，难于治理，必须建立民主治校制度。同时，早期校友陆续回校任教，教师结构发生变化，有参与校务管理的热情。曹云祥回应年轻教授诉求，采取改革措施，提高教授在学校管理中的地位。曹云祥表示"余不采独断之政策，务多请教顾问，征求各方之意见，并组织委员会。切心考查，详细讨论，采纳妥适之办法，而后施行"③。1926年，在曹云祥与年轻教授的共同推动下，清华开始实行教授治校。

教授治校体制的建立，体现了曹云祥的民主素养。但新制度实行初期，无论是制度本身，还是负责提出、推进、执行制度的人，仍不免受历史惯性影响。曹云祥之所以在程序上出现纰漏而被攻击，原因正在于此。

留美预备部最后两届学生申请提前出洋风潮，引发校长与部分

---

① 《张彭春清华日记（1925）》，第 206、210、207、207 页。

② 飞：《清华成绩面面观》，《清华周刊》第一次临时增刊，1915 年 6 月 26 日，第 11 页。

③ 《校长谈话》，《清华周刊》第 248 期，1922 年 5 月 19 日，第 23 页。

教授、大学部和留美预备部学生的尖锐对立。当时有学生评议：

> 盖旧制同学初向当局请求提前出洋之时，校长即应考察此种请求之是否合理。如认为合理，方可提交评议会讨论，否则即不予接受，是乃必经之手续，毫无问题者。按之实际，提前出洋之举，于理于法，均不可通，校长倘于此时，毅然拒绝，不予接受，则不至有风潮之发生。可断言也。然后校长竟接收其请求矣。退一步言，即令校长认为有考虑之价值，亦应交评议讨论；乃于未得评议会正式之意见以前，即请求董事会讨论，已属错误；且更认评议会为默许，尤为全局之大错。……迨日前外部行文来校，以旧制提前出洋有背校章不能照准，同时复请校长呈复旧制同学之程度为辞，斯时校长如欲结束风潮，最简单之方法，即与教务长商酌如何呈覆关于程度之一点，不应溢出题外，再有其他之建议，或类似建议之言词矣。虽然建议亦无不可，但必须征求评议会之同意，庶免再蹈覆辙。惜乎校长二者均非所取，其呈报学生之程度，既未询问教务长，而"高三可于今年出洋，高二可于明年出洋"的办法之暗示，亦未征求任何方面之意见；于是遂引起教务长及全体评议员之愤而辞职。良以如此，不独有失教授治校之精神，且与校长顾全大局之愿望相违背。在校长或为无心之失，然吾人于校长对于此次风潮举措之一错再错，训至一波未平，一波又起，诚不胜其遗憾也！[①]

---

① 竞汉：《此次风潮与校长》，《消夏周刊》第5期，1927年8月12日，第1—2页。

可见，提前出洋风潮表面看似是经费问题，实则反映着校长与评议会权力之争。以梅贻琦为代表的少壮派重申"组织大纲"，强调照章行事，尊重评议会权力。这是对曹云祥校长权力的制约，也是教授治校的进一步强化。

在这次风潮中，梅贻琦和年轻教授一起凛然相对，维护了新生制度的权威性。这次斗争不宜简单地视为权力之争，更应视为对学校管理体制的考验。梅贻琦长校后更加完善教授治校，这一事实充分说明，梅贻琦维护的是学校制度，而非争个人权力。以历史的后见之明看，这一制度的坚持和完善，对清华大学的发展具有重要意义。

经历此次事件，梅贻琦的影响与地位进一步加强，成为名副其实的少壮派核心，甚至有"梅派"[①]的出现。1927年底，梁启超乐观地估计梅贻琦将取代曹云祥出任校长。[②]虽然曹云祥辞职后，梅贻琦并未如梁启超所料升任校长。但在此后不久的国民政府接管清华的过渡期内，梅贻琦代理校务，扮演校长角色，发挥了重要作用。

---

① 1928年5月15日，评议会通过任命梅贻琦为留美监督处监督。吴宓在当天日记中写道："校中众所拟为梅派者，多属公正之人，宓亦在其列。将失其中心，而消散不复存矣。"《吴宓日记：1928—1929》，第61—62页。

② 1927年12月12日，梁思成在写给长女梁令娴的信中说，清华校长解决后，"曹去后大约由梅教务长代理"。丁文江、赵丰田编：《梁启超年谱长编》，上海人民出版社1983年版，第1163页。

协助国民政府接管清华学校

　　1928 年，随着国民党北伐自南而北胜利推进，政局剧烈变化。当此五行交运、春秋迭代的复杂时期，梅贻琦犹如定海神针，维持校务稳定，协助国民政府顺利完成对学校的接管。

　　社会剧变影响到学校领导频繁更迭。1928 年 1 月，曹云祥校长辞职，董事会主席严鹤龄暂代校务。4 月 16 日，外交部批准严鹤龄辞职，任命温应星为校长。5 月 25 日，外交部发布第 168、169 号令，分别免去赵国材留美学生监督处监督职务、任命梅贻琦继任；[①]梅贻琦所遗教务长一职，经 5 月 31 日教授会选举余日宣继任。[②]6 月 4 日，外交部批准温应星校长辞职，令余日宣代理校务。温辞余代的外交部令由梅贻琦在 6 月 6 日召开的第 70 次评议会上宣布。[③]这样，余日宣以教务长代理校务，集校长、教务长权力于一身。但余日宣仅代理二十天左右，在 6 月 27 日召开的第 72 次评议会上，学校校务已转由梅贻琦主持。[④]这一变化表明，虽然外交部计划中梅贻琦非校长人选，但清华既有的权力格局却是以梅贻琦为核心的。

　　外交部第 168 号令明确梅贻琦代替赵国材任留美学生监督处监

---

①　《新任游美清华学生监督》，《清华学校校刊》第 36 期，1928 年 6 月 4 日，第 2 版。

②　《教务长改选》，《清华学校校刊》第 36 期，1928 年 6 月 4 日，第 2 版。

③　清华大学档案，1-2:1-6:1-070。

④　清华大学档案，1-2:1-6:1-071。

督，但因政局动荡、国民政府要倚重梅贻琦完成接管等因素而并未执行。梅贻琦继续留校主持校务，以完成校务的顺利交接。

一、人心惶惶

伴随着北伐的行进，社会各界发生着剧烈变化。清华园虽僻处京郊，但园中师生密切关注时局变化，对未来或欢迎，或恐惧，或犹疑，增加了梅贻琦维持校务的难度。

国学研究院导师梁启超除在清华的教学与研究外，还忙于燕京、司法储才馆等处的工作。1926 年 12 月 20 日，梁启超给子女的信中写道："时局变迁非常剧烈……北洋军阀确已到末日了。将此麻木不仁的状态打破，总是好的，但将来起的变症如何，现在真不敢说了。"梁启超虽然对北洋政府不满，但他与国民党政见分歧更大，认为"暴烈分子定要和我过不去，是显而易见的。更恐北京有变后，京、津交通断绝，那时便欲避不能"。1927 年 10 月 11 日，梁启超在家信中悲观地表示"现在战事正在酣畅中，胜负如何，十日后当见分晓，但无论何方胜，前途都不会有光明，奈何奈何！"[①]

正是这种想游离于双方之外的心态，促使梁启超为未来做着种种安排。一方面，他积极筹款准备游美，并给梁思顺存钱以备将来万一之需。另一方面，他也积极准备去天津避难，"北京正是满地火药，待时而发，一旦爆裂，也许比南京更惨。希望能暂时弥缝，延到暑假。暑假后大概不能再安居清华了。天津也不稳当，但不如北京之绝地，有变尚可设法避难，现已饬人打扫津房，随时搬回。"他心情十分烦闷，1927 年 3 月 30 日，他在家信中写道："我现在心很

---

① 丁文江、赵丰田编：《梁启超年谱长编》，第 1101、1120、1157 页。

乱，今日讲课拟暂停了，正在靠临帖来镇定自己。"[①] 7月6日，他回到天津。此后，他便常驻天津，逐渐减少了在北平，尤其是清华的停留时间。

与梁启超未雨绸缪预先调整类似，吴宓离京南下考察情势，主动寻求脱困之法。

当北伐军势如破竹长驱北上时，北京各种传闻不断，人心惶惶。就在北伐军进入北京的前一天（1928年6月7日），清华校内"传闻校内之共党将于今夜放火，焚烧校舍"。面对剧变情势，生性敏感的吴宓惶恐不安，担心日后清华改组甚至被解散，田园诗意的清华生活将告结束。"此局不知何日变，安居长恋旧巢深。"他表示："非不得已，不离北京。清华如解散，而京中教育又为北大派所垄断，不能见容，则或者于辅仁大学等处谋一教职。薪金所微，不计。""彼北大派之人到此宰制一切，仍各用其私党，未必公平选材。……比之彼胡适、罗家伦之流，排除异己，以邪说曲学召世惑众者，不犹愈耶？"[②] 经过反复思想斗争，吴宓决定南下考察，如果时局不利，则赴南京任教，以为退路。7月29日，吴宓离京南下。8月18日毛彦文告诉吴宓，杭州报纸报道大学院任命罗家伦为清华大学校长，吴宓"闻之颇不舒"。在南方观察了一段时间，吴宓又返回北京静观其变。

让吴宓哭笑不得的是，原本是他担心罗家伦不能容己而南下探听风声，不料被人认为此举是提前南下与罗家伦通款。校内教职员中传言："宓之南游，乃由大学院及罗家伦氏电招至南京，陈述此中

---

① 丁文江、赵丰田编：《梁启超年谱长编》，第1122、1123页。

② 《吴宓日记：1928—1929》，第72、83、77页。

教职员之优劣高下，若者宜留，若者宜去，以为到校淘汰之标准云云。"吴宓由是感慨"谣言如是，可谓奇已"[①]。

如果说梁启超、吴宓对时局悲观但积极寻求转圜之道，那么与梁启超同为国学研究院导师的王国维，则过于悲观并主动终结了自己的生命。1927年6月2日，王国维在颐和园投湖自杀。王国维之死，有各种解读。同为国学院导师的陈寅恪哀悼"敢将私谊哭斯人，文化神州丧一身"。他在《王观堂先生挽词并序》中写道："凡一种文化，值其衰灭之时，为此文化所化之人，必感苦痛，其表现此文化之程量愈宏，则其所受之苦痛亦愈甚；迨既达极深之度，殆非出于自杀，无以求一己之心安而义尽也。……盖今日之赤县神州，值数千年未有之钜劫奇变；劫竟变穷，则此文化精神所凝聚之人，安得不与之共命而同尽，此观堂先生所以不得不死，遂为天下后世所极哀而深惜者也。"[②]陈寅恪将王国维之死阐释为与传统文化共存共亡的理念，揭示了王国维心灵深处悲观失落以及绝望之情，对王国维之死的理解非常深刻。而这种深刻背后反映着他们某种共通的文化理念。陈寅恪以"思想囿于咸同之世，议论近乎曾湘乡张南皮之间"自况，他对王国维的理解，又何尝不是自己心态的写照？

同样面对北伐，朱自清没有王国维那么决绝，也没有梁启超那样腾挪，他对未来感到惶惶然。1928年2月，朱自清写道：心中"常觉有一点除不去的阴影"，"现在革命的进程虽是混乱，有时甚至失掉革命的意义；但在暗中的 Class Struggle 似乎是很激烈的"。"在

---

① 《吴宓日记：1928—1929》，第120页。

② 陈寅恪：《王观堂先生挽词并序》，《国学月报》第2卷第8、9、10号合刊，1927年，第547—548页。

旧时代正在崩坏，新局面尚未到来的时候，衰颓与骚动使得大家惶惶然。革命者是无意或有意造成这种惶惶然的人，自然是例外。只有参加革命或反革命，才能解决这惶惶然。不能或不愿参加这种实际行动时，便只有暂时逃避的一法。这是要了平和的假装，遮掩住那惶惶然，使自己麻醉着忘记了去。"[①]这正是他这段时间真实的思想和感情。

梁启超、吴宓、王国维、陈寅恪、朱自清等人的选择和反应，具体而微地反映出知识分子在大动荡面前的不同心境与选择，这些选择往往又超越个人而带有某种思想、文化的象征意味。作为主持校务的学校领导，梅贻琦带领这些思想、立场各异的教师顺利过渡，直到南京国民政府完成接管。

二、各方觊觎

在国民政府取代北洋政府的过程中，两个政府执政理念、方式不同，且国民党、国民政府内部派系斗争不断，因而清华学校的接收过程也充满矛盾。

清华学校因其特殊的办学背景，长期归外交部管辖。在清华早期发展史上，这种外部管理体制有其积极作用。有研究者肯定这种管理体制的积极意义：一、外交部主管人事较教育部主管人事稳定；二、外交部是清末民初较为现代的一个部门；[②]三、美国对清华

---

① 《那里走》，《朱自清全集》第 4 卷，江苏教育出版社 1990 年版，第 226、231、236 页。

② 张齐显对北京政府外交部的专题研究，全面系统地揭示了这点。参见张齐显《北京政府外交部组织与人事之研究（1912—1928）》，（台北）花木兰出版社 2010 年版。

有重要影响，而外交部与美驻华使馆经常保持接触，双方教育理念相近，容易沟通。因此，"在当时的历史条件之下，清华由外交部管辖应该是一个较佳的选择。"① 1923 年 12 月 10 日，清华学校教务长张彭春在日记中写道："在各种政治势力之下，外交系较比起来还算是懂一点道理的，如果要在北京作事，宁在'外交系'之下，不在教育部之下！"② 1928 年，南京同学会认为"外部以前管理清华成绩甚佳"③。

迨至 1927 年刘哲任教育总长时，曾计划加强教育管理，欲将清华划归教育部管理。但因北洋政府很快倒台，这一计划不了了之。

大体而言，在北京政府时期，政府对大学发展基本持放任态度。到国民政府时期，这一情况逐渐改变。正如任以都指出，高等教育成为中央政府扩张权力的一个渠道。④

1928 年 6 月 9 日，国民政府发布第 267 号通令，指出："教育学术为一国文化所自出，现当国民革命势力被于全国，宜有统一整理之必要。曩以政会淆乱，系统不明，中央学术各机关往往分隶于各部院及特殊团体，如清华学校属于外交部，地质调查所属于农商部，观象台属于国务院，社会调查所属于中华教育文化基金委员会，其例不胜枚举，似此任意灭裂，障碍前途，实非浅鲜。本政府既设大学院为全国教育学术之唯一枢机，所有从前分隶各部院及特殊团体

---

① 苏云峰：《从清华学堂到清华大学 1911—1928》，第 26—27 页。

② 《张彭春清华日记（1923—1924）》，第 207 页。

③ 《南下代表报告书（1928 年 9 月 13 日交评议部）》，《清华周刊》第 443 期，1928 年 11 月 17 日，第 135 页。

④ 参见〔美〕费正清、费维恺编《剑桥中华民国史》下卷，中国社会科学出版社 1988 年版，第 442 页。

之中央教育学术机关，自应一律改归大学院主管。其各部院对于专门人材之需要，各团体对于设立机关之条例，统由大学校赓续计划，切实进行，以专责成而便发展。"[①] 1929 年 1 月，教育部再次强调："凡学校及有关文化之事务，均应受教育部之监督指导，以一事权，而重责任。"[②]

这两次通令的信息非常明确，作为政府政策，大学院、教育部统一主管全国文教。且 267 号通令特别点名清华学校，这预示着国民政府大学院一改北京政府教育部不干涉清华的政策，以划一全国教育的名义介入清华管理。这势必与传统上清华的管理部门——外交部发生冲突，清华的命运注定掀起波澜。

清华学生傅任敢观察到：

> 自北平克服，一般人早就知道大学院有统一教育权的举动，自大学院正式颁布统一全国教育学术机关命令以后，清华的将来，便很为校内校外的人士所注意。连日各方暗相争持，密云不雨，表面无所举动，内幕大有进行。[③]

对 267 号通令，胡适明确表示反对。1928 年 6 月 21 日，胡适致函蔡元培："如统一学术机关之令，便不是谋定而后动。令文中提

---

① 《国民政府通令第二六七号》，《国立清华大学校刊》第 75 号，1929 年 5 月 31 日，第 3—4 版。

② 《南京记者与教授会代表谈话》，《国立清华大学校刊》第 69 号，1929 年 5 月 17 日，第 1 版。

③ 任敢：《学校根本大问题》，《消夏周刊》第 2 期，1928 年 7 月 16 日，第 4 页。

及文化基金会的社会调查所，而不及交通大学。今先生已将交大还与交通部，而此令亦等于一纸空文而已。……若谓一切学术机关皆宜统一，则不但交通大学应收归大学院，连一切私立大学，以及科学社之生物研究所、北京社会政治学之门神库图书馆，都在统一之列了。"因此，他建议："清华学校与社会调查所皆自有经费，似不必去动他们。文化基金董事会既有自己补选缺额之权，而已成为一种'财团法人'，正宜许其办理学术研究机关。"①

胡适眼光犀利，看到了政策的矛盾之处，即大学院实际上是有选择地统一学术教育机关。交通大学既然可以交与交通部办理，为何要以划一事权名义将清华从外交部转教育部？厚此薄彼，自相矛盾，致使通令不啻为一纸空文。易言之，对清华的争夺，很大程度上并非教育本身，而牵涉部门利益，尤其是庞大的清华基金。既然政策非尽出于教育而有私心作祟，在挟北伐胜利余威的党国面前，胡适的建议自然没有得到回应。相反，对清华的争夺、对中基会的改组等随之而来。

1928 年 6 月 8 日，北伐军进入北京。当日，清华校内国民党学生在大礼堂前悬挂青天白日旗，并在校内各处张贴"铲除土豪劣绅、以党为国、党化教育"等内容的标语。②9 日，清华举行升青天白日旗仪式，国民党在清华的活动正式公开。当天，校内国民党党员对内发表《为北伐胜利告清华教职员及同学书》，对外发表《为北伐胜利告各界同胞书》。③

---

① 《胡适日记全编》(五)，安徽教育出版社 2001 年版，第 162—163 页。
② 《吴宓日记：1928—1929》，第 72 页。
③ 《党团》，《消夏周刊》第 1 期，1928 年 7 月 9 日，第 10 页。

政局初定，政象纷扰，人心浮动。6月10日，梁启超在给梁思成的信中写道："清华评议会许多议案尚未通过，新教习聘书一概未发旧教习契约满期者尚未续发，而北京局面已翻新，校长辞职，负责无人，下学期校务全在停顿中。该校为党人所必争，不久必将全体改组。"6月23日，梁启超在给梁令娴的信中写道："党人只有纷纷抢机关、抢饭碗京津间每个机关都有四五伙人去接收，新军阀各务扩张势力，满街满巷打旗招兵嘴里却个个都说要裁兵。"①

正如梁氏所言，6月11日，南京国民政府大学院和外交部会同致电梅贻琦，委派他"暂代校务"，听候接管。18日，大学院宣布要"统一全国教育学术机关"，接管北平各大学院校，声称清华也在接管之列。而外交部却坚持要由它来承袭北洋政府外交部对清华的管辖权，抢先接管了清华基金，拒绝大学院插脚进来。7月17日上午，外交部派张歆海、朱敏章等八人"查账"，以示"接管"。②18日，大学院特派员高鲁、齐宗颐、卫聚贤三人也接踵而至清华"视察"，并对外交部提前"查账"表示不满。③张、朱、高、卫诸人，在清华或求学或工作或先求学后工作，皆为校友。双方你争我夺，互不相让。各派势力竞相逐鹿清华校长一职，一时竟然有三十多人。④

当时在大学院任职的钱端升亲历了清华接管过程，他的回忆勾勒出当时各方争夺校长的场景：

① 丁文江、赵丰田编：《梁启超年谱长编》，第 1179、1185 页。
② 《外部委员来校又讯》，《消夏周刊》第 3 期，1928 年 7 月 23 日，第 9 页。
③ 《接收问题》，《消夏周刊》第 5 期，1928 年 8 月 6 日，第 7 页。
④ 《校长人选》，《消夏周刊》第 5 期，1928 年 8 月 6 日，第 8 页。

我是 1927 年离开清华，到南京大学院呆了一年。当时，蔡元培是大学院院长，杨杏佛是副院长。国民党接收北平，接收清华，想做清华校长的人很多。有个叫凌冰的，曾做过南开教务长，在南京外交部做参事，是冯玉祥手下的人，也是哥伦比亚大学教育系博士。凌认为："我是外交部的人，又是教会的人，又是哥伦比亚博士，又是办教育的，当清华的校长，没问题。"他想来当校长，我们没有同意。当时，张奚若是在南京高等教育处，我们都认为不能把清华归到外交部去，一定要拿过来，我们抵制凌冰。后来，又有张欣海也想来当校长。他也是外交部参事。曾在清华教过英文；为了赚钱，又同时兼北大英文教授。此人不行。我们也不同意。

我们当时是想找一个年纪大些、政治上独立些的人物，当时想找李四光。但那时罗家伦活动得很厉害。他有时还故意对我说："你可以去当校长。"罗后来用了国民党党里的力量来压大学院。我对蔡元培说，他去当校长很不理想，但蔡元培也挡不住，他当校长完全是国民党压下来接受的。[①]

需要指出的是，罗家伦是在蔡元培的支持下出任清华大学校长。考虑到这段文字出自 1965 年，不难理解钱端升对罗家伦的刻意贬低。

三、顺利接收

面对各方觊觎，清华学生会通过决议："致电国民政府，询

---

① 《钱端升访谈录（1965 年 6 月 15 日）》，清华大学校史研究室藏。

问清华管辖问题。""在管辖问题未解决以前，任何人不得接收清华。""在管辖问题未解决以前，请梅教务长不让任何人接收清华。"①

当时，无论校内师生，还是国民政府，都清楚清华校内权力格局，深知梅贻琦在清华无可替代的影响和地位。因此，才有1928年6月11日，国民政府大学院和外交部会同致电梅贻琦，委派他以教务长名义而非代理校长余日宣"暂代校务"，并听候接管。对此，梅贻琦在7月16日学生会评议会上有剀切说明：

> 上月接大学院蔡院长、外交部王部长会同电命，托予以教务长名义，暂维现状。予恐系政府不承认北京政府以余日宣先生为代理校长之任命，故余勉为其难。后董事会开会，以经费无着，电外部转美使拨款，无覆，由此更足证明政府不承认旧有机关。唐外次长来平，余曾往见，彼于实情，想不甚熟悉。惟款则已允拨给。……余曾建议，学校非其他机关可比，不能封锁停顿，请不必接收。本月十五日，接外部接收委员来函，言接收委员执行董事会执权，明日（十七日）来校外部委员，只察看而已，并非接收。②

不难想象，梅贻琦承担了极大的压力，处理政权更迭之际各种错综复杂的内外部关系。在学校内部，梅贻琦尽量维持师生人心稳定和校务运行。众所周知，维系学校稳定最核心的是教学稳定。面

---

① 《学生会》，《消夏周刊》第1期，1928年7月9日，第11页。
② 《评议会》，《消夏周刊》第3期，1928年7月23日，第12页。

对剧烈动荡的外部形势，梅贻琦尽可能维持教学有条不紊地进行。

在教学上，梅贻琦将上课与期末考试分开，课程照常进行，考试推迟到下学期。对留美预备部大一级学生的考试，梅贻琦与授课教授商定考试办法并于 1928 年 5 月 29 日公布，按照原定时间进行考试，其余各级延迟到下学期。[①] 而大学部则强调各项课程正常进行，学校按照常规编订 1928—1929 年度课表，要求学生 5 月 26 日至 6 月 2 日选定课程。[②] 每周一次的修学指导演讲定期举行，各类奖学金评定照常举行，6 月 1 日，学校公布《清华学校大学部奖学金及免费规则》[③]《周寄梅先生纪念奖学金章程》[④]。有所调整的是大学部期末考试延期至下学期初，并责令注册部对提出转学申请的学生出具相关证明。[⑤] 这些规定、要求、通知的出台，既保证了常态化课堂教学；又兼顾形势变化将考试推迟；并考虑少数学生的担忧，出具相关证明，许其回家或转学；考虑细致周全，处理合情合理，很大程度上稳定了学生情绪。

同时，在梅贻琦代理校务后，梁启超信中所说的校务停滞很快恢复，应发的聘书也陆续发出。6 月 27 日，第 72 次评议会议决："应发聘书，决由主席签名发出，用'教务长代理校务'名义。"[⑥] 这在一定程度上稳定了教师队伍。

---

① 清华大学档案，1-2:1-69:2-107。《公告》，《清华学校校刊》第 35 期，1928 年 5 月 28 日，第 1 版。

② 清华大学档案，1-2:1-69:2-105。

③ 清华大学档案，1-2:1-69:2-109。

④ 清华大学档案，1-2:1-69:2-110。

⑤ 清华大学档案，1-2:1-69:2-108。

⑥ 清华大学档案，1-2:1-6:1-072。

在梅贻琦领导下，学校合理安排学生毕业、考试、补考、缴费，以及招生等工作；妥善处理了教师聘任；从而稳定了师生情绪，维持校务稳定，最终使得南京国民政府顺利完成对清华学校的接管。

罗家伦被任命为校长后，多次致电梅贻琦了解情况并指示校务进行，如缓发聘书、二次招生、兼收女生、展期开学等。梅贻琦复电经评议会通过后发出，"电请罗校长速来主持一切"[1]。罗家伦回忆："清华大学前教务长梅贻琦君，及全体学生，均叠电催促家伦到校，整理校务。"[2] 1928年9月16日，罗家伦到达北平后马上和梅贻琦见面了解学校情况。9月18日，罗家伦方宣誓就职。

冯友兰回忆国民政府接管清华时指出："那时候，北方久处于军阀统治的水深火热之中，凡是南边来的人，都非常受欢迎。……在清华那边，教授和学生们也都震于北伐的声威，表示欢迎。我们这个班子就顺利地把清华接收了。罗家伦聘请杨振声为教务长，我为哲学系教授兼秘书长。我们是靠着北伐军的余威进入清华的。"[3] 揆诸实际，冯友兰这段话只说出了一个方面。更确切地说，清华之所以能被顺利接收，除人心思定、北伐胜利等因素外，梅贻琦的有效领导与配合也是重要原因。

必须指出的是，要客观地评价梅贻琦在过渡时期的作用。梅贻琦对清华学校顺利过渡的重要作用主要体现在罗家伦来校之前对校务的维持。罗家伦就任校长后，校务即由罗家伦全权负责。此后校务改革是在罗家伦推动下进行。

---

① 清华大学档案，1-2:1-6:1-074，1-2:1-6:1-075。

② 罗家伦：《整理校务之经过及计划（上董事会之报告）》，清华大学校史研究室编：《清华大学史料选编》二（上），第5页。

③ 冯友兰：《三松堂自序》，东方出版社2016年版，第77页。

黄延复认为："由于梅贻琦在如此纷繁的关系中表现出沉着、冷静、从容以对的态度，终于使大学院与外交部达成暂时共同管辖清华的协议，并决定：（一）将清华学校改名为'国立清华大学'，并初步添设研究院；（二）由大学院会同外交部，合派董事九人，组成新的董事会，掌握清华大学；（三）原'清华学校及留美学务基金保管委员会'改由大学院院长（后为教育部长）、外交部长和美国公使三人组成。就这样，梅贻琦在这种复杂的情况下，使清华安然摆脱了困境。"[①]

实际上，清华被接收后，更名国立清华大学；从外交部管辖到外交部、大学院共管，再到教育部管辖；废除董事会；改革清华基金等，都是罗家伦利用外交部部长王正廷等原北洋旧人刚任职不久、根基浅薄从而不敢与党国元老蔡元培硬争的契机，借助自己在国民党内人脉强力推动实现的。在国民党、国民政府内，梅贻琦根本没有与罗家伦比侔的资源与资本。就性格而言，梅贻琦也没有罗家伦的果断决绝与破釜沉舟的勇气。黄延复显然夸大了梅贻琦的作用，从而罗冠梅戴。

在政局大变、且对国民党和国民政府不了解的情况下，梅贻琦对学校和个人的前景也是茫然的。梅贻琦自己有一番剖白。1928年7月，在暑期体校开学典礼上，梅贻琦说：

> 想当初计划时，毫无把握，因为不知能请得多少好教师，不知能招得多少学员，更重要的是不知时局要变化成什么样子。

[①] 黄延复：《梅贻琦教育思想研究》，辽宁教育出版社1994年版，第66—67页。

不过同时却觉得这是一件值得作的事，所以冒险作了下去，现在幸得安然成功，这是始料所不及的。[①]

因此，所谓梅贻琦"沉着、冷静、从容以对"不免过于美化而背离实际。放在大时代背景下审视，梅贻琦的反应与王国维、梁启超、吴宓、朱自清等人相比，有相似，又有不同。这才是鲜活、有担当的梅贻琦。

从影响学校的外部因素看，1928年清华面临南北政府更迭，而非北京政府治下政治军事斗争或人事变化。由于梅贻琦具备无可替代的地位和影响，国民政府令梅贻琦"暂代校务"符合当时清华学校实际权力格局，确保了学校平稳过渡。如果单纯从个人利益考虑，在外患未弭、内弊交兴、政乱权分的情况下，梅贻琦大可急流勇退挂冠而去，但他存公务国，坚守岗位，为学校顺利过渡做出了重大贡献。

---

① 《开会情形》，《消夏周刊》第3期，1928年7月23日，第24—25页。

在被学生攻击之列

自"五四运动"以后，学生作为一支富有朝气的力量登上历史舞台，在诸多学潮、政潮中扮演了重要角色。曾任北京大学校长的蒋梦麟对冯友兰说："一个大学中有三派势力，一派是校长，一派是教授，一派是学生，在这三派势力中，如果有两派联合起来反对第三派，第三派必然要失败。"冯友兰回忆：在1930年代，"有一种议论，说清华有三种人物：神仙、老虎、狗。教授是神仙，学生是老虎，职员是狗。"[①] 蒋、冯二人叙述角度不同，但都生动地说明了学生在学校中的重要地位。

在各地校长更迭风波中，学生往往有着重要影响，有时甚至能进退校长。在驱逐罗家伦校长、拒绝乔万选任校长的风潮中，清华大学学生发挥了重要作用。那么，在梅贻琦出任清华大学校长一事上，清华大学学生是何意见？起了什么作用？

一

清华历史上，在多次校长更换时，学生出于爱校热诚积极发表意见，不但愿意提出他们心目中理想校长的标准，也愿意提出理想校长的人选。

1925年11月，清华校内传出曹云祥校长将要离开的消息，学

---

① 冯友兰：《三松堂自序》，第83、344页。

生一方面积极挽留，同时也提出新校长的条件。有学生提出四点标准：（一）人格学问可以为学生之表率；（二）对于教育有研究且办理教育有成绩；（三）要有忠于教育积极任事之精神；（四）无浓厚之政客、宗教、买办等特殊色彩。[①]对这四点标准，教务长张彭春表示"非常赞同"[②]。12月14日，40多名学生开会通过清华校长任职的七项条件：中西学术兼通、人格高尚、专心教育事业、在本国办理高等教育有经验、能保管清华基金、无显著政党色彩、能继续发展清华现行计划。[③]12月18日，学生会评议部召集特别会议，对校长条件进行斟酌。[④]

当时梅贻琦还未进入清华权力中心，无办理高等教育经验，且皈依基督教，[⑤]因此无论是四点标准，还是七项条件，揆诸当时情形，学生心目中的校长人选自然没有梅贻琦。

有趣的是，1925年12月，听闻曹云祥校长可能离校，年轻教

---

① 《我们所需要的新校长》，《清华周刊》第363期，1925年12月11日，第1—4页。

② 《张彭春清华日记（1925）》，第227页。

③ 《继任校长条件》，《清华周刊》第364期，1925年12月18日，第20页。

④ 《评议部特别会议记要》，《清华周刊》第365期，1925年12月25日，第35—37页。

⑤ 梅贻琦在美国读书时，皈依基督教，且信仰相当诚笃。1914年回国后，在天津基督教青年会工作一年，曾翻译《基督教与社会生活》等。1921年秋，梅贻琦再次赴美进修。回国后所写的赴美见闻中，除教育等外，也介绍了美国人的宗教观念、基督教在欧美的改造等，提出在华基督教有改造必要。只有经过改造，基督教才能在中国"生根长大"，"不致终成一舶来品也。"〔美〕梅贻宝：《五月十九日念"五哥"》，《清华校友通讯》复19册，清华大学出版社1989年版，第80页。乐灵生：《基督教与社会生活》，梅贻琦译，《生命》（北京）第3期，1920年，第1—7页。梅贻琦：《吾第二次来美的感想》，《青年进步》第55期，1922年7月，第74—75页。

师钱端升和教务长张彭春都不约而同地想到了胡适。

钱端升认为："清华之弊，积重难返，不有学者，不足以革之。与外部或清华有密切关系者，则碍于情面，狃于成例，亦不能以革之。故惟负时望之学者，而又独立不群者，若丁文江，王宠惠，吴敬恒，马寅初，胡适，胡敦复，范源濂，梁启超，唐文治，翁文灏，魏宸组诸先生，庶足以胜任而愉快。且斯数人者，不特能革除积弊已也，以其为学者，必能进清华为真正学府，以其为有力之人，更必从事于董事会之废止或改组等。"[①] 在钱端升看来，唯不负时望且独立不群者才能革清华之弊，钱氏所提 11 名人选，除梁启超外，均非清华在职人员。

张彭春在 12 月 9 日的日记中写道："外面找人，较相宜的是范或胡。范已有事业，总不愿舍易就难。并且基金委员会也是很重要的事。""如适之愿来，并且是由我约请的，于我没有什么丢脸。我实在学问名望都远不如他。""我要坚持请适之。"[②]

1926 年 11 月 4 日，钱端升再次恳请胡适出任清华校长。在给胡适的信中，钱端升写道：

> 去年我已经问过你是否愿意担任清华校长，我现在请你再考虑一下。曹庆五预备于寒假中到上海商务印书馆做经理去，同时他想请郭鸿声来替他，这都是他当面同我说的。这一遭，他的确想走。他走了，清华的风气就有变更的可能。不过我们决不能让郭郎来。想来想去，最妥当的办法是劳你的驾。清华

① 钱端升：《清华学校》，《清华周刊》第 362 期，1925 年 12 月 4 日，第 41 页。
② 《张彭春清华日记（1925）》，第 224、225 页。

校长，在现在状况之下，要有下列几点：（一）通过外交部，（二）美使馆不反对，（三）学生不反对。除了这三点以外，我们希望能得一个学者，有勇敢心者，并且有好的 taste（风趣）者。可是这种人能有多少呢？有人提过马寅初，但他是太好好的一个先生，恐怕整顿清华不起来。有人同我说王雪艇很有点力量，我也是这样想，但恐怕打不进外交部，而且他不是留美学生，美使馆也许要反对他。要是你肯来，什么问题都没有。你是学者，有志意者，有资望者，是美国留学生（这并不是我特别亲美，不过事实不能不这样），是与现今外交当局很有交情，又是能开刀的好手。你肯来，就千妥万当；你不肯来，那就找不出什么适宜的人来了。[①]

可见，即使立场接近并站在反对曹云祥的同一战壕，钱端升也没有将梅贻琦视为校长人选。

在 1928 年清华学校被国民政府接管前，梅贻琦暂时代理校务。学生期待一位能大刀阔斧改革的新校长。学生会通过决议，"具备以下资格者，始得为清华校长：（一）教育专家，须办高等教育有显著成绩者；（二）确能发展清华大学，使成全国高深学府者；（三）曾为党国效劳者；（四）须人格高尚声誉卓著者；（五）确能实现三民主义化的教育者。"[②]并且明确"凡有以下情形之一者，不得为本校校长：（一）腐化份子；（二）军阀走狗；（三）在教育界历史上有劣迹者；

① 中国社会科学院近代史研究所中华民国史组编：《胡适来往书信选》上册，中华书局 1979 年版，第 407 页。

② 《学生会》，《消夏周刊》第 1 期，1928 年 7 月 9 日，第 12 页。

（四）借外国势力以谋校长者。"学生会并向大学院呈文，请以此标准"速派适当校长，以利校务进行而维学生学业"[1]。

这五条标准，糅合了多方面因素。第（一）（二）（四）条从能力着眼，而第（三）（五）条从政治着眼。与1925年四点标准或七项条件相比，最显著的变化就是由原来无浓厚政客、无显著政党色彩变成了为党国效劳、能实现三民主义。换言之，由原来的非党非政治变成了浓厚的政党色彩。这个变化反映出国民党领导的北伐以摧枯拉朽之势打败割据各方军阀的胜利带给学生的冲击。

这五条校长标准，其中第（三）条"曾为党国效劳者"即可将梅贻琦排除在外。1928年8月7日，学生向已离开清华、担任大学院文化处处长的钱端升明确表示："同学方面希望新校长必要一生人，对于清华具改造热忱，方能'大刀阔斧'的干起来。"[2] 8月10日，学生校务改进委员会提出戴季陶、邵力子、胡适、凌冰、周诒春、周鲠生、张彭春等为校长人选。[3] 显然，在学生心目中，梅贻琦绝非校长人选。相反，作为需要"革新"的对象，梅贻琦在学生驱逐之列。正如替罗家伦打前站的郭廷以观察到的那样：

> 清华同学十九均深不满于学校现状，而切望其改革。……彼等对于清华之奢靡腐败，一部分教职员之操纵把持，切齿痛恶。彼等所希望之校长，为一以教育学术为己任，富余积极改革之精神与决心，敢作敢为，大刀阔斧，勇往直前之学者，举

---

① 《学生会呈文》，《消夏周刊》第 7 期，1928 年 8 月 20 日，第 28、29 页。

② 征言：《钱端升先生访问记》，《消夏周刊》第 6 期，1928 年 8 月 13 日，第 9 页。

③ 《校务改进委员》，《消夏周刊》第 7 期，1928 年 8 月 20 日，第 25 页。

数十年来之积弊，扩而清之。至其与清华关系之深浅，是否为国内之名流，非所问也。[①]

正所谓望之深、怨之切，学生对学校的不满，也包含对梅贻琦的不满。因而才有郭廷以观察到的：部分清华学生"对梅并无大好感"，梅贻琦"代教务长，亦在被攻击之列"。[②]

大学院、外交部对罗家伦的任命，遭到南京、上海等地清华同学会的反对。南京同学会反对原因有三：外交部以前管理清华成绩甚佳，罗氏德不足以服人，且有外交关系，故罗氏总不适宜。上海同学会反对原因亦有三：罗氏学识肤浅，人格卑鄙，不尊重同学会意见。[③]但"在校同学，对于毕业同学，感情颇恶，决难合作。彼等认明盘踞清华而使学校陷于目今情势者，均为毕业同学"[④]。

校内学生对罗家伦表示欢迎，并发表宣言，表示"惟清华同学会系清华毕业同学之团体，自不能代表在校之清华学生，现在代表清华全体学生之机关为清华大学学生会。根据学生会之议决案，不但对罗先生毫无反对之意，且对罗先生之来长清华，深抱革除积弊及建设学术化的清华之希望。盖清华过去积弊，早经本会宣言，而历任负责人员，大都顾虑情面，因循敷衍，甚至上下勾结，狼狈为

---

① 《郭廷以致罗家伦函——民国十七年八月二十五日》，《罗家伦先生文存》（附编），第337—338页。

② 《郭廷以先生访谈录》，（台北）"中央研究院"近代史研究所1987年版，第188页。

③ 《南下代表报告书（1928年9月13日交评议部）》，《清华周刊》第443期，1928年11月17日，第135页。

④ 《郭廷以致罗家伦函——民国十七年八月二十五日》，《罗家伦先生文存》（附编），第198页。

奸，致此经费比较充足之清华，不能有所发展。吾清华大学学生会，对革除积弊及发展校务，抱有彻底决心"[①]。1928年8月30日，清华学生会代表萧仁树、傅任敢、钟一航等到南京，欢迎罗家伦。[②]同学会与在校学生关注不同，态度自然不一。

在北伐胜利、清华即将被接管的背景下，清华校内迎来大变化，学生对校务的不满直指学校领导和部分教职员。作为学校实际负责人的梅贻琦面临着校内外双重压力：外有国民政府疑虑，内则学生"对梅并无大好感"。1928年7月，清华学生评议会推选的校务改进委员会向学生评议会提出9名校长人选，罗家伦、周鲠生得票最多，可见学生的思想趋向。

在校内爆发驱赶罗家伦、吴南轩，拒绝乔万选的风潮中，学生积极提出校长人选。在学生提出的数位人选中，仍无梅贻琦。

驱罗期间，清华大学学生会提出校长人选。1930年11月3日下午八时，学生会代表大会议决推举陈锦涛、赵元任、周诒春为校长人选。[③]几天后，人选有所调整，陈锦涛变为胡适。11月15日，清华大学学生会致电兼任教育部长的蒋介石，提请在周诒春、赵元任、胡适三人中选定一人任清华大学校长。11月18日，清华学生会呈文教育部，再次呈请教育部长蒋介石批准罗家伦辞职，提请在周、赵、胡三人中选定一人任清华大学校长。呈文称"此三先生者方足任重德堪服人、学识经验并符硕望"。12月15日，谢志耘等四名清华学生代表全体学生向来校考察的钱昌照报告驱罗拒乔经过，

---

① 《南下代表报告书（1928年9月13日交评议部）》，《清华周刊》第443期，1928年11月17日，第136页。

② 《清华学生代表欢迎罗家伦》，《新闻报》1928年8月31日，第9版。

③ 《清华今日选校长》，《益世报》1930年11月5日，第6版。

"切盼国府从速任命全体属望之校长来校主持","于周诒春、赵元任、胡适三先生中择一继任"。[①] 12 月 24 日,学生会再次呈文国民政府主席蒋介石,称:"校长人选,前属学生全体大会一致通过下列条件:(一)办学富有经验,(二)学识渊博,(三)声望卓著,(四)人格高尚,(五)无党派色彩,(六)确能发展清华。并根据以上条件提请国民政府在周诒春、赵元任、胡适三人中择任一人。"[②]

这六条标准与 1928 年学生提出的五条标准相比,对个人能力的要求基本相同,最大的变化是政治标准。从 1928 年的"(三)曾为党国效劳者""(五)确能实现三民主义化的教育者"变为"(五)无党派色彩"。到反对乔万选时,学生更加明确提出"力求清华不为派别争斗的目的物,力求清华不致卷入政治漩涡"[③],坚决反对乔万选"藉着军阀的力量,来把持清华的校政"[④]。

虽仅相隔两年,对政治标准前迎后拒的巨大反差反映出学生认识到教育独立的重要性,对政府与大学、政治与教育的关系有了新的认识。

学生在短期内反复提出周诒春、赵元任与胡适三人备选,说明在学生看来唯有此三人达到六项条件,能孚众望。值得指出的是,周、赵、胡三人皆为清华校友,这也反映出清华学生心中"清华人

---

① 《钱昌照来校参观》,《清华周刊》第 501 期,1930 年 12 月 20 日,第 76 页。

② 《久未解决之清华校长问题》,《申报》第 20747 号,1930 年 12 月 30 日,第 10 版。

③ 张德昌:《我们对于校事的态度》,《清华周刊》第 33 卷第 14 期,总第 493 期,1930 年 6 月 17 日,第 1 页。

④ 傅永汉:《异哉清华同学会之干校运动》,《清华周刊》第 33 卷第 14 期,总第 493 期,1930 年 6 月 17 日,第 7 页。

办清华"的意识。但学生的反复呈请并没有实现。1931 年 3 月 18
日《大公报》报道：3 月 17 日，蒋介石接见清华学生代表，明确表
示："政府非不欲容纳学生意见，但先征周诒春未得同意，胡适系反
党，不能派。"[①]3 月 19 日《中央日报》报道：蒋介石对学生代表说：
"周坚不就，赵元任非办事人才，胡适言论乖谬，碍难予以任命。"[②]
两报报道大同小异，综合起来概而言之：周诒春被中央认可但本人
坚辞，赵、胡二人则不被中央认可。

吴南轩就任不久，校内爆发"驱吴"运动。1931 年 5 月 29 日，
清华学生代表大会通过并呈请教育部以"学问经验，两并优迈"的
周诒春代替"言行背谬，措置失当，举止不经，贻笑大方"的吴
南轩。清华学生表示"如教部仍不顾清华同学公意，任命其他人来
校长校，坚决拒绝"。学生会"派代表三人赴周诒春处请其来校长
校"[③]。学生大会通过的呈教育部文写道：

> ……窃本校校长一职，自前校长罗家伦离校以来，悬虚十
> 月。本校学生，上体国家造育之旨，下承父兄属望之殷，兢兢
> 业业，谨慎自持，静待钧部解决。以为钧部远瞻近瞩，审慎周
> 详，必能择公正不苟、学问优良、知识卓越者为本校校长。当
> 吴南轩先生任命之初，本校学生本不识吴先生其人，惟以为学
> 生向在求学时代，见闻容有未周，既经国府任命，必有真才实

---

① 《蒋告清华学生代表》，《大公报》1931 年 3 月 18 日，第 3 版。当日胡适在
日记中保留此剪报，并写道"今天报载蒋介石给了我一个头衔"。《胡适日记全编》
（六），第 98 页。

② 《蒋主席召见清华学生代表》，《中央日报》1931 年 3 月 19 日，第 2 版。

③ 《学生开大会》，《申报》第 20890 号，1931 年 6 月 2 日，第 10 版。

学及办事能力，庶几不负当过嘱托之重而压众望。故当时本校学生，亦尝欣然色喜，以为清华而今而后，其将有望乎。乃吴氏莅校二月，言行背谬，措置失当，举止不经，贻笑大方，不但无丝毫发展清华之诚意，力将本校旧有之成绩规模，破坏无遗。本校学生坚忍经年，得兹恶果，长安遥瞩，良用痛心。然初犹多方婉谏，冀有解司，诚不忍学校再起风波，发生事变，则虽无伤于任何个人，而本校全体同学，实身受其害。然而吴氏之行犹昔，我疆我土，予取予求，变本加厉，每况愈下，是以全体同学，痛定思痛，忍无可忍，爰于本月二十九日上午九时，开学生全体大会，通过请求钧部撤换吴南轩……并请求钧部，任命周诒春先生为校长。如钧部仍不能顾及同学公意，任命其他人长校，一概坚决拒绝……窃以为周诒春先生为最适。周先生学问经验，两并优迈。前长清华五载，成绩昭昭，在人耳目。虽前钧部敦聘未果，苟能勉以大义，重之以党国使命，周先生达者，当能欣然受命也。本校学生顾察事实，不敢故作夸大希望，故提出周诒春先生，恳请任命，乞予照准　毋任企祷。"①

对清华学生恳请，未及教育部答复，周诒春闻讯后马上婉辞。5月31日，周诒春在中山公园对记者谈话，谓："余离清华十余年，不悉校况，且本身职务繁重，对于此次学潮，仅在报端阅过，实不知真相。学生之诚意虽佳，但余不敢领受。总之，对于清华校长一

---

① 《学生会呈教育部文》，《大公报》（天津）1931年6月2日，第4版。

席，实不能担任。"①周诒春再次婉拒，固属离校数年不谙校情，根本原因还在于不愿意卷入国民政府内部政争旋涡。

不久，教育部任命翁文灏代理校长，清华学生表示欢迎。"翁文灏先生以当代学者，来长我校，全校师生无不深庆得人。"②"翁先生的学问，不用说是现在国内数一数二的第一流学者；翁先生的道德，又是洁身自好，磊落光明；至于翁先生的才力，我们只要对于他数十年来对社会的种种贡献，以及现在所惨淡经营的地质调查所的成绩略加考查，我们就可以想像而知了。"③因为翁文灏无意于清华校长职务，代理后多次请辞。梅贻琦曾说：翁文灏"并不是不能在清华待下去，他是有能力的人，盖志不在此也"④。

纵观校长更迭，清华学生对罗家伦、吴南轩先迎后拒，对翁文灏、周诒春、胡适、赵元任热切期盼，对乔万选完全排拒。迎拒之间，学生三次提出校长人选，均无梅贻琦。可见，在1928—1931年，梅贻琦非学生心目中理想的校长人选。即使在国民政府任命梅贻琦任清华大学校长，学生自治会仍守缄默，不作表态，⑤这尤能体现当时学生对梅贻琦的态度。

---

① 《周诒春谈话》，《益世报》1931年6月1日，第2版。

② 继川：《我所希望于翁代校长者》，《消夏周刊》第1期，1931年7月13日，第1页。

③ 《同方部里——欢迎会》，《消夏周刊》第2期，1931年7月21日，第55页。

④ 《吴有训访谈录（1959年7月）》，清华大学校史研究室藏。

⑤ 学生自治会"代表会东（一日）举行二次常会，到代表十九人，请假八人，对校长就职问题，无具体议案。据熟悉内幕者谈：该会对此问题，暂守缄默，不表示态度云"。《校长梅贻琦已到校视事》，《清华周刊副刊》第36卷第4、5期，1931年12月5日，第19页。

二

梅贻琦在学生心目中形象之所以如此，既与学生长期以来对梅贻琦的认知有关，也与北伐胜利、政府更迭之际各方表现差异带来的心理冲击有关。

年轻学生富有热情，他们身处清华，看到学校存在的种种不足和弊端，期盼富有创造力、革新精神的校外"生人"对学校进行大刀阔斧的改革，这自然是爱护学校的表现。可他们的期待又往往带有理想主义色彩，急于求成。1948 年 12 月 22 日，浦江清在日记中写道："青年人同中年人的态度总不很相同。他们富于理想，思想前进。中年人往往注意于现实问题，意志消沉，又富于理智，抱怀疑稳健的态度。"[①] 经历了 1928 年北伐胜利与 1948 年清华园解放，浦江清的这番感慨实际上具有普遍性。

1928 年 8 月 20 日出版的《消夏周刊》上有一组讨论校务的文章，集中地反映了学生对校务的种种意见。专栏编辑在栏目介绍中借社会引出学生对学校的不满，"清华以往的成绩，究竟是如何？社会自有定评。不过众意好像说：清华有特殊的地位，而并没有收特殊的成绩，认为不满意，同时我们自身也有同样的感觉。因此得了一个结论，就是：现在的清华有改革的必要"[②]。署名"真"的《谈谈校务》一文从经费、用人、教授、设备等四个方面痛陈清华存在的种种问题，批评清华经费、用人、设备是大糊涂账，教职员滥竽充

---

① 浦江清:《清华园日记　西行日记》，生活·读书·新知三联书店 1987 年版，第 241 页。

② 《清华切身问题　校务讨论》，《消夏周刊》第 7 期，1928 年 8 月 20 日，第 1 页。

数者多。"大人先生们！清华是国耻的产物，是四万万同胞血汗换来
的金钱所供给。我们所负的责任是如何大！我们不要认为这是一个
'乐园'！我们要对得起社会，对得起中国，对得起全国四万万同
胞。"该文指出，听闻大学院内定孙科任清华校长。"我们所希望的
校长人选，并不是要挑一位大人物来装门面，而是要一位热心教育，
专一于清华大学事业的学者来剔除积弊，发展大学。我们固然不敢
说孙先生不是这种人，但比孙先生更合适的，也许还有吧！""最近
又听说改任了罗家伦先生，为我们的校长，这使我非常高兴。因为
至少罗先生比孙先生更合适一点，不是吗？"[①]

　　面对学生对校务的种种不满，以及热衷于"校外"各种校长人
选的坦诚讨论，"彼等所希望之校长，为一以教育学术为己任，富于
积极改革之精神与决心，敢作敢为，大刀阔斧，勇往直前之学者，
举数十年来之积弊，扩而清之"[②]。作为清华实际领导者，梅贻琦肩
负的不仅仅是"暂代校务"，更背负着学校积年形成的各类沉疴的十
字架。

　　1928 年 8 月，罗家伦被任命为清华大学校长，受到学生欢迎。
在革命和新旧过渡之际，罗家伦有着梅贻琦无可比拟的优势。从地
缘看，罗家伦是浙江绍兴人，与蒋介石、蔡元培、戴季陶、邵力子、
蒋梦麟等同省籍。从学缘看，罗家伦先复旦后北大，与黄兴、宋教
仁、戴季陶等交流，受到叶楚伧、邵力子、薛仙舟、蔡元培、胡适
等国民党元老及学界领袖认可；北大毕业后出国留学，又沐浴欧风

---

① 真：《谈谈校务》，《消夏周刊》第 7 期，1928 年 8 月 20 日，第 6、9、10 页。
② 《郭廷以致罗家伦函——民国十七年八月二十五日》，《罗家伦先生文存》（附
编），第 197 页。

美雨。从政治看，罗家伦在"五四运动"中风云一时，留学回国后入幕北伐军机。可以说，罗家伦集浙籍先进、知识青年、革命志士、留学精英、党国干城诸多身份于一身。在国民党元老，尤其在教育界位高权重的蔡元培的赏识和大力举荐下，罗家伦毫无悬念地出长清华。

罗家伦到校以前，学生会派代表到南京，向罗家伦提出办学原则，希望罗家伦照此原则改进清华。学生对校内职员过多、待遇过厚、教授水平不高早有不满，"只是三四百位学生的学校，要用上百多位的教职员，差不多和学生等多（?）的校役，这也能说是需要是如此吗？""机关多如鲫，主任满地走。""从前只是教中等学校相当的科目的，现在也都'顺着杆儿爬上来'，变成大学'教授'了！你说他们不配吗？他们的势力还'交关'大呢！""现在清华的教授有七八十位之多，但好的却异样之少。"[①]学生看在眼里，急在心里，急切想改变这种局面，提出学校用人原则。[②]学生代表提出"裁撤冗

---

① 真:《谈谈校务》,《消夏周刊》第 7 期，1928 年 8 月 20 日，第 4、5、8 页。

② 1928 年 8 月 10 日，学生校务改进委员会通过斥退滥竽充数教职员的原则：

（一）凡本校教授有下列情形之一者，即在驱逐之列：

一、无真实学问者；

二、教授不尽职者；

三、把持校务者；

四、人格卑下不足为人师表者；

五、不属任何学系而其所授功课又非普通或必修性质者。

（二）凡本校职员有下列情形之一者即在取消之列：

一、所属机关应在裁撤之列者；

二、尸位素餐不负责任者；

三、营私舞弊确有证据者。

《校务改进委员》,《消夏周刊》第 7 期，1928 年 8 月 20 日，第 25—26 页。

滥教职员一层，认为有两种办法：一则立时完全裁撤，一则逐渐更换"。在未到校了解情况前，罗家伦不敢采取孟浪手段遽行撤换，故倾向于后者，而学生代表则"一再要求采取革命手段，一次裁掉"。罗家伦没有明确答复。几天后，学生代表离开南京前往见罗家伦，再次要求"以革命手段，裁换冗滥教职员"。但罗家伦仍坚持主张渐进进行。[①]

罗家伦长校后，挟北伐胜利余威，借南北政权更迭之机，对清华大学进行大刀阔斧改革。其革命与改革精神给学生以深刻印象。例如，招收女生问题，清华学生呼吁十余年，始终未能实现。就在1928年8月初，学生仍在强烈呼吁招收女生，并对"宿舍不敷使用"等消极理由进行反驳。[②]梅贻琦曾说：任教务长后，"许多同学向我请求，开放女禁，招收女生。我当时的回复说，招收女生这件事，在原则上我是赞成的，不过在事实上，我认为尚须有待，因为男女的性别不同，有许多方面，必须有特别的准备，所以必须经过相当的筹备，方能举办"[③]。他仅表同情，无有推动。

与梅贻琦的优柔形成鲜明对照的是，罗家伦在到清华就职之前不与其他部门商议便致电梅贻琦，要求二次招生且兼招女生。冯友兰回忆：

---

① 《南下代表报告书（1928年9月13日交评议部）》，《清华周刊》第443期，1928年11月17日，第137页。

② 《旧事重提——看当局尚有何话说？》，《消夏周刊》第5期，1928年8月6日，第5页。

③ 《梅校长到校视事》，《国立清华大学校刊》第341号，1931年12月4日，第1版。

清华那时候还不收女生，这个问题如果要跟有关部门商量，那就可能无休止地讨论下去，不商量是可以马上就办的。于是就用不商量的办法，只需要在招生简章上加上四个字"男女兼收"就行了。当时就用这种快刀斩乱麻的办法，在招生简章上加上这四个字。另外腾出一所房子（古月堂）作为女生宿舍，事情就办了。[①]

在校内设备、图书、宿舍、教室等此前据以搪塞的借口没有任何变化的情况下，既无"特别的准备"，又无"相当的筹备"，清华马上实现了男女同校。

再如改良董事会问题，清华学生、校友呼吁多年，外交部拖而不决，罗家伦采取霹雳手段推动实现改辖废董。[②]就是学生关心的裁换冗滥教员，虽然罗家伦在南京没立即答应学生代表，但在他任校长一个月后，清华大学解聘教授超过三分之二。

两相比较，在性格和处事方面，梅贻琦显得守成有余、革新不足，并非学生心目中的激进人物、改革先锋。故而1928—1932年，在学生多次提出的校长人选中，始终没有梅贻琦。

校长空缺期间，维持校务的校务会议屡次催促教育部早定校长"以免因时局另生枝节"[③]。梅贻琦出任校长，源自国民党和国民政府高层人事安排，与学生没有直接关系，不宜夸大学生的作用。更何况梅贻琦始终就不是学生推荐的校长人选。

---

① 冯友兰:《三松堂自序》，第343页。

② 《完成自办清华大学的最后步骤——清华大学改辖废董》，金富军:《档案里的清华》，上海三联书店2023年版，第206—215页。

③ 清华大学档案，1-2:1-2:1-021，1-2:1-2:1-022。

随着形势变化，经历了罗家伦、吴南轩等校长后，学生也逐渐冷静，最明显的变化就是对新校长的任职条件剔除了政治人物，从拥抱国民党变为"无党派色彩"。冯友兰分析这种变化指出：

> 在 1928 年，国民政府的北伐，是受到人民拥护的，罗家伦是乘北伐之余威，打着革命的旗帜，进入清华的。罗家伦本人在当时的学术界和教育界是后进，不能说有什么威信，但是作为五四运动的一个学生领袖，他还不失为一个全国皆知的名人。可是1931年就不同了。北方的人民包括学生在内，反对军阀的统治，北伐军是打倒军阀的，但是后来看出来，他们也不过是新军阀而已。北伐的余威没有了，革命的旗帜也不能号召了。①

应该说，学生作用的发挥有正反两面。翁文灏代理校长之初与学生谈话时，充分肯定"青年人动机是纯洁的，心胸是坦白的，对于学校的关心是真挚而热烈的，惟其如此，所以关于校务意见往往是确有道理"。但他也指出："校事能否好好进行固是教育当局要负最大的责任，但是学生诸君也不是毫无责任。我们不但要有好校长，而且还要使他也可以也肯于把校务负其全责，安心尽力的做去。要使得办学的人能够安心尽力，学生的合作与同情是必要的条件，也是最好的酬报。"同时批评清华学生："我们在这个清华园中享受大家认为优美的环境，大家又在求学的时代不曾完全认识社会的各种情形，有时容易把园中一些小问题过于看得大了，几乎遮没了本身

---

① 冯友兰：《三松堂自序》，第82页。

将来立身处世最大的问题。"[①]

1932年5月，1918年清华毕业、时任中央大学教授的程其保批评易长风潮中学生要求的理想主义因素：

> 试观近年来大学易长之潮屡见，而学生对于校长人选之标准不外（一）对党国有历史者，（二）办大学有成绩者，（三）对本校能发展者。其空泛无稽，莫此为甚。第一，对党国之历史，标准至不易定。从好处言，即今日之所谓"大人物"，从坏处言，实即政客、术士之别名耳。以政客、术士而办教育，已属不当。其于党国，既有历史，已成为政治舞台上之要角，求其能安心办教育，恐不可得。第二，每一大学，各有其背景与环境，处理校务，决不可以一定之方式行之。故一校之长，在某一情状之下，认为成功，在另一情状之下，反居失败，乃教育界之常态。若以为办理教育有相当之成绩者，即为理想之校长，于事实未必尽能。第三，至于所谓"能有发展本校之能力者"，确为重要之条件。但如何证明发展之能力，则非寥寥数字所能尽。[②]

程其保与翁文灏观察角度不同，但都看到了学生因年龄小、阅历浅等存在的思想上的不成熟。

---

① 《与清华大学学生谈话》，《消夏周刊》第3期，1931年，第73、75页。

② 程其保：《论大学校长》，《时代公论》第7号，1932年5月13日，第11页。

三

梅贻琦为人谦逊平和、老成持重、执两用中，适合在剧变时期守成、在和平时期改良，往往与带有理想色彩的学生期望存在差距。当学生认识到梅贻琦的优势，他们就会发自内心地认可并接纳他。梅贻琦连续长校17年，深孚众望，绝非偶然。这是个人性格、能力、校内外情势综合作用的结果。

梅贻琦出任校长，主要操之于国民党和国民政府高层。但能否安于其位，则视政府、教师和学生三方博弈而定。梅贻琦能顺利出任清华大学校长，因为此；能连续执掌清华校务17年，也因为此。

在校长之争中脱颖而出

1931 年，梅贻琦出任清华大学校长，是清华大学校史、中国高等教育史上的重要事件。在清华校长更迭风波中，与国民党渊源颇深的罗家伦、吴南轩等先后败走麦城，而与国民党关系浅薄的梅贻琦如何能在错综复杂的政治、社会、人事等背景下脱颖而出？目前有关梅贻琦、清华校史的出版物对此均语焉不详。有些出版物没注意到这个问题，对此不着一字，例如吴洪成著《生斯长斯　吾爱吾庐——清华大学校长梅贻琦》。[①] 部分出版物如赵赓飏著《梅贻琦传稿》，黄延复、钟秀斌著《一个时代的斯文》等明确提到李书华提名梅贻琦任校长，并引用李书华的回忆，但都一带而过未及展开。黄著在引用李书华回忆后，笔锋一转，"当然，李书华这里说的只是问题的一个方面，而且是非主要方面。在当时条件下，由谁来推荐谁做清华校长是一回事，而清华师生接纳与否则是另一件事。此前清华师生'三赶校长'风潮足以说明问题"[②]。接着黄著使用梅贻琦任校长期间受师生拥护的材料来说明梅贻琦"被选"的"主要方面"，但这显然属于倒放电影式的循环论证。

①　吴洪成：《生斯长斯　吾爱吾庐——清华大学校长梅贻琦》，山东教育出版社2004 年版，第 85 页。

②　赵赓飏：《梅贻琦传稿》，（台北）邦信文化资讯公司 1989 年版，第 40—41页。黄延复、钟秀斌：《一个时代的斯文：清华校长梅贻琦》，中国广播影视出版社2021 年版，第 119 页。

此外，深研清华早期校史的苏云峰曾有《清华校长人选和继承风波》专文，分析1918—1931年、梅贻琦之前的校长更替。对于梅贻琦出任清华大学校长，苏文提到"由于范源濂的极力推荐，中央决定派梅贻琦为校长。""国民党最后选对了梅贻琦。盖梅在出任校长以前，已在清华观察了十七年，深知其中奥秘。"①苏文提范源濂，当为鲁鱼亥豕之误。盖因范氏早在1927年即去世，不可能提名梅贻琦。且"在清华观察了十七年"似过笼统，不能揭示梅贻琦崛起及任校长原因。

一般而言，出任有影响的国立大学的校长，首先要能在国民党内错综复杂的人事关系中脱颖而出。梅贻琦在政界根基较浅。陈岱孙曾指出：梅贻琦"似和政治无缘，在他就任校长后头几年，连一个挂名的国民党员也不是。在南京他没有政治资本，没有人事渊源"。②那么梅贻琦又是如何脱颖而出的呢？

一

国民党中南方人有势力，尤其是浙、苏、粤等省的人士众多。蒋介石、二陈、蔡元培、张静江等是浙江人，吴稚晖是江苏人，胡汉民是广东人。张继、李石曾等河北人则属于北方派。在北伐胜利前后接管清华时，除外交部、大学院之争外，国民党内各派势力进行反复争斗，尤其是李石曾与蔡元培。

吴有训、周培源不约而同地指出，梅贻琦出任校长得益于北方

① 苏云峰：《清华校长人选和继承风波》，《近代史研究所集刊》1993年第22期。

② 陈岱孙：《三、四十年代清华大学校务领导体制和前校长梅贻琦》，《校友文稿资料选编》（第四辑），第106页。

派李石曾的提携。

吴有训说：

> 美国人抓清华，首先是抓基金，清华校长还是由国民党政府派，外国人并没有直接管理学校。
>
> ……吴南轩又碰了一下回去。为了对付学生，国民党希望在北方能找一个人来使清华相安无事。果然由于历史关系，梅来了果然能使清华相安无事下来。同时梅对国民党也是"奉命唯谨"，并不反对国民党，因此他能呆得久……[①]

周培源说：

> 梅贻琦是怎么来的呢？梅是北方人，原来和国民党中李石曾（也是北方人）一派有关系，国民党中南方人有势力，尤其是江浙和广东人。蒋介石和二陈是江浙人，宋系和胡汉民都是广东人。在旧社会讲封建关系，国民党中的北方人就是以张继、李石曾为首的一派。梅做校长，并不是因为清华的关系，而是通过国民党北方派的关系来的。清华是靠美国办起来的，在"国民革命军"方面看来吴（南轩）属于打倒之列的，原来不是站在一边的。
>
> ……吴南轩被赶走后，国民党反动集团中找不出走狗来搞清华，因此只好通过国民党内北方人的关系找了梅贻琦来。[②]

[①] 《吴有训访谈录（1959年7月）》，清华大学校史研究室藏。
[②] 《周培源访谈录（1959年7月）》，清华大学校史研究室藏。

早在接管清华时，就有蔡元培与李石曾之争。胡适在 1928 年 5 月 23 日的日记中记录了一条：他（按：李石曾）发愁蔡元培自兼北大校长，而派代表去办。于是说，"万不得已，只好抢清华"[①]。7 月 4 日，张奚若对吴宓说，"蔡消极，教育权归于李石曾一派"。7 月 27 日，暂代清华校务、等待国民政府接管的梅贻琦告诉即将南下的吴宓，以"防李石曾派之侵入为维持清华之大方针云"。[②]

竞争的结果，互有胜负。李石曾等人阻断蔡元培复任北京大学校长意图。"于是蔡抱消极态度，完全放弃了他办北平教育的心思。其实当时李石曾不等这个议案通过，早已在海外电来来电任沈尹默、高鲁这几个人去接收各学校去了……于是北平的大学，自此无法整顿。"[③]但接管清华这件事，蔡元培得胜，推荐自己的学生、同乡罗家伦出长清华。

罗家伦任校长后，对清华进行大刀阔斧的改革。他推动清华大学归教育部管辖，取消董事会，清华基金划拨中基会管理，以文理为中心进行学科建设，强调研究是大学的灵魂，延聘与裁汰并重进行师资队伍建设，招收女生，加强设备、图书购置及校园建设等，为清华大学发展打下了基础。

中原大战爆发后，汪精卫与阎锡山在北平另组"国民政府"，蒋介石在北方失势，罗家伦在清华地位不稳。部分清华师生觉得罗家伦是国民党员，办学政治色彩太浓。再者，罗家伦与清华没有历史

① 《胡适日记全编》（五），第 123 页。

② 《吴宓日记：1928—1929》，第 85、95 页。

③ 《商山四皓》，罗久芳、罗久荣编辑校注：《罗家伦先生文存补遗》，（台北）"中央研究院"近代史研究所 2009 年版，第 33—34 页。

渊源，因此，"驱罗"运动爆发。[1] 1930 年 5 月 22 日，罗家伦辞职离校。离校时，罗家伦发表声明，表示："学风虽致陵替，士气不可不存。"[2]

在当时情形下，罗家伦辞职是"见机而作"。既有学术因素，也有政治因素。

前者如陈岱孙指出："由于罗资历既浅又没有学术地位，在他所延聘的学者和校内原有教师的心目中，罗的威望不高。"[3] 冯友兰也指出："在当时的政治形势下，罗家伦不能维持清华的局面，是必然的。因为我们这些人，在当时的学术界和教育界中，还都是后进，没有什么特殊表现。"[4]

后者如冯友兰指出：

罗家伦之所以得到清华校长的职位，完全是依靠政治上的势力。赶走张作霖以后，蒋介石直接指挥的军队，当时称为"中央军"，并没有开到北京。当时南京国民政府任命商震为北京卫戍司令，商震是属于阎锡山系统的人，这一任命就表示，南京承认北京是阎锡山的地盘。不过当时，阎锡山还在表面上服从南京。对于北京的教育界他没有插手。罗家伦就是乘这个机会来接收清华的。冯、阎同南京决裂，凡是靠南京势力的人，

① 《蒋廷黻回忆录》，岳麓书社 2003 年版，第 131 页。

② 《罗校长辞职离校　校务交校务会议处理（1930 年 5 月 22 日）》，《国立清华大学校刊》第 178 号，1930 年 5 月 23 日，第 1 版。

③ 陈岱孙：《三、四十年代清华大学校务领导体制和前校长梅贻琦》，《校友文稿资料》（第四辑），第 103 页。

④ 冯友兰：《三松堂自序》，第 79 页。

本来都应该撤回南京，在北京是站不住的。况且像清华这样的学校，在教育界和学术界有相当高的地位，在财政上又有充分的来源，阎锡山和他那一派的人，岂有不想抢去之理？所以罗家伦的辞职，是见机而作。如果能在学生开会以前就先表示辞职，那就更主动，用当时的话说，那就更"漂亮"。[①]

罗家伦辞职，蔡元培属意周炳琳代理清华大学校长。1930 年 10 月 15 日，清华收到教育部电，令周炳琳代理校务。当日，清华大学校务会议即复电："校务遵即交周教授炳琳代理。"[②]周炳琳与罗家伦一样，也是北大毕业的浙江人，可见蔡元培等人遴选清华大学校长不出浙江、北大的小圈子。但周炳琳深知校内外矛盾错综复杂，有罗家伦前车之鉴，无意冒时人不韪自陷旋涡。[③]他称："我是北京大学毕业生，如果代理了清华大学校长，清华人将会认为清华大学成为北京大学的殖民地了"[④]，因而坚辞不就。对此，清华学生心知肚明。"本校校长问题，久延未决。蒋梦麟长教时代，曾一度慰留久无音息之罗家伦，并派周炳琳氏暂代，个中把戏，识者瞭然，而社

---

① 冯友兰：《三松堂自序》，第 79 页。

② 清华大学档案，1-2:1-2:1-024，1-2:1-2:1-025。

③ 冯友兰回忆："当时有一种流行的见解：一个大学的校长，最好由本校的毕业生担任。如果是由别的大学毕业的人担任，那就等于把这个大学作为那个大学的殖民地了，有亡校之痛。周炳琳对我说：'现在清华人对于北大人就有这种想法，罗家伦走了，又一个北大人接，恐怕不好。'"冯友兰：《三松堂自序》，第 81 页。汪篞翔回忆：罗家伦来了以后，清华的校园就搞坏了。过去，清华干干净净，草地剪得平平的，当差的不准吃葱蒜。罗来了，"北大系"的也来了，是清华的一"乱"，我们叫他"罗乱"，后来又来了"日乱"。见《汪篞翔（巩菴）访谈录》，清华大学校史研究室藏。

④ 张友仁：《周炳琳教授的生平和事业（上）》，《西安财经学院学报》2015 年第 28 卷第 3 期。

会人士，亦多为清华重起纠纷隐忧。幸周先生不愿卷入旋涡，一再辞却。"[①]

此时出现了一个插曲，阎锡山任命乔万选为清华大学校长。清华多数师生坚决反对"藉着军阀的力量，来把持清华校政"。[②]"罗家伦假政治势力来长校，我们不能留他；如果有人以军人势力来闯进清华，就叫他带着卫队，我们在手枪与大刀的威迫下，也不能允许他来的。"[③]在师生反对下，阎锡山表示"无暇过问各学校事务"，尊重清华师生公意，"电饬"乔万选"返晋"。[④]

1930 年，中原大战结束，国民政府重新稳定了对北方的统治，蒋介石亲自兼任教育部长。此时，清华大学校长人选又成焦点。1930 年冬，周炳琳、冯友兰与郭廷以曾赴南京劝罗家伦返校。罗家伦拒绝返校，但有意推翁文灏出长清华。一向以抓高等院校为控制学术、思想阵地策略的 CC 系，却极想染指清华。在陈果夫力荐下，国民党中央政治学校副教务主任吴南轩任清华大学校长。[⑤]1931 年 4 月 3 日，教育部正式任命吴南轩为国立清华大学校长。[⑥]

吴南轩到校后，实行的一些措施激起了师生的反感。不出两月，

① 《校长问题》，《清华周刊》第 502 期，1930 年 12 月 31 日，第 47 页。

② 傅永汉：《异哉清华同学会之干校运动》，《清华周刊》第 33 卷第 14 期，总第 493 期，1930 年 6 月 17 日，第 7 页。

③ 张德昌：《我们对于校事的态度》，《清华周刊》第 33 卷第 14 期，总第 493 期，1930 年 6 月 17 日，第 4 页。

④ 《阎总司令覆电到校》，《国立清华大学校刊》第 192 号，1930 年 7 月 4 日，第 1 版。

⑤ 陈岱孙：《三、四十年代清华大学校务领导体制和前校长梅贻琦》，《校友文稿资料》（第四辑），第 104 页。《郭廷以先生访问记录》，第 196 页。

⑥ 《教育部令 第 550 号（1931 年 4 月 3 日）》，清华大学校史研究室编：《清华大学史料选编》二（上），第 97 页。

学校爆发"驱吴"运动。6月24日，教育部常务次长钱昌照到北平调查清华驱吴风潮，听取各方意见。丁文江、陶孟和向钱昌照推荐翁文灏接任清华大学校长。经钱昌照请示，蒋介石表示同意。[①]不久，国民政府教育部派翁文灏代理校务。[②]

吴南轩的失败，反映出南京国民政府迟钝僵化，误判形势。冯友兰指出：

> 大概南京的人和吴南轩本人都以为原先罗家伦能顺利地接收了清华，吴南轩为什么不可以。他们不知道形势不同了。在1928年，国民政府的北伐，是受到人民拥护的，罗家伦是乘北伐之余威，打着革命的旗帜，进入清华的。罗家伦本人在当时的学术界和教育界是后进，不能说有什么威信，但是作为五四运动的一个学生领袖，他还不失为一个全国皆知的名人。可是1931年就不同了。北方的人民包括学生在内，反对军阀的统治，北伐军是打倒军阀的，但是后来看出来，他们也不过是新军阀而已。北伐的余威没有了，革命的旗帜也不能号召了。而吴南轩本人确实是无名之辈，不过他终于来了。[③]

同时，吴南轩被赶也反映了教育界对CC系抓教育权的抵制。驱吴风潮发生后，兼理教育部长的蒋介石派北京大学校长蒋梦麟前

① 全国政协文史和学习委员会编：《钱昌照回忆录》，中国文史出版社2014年版，第38页。

② 《教育部令 第1129号（1931年7月3日）》，清华大学校史研究室编：《清华大学史料选编》二（上），第122—123页。

③ 冯友兰：《三松堂自序》，第82页。

往清华"宣达本部旨趣，期各教授迅图补救"[①]。蒋介石希望蒋梦麟调停意图至为明显，吴南轩也寄希望于得到蒋梦麟的支持。但唇亡齿寒，蒋梦麟顾虑一旦 CC 系抓清华成功，北大亦将不免，因此未予吴南轩支持。[②]孤立无援又不善手段的吴南轩最终选择辞职。

翁文灏，浙江鄞县人，曾在清华任教，与学校有一定渊源。作为著名科学家，翁文灏有很高的学术声望和诸多学术界联系。并且，翁文灏为浙江人，与蒋介石、吴稚晖等国民党高层也有良好互动。教育部希望借重翁文灏稳定清华校务。

但翁文灏并不愿意过深卷入清华校长纷争的旋涡，上任之初即表示"教育部叫我来的电报，是因为我是清华名誉教授，就叫我暂行代理校务。名誉教授足以表明我在清华并无一定责任……暂代校务就是暂时维持校中事务，等正式校长来"[③]。上任以后，即以事繁任重、分身乏术为由请辞。1931 年 9 月 15 日，翁文灏致电教育部，告即日因事赴南京，校务由理学院院长叶企孙暂代。[④]24 日，教育部回电同意。[⑤]10 月 1 日，叶企孙致电教育部，以"国难方殷，校务繁剧，企孙决难一再代理"，请催翁文灏销假视事。[⑥]翁、叶二人迭辞代理校长。

———————

① 《教育部指令　第 1987 号》，清华大学校史研究室编：《清华大学史料选编》二（上），第 112 页。

② 《钱端升访谈录（1965 年 6 月 15 日）》，清华大学校史研究室藏。

③ 《与清华大学学生谈话》，《消夏周刊》第 3 期，1931 年，第 73 页。

④ 《翁文灏因事晋京校务请叶企孙暂代电》，清华大学校史研究室编：《清华大学史料选编》二（上），第 132 页。

⑤ 《教育部电校务由叶企孙院长代行（1931 年 9 月 24 日）》，清华大学校史研究室编：《清华大学史料选编》二（上），第 132 页。

⑥ 《叶企孙电教育部请催翁代校务销假视事（1931 年 10 月 1 日）》，清华大学校史研究室编：《清华大学史料选编》二（上），第 132—133 页。

面对清华大学校长更迭，教育部想方设法稳定局面，物色合适人选。

此时，国民党和国民政府内，李石曾在与蔡元培的教育权力争斗中占据上风。1930 年 11 月，蒋介石自兼教育部长，代表李石曾派系的李书华任教育部政务次长，蒋介石的"文胆"陈布雷任常务次长。1931 年 6 月，由于蒋介石赴南昌，李书华署理教育部长，陈布雷任政务次长，钱昌照任常务次长。陈布雷又被任命为国民党中央宣传部副部长。对这一变化，陈布雷说：

> 教部之改组，由于李（石曾）、蔡（孑民）两系之龃龉，石曾先生方面常视蒋梦麟为蔡所提挈之人（不但对蔡不满，且对于现代评论派之人物亦不满，而谑之曰吉祥"胡同名"系），然石曾先生所汲引之人如易培基（劳动大学）、褚民谊（中法大学工学院）、郑毓秀（上海法政学院）及萧蘧（中法大学）、谭熙鸿等在平沪等处办学成绩极不佳，且常蔑视教部法令，教部屡欲裁抑之，石曾先生以为难堪，主张去蒋梦麟甚力，吴稚老于李、蔡均友善，而尤同情于李，乃提议以高鲁（天文学者）代梦麟为教长，将通过矣，而胡展堂（汉民）先生反对甚力，即席声言："高鲁何如人，乃可托以教育行政之重任，岂不羞天下之士！"蒋公不得已，乃请于高鲁未到任以前，由蒋公以行政院长名义自兼教育部长，而以李书华（润章）为政务次长，润章则石曾先生所提挈之人物，而在李氏系统中为最纯谨公正之人物也。蒋公既自兼部长，因欲以余任次长。[①]

---

① 《陈布雷回忆录》，岳麓书社 2018 年版，第 99 页。

对李、蔡诸人矛盾，蒋介石心知肚明，指示陈布雷"教育为革命建国计，凡事当请教于吴（稚晖）、李、蔡诸先进，然比勿堕入派别之见，总之不可拂李、蔡诸公之意，亦不可一味顺从李、蔡之意见，宜以大公致诚之心，斩绝一切葛藤……不以人事关系而稍微迁就也"。虽有蒋介石作靠山，考虑到"教育行政，非所素习，而此职将调和两大势力之间，尤为复杂繁难，"且与李书华共事相得，"润章笃实长厚，初相遇犹不相知，继则性情浃洽，知余坦白无他，同为书生本色，遂极相得焉。"① 在兼任中央宣传部副部长后，陈布雷将工作重心放在协助蒋介石军事活动而非教育部，"九一八"事变后，更将教育部事务委托钱昌照办理，因而李书华成为这个时期教育部实际负责人。②

李书华执掌教育部，意味着李石曾在解决教育界问题方面影响力上升。在解决清华大学风潮中，尤其如此。1931 年 6 月 13 日，吴南轩与清华大学教授代表约定在北京大学校长蒋梦麟住宅面谈，但吴以"饭后猝病，不能出席"为由爽约，请秘书长朱一成代表。教授代表"以吴既允而不到，为无诚意，甚愤"，离开蒋宅，推荐四人往见李石曾。"李谓曾接蒋主席电，嘱托帮忙解决清华风潮，李主各方让步，和平解决云。"同时，李石曾也与蒋梦麟商议清华风潮解决办法。③ 可见，李石曾影响力大增，开始参与甚至主导解决清华大学易长风潮。

---

① 《陈布雷回忆录》，第 99、100 页。
② 陈能治：《战前十年中国的大学教育（一九二七—一九三七）》，（台湾）商务印书馆 1990 年版，第 17 页。
③ 《清华问题之纠纷》，《教育杂志》第 23 卷第 8 号，1931 年 8 月 20 日，第 255 页。

面对翁文灏、叶企孙迭辞，主持教育部工作的李书华、钱昌照等人开始物色新的校长人选，梅贻琦进入考察范围。

李书华回忆：

> 我在教育部任政务次长时期，与布雷特别注意者，为调整大学教育与慎选国立大学校长，例如：停止国立劳动大学招生；平定国立清华大学风潮；任沈尹默为国立北平大学校长；任命徐炳昶（旭生）为国立北京师范大学校长；解散北平俄文法政学院；改组中法工业专科学校为中法国立工学院；整顿上海光华大学等等是也。①

李书华平定清华风潮最重要的举措，就是通过"慎选"，推荐认识多年的梅贻琦出长清华。1962 年 9 月 8 日，李书华在怀念梅贻琦的文章中写道：

> 民国廿年下半年我任教育部长的时候，正值清华大学久无正式校长。我急于解决这个问题，当时我再三考虑认为月涵最为适当，时月涵正在美国任清华留美学生监督，我电征其同意后，于民国廿年九月廿三日提出行政院国务会议通过以月涵任国立清华大学校长。我旋即电促月涵从速回国。不久他便由美国到南京，我们见面后几天内，他便去北平到校就职了。……他对清华尽力甚多，贡献甚大。回想我在教育部所做令我满意的并不多。我为清华选择了这位校长，却是我最满意的

---

① 《一年教育部》，《李书华自述》，湖南教育出版社 2009 年版，第 133 页。

一件事。[①]

李书华提名梅贻琦，绝非临时起意，而是基于多年交往对梅贻琦的认识和好感。

1922 年 8 月，李书华到北京大学物理系任教。不久，他因事赴津，顺便参观南开中学。在南开中学一块写有第一班毕业生名单的木牌上看到梅贻琦的名字，这是李书华第一次知道梅贻琦。不久以后，李书华与北京大学化学系教授、也是南开中学第一班毕业生的李圣章（麟玉）来清华，梅贻琦陪同参观学校，这是李、梅两人第一次见面。这次见面，梅贻琦给李书华留下深刻印象。"我们到清华园后，即由月涵领我们参观，并且招待同吃午饭。这是我与月涵初次见面，觉得他说话不多，然人极诚恳，留给我很深刻的印象。自从那次见面以后，数年之间，彼此见面机会不多，不过偶一相遇而已。"[②]

就是这些偶尔见面的印象和认识，让李书华印象深刻、好感倍增，认定梅贻琦是一位能带领清华大学走出动荡、快速发展的校长。历史证明李书华是一位选贤与能的伯乐，为清华大学选定了深受师生爱戴、广为各界接受的好校长。从此，清华大学迅速结束了校长更迭和校务动荡，进入了快速发展阶段。

在翁文灏、叶企孙迭辞校长期间，钱昌照曾就校长人选征求在中央研究院历史语言研究所工作的李济的意见。李济推荐梅贻琦，

① 《悼梅月涵先生》，《李书华自述》，第 230 页。1969 年 6 月，李书华在自述中，再次提及推荐梅贻琦出长清华为其任内最得意的事。参见《李书华自述》第 136 页。

② 《悼梅月涵先生》，《李书华自述》，第 229 页。

"说梅是老清华，为人和气，做事稳健"。钱昌照表示同意，并让李济发电报征求梅贻琦本人意见。[1]不可忽视的是，李济在清华读书期间，曾是梅贻琦学生。同时，李济参加科学社，梅贻琦任科学社顾问。因此，李济推荐梅贻琦，师生情谊是不可忽视的因素。

清华的教授们也觉得梅贻琦是合适的人选。陈岱孙认为：

> 梅贻琦当校长是因为国民党找不出人来了，只好找上他。他当时是清华留美监督，又是清华生，在清华教过书，生活上也还朴素，与教授关系还好，不与教授会职权发生冲突，承认既成事实。教授们倒也不是觉得他有学问，不过觉得有了他，学校可以稳定一点，所以梅能较长时期在清华当校长。[2]

冯友兰认为：

> 梅贻琦也是清华人，在清华学校还没有成立的时候，中国政府就已经用美国退还的庚子赔款，送了一批学生到美国留学，梅贻琦和胡适都在这一批人之中。清华称这一段时期为史前史，他们这一批人是清华史前史时期中的人。他在清华人中是老前辈。他留学回国以后，在清华当物理学教授，后来又兼任教务长。1928 年他以教务长代理校长，罗家伦就是从他手里接收清华的。罗家伦当了校长以后，推荐他到美国当清华留美学生监督。他是清华人的老前辈，又是清华学校的旧人，又远在美国，

---

① 全国政协文史和学习委员会编：《钱昌照回忆录》，第 40 页。

② 《陈岱孙访谈录（1962 年 7 月）》，清华大学校史研究室藏。

与国内的政治派别都没有联系，没有什么色彩，在当时说，确
实是一个清华校长的合适人选。南京派他来，可以说是得人，
他在清华当校长，一直到 1948 年底清华解放才离开。[1]

陈岱孙作为清华学校求学又回母校任教的教授，冯友兰作为罗
家伦带入清华的臂膀，两个人的观察极有代表性。

梅贻琦出任清华大学校长，是国民党内李、蔡派系妥协的产物。
既为派系妥协，则必有"彼""此"与"往""来"。代理校长翁文
灏也曾推荐梅贻琦。在《年谱初稿》中，翁文灏写道："余自赵亚曾
故后，本已立志脱离校课，专心所务，乃清华大学师生因校为国立，
不愿因校长人选而归入政客系派之手，故于部派校长争持颇坚。政
府为宁息计，命余代理其事，钱昌照来平力为劝任。余勉允暂任，
以六月为限。嗣因余商荐梅贻琦为校长，荷政府采纳。"[2] 1931 年 9
月 10 日，翁文灏致电梅贻琦，告知教育部提名梅贻琦出任校长。当
天梅贻琦回电翁文灏，婉拒出任校长任命。[3] 来往函电表明，翁文灏
积极推荐梅贻琦出任校长。

曾为学生属意的校长人选赵元任也为梅贻琦出长清华做过工作。
赵元任回忆自己之所以出任留美学生监督处监督就是为了方便梅贻
琦回国就任清华校长：

我希望避免行政工作。我希望梅贻琦接手那个工作。但是

---

① 冯友兰：《三松堂自序》，第 84 页。

② 翁心钧：《翁文灏和教育工作》，《清华校友通讯》复 20 期，1989 年 10 月，
第 167 页。

③ 清华大学档案，1-2:1-96:1-036，1-2:1-96:1-035。

梅贻琦那时候在华盛顿作清华留美学生监督处的主任，很犹豫回国出任清华大学的校长。所以我提出去华盛顿接替他的工作，以便让他回国出任清华大学校长！^①

赵元任夫人杨步伟的回忆中，透露赵元任曾找过同乡、国民党元老吴稚晖疏通等更多信息：

> 第三次因校长风潮我们已离开清华，教授会六人来找元任想办法，元任找了吴稚晖老先生，可是风潮虽平下去，校长问题又到了他头上。元任又出了一大些主意托翁文灏暂代，荐梅月涵回来长校（其时梅为留美监督）。过了两个月梅还未回，翁发急了，质问元任如何办法？元任说我去替他，就可以叫他回来，并连电催梅，若一切手续未完，我们见面再交代。因此到华盛顿做了一次监督，很多人不知内幕的，莫名其妙赵元任不做校长，而做了一任不伦不类的清华留美学生的送葬监督（因为那时学生已少，定妥以后就不需要一个监督了）。其实那时是因对清华救急之故。这算是元任做过的惟一近乎行政性质的事情了。^②

可见，翁文灏、赵元任在梅贻琦出任校长一事上起过作用，也透露出各方主张与折冲。

---

① 〔美〕罗斯玛丽·列文森采访：《赵元任传》，焦立为译，河北教育出版社2010年版，第158页。

② 杨步伟：《我们的结婚》，《赵元任生活自传》，中国华侨出版公司1989年版，第177页。

二

梅贻琦接到提名通知后，经深思熟虑决定接受任命，从1931年9月7日至28日，历时三个星期，期间与国内函电来往不断。

9月7日，李书华致电梅贻琦，告诉他教育部拟提名其出任清华大学校长，务希允任（见图5-1）。[①] 9日，梅贻琦回复李书华，婉拒校长提名。表示"自顾才轻，愧难胜任，国内多贤能，尚希另简，庶免陨越"[②]。12日，李书华再电梅贻琦：

> 转梅监督月涵兄鉴：九日电悉，兄长清华学校最为相宜。部中决拟提兄继任，且盼俯允，幸勿谦让。将来发表后，望速回国。兄未到校前，咏霓兄

图5-1　1931年9月7日李书华致电梅贻琦，请其出任校长

---

① 清华大学档案，1-2:1-96:1-037。

② 清华大学档案，1-2:1-96:1-036。

当可继续代理。①

17日，李济遵教育部次长钱昌照嘱从南京致电国民政府驻美使馆，请转梅贻琦：

> 转梅监督月涵先生鉴，清华学校校长咏霓兄辞意坚决，继任人选教育部以先生为最适宜。曾迭电征求同意。顷钱次长面嘱电劝，万望迅予允诺。至于校务进行毫无困难。先生爱护清华学校，幸勿推却，乞电复教育部。转李济十七日电。②

在电告上，梅贻琦反复修改回电内容。18日，梅贻琦回电婉辞："十七日电悉部命，校谊诚不容辞，惟度德量力，实未敢轻试。李部长、钱次长请代婉谢。"③一方面梅贻琦不松口，另一方面国民政府于22日就要正式讨论对梅贻琦任命，李书华异常焦灼。21日，即开会前一天，李书华再次致电梅贻琦："清华学校校务重要，兄本长才，且与该校关系极深，务请俯允。明日国务会议本部决提兄继任，望速作回国准备。"④同日，周炳琳也致电梅贻琦，"为部校计，势难再辞"，劝其接受任命。⑤

22日，行政院第40次国务会议，接受吴南轩辞职，任命梅贻

---

① 清华大学档案，1-2:1-96:1-033，1-2:1-96:1-034。
② 清华大学档案，1-2:1-96:1-029。
③ 清华大学档案，1-2:1-96:1-028，1-2:1-96:1-029。
④ 清华大学档案，1-2:1-96:1-022。
⑤ 清华大学档案，1-2:1-96:1-021。

琦继任。梅贻琦到任之前，仍由翁文灏代理校务。[①]即使国务会议
通过任命，梅贻琦仍在反复考虑，并未立即接受，各方也继续劝说。
27日，叶企孙、赵元任、陶孟和致电梅贻琦，请其接受任命，出任
校长。电报称："情况非常有利。清华福祉取决于您的及时接受与回
来。"[②]至28日，梅贻琦回电李书华：答应出任清华大学校长；计划
绕道欧洲回国，借此考察欧洲教育情形；并请翁文灏再代理两个
月。[③]29日，梅贻琦致电叶企孙、陶孟和、赵元任，告知接受教育
部任命出任清华大学校长。[④]

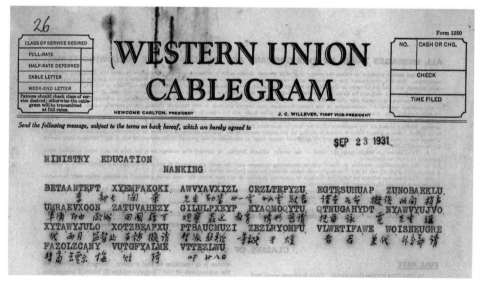

图5-2 1931年9月28日，梅贻琦致电李书华，接受清华大学校长任命

---

① 《梅贻琦长清华大学》，《大公报》（天津）1931年9月23日，第3版。
② 清华大学档案，1-2:1-96:1-019。
③ 清华大学档案，1-2:1-96:1-017。
④ 清华大学档案，1-2:1-96:1-016。

10月7日，行政院第五一〇〇号训令，准吴南轩辞职，任命梅贻琦为国立清华大学校长。① 10月14日，李书华签署教育部第1716号训令，转行政院第五一〇〇号训令，准吴南轩辞职、任命留美学生监督处监督梅贻琦为国立清华大学校长。②

在考虑是否接受校长任命时，梅贻琦与时在芝加哥的张彭春交流密切。9月23日，张彭春致信梅贻琦。在这封英文信中，张彭春写道，在国务会议通过任命后，唯一要做的就是注意校内师生的反应。无论如何都要谨慎，毕竟还没有正式接受任命。如果校内师生有所不满，仍可以保持自己行动自由。信中，张彭春还建议梅贻琦花一个月时间绕道欧洲回国，俾使梅贻琦在校长问题上进退裕如，其用意有二：考察欧洲有代表性大学教育；有时间思考一下教育部、学校对新校长的期望以便有所决定。③

梅贻琦接受张彭春绕道欧洲回国的建议，并告知教育部，请翁文灏继续代理校务两个月。④ 此时，翁文灏、叶企孙急切盼望梅贻琦早日回国，去电催其早日启程。10月2日，翁文灏函告钱昌照：梅贻琦欲由欧返国，已去电敦促，驻美监督一缺赵元任愿意担任，待梅贻琦返国之后再正式推荐梅任清华校长。在梅到校之前，请任命叶企孙正式代理校长一职。⑤ 同日，与翁文灏商议后，叶企孙致电教育部，以"国难方殷，校务繁剧"为由，请教育部"迅电梅校长，

① 《训令 第五一〇〇号（二十七年十月七日）》，《行政院公报》第296号，1931年10月14日，第11页。

② 清华大学档案，1-2:1-2:1-080。

③ 清华大学档案，1-2:1-96:1-020。

④ 清华大学档案，1-2:1-96:1-017。

⑤ 《翁文灏致钱昌照函》，中国第二历史档案馆第28全宗第18,733卷。李学通：《翁文灏年谱》，山东教育出版社2005年版，第75页。

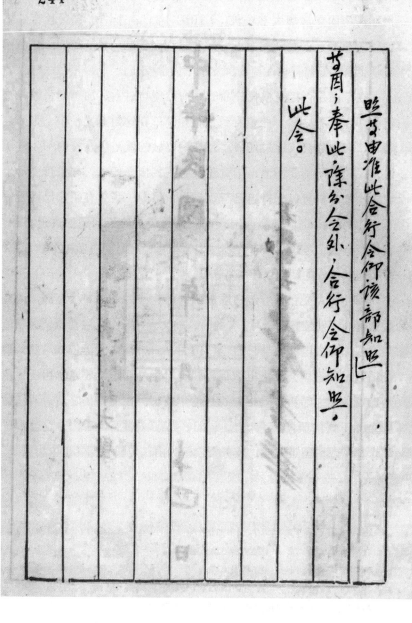

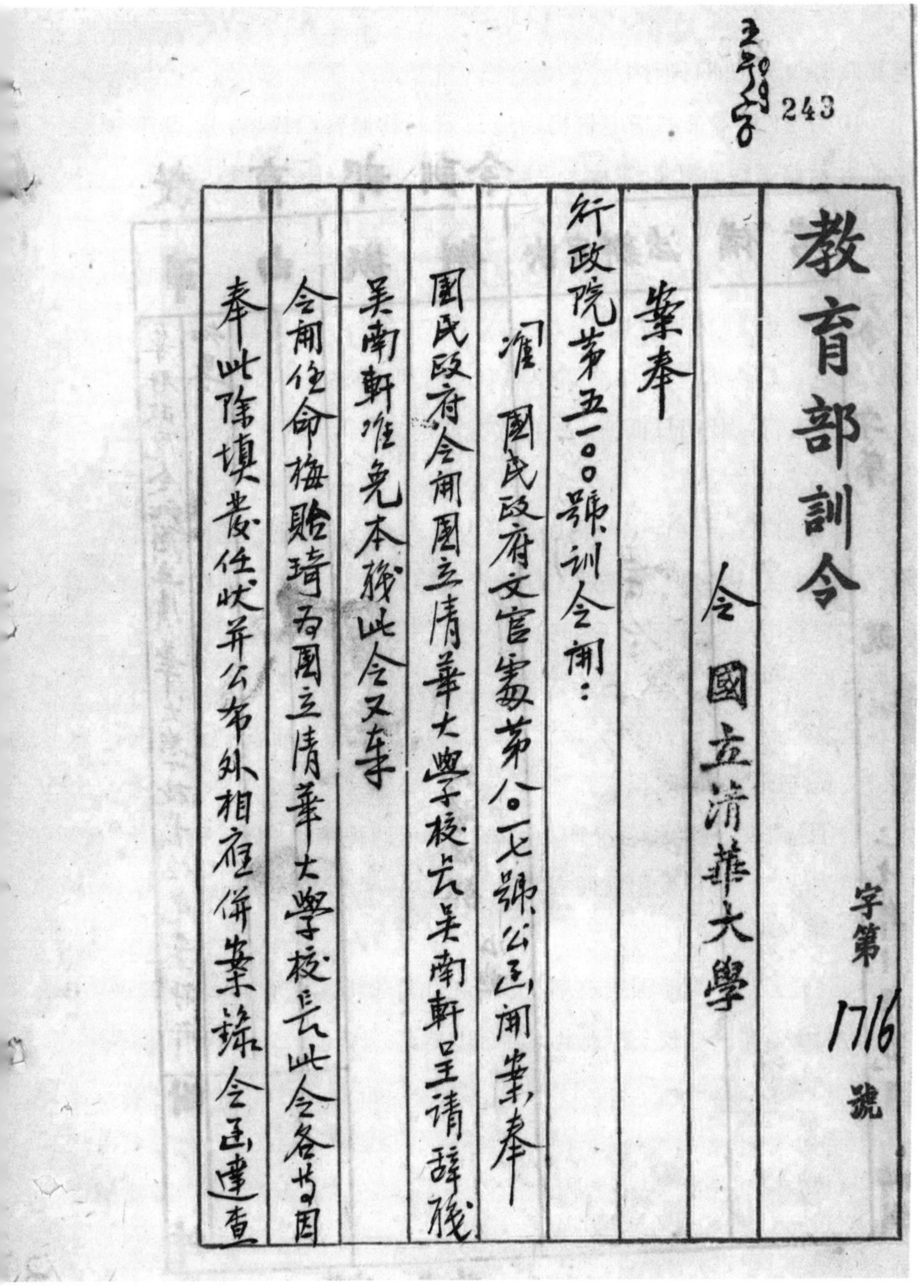

教育部训令

令 国立清华大学

字第 1716 号

鉴奉

行政院第五一○号训令开：

「准 国民政府文官处第八〇七号公函开鉴奉

国民政府令开国立清华大学校长吴南轩呈请辞职

吴南轩准免本职此令又奉

令开任命梅贻琦为国立清华大学校长此令各等因

奉此除填发任状并公布外相应併案抄录令函达查

图 5-3　1931 年 10 月 14 日，教育部准吴南轩辞职，任命梅贻琦为国立清华大学校长

促其取消欧游，即日返国"①。

10月21日，李书华电告梅贻琦："译转梅监督贻琦鉴：监督事务即由于秘书焌吉暂行兼代，已得外交部同并由外交部电达使馆，清华学校校务亟待主持，务望克日移交启程返国。教育部，廿一日。"②或许因为急切，或许是收电员疏忽，电文中"已得外交部同"后应落了"意"。10月23日，梅贻琦电复李书华："李部长勋鉴：廿一电敬悉。日内即与于秘书办理移交。船期至远定于十一月七日，由温哥华启行，廿四日抵沪。一俟移交清楚，当再电闻。梅贻琦叩，廿三日。"③

尽管国内一再催促，但梅贻琦不为所动，仍按计划绕道欧洲回国，11月底到达北平，12月3日到校视事。视事当日，梅贻琦向教育部先行电呈："南京教育部钧鉴：贻琦于江日到校视事，除宣誓就职另期呈报外，谨闻，清华大学校长梅贻琦，叩。"④同日，翁文灏也呈教育部，交卸校务，"南京教育部钧鉴：梅校长于江日到校任事，文灏当即会同叶院长交卸"⑤。

12月4日，梅贻琦备文向教育部呈报就职视事。7日，梅贻琦向各相关学校、部门发出就职视事通报：

> 迳启者，案奉国民政府第六三九号简任状，内开任命梅贻琦为国立清华大学校长，此状，等因。奉此，遵于十二月三日到校

① 清华大学档案，1-2:1-2:1-074。
② 清华大学档案，1-2:1-96:1-004。
③ 清华大学档案，1-2:1-96:1-004。
④ 清华大学档案，1-2:1-2:1-083。
⑤ 清华大学档案，1-2:1-2:1-084。

就职视事，除呈报并分函外，相应函达，即希查照为荷，此致

北平国立各大学

平津各大学

中华教育文化基金董事会

美国公使馆

北平市政府及市辖各局

河北省党务整理委员会

河北省政府

陆海空军副司令部

天津市政府

平津卫戍司令部

河北省各厅

国立北平图书馆

各省市公私立大学

各省教育厅

各市教育局

平汉铁路驻平办事处

平绥铁路管理局

津浦铁路驻津办事处

北宁铁路管理局

外交部北平档案保管处

留美监督处

校长　梅〇〇[①]

至此，清华大学易长风潮告一段落，校史开始了一个新的时期。

梅贻琦是清华校史上有卓越贡献的校长，在中国近代教育史上有重要的地位和影响。他一生与清华结缘，1909年考取第一批直接留美生出国，1915年起服务于清华，直到1948年底离开。梅贻琦曾以"生斯长斯，吾爱吾庐"形容彼此的深厚关系。

从1915年到清华任教至1931年出任校长前，梅贻琦从教授到教务长、从教务长到代理校长，从完成接管到出任留美学生监督，经历了从边缘到中心、又从中心到边缘的过程。因缘际会，1931年，罗家伦、吴南轩、乔万选等先后败走清华，翁文灏无意清华校长，教育部内李（石曾）蔡（元培）之争中李占上风，才有梅贻琦被任命为清华大学校长。

梅贻琦在清华的崛起和担任校长，并非一路坦途，更非一蹴而就。他是1909年第一批直接留美生，是清华人中的前辈；他从1915年起在清华任教并出任教务长，是清华学校的旧人；他的人品和能力为各方认可，逐渐成为少壮派核心；他协助清华顺利完整地被接收，是学校的功臣；他兢兢业业担任留美学生监督处监督，是留美校友的良师益友。正是在各种困难、风潮之中，他的崇高人格、谦冲作风、牺牲精神、宽广视野，以及对教育规律的深刻把握，逐渐为各方认可。在罗家伦、吴南轩败走清华，乔万选到清华校门而不得入，学校面临种种困境的情况下，得益于国民党内各方势力的妥协、外部环境的相对缓和、校内原有同事的支持等，梅贻琦如囊中之锥脱颖而出，出任校长，并连续长校达17年，成为清华历史上任期最长的校长。而这绝非梅贻琦刻意追求，实乃不期自至。对学校而言，正所谓乱极而形治。

梅贻琦在就职典礼上表示：

> 本人能够回到清华，当然是极高兴，极快慰的事。可是想到责任之重大，诚恐不能胜任，所以一再请辞，无奈政府方面，不能邀准，而且本人与清华已有十余年的关系，又享受过清华留学的利益，则为清华服务，乃是应尽的义务，所以只得勉力去做，但求能够尽自己的心力，为清华谋相当的发展，将来可告无罪于清华足矣。[①]

这段话有喜悦，有压力，也有当仁不让的责任感和使命感。《新闻报》曾评价：梅贻琦"学术湛深，经验丰富，尤以办事精明干练著称，与清华有深长之历史，出任校长，洵属人地相宜"[②]。"人地相宜"四字可谓点睛破的之语。

1931年9月22日，行政院通过对梅贻琦任命。而这距离"九一八"事变仅四天。这意味着，在校内，梅贻琦要尽快恢复正常校务，结束动荡；在校外，要面对更为复杂的国内外局势。

正是对清华的责任和担当，在梅贻琦的领导下，清华大学快速发展。教育常态化之外，针对不断变化的国际局势，从工学院设立到农业、航空等特种研究所建设，从留学生科目设置到学生派遣，从防毒面具研制到秘密筹建南昌、长沙分校等，学校因势进行了很多调整，处常与求变高度统一。

梅贻琦出任清华大学校长，是清华之幸，亦是国家之幸。

---

① 《梅校长到校视事》，《国立清华大学校刊》第341号，1931年12月4日，第1版。

② 《清华校长问题解决》，《新闻报》1931年9月24日，第11版。

认真地去做教师（1915—1931）

溯自一九〇九年（即宣统元年）应母校第一次留美考试，被派赴美，自此接受清华之多方培植。待民国四年秋返国，即在本校服务。

——1945 年 4 月

教书，诚然辛苦，但也还有喜乐。只要我们忍耐下去，环境总会好转的。

——1939 年 4 月 6 日

吾认为教授，责任不尽在指导学生如何读书，如何研究学问。凡能领导学生做学问的教授，必能指导学生如何作人，因为求学与作人是两相关连的。凡能真诚努力做学问的，他们作人亦必不取巧，不偷懒，不作伪，故其学问事业，终有成就。

——1932 年 9 月

学校犹水也，师生犹鱼也，其行动犹游泳也，大鱼前导，小鱼尾随，是从游也，从游既久，其濡染观摩之效，自不求而至，不为而成。

——1941 年 4 月

物理教授梅贻琦

在清华大学档案馆，有一份 1925 年学校发给梅贻琦的聘书底稿。聘书上写着：

兹聘请

梅贻琦先生为本校物理教授，担任物理授课事务，即希查照。后列聘约办理为荷。

（一）此项聘约以三年为期（自民国十四年八月起至十七年七月止），期满若得双方同意再行续订。

（二）薪金第一、二、三年每月银币叁佰肆拾伍、叁佰肆拾伍、叁佰陆拾伍元。

（三）一切待遇照本校规定教员任用规则办理。

（四）非得学校许可，教职员不得在外兼差。

清华学校校长　曹云祥

中华民国十四年　月　日

随聘书而来的还有一纸说明：

本校下学年应续订聘书。据校务会议讨论，因下学年开办大学部，改订教职员待遇新章。应由旧制转入新制。但未经外交部核准以前，仍按旧制办理。兹将续订聘书及应聘书送上，

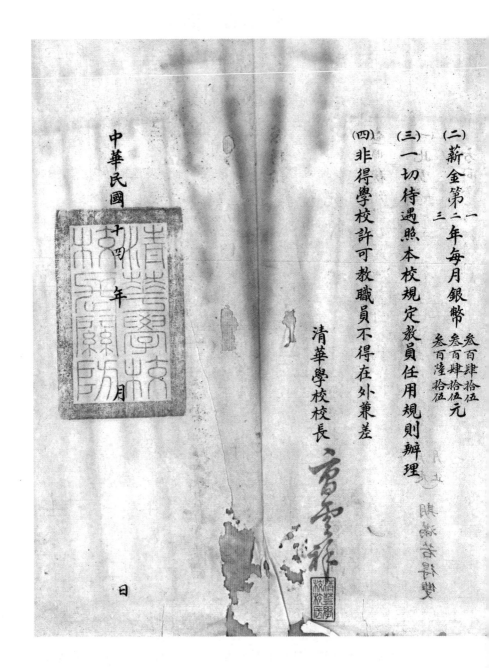

（二）薪金第二年每月银币　叁百肆拾伍
　　　　　　　　　　　　　叁百肆拾伍元
　　　　　　　　　　　　三　叁百陆拾伍

（三）一切待遇照本校规定教员任用规则办理

（四）非得学校许可教职员不得在外兼差

清华学校校长　曹云祥

中华民国十四年　　月　　日

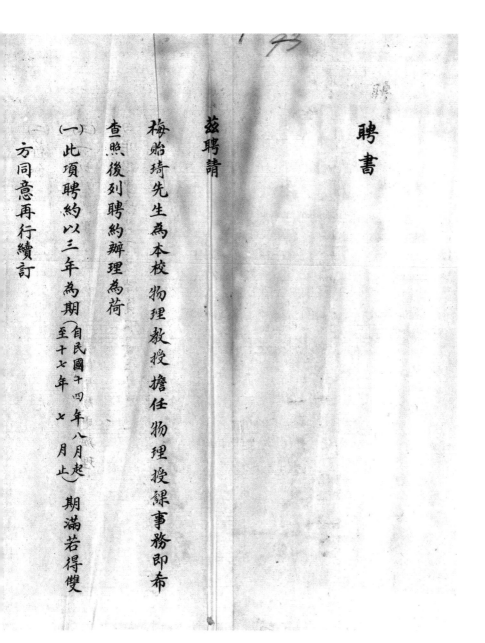

聘書

茲聘請

梅貽琦先生為本校物理教授擔任物理授課事務即希查照後列聘約辦理為荷

（一）此項聘約以三年為期（自民國十四年八月起至十七年七月止）期滿若得雙方同意再行續訂

图 6-1　1925 年，清华学校聘请梅贻琦为物理教授的聘书

如蒙赞同，即请于应聘书上签字盖章，送回备案。如有意解约，不论何方均须在每年阳历四月底前通知。此项聘书即于学年告终，失其效力。①

这份档案提示我们，在人所熟知的"国立清华大学校长"身份之外，梅贻琦在清华还有另外一个身份——教授。事实上，在任清华大学校长之前，梅贻琦历任教授、教务长、留美学生监督处监督等职，教授是他在清华的第一个职务。

一、教授数学、物理

1914 年，梅贻琦从伍斯特理工学院毕业，获得工学学士学位。回国之初，梅贻琦在天津基督教青年会担任干事。1915 年秋，梅贻琦受清华学校校长周诒春之聘，来校任教。1915—1919 年，梅贻琦教授数学。②

从 1920 年 9 月起，梅贻琦开始教授物理，并与赵元任一起教授。③1922 年，梅贻琦与潘文焕、徐尚合开物理课，并讲授高级普通物理学。④1926 年任教务长后，他仍开设物理课。

梅贻琦澹默少言，初登讲台颇感不适。1922 级吴泽霖说："象他这样一位不善辞令的人，一九一五年回国就在清华任教，一周要

① 清华大学档案，1-4:4-2-054。

② *Tsing Hua College Bulletin of Information*, No. Ⅲ, September 1915–September 1916, Published by Tsing Hua College, Peking, China, 1916, pp. 48-50.

③ *Tsing Hua College Bulletin of Information*, No. Ⅵ, September 1920, Published by Tsing Hua College, Peking, China, 1920, p. 31.

④ *Tsing Hua College Bulletin of Information*, No. Ⅷ, 1922–1923, Published by Tsing Hua College, Peking, China, p. 71.

上三门枯燥乏味又难以用一般词汇讲述清楚的数理课程，还要批阅成堆的学生作业，其紧张繁忙之状，凡我初试教学的人，都会有深切的体会的。"① 一学期结束，梅贻琦赴天津见张伯苓，表示对教书没有什么兴趣，想换工作。张伯苓说："你才教了半年书就不愿意干了，怎么知道没兴趣？青年人要能忍耐，回去教书！"梅贻琦听从老师的教导，老老实实回清华继续任教。② 此后，梅贻琦不再有转业想法，将自己献给教育事业。

1927 年 5 月，任教务长的梅贻琦对毕业生说："诸君此去，在身心的各方面，一时都要受非常的刺激；就是衣食住，亦要改变常态。在这种急剧变化之中，最要紧的，是要守住了个人意志的平衡。"③ 抗战期间，1939 年 4 月 6 日，梅贻琦对自穗来昆的二级学生罗香林说："教书，诚然辛苦，但也还有喜乐。只要我们忍耐下去，环境总会好转的。"④ 在急剧变化的时代守住个人意志的平衡，在艰难平淡的环境中忍耐坚持，既是对学生的期望，也是高自标持；既是鼓励学生，也是夫子自道。

担任学校领导后，梅贻琦不谋其利、不计其功，驾驶清华大学这艘巨轮奋勇前行，真正达到了造次必于是、颠沛必于是的境界。

除数学、物理外，梅贻琦也兼授英文⑤、写作等课。梅贻琦上课

① 吴泽霖：《记教育家梅月涵先生》，《清华校友通讯》复 19 期，1989 年 4 月，第 87 页。

② 韩咏华：《同甘共苦四十年——记我所了解的梅贻琦》，《清华校友通讯》复 15 期，1987 年 4 月，第 47 页。

③ 梅贻琦：《赠别大一级诸君》，《清华周刊暑期增刊》，1927 年 5 月 28 日，第 3 页。

④ 罗香林：《回忆梅月涵校长》，王云五、罗家伦等：《民国三大校长》，岳麓书社 2015 年版，第 168 页。

⑤ 《进修津》，1918 年，第 29 页。

特点是细致耐心、循循善诱，很多校友回忆不约而同提到这一点。1918 级关颂韬回忆："我在校读书成绩不算太坏，总分是在八十以上。惟独数学一科与我实在无缘，无论如何努力，数学问题总是看不透讲不通。若非梅先生循循善导于教室，同学费神指点于课外，不用说学医不成，恐怕连'洋'都'出'不去，'学'可能就'流'了。"[1] 1921 级浦薛凤回忆："回忆本人于民国三年夏考入清华后，梅师曾授予数学一课，讲话特别缓慢，解释非常明白，练习认真，而态度和蔼，此一印象至深，迄今犹历历如昨日事。"[2] 类似描写在校友回忆中比比皆是。[3]

---

① 关颂韬：《"梅迷"》，《清华校友通讯》新 12 期，1965 年 4 月 29 日，第 3 页。

② 《梅故校长精神永在》，浦薛凤：《音容宛在》，商务印书馆 2015 年版，第 69 页。

③ 1921 级许复七回忆："我 1919 年入清华高等科三年级，那时梅校长在旧科学馆中教物理，他的讲解很详细、周到、耐心，特别在力学、电学方面非常之详细，为我去美留学打好了一个基础。"许复七：《纪念梅校长的一些回忆》，《清华校友通讯》复 20 期，1989 年 10 月，第 98 页。1921 级段茂澜回忆："民国七年，余考入清华高等科二年级肄业。梅师授余大代数，余常多问难，梅师必细心解答，不厌其详。"段茂澜：《念最钦佩的梅师》，《清华校友通讯》新 12 期，1965 年 4 月 29 日，第 5 页。1921 级姚崧龄回忆："民国四年秋，中等科二年级甲班英文作文课，原由邝煦堃先生担任，嗣邝先生改就北京英文京报主笔，遗课遂请先生暂代。余承先生之教始此。忆先生第一次出题为'My Daily Life'。第二次为'The Foot-Ball Game'。第一次课卷发还，余获'A'减，第二次获'B'加。每次发还各人课卷时，先生辄依次呼名侍立讲席之侧，分别为每人讲解改正之字句及文法意义。态度和易恳挚，听者心领神会，得益匪浅。"姚崧龄：《敬悼月涵先生》，《清华校友通讯》新 12 期，1965 年 4 月 29 日，第 6 页。1923 级施嘉炀回忆："我于 1915 年考入清华留美预备学校，在高等科二年级学习时，梅贻琦先生是我的物理学老师。现在回忆起来，梅老师对学生的学习是非常关心的，他经常在实验室里指导学生做实验，并且总是以诲人不倦的态度为学生解释课本上和实验中的疑难问题。"施嘉炀：《怀念梅贻琦先生》，北京大学校友联络处：《笳吹弦诵情弥切——国立西南联合大学五十周年纪念文集》，中国文史出版社 1988 年版，第 12 页。

物理课上，梅贻琦注重讲透物理概念，予学生深入理解。1926级任之恭回忆：

> 回想大约四十年前的时候，梅先生已经在清华教过多年的物理，我到了高等科第二年，就跟他学习这门功课。当时在科学馆上课及实验的情况，都有些记得。我的印象有一点特别清楚的，就是梅先生采用极审慎的辞句解释"能"的意义。那时所用辞句固然不记得，而他的讲解方法与其显然求真精神，对青年心理，确有深刻的影响。[1]

对学生在物理实验中的失误，梅贻琦宽容以待。1919级钱昌祚回忆："某次高等物理试验，不慎损坏一电压计，蒙梅师于星期日亲自动手修复。"[2] 梅贻琦鼓励学生多看多思，不囿于定势，不以人蔽己，不以己自蔽，深刻理解纷繁现象背后的规律。他给学生开列物理学参考书多达55种，俾使学生转益多师，选优采择。[3] 1918级李济回忆："我最早认识梅先生，还是在清华学堂做学生的时候。我是他所授的三角这门课程的学生。那时候所留下来的印象，保存到现在的只有两点：他是一个很严的老师，我却算不得一个好学生。"[4]

---

① 任之恭：《追念梅师》，《清华校友通讯》新2期，1962年8月29日，第21页。

② 钱昌祚：《怀念梅故校长》，《清华校友通讯》新2期，1962年8月29日，第15页。

③ 梅贻琦：《初级物理普通参考书目》，《清华周刊》（书报介绍副镌）第3期，1923年，第29—33页。

④ 李济：《我的记忆中的梅月涵先生》，《清华校友通讯》新2期，1962年8月29日，第12页。

梅贻琦说话温而慢，这在一定程度上影响到上课效果。1926级
王之回忆：

> 我记得杨光弼先生的教学，偏重记忆，削减了我对化学的
> 兴趣。梅先生教物理则注重实验，较为得法；同学对于他实事
> 求是的精神，也极为敬仰。但是梅先生不是擅长讲话的人，一
> 切例证，只是照课本一段一段慢吞吞的讲。物理虽是一门极有
> 趣味的学科，说实在话，梅先生没有能使学生们体会到物理的
> 趣味。我特别因为是一个爱运动玩耍的学生，常时因疲倦在课
> 堂上瞌睡，不大注意听先生讲授，没有能像同学任之恭、陶葆
> 楷、周承鎕、杜长明等专心研读，所以后来他们均成为有名的
> 科学家，而我虽仗着聪明，在清华以第一名毕业（那时候毕业
> 前五名是上榜的），到头来却一无所成。不过有一点我们同学们
> 都公认，梅先生是一位伟大的教育家，而不是一位很高明的教
> 书先生。[①]

多年以后，昔年学生对此仍记忆犹新。1935年1月，梅贻琦到
武汉考察，在武汉清华同学会欢迎宴会上，梅贻琦"很谦和而流畅
地足足讲了半个多钟头，视察的使命、学校的概况、募捐的结果、
同学的情感，都是他言说的题材"。很多校友很诧异，"今日的梅先
生同从前教授物理时的梅先生怎么判若两人！"[②]

---

① 王之：《我所认识的梅校长》，《清华校友通讯》新40期，1972年5月19日，
第21页。

② 罗北辰：《校长南行记事》，《清华同学会总会校友通讯》第2卷第3期，
1935年3月1日，12页。

学生秉性各异，面对课堂上部分学生的调皮行为，梅贻琦无疾言厉色，而行不言之教。1924级黄人杰回忆：

我回忆到四十余年前我在清华高等科时期的一段小故事。那时梅校长教授我们物理学，物理本是梅校长的特长，对于那门学科，当然是优异的。我记得那时的一班共有五六十人，其中有一部分是文法科的同学，对于物理本无多大兴趣，只是必须选修自然科学一种，或是物理或化学。我们理工的同学，当然特别注重物理。那时梅校长住在清华园外的宿舍，[①]走到科学馆有一长段的距离与时间。在第一堂八点钟上课时，偶尔也不免有一两次迟到，到三两次以后，有一部分同学就提议开溜，于是一哄而散。梅老师到时已然变成一个空教室。但是他并不发气。下次再见面时，仍然一团和气，毫无异状，同学自然内心不免有愧。轮到再一次迟到时，同学中就有两派意见，主张溜的，也有主张等的，并不一致。有的人就到科学馆门口去张望一下，见梅老师仍很镇定的安步当车远处走来。到课堂以后，虽有二分之一的人已溜走，并无不愉快的态度，既不点名，也不算走的人缺课。终使这一些顽皮的学生感化而就范，不再溜了。我很愉快的回忆到这一幕喜剧。到后来我恍然醒悟，梅校

---

① 当时梅贻琦住在校门（即今之二校门）外照澜院。据梅贻琦夫人韩咏华回忆：1919年，梅贻琦与韩咏华结婚。"婚后，我们在北京香炉营头条租了一个小后院。当时公公婆婆还在天津，月涵住在清华的单身宿舍，只在周末回家。"1922年9月，梅贻琦从美国回来，"当年秋天，我们的家迁入清华园南院（现称照澜院）。"韩咏华：《同甘共苦四十年——记我所了解的梅贻琦》，《清华校友通讯》复15期，1987年4月，第48页。

长的修养与人格。沉着，不生气，感化了这一批顽皮的学生，他们不再开溜了。[①]

梅贻琦对教学、对学生富有耐心，明了学生情况。因而在评定成绩时，并不司马称好，而是实事求是，无有差池。1926 级任之恭回忆："记得在一次考试中，某位同学将我的答案全部照抄，我当时很怕结果是两败俱伤，不料评分之后，我侥幸得一'上'，那位同学得一'下'，可见梅先生对学生的实际情形是很明了的。"[②]

梅贻琦指导学生深具牺牲精神，中等科每晚七时至九时自习，学校排有教师巡视督察并解疑答惑。这是一般教师最不愿意承担的额外负担，但"梅先生年复一年地在轮值的夜晚里，踏遍这些自修室的外廊，耐心地辅导学生，为其他教师节省了大量的备课时间。"[③]

梅贻琦待人以诚，处世以公，深得学生爱戴。

梅氏对于学生功课异常认真。前在物理教授时代，有某生肄业期满，补考三次，均未及格，某生因家境困难，急于离校谋事，曾托多人向梅氏申述个中苦衷，请予及格，而梅氏严词拒绝。去岁在京曾与某生相遇，某生对之甚恭，极感督率之严。

① 黄人杰：《"沉着"——梅校长的榜样与训示》，《清华校友通讯》新 2 期，1962 年 8 月 29 日，第 20—21 页。

② 任之恭：《追念梅师》，《清华校友通讯》新 2 期，1962 年 8 月 29 日，第 21 页。

③ 吴泽霖：《记教育家梅月涵先生》，《清华校友通讯》复 19 期，1989 年 4 月，第 88 页。

盖梅氏平时待人以诚，处世以公，故感人至深也。[①]

二、鼓励学生全面发展

清华建校起就推行德、智、体三育并举，要求学生全面发展，"造就一完全人格之教育"[②]。"完全之人格谓何？其人之一切行动均在法律之内是也。"[③] 在紧张的课堂学习之余，学生课外活动丰富多彩、有声有色，各类出版物也如雨后春笋。在各种活动中，清华学生"意投则合，共策进行，纯然以公益为怀"[④]。学生将组织、参与各种会社团体视为"自动的作业"与"练习的机会"，培养自己"创作的精神"。[⑤] 清华园充满了"高尚合乐的气氛""实践合群生活的方式"与"服务爱国的精神"。

清华同时大力提倡和鼓励学生组织各种社团，开展课外活动，训练学生的办事能力和组织能力。基督教青年会、孔教会、科学社、国情考察会、文学会等团体先后成立。在教育救国论的影响下，学生还先后开办了青年会社会服务团、通俗演讲团、校役夜学、星期六学校等公益服务性组织。通过提倡社会事业，培养了学生的实干精神与社会公德，形成了清华"行胜于言"的校风与团结合作的精神。

梅贻琦鼓励学生全面发展，依照兴趣爱好，参加各种社团，锻

---

① 新、平：《记清华校长梅贻琦》，《小日报》1936年3月19日，第3版。

② 《周校长对于高四级毕业生训辞》，《清华周刊》第2次临时增刊，1916年6月17日，第9页。

③ 钧：《校风篇》，《清华周刊》第17期，1914年10月20日，第1版。

④ 《清华阳秋》，《清华周报》第7期，1914年5月5日，第4版。

⑤ 《智育》，《清华周刊》本校十周年纪念号，1921年4月，第1页。

炼能力，提高才干，为社会服务。

梅贻琦在伍斯特理工学院留学，目睹美国发展欣欣向荣，深知现代科学技术对一个民族和国家现代化的重要性。反观中国，他认为当时中国科学与科学教育素不发达，懂得现代科学技术知识的人太少。故而在认真授课之外，他鼓励学生参加科学技术类社团，激发学生学习科学的兴趣。

图6-2　1918年科学社合影，第一排左二叶企孙（主席），左七李济，右四下为指导教师梅贻琦

吴泽霖回忆：

在清华教学的头几年里，梅先生住在工字厅的一间侧室里。每当夜深万籁俱静，人们总是能从窗帘透出的灯光中，看到他专心致志、埋头备课的身影。尽管工作如此繁忙，他仍挤出时间和精力，认真去从事他认为有利于教育青年的活动。

……

清华在二十年代后期改为正式大学以前，是一个留美预备性质的学校。……学生们常按照自己的专业兴趣，联合同好者，组织各种社团，进行一些有助于专业学习的课外活动。"科学社"是一九一三年由一些倾向于学习理工科的学生组成的。在梅先生与教化学的杨光弼、教生物的虞振镛等先生到校后，它的活动得到了发展。梅先生作为"科学社"的一位顾问，不但辅导社员们课外学习，还不时为他们邀请校外自然科学家来校演讲。这对学校重视理工教学起了一定的促进作用。后来在自然科学上很有成就的人如刘崇乐、程绍迥和今天仍在清华执教的一些老教授，当时在清华选择学科时，都受到了"科学社"的影响。[1]

梅贻琦还鼓励学生进行科普宣传。1919级孟治回忆：

梅先生演说中屡次提到"中国人懂外国的太少。中国要改

---

[1]　吴泽霖：《记教育家梅月涵先生》，《清华校友通讯》复19期，1989年4月，第87—88页。

良维新需要新人物，通西洋文化及有近代学术的"。

　　碰巧我毕业那年（民五）清华公开招考插班生。因为梅先生的话，我去参加考试，侥幸考入二年级。那时梅先生已到清华教书。他教了我两年数学，一年物理。在课程中及私人谈话中，他常说中国人的科学常识太少。在四年级的时候，我加入社会服务团，梅先生鼓励我在星期日及假期中举行通俗演讲，并借给我各种物理仪器作表演日用科学的原则的器具。[①]

梅贻琦重视科学教育的重要性，1943 年 4 月 22 日，梅贻琦在讲演中仍指出中国科学教育的不足：

　　我国的科学，以往两千余年，可说是并无人注重。虽然很早就有属于科学的事物发现。倘有学者，继续作系统的研究，未尝不可大有进步。但是往往以应用为满足，不再致力，所以直至二十世纪初年我们尚无科学可言。……自从民国成立以后，政府在学制上才有规定，科学教育也才有计划的推进，只是初事提倡，师资与教材方面仍不免于缺乏。[②]

梅贻琦希望学生能多学习科学。他常采取润物无声的方式去影响，而不是生硬地说教。1920 级李鞴回忆：

---

　　① 孟治：《梅校长对于一个学生的影响》，《清华校友通讯》新 2 期，1962 年 8 月 29 日，第 13 页。

　　② 梅贻琦：《我国三四十年来之科学教育》，《中央训练团团刊》第 178 期，1943 年，第 1431 页。

現象，大多數國民依然還保留着紛歧錯雜的思想與奢侈逸樂的生活，完全沒有戰時景象。總之，我們的一切還趕不上時代，趕不上戰爭，而大多數人簡直是違背了最後勝利的信念，脫離了戰爭。我們要知道勝利不是僥倖可得的，我們現在儘管說勝利在望，而前途還擺得有很大的困難。我們要克服困難，爭取勝利，必須把落後的推上前去，把脫離了戰爭的抓回到隊伍裏來；特別要用黨政訓練，來促進政治效率，統一意志，改革思想，用生活行動的訓練，來整飭國民的生活，使我們上自國家政府，下至個人生活，都能夠緊張嚴肅，適應戰爭的要求，從而達到抗戰勝利，建國成功。

（鄺子政速記）

我國三四十年來之科學教育

梅貽琦

（三十二年四月二十七日講）

各位先生：

今天來給各位講的題目是「我國三四十年來的科學教育」。在未講本題之前，我想先把歐美各國最近三四十年間科學進步的情形，擇要的來講一講，可以給我們一個更深刻的覺悟。此外，還得聲明的一點，就是身邊參考材料缺乏，講起來有錯誤的地方，還要請各位原諒。

（一）歐美最近三四十年間科學進步情形

談到科學的進步，我們得先知道甚麼叫做科學？這裏我先把科學的定義講一下。關於科學的定義，有些人解釋得很長，不過，我想，簡單的說法就是：「由觀察宇宙間現象，用分析，歸納，實驗的方法，求得一種解釋的學問。」我們對於宇宙間的現象，就觀察到的，把他收集起來之後，再去分析，分析之後可以歸納攏來得出一個結論，自然，這個結論不一定靠得住，便推之於實驗，經實驗證明了之後，那種學說就可以成立了。

就科學的定義，可以知道科學是就宇宙間的現象去分析歸納實驗以求得合理的解釋，故科學研究的對象就是宇宙。宇宙包羅萬象，範圍極廣，所以科學的研究的範圍也是極廣。以宇宙間的複雜現象，當非一個人的精力所能研究得了的，所以必須就宇宙現象的各方面，以分工的方法分別研究，然後才能有專門精擘的學問的獲得。

關於歐美科學的進步的情形，可以分出很多的項目種類，今天因時間關係不能一一的細講，僅就兩方面提出來報告：一是關於宇宙間最大的事物，一是關於宇宙間最小的事物。

（1）天文學

自從Galileo發明望遠鏡之後，證明了地球不僅是一個球形體繞着太陽旋轉，而且以外還有許多類似的星球存在。自是以後三百年來，經科學家繼續不斷的研究，到了近代更有長足的進步與新的發現。又因宇宙的許多東西，非吾人肉眼所能窺見，所以近年來天文學的進步是由於此項研究的工具亦有很多的發明：（一）分光鏡 分光鏡是在十九世紀發明的，一種光線往往含有紫藍黃綠赤橙種顏色，經過了三稜鏡之後原來的各種顏色就被分析出來了，成為一種「光譜」。每一原質發出來的光有它一定的光譜。天文家把一個星的光收入分光鏡，由星光的光譜，便可以測定這星所含的原質。並且由它的光譜地位的移動，可以測出這星對於地球進退的速率。（二）大望遠鏡 美國在一九二〇年時造過一個一百吋直徑的大望遠鏡，到了一九四〇年又造了一個二百吋直徑的大望鏡，於是太空間有好多模糊不明的星也可

图 6–3　1943 年 4 月，梅贻琦作题为《我国三四十年来之科学教育》的演讲，演讲内容刊发于《中央训练团团刊》第 178 期

　　民国九年庚申级毕业。梅先生是清华物理教授，他约请了预备留美攻读自然科学和工程的学生茶叙，梅先生晓得我已经选读文科（那时期社会科学的通称），但是我也在被邀之列。我在先生班上分数不差，大约当时梅先生对我学实科的期望，没有完全放弃。我回忆这一段故事，总觉到自己对社会没有具体的贡献，辜负了梅先生的期望。可是当时梅先生并未开口劝我读实科，关于一个学生的细事，梅先生不会记得，以后见面，也从来没有提起。[1]

科技社团外，梅贻琦也鼓励并指导学生参与其他类型课外活动，吴泽霖回忆：

　　当时的清华，为了促进学生有组织、有领导的课外活动，在中学部发起了一种半军事性质的童子军组织。梅先生与一些年轻教师王文显、林语堂、巢昆霖等都响应参加，都充当了中队长，与学生们共同操练，并不时同他们远足旅行或宿营。在这些颇费时间的活动中，梅先生始终认真负责，我当时就是他那个中队的队员。

　　清华初期，有一个基督教青年会的组织，为了宣扬基督教教义和帮助学生提高英文阅读能力，它组织了许多课外的"查经班"，读英文圣经，学生是自愿参加。一些中、外教师被聘担任指导，每班不超过十人，每周聚读一、二次。梅先生是基督徒，也被邀指导一个班，我和潘光旦都参加了他的班。圣经是

---

① 李斡：《敬念梅校长》，《清华校友通讯》新 2 期，1962 年 8 月 29 日，第 17 页。

用古英语译的，梅先生不是专攻英国文学的，在辅导阅读时不无困难。我们在阅读时所以尚能顺利理解，显然是梅先生事前费时推敲的结果。[①]

梅贻琦"以童子军的三大美德——智、仁、勇，和那些天真活泼的小孩生活在一起，享受了人生的乐趣"。教书之外，梅贻琦喜欢打篮球，充当中锋，并且打得相当好。[②]

图6-4　1918年，童子军指导教师，前排右一梅贻琦，中王文显

① 吴泽霖：《记教育家梅月涵先生》，《清华校友通讯》复19期，1989年4月，第87页。

② 余才友：《梅月涵与清华大学》，《观察》第3卷第13期，1947年，第18页。

三、"教""育"并重

1929 年以后，梅贻琦不再教学，而专职于管理，尤其任校长后领导清华大学迅速发展。但此前十余年的教学经历，使他对教育教学有极为深刻的认识，尤其是教师对学生的影响。

1931 年 12 月，他在就职典礼上提出："所谓大学者，非谓有大楼之谓也，有大师之谓也。" 1932 年 9 月 14 日，梅贻琦对教职员及学生讲话指出：

> 吾认为教授，责任不尽在指导学生如何读书，如何研究学问。凡能领导学生做学问的教授，必能指导学生如何作人，因为求学与作人是两相关连的。凡能真诚努力做学问的，他们作人亦必不取巧，不偷懒，不作伪，故其学问事业，终有成就。[①]

1936 年 9 月 16 日，梅贻琦在开学典礼上指出：

> 本年度有件要大家特别注意去作的事，就是设法使师生之间多得接近机会。此事要相互努力，始有成功希望。学校训练学生，不仅灌输知识和技能，在个人的生活上、言行上，亦希望诸君于此数年之间得到相当指导。其实诸君学做学问就是学做人。譬如做学问要诚实、要谦虚，吾们做人的要素，亦就是诚实、谦虚。所以学问与做人根本不能看作截然两件事。不过

---

① 《举行廿一年度开学典礼志略》，《国立清华大学校刊》第 432 号，1932 年 9 月 16 日，第 3 版。

古人说熏陶渐染，亦要多有接近的机会。现在吾们设法要增加这种机会，更希望大家充分利用，使这事不致成为虚文。[①]

1938 年 8 月 15 日，梅贻琦在云南省暑期中等师范教员江西讨论会演讲中指出："学校教育为养成青年人格的最要之关键，学校可以成人，亦可以毁人。"[②]

在一学校里，教师的责任要比其他的人更大，因为教师和学生接触的时间最多，勿论教师认为是不是他的责任，他对于学生总要发生影响。这种影响，不只是在教室里和学科上。教师是什么样的人，整个儿地都会影响到学生。教师还没有开口，观感上已经给学生有了一种影响了。这种影响，不只在教什么学科，教的多少，甚至还可以说不在乎教的好坏。教师有个人天赋的限制，不见得都教的很好，也许别的教员比他会教的更好，但是教师在身心上给学生的影响，往往在学科以外，即使教的不好，只要很诚恳，很认真，学生在学科上虽或不免吃亏，在做人的训练上，收效仍可很大。总之，在思想习惯方面，教师给学生的影响，在乎教师是如何教，即是否认真切实地做到教师应该做的事。[③]

---

① 《二十五年度开学典礼纪事》，《清华同学会总会校友通讯》第 3 卷第 8—9 期，1936 年，第 6 页。

② 《云南日报》1938 年 8 月 16 日，第 4 版。刘兴育主编：《旧闻新编：民国时期云南高校记忆》（上），云南大学出版社 2017 年版，第 150 页。

③ 梅贻琦：《如何领导青年和做教师的责任——八月十五日暑讲会精神讲话讲词》，《云南教育通讯》第 18 期，1939 年 1 月 1 日，第 2 页。

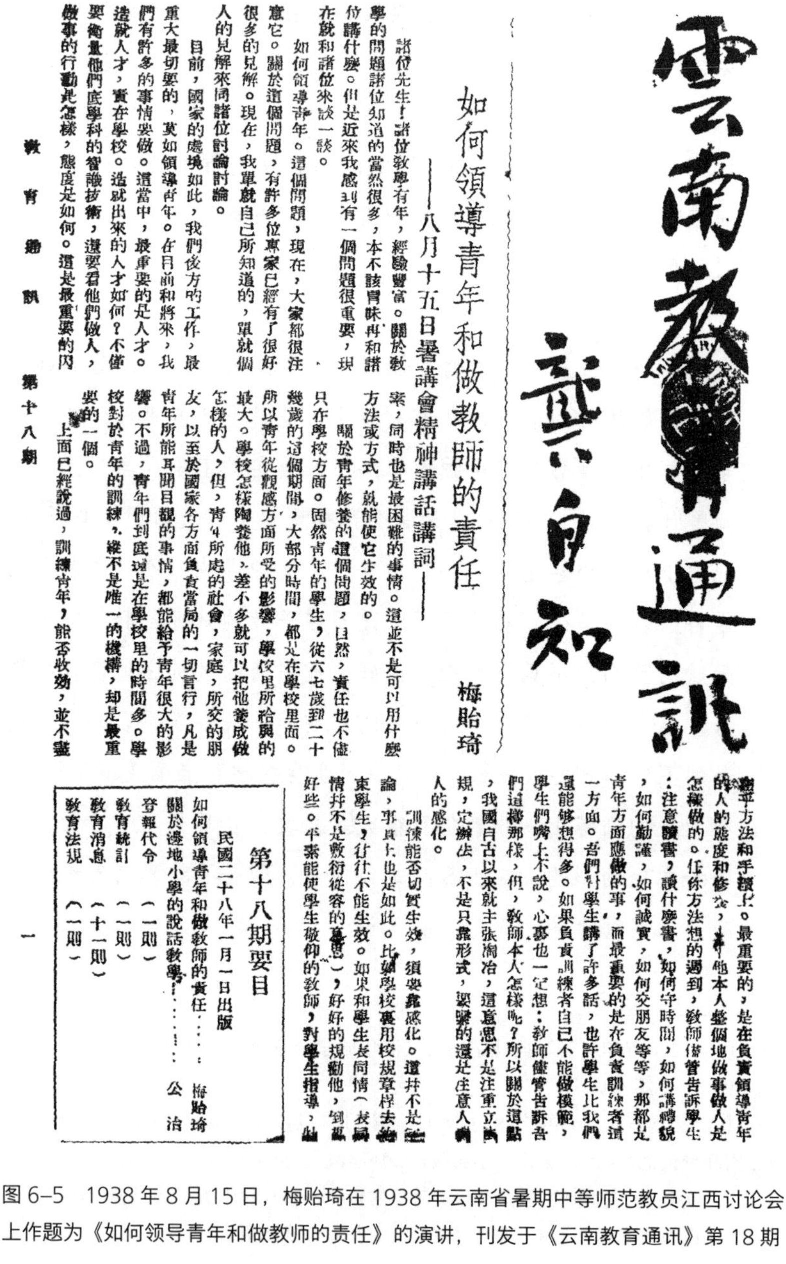

雲南教育通訊

如何領導青年和做教師的責任

——八月十五日暑講會精神講話講詞

梅貽琦

諸位先生！諸位教學的問題諸位知道的當然很多，本不該冒昧再和諸位講什麼。但是近來我感到有一個問題很重要，現在就和諸位來談一談。

如何領導青年，這個問題，現在，大家都很注意它。關於這個問題，有許多位專家已經有了很好的見解。現在，我單就自己所知道的，單就個人的見解來同諸位討論。

目前，國家的處境如此，我們後方的工作，最為重要，莫如領導青年。這當中，最重要的是人才。不過，青年們到底還是在學校裡面多。學校對於青年的訓練，縱不是唯一的機構，卻是最重要的一個。

要衡量他們的底學科的智識技術，還要看他們怎做人，做事的行動是怎樣，態度是如何。還是最重要的四上面已經說過，訓練青年，能否收效，並不盡。

關於教案，同時也是最困難的事情。這並不是可以用什麼方法或方式，就能使它生效的。關於青年修養的這個問題，自然，責任也不僅在就和諸位來談一談。

只在學校方面。固然青年的學生，從六七歲到二十幾歲的這個期間，大部分時間，都是在學校裡面。所以青年從感覺方面的影響，學校裡所給與的影響最大。學校能這樣陶冶他，差不多就可以把他養成興好的人。但，青年所處的社會，家庭，所交的朋友，以至於國家各方面負責當局的一切言行，凡是青年們所能耳聞目睹的事情，都能給予青年很大的影響。

青年方面應做的事，而最重要的是在負責訓導者這一方面。吾們對學生講了許多話，也許學生比我們還能夠想得多。如果負責訓練者自己不能做模範，我們自古以來就主張陶冶，這點不是只靠形式，認真的還注意到人的感化。

訓練能否切實生效，須要靠感化。比如學校裡用校規章程去束學生，幷幷不能生效。如果和學生表同情，情并不是敷衍從容的意思，好好的規勸他，到好些。平素能使學生敬仰的教師，對學生指導，

……在方法和手段上，最重要的，是在負責領導青年的人的態度和修養。任你方法想的週到，教師倘管告訴學生：注意讀書，讀什麼書，如何守時間，教師倘若自己不能做模範，那都是怎麼做的。

教育通訊 第十八期

一

图6-5　1938年8月15日，梅贻琦在1938年云南省暑期中等师范教员江西讨论会上作题为《如何领导青年和做教师的责任》的演讲，刊发于《云南教育通讯》第18期

1941 年，梅贻琦发表《大学一解》，继承中外历史上"从游"思想，结合自己的教育实践，提出：

> 学校犹水也，师生犹鱼也，其行动犹游泳也，大鱼前导，小鱼尾随，是从游也，从游既久，其濡染观摩之效，自不求而至，不为而成。[①]

由上述梅贻琦多次讲话不难看出，梅贻琦重视"教""育"并重，强调教师的示范作用。

朱自清在《教育的信仰》一文中写道：

> 教育的价值是在培养健全的人格，这已成了老生常谈了。但要认真培养起来，那却谈何容易！第一教育者必须有"培养"的心，坦白的、正直的、温热的、忠于后一代的心！……教育者必须有健全的人格，而且对于教育，须有坚贞的信仰，如宗教信徒一般。他的人生的理想，不用说，也应该超乎功利以上。……教育者须对于教育有信仰心，如宗教徒对他的上帝一样；教育者须有健全的人格，尤须有深广的爱；教育者须能牺牲自己，任劳任怨。……我斥责那班以教育为手段的人！我劝勉那班以教育为功利的人！我愿我们都努力，努力做到那以教育为信仰的人。[②]

---

① 梅贻琦：《大学一解》，《清华学报》第 13 卷第 1 期，1941 年，第 4 页。

② 《教育的信仰》，《春晖》第 34 期，1924 年 10 月 16 日。《朱自清全集》第 4 卷，第 140—144 页。

纵观梅贻琦一生，无论是上课，还是管理，梅贻琦都是带着虔诚之心办理清华大学，做到了他提倡的"不取巧，不偷懒，不作伪"。朱自清的这段文字，恰似对梅贻琦一生的白描。

吴泽霖评价：

> 在以后几十年坎坷不平的教育工作的行程上，随着他自己地位的改变，他一贯抱着对教育事业的责任心，沉着地、顽强地、但也不无曲折地朝着他所向往的目标，一步一步前进。[①]

罗香林评价：

> 师长对学生的教育，除了课堂上的讲授外，还有两种作用很大的促进方法。一种是经常对学生耳提面命，使学生知道做人、做事和做学问的道理，而特别感到师长对他的亲切，而不能不努力向上，这是一种"有言"的方法。另外一种就是经常以和悦的态度与学生接触，使学生感到亲近师长就好像坐在"光风霁月"照临的草地上，非常舒服，虽然没有得到什么说得出的东西，但也觉得非常满足，慢慢地就把品性提高了，这是一种"无言"的方法。
>
> 梅月涵师在清华，由担任教务长，以至做校长，除了在教室讲课，在大礼堂主持有关集会做报告或演讲外，所施的课外教育，大概是将"有言"和"无言"的方法一齐相机活用

---

① 吴泽霖：《记教育家梅月涵先生》，《清华校友通讯》复19期，1989年4月，第87页。

的，所以他能使所有的学生，没有一个不感觉满足而不永远景慕的。①

得英才而育之本是为师者之乐，也是责任所在。梅贻琦指出：

> 我们应该把我们的地位看清，把事业看清，认真地去做教师，教师的地位还是很重要。教师的报酬虽然少，但，教师另外还有一种报酬，这是做别种事业得不到的。这就是对于学生的人与人之间的一种关系，能得学生的敬仰与信赖，这种价值虽然难讲，但它能给我们的安慰愉快却很大。②

梅贻琦既对教师职业有敬畏感，也对培育英才充满自豪。1941年1月，他在与顾毓琇唱和的诗中写道："英才自是骐骥种，佳果非缘老圃功"③，称赞清华学生为骐骥骅骝之才，而非自己之功。但谦虚之外，为师者的自豪之情溢于言表。

来自学生的高度评价，领导清华大学取得辉煌成绩，足以让梅贻琦教授感到"很大"的"安慰愉快"了。

---

① 罗香林：《回忆梅月涵校长》，王云五、罗家伦：《民国三大校长》，第165页。
② 梅贻琦：《如何领导青年和做教师的责任——八月十五日暑讲会精神讲话讲词》，《云南教育通讯》第18期，1939年1月1日，第2页。
③ 清华大学档案，1-4:4-5-003。

任教务长后对大学部的改革

1925 年，在校长曹云祥、教务长张彭春领导下，清华学校成立大学部和国学研究院，教育独立与学术自主迈出一大步。[①] 作为新生事物，大学部成立之初，不可避免地存在不足。部分师生对张彭春主导设计的人才培养目标、大学部组织与学制等存在异议。张彭春辞职后，继任教务长的梅贻琦对大学部进行了改革完善，稳定了教学秩序，初步奠定了此后教育教学的基础。

1926 年 4 月 19 日，梅贻琦在教授会上被选为教务长，成为清华历史上第一位选举产生的教务长。这次教授会由曹云祥主持，选举朱君毅为临时书记。与会者对会议程序进行周密设计，慎重地通过选举办法。陈福田提议、赵师轼附议，以超过半数为满足开会法定人数。余日宣提议、赵元任附议，选举教务长时，第一、第二次过半数即可，这一提议被通过。接着，余日宣提议、赵元任附议，选举教务长，第一、第二次须过三分之二以上，第三次投票过半数即可。这一提议也被通过。之后，虞振镛提议、钱崇澍附议，第三次投票，候补人选为两人。这一提议也被通过。陈福田提出采用无记名投票，也获通过。第二次投票，梅贻琦得 27 票，孟宪承得 12 票，戴志骞得 7 票，赵元任得 3 票。第二次得票最多前两名梅贻琦、

---

① 张彭春对清华改办大学事功，见本书附录《专心去造成中国自己的高等教育——张彭春在清华学校（1923—1926)》。

孟宪承进入下一轮投票。第三次投票，梅贻琦得 33 票，孟宪承得 15 票。梅贻琦当选为教务长。[①]由票数可见梅贻琦有深厚的群众基础，票数差距之大反映出多数人对梅贻琦期望之殷。此时清华已没有副校长，因此，教务长梅贻琦成为清华的二号人物。[②]

梅贻琦是在学校发展出现困难的背景下出任教务长的。首先，大学部成立刚半年，张彭春领导的改革受挫，部分学生要求退学，教师中也有不少批评声音。其次，大学部、国学研究院与原有留美预备部三部共存、分别管理，在资源分配、课程体系、学生管理等方面存在矛盾。最后，往前回溯，也有大学部筹备中各种矛盾的积累。据钱端升回忆，主张"改大"的是 1923—1924 年左右归国的清华毕业生，即所谓少壮派；教师中的老一辈担心大学部成立后他们会被淘汰，故不积极。当时清华教员中三大台柱，即物理教授梅贻琦、化学教授杨光弼、生物教授虞振庸。三人中梅、杨赞成，虞反对。梅贻琦对改办大学起了重要作用。[③]这些矛盾并未随着大学部成立而消失。

正由于谦恭克己、虚心谨慎的人品与作风，以及对成立大学部的积极态度，梅贻琦被选为教务长，直面这些矛盾和困难，继续推进"改大"工作。

据 1926 年 4 月 15 日制定的《清华学校组织大纲》规定，教务长职权为：

---

① 《教授会议》，《清华周刊》第 378 期，1926 年 5 月 7 日，第 648 页。

② 1922 年 11 月 26 日，清华学校以节省经费为由向外交部呈请裁撤副校长一职。12 月 8 日，外交部批复同意。这样，校长之下，教务长为学校第二号人物。清华大学档案，1-1-5-067，1-1-5-068。

③ 《钱端升访谈录（1965 年 6 月 15 日）》，清华大学校史研究室藏。

一、召集各系主任会议办理左列事项：

甲、编制全校课程

乙、考核学生成绩

丙、主持招考及毕业事项

丁、汇审各系预算

二、施行学生训育

三、指导学生事业[①]

在梅贻琦看来，学校发展的重点在教学。他说："清华发展的根本问题须看财政情形如何以为定。""清华行政各部分现已发展到相当地步，将来可不再扩充；现在要竭力发展的就是教学部分——多聘好教员，增加教学设备，此为将来发展的主要点。"[②]

依照《大纲》授权，梅贻琦任教务长后兢兢业业、不负众望，对大学部组织、学制以及课程体系进行调整和完善，使大学部的组织、学制、课程、教学等更趋完善。

一、修订学校人才培养目标表述

建校初期，清华以"培植全材、增进国力"为宗旨，以"进德修业、自强不息"为方针。[③] 1913 年后，清华以"培植全才、增进

---

① 《清华学校组织大纲》，清华大学校史研究室编：《清华大学史料选编》一，清华大学出版社 1991 年版，第 299 页。

② 梅贻琦口述：《清华发展计划》，《清华周刊》第 408 期，1927 年 4 月 29 日，第 491 页。

③ 《清华学堂章程（宣统三年正月，1911 年 2 月）》，《清华学堂章程（宣统三年七月十四日，1911 年 9 月 6 日）》，清华大学校史研究室编：《清华大学史料选编》一，第 146、152 页。

国力"为宗旨，"以造成能考入美国大学与彼都人士受同等之教育为范围"。① 这种表述与清华作为留美预备学校的性质相适应。但从长远看，仅满足于培养合格留美人才显然不够，与清华自 1916 年开始的改办大学的目标与愿景也不一致。1923 年秋，校长曹云祥坦陈："清华之弱点，则为缺乏久远之教育方针，以为设施标准。"②

1923 年 11 月 1 日，教务长张彭春在教职员会议上宣读课程委员会报告，明确提出"清华希望成一造就中国领袖人才之试验学校"，第一次明确了清华人才培养的目标，并在会上获得通过。③

在这个目标里，有两个关键词"领袖人才"与"试验学校"，乍一提出，为避免望文生义引起误解，张彭春专门做了解释。他强调"领袖人才"不是指特权而是尽更多责任。他说：

> "领袖人才"四个字，尤其容易教人误解，以为作领袖是一种权利，是要自居高位去驱使别的人。但我们所谓领袖却不是这样。我们所希望造成的领袖，乃是比寻常人能作多而且好的工作的。他们的工作，是要特别的有效率。然而他们并不是超人，也不是混来一个洋翰林的头衔并侈然自足的。④

对这一培养目标，有学生积极响应：

① 《北京清华学校近章》，《神州》第 1 卷第 2 册，1914 年 7 月，第 3 页。

② 曹云祥：《改良清华学校之办法》，《清华周刊》十周年纪念增刊，1924 年 3 月 1 日，第 70 页。

③ 《教职员会议》，《清华周刊》第 293 期，1923 年 11 月 9 日，第 12 页。

④ 《清华新课程的编制》，《清华周刊》第 295 期，1923 年 11 月 23 日，第 23 页。

清华学校自从开办以来，虽然总隐有"为国储才"的意思，然而那纯然是隐藏的，总未能明白宣布出来（以前就无所谓教育方针），不能指示学生都向着这条路走，却是一件憾事。本学期自从张教务长任事以来，对于本校学制、教育方针与计画诸点，均力求有具体的确定，所组织的课程委员会又能积极进行，所以结果在上星期四日教职员会议中，对于新课程的讨论，第一件竟能将教育方针确定为"造就领袖人才"（参观本期新闻），这是一件何等可贺的事情！从此清华学校犹如造了一个大指南针一样，无论教职员学生都知道向那一条道前进了！[①]

但校内也有人对此提出异议。1926 年 4 月，庄泽宣指出：

说到改革的步骤，我以为最紧要最先应当做的是教育方针。……办一个中国式的大学养成国内领袖人才，这也是我所赞成的。不过我以为中国式的大学决非一朝一夕所能成功。要养成国内各种领袖人才，也决非几年之内清华所能办得到的。[②]

对"领袖人才"提法，梅贻琦也有所保留。他不赞成陈义过高引起不必要的误解，宁可认为在当时缺少大学的中国，各大学学生都富有领袖责任，而非专责清华。他说：

---

① 胡竟铭：《领袖人才与清华学校》，《清华周刊》第 293 期，1923 年 11 月 9 日，第 10 页。

② 庄泽宣：《我的清华改革潮观》，《清华周刊》第 375 期，1926 年 4 月 16 日，第 445、446 页。

　　至有谓清华教育系为造就领袖人才者，此说固不必专指清华而言，因在中国今日大学如此之少，其各校学生将来在社会皆立于特殊地位，即皆当负领袖的责任。故造就领袖人才，可谓为各大学设立之宗旨。但领袖之造成，要在研究真实学问，不可空说空想。①

　　客观上，不同学校定位不同、层次有别，不可能也不应该千篇一律。对此，他又说：

　　清华大学之教育方针，概括言之，可谓造就专门人材，以供社会建设之用。此目的约无以异于他大学，但各校因处境之不同，或主张有别，则其所取途径亦各自异。清华之设大学，其一切计画，亦以应时代与环境之需要以求达此目的而已。②

　　可见，梅贻琦避免使用"领袖人才"提法，是不希望将清华与其他学校隔离甚至"对立"起来，从而引起不必要的误解和猜疑。

　　"领袖人才"之外，清华学校发展目标的另一个关键词是"试验学校"。张彭春解释：

　　"试验学校"四个字也很容易惹起疑问。但我们要知道现在中国的高等教育完全是模仿外国。以为能办到与外国高等教育同样的地步方算高等教育。但是中国人不是没有文化的民族。外国的高等教育，若不经一番改造，断不会在中国适用的。我们应当根本反对这种模仿的思想，专心去造成中国自己的高等教育。清华在今日教育界占有特别的地位。第一，清华不是完全的国立学校。制度上、办事上，很有自由伸缩之余地。第二，清华的经费比别校略为丰富。所以这改造中国高等教育的试验，当然非清华担任不可。

这就是我们要清华作一个试验学校的意义。我们去担任这领路的试验的责任，必须有两个根本的观念：一、我们的方法不必与中国或外国已有的方法相同；二、我们的办法又不可与国内的情形相去太远。否则我们试验的结果别人不能采取，那就太不经济了。①

在张彭春看来，"试验学校"意在反对照搬西方教育模式，强调全面看待中西方教育的优缺点，扬长避短，"专心去造成中国自己的高等教育"。但又有意强调清华在国内学校中"占有特别的地位"，因而"改造中国高等教育的试验，当然非清华担任不可"。

尽管张彭春用意良美，他自己也承认这样的提法容易引起误解。因此，在张彭春辞职后，梅贻琦不再使用"清华希望成一造就中国领袖人才之试验学校"这一表述，而代之以中性表述。1927 年 12 月，梅贻琦指出："清华大学之教育方针，概括言之，可谓为造就专

---

① 《清华新课程的编制》，《清华周刊》第 295 期，1923 年 11 月 23 日，第 23 页。

门人才，以供社会建设之用。"[①]

1965 年，昔年少壮派重要人物钱端升评论：

> 关于清华培养领袖人才，也可以说是学校的一个方针。清华优越感很厉害，认为我们得天独厚，要做社会领袖，学校领导也常如此给学生讲，美国教员也常这样讲。清华学生想当领袖，这一点还与美国想当世界领袖有关。十九世纪末，美国已有优越感，但还未表现出来，到了第一次世界大战后，就公然表现出来了。十九世纪美国的传教士只讲天堂上帝，与英国、加拿大的传教士无异。到二十世纪以后，美传教士就讲具体的天堂是美国，美国比耶稣还高，宣扬美国第一。过去留英学生看不起留美生，而留美生则说美国比英国高明。美国想当世界的领袖。清华学生是留美的，所以更觉得自己了不起。[②]

这段话是梅贻琦任教务长近 40 年以后的评论，有助于理解梅贻琦为何弃用"领袖人才"的表述。

此后，在不同阶段、不同场合，梅贻琦说：清华大学"不仅为国内最高学府之一个，同时亦当努力负起与国外学术界沟通之使命"[③]。"清华既拥有别所大学不具备的庚款基金来提供科研设备，又拥有一支优秀的教学队伍，我们理应把它办成一所世界上著名的学

---

① 梅贻琦：《清华学校的教育方针》，《清华周刊》第 426 期，1927 年 12 月 23 日，第 667 页。

② 《钱端升访谈录（1965 年 6 月 15 日）》，清华大学校史研究室藏。

③ 梅贻琦：《五年来清华发展之概况》，《清华周刊》向导专号，1936 年 6 月 27 日，第 5 页。

府。我们有责任这样做。"[1] 可见，梅贻琦虽然弃用了张彭春拟定的表述，但坚持培养优秀人才、追求把清华建设成为世界著名大学的目标没有变化。

二、调整大学部组织与学制

1925 年，清华大学部成立，"纯以在国内造就今日需用之人材为目的，不为出洋游学之预备"[2]。张彭春设计的大学部分为普通与专门两科。张彭春任留美预备部主任兼普通科主任，负责制定普通科课程方案。专门科课程则在专门科主任庄泽宣领导下制定。由于大学部刚成立，课程设计最紧迫。

张彭春留学美国，对美国高等教育有较深了解。在教育理念上，他主张中西融合，不迷信美国"制度"，注意吸取中国传统教育中有益的内容。在设计大学部培养方案时，他注意贯彻通识教育理念，同时借鉴中国传统学徒制／书院制。普通科重在基础，专门科重在精深研究。

大学部学制为 4—6 年，分为普通和专门两段。其中"普通训练为期两年或三年；专门训练之期限视其门类之性质而定，亦约两年或两年以上"。普通科不分系，教学上"重综合的观察"，即学习一些普通的基础课程，学习期满后由学校发给修业证书与成绩单，"学生或入本校所设之各项专门训练，或转学他校，或外出就事，一听其

---

① 吴泽霖：《记教育家梅月涵先生》，《清华校友通讯》复 19 期，1989 年 4 月，第 92 页。

② 《大学部组织及课程》，清华大学校史研究室编：《清华大学史料选编》一，第 293 页。

便"①。专门科基础与理论、研究与实践并重，分三类：1.文理类；2.应用社会科学类，如商业、新闻业、教育及法政等；3.应用自然科学类，如农业、工程等。学生成绩合格后，发给毕业证书与学位证书。普通科学生如愿意继续升入专门科，需要通过入学考试。

张彭春设计的分阶段培养计划，充分体现了通识教育理念。但存在不足，那就是普通科培养目标不明确，与国内一般大学不相衔接，学生反映普通科"不文不理"，年限太长，学了没用又无兴趣。沈有鼎指出："大学部现行之课程制度，其症结果何在乎？一言以蔽之：其所谓'普通'者不普通，而所谓'专门'者不专门也。""大学部现行课程，属'普通训练'者过多；实行之结果，能令学者博而不精，阻碍其兴趣与天才之自然发展，而使视求学为畏途，是固非教育之旨也。""大学部现行课程，属'专门训练'者，成分太少，选习太不自由。结果，非延长年限，虚费时光，即潦草毕业，实行自杀。"②同时，普通科不能直升专门科，相当于大学期间还有一次淘汰，这与其他大学迥异。

张彭春的大学部方案，在教师中有不同意见。很多学生也不支持，到1927年12月，入学后申请退学休学的达30人。③

张彭春离校后，针对这些问题，在梅贻琦主持下，大学部在管理和组织体系上都进行了重大调整：取消普通科与专门科两段培养体

---

① 《大学部组织及课程》，清华大学校史研究室编：《清华大学史料选编》一，第293、294页。

② 沈有鼎：《大学部课程改良刍议》，《清华周刊》第376期，1926年4月23日，第545—548页。

③ 《大学部学生退学休学之调查》，《清华学校校刊》第16期，1927年12月19日，第1版。

系，设立学系。梅贻琦指出：设立学系兼顾重要性、已有基础、办学条件等多种因素。他说：

> 就社会之需要言，各科人材，当皆为重要，但各系有为他校所已办，而成绩优良无须更设者，有因科门之性质不宜设立于清华者，亦有因一时设备难周须逐渐开办者，故本校现定有十系之专修学程。此十系计为国文学系、西洋文学系、历史学系、政治学系、经济学系、物理学系、化学系、生物学系、教育心理学系、工程学系。十系之属于普通所谓文理科者，为前列之八系；其属于职工专修者，则有教育与工程二系。盖其他各系暂时未能设立之原因，不外以上所述之一。然商业系附于经济系，心理则与教育合组，至农业不设专修学程者，因近查农业大学及专门学校之毕业生，多不适于改良农事之工作，使供与求不能洽合，故农系暂不设专修学程而致力于农业问题之研究。[①]

经过讨论，大学部设立 17 个学系，其中开出课程的有 11 个系，即：国文、西洋文学、历史、政治、经济、教育心理、物理、化学、生物、农业、工程。暂未开出课程的有 6 个系：哲学、社会学、东方语言、数学、体育、音乐。规定"大学部本科修业期至少四年，学生毕业后给学士学位"[②]。取消普通科、专门科两段式培养，学制

---

① 梅贻琦:《清华学校的教育方针》,《清华周刊》第 426 期, 1927 年 12 月 23 日, 第 668 页。

② 《清华学校组织大纲》, 清华大学校史研究室编:《清华大学史料选编》一, 第 297 页。

由原来四至六年明确为四年制。

至此，清华学校改办大学基本完成。

东方语言、音乐与农业等三系虽然成立并有专任教师，但没有招生。因此，1928 年 5 月 4 日，学校教授会通过梅贻琦提出取消三系的方针：1. 取消东方语言学系及音乐学系，其有关于二系课程事项由教务长处理，所需款额列入"不列系"学科预算。2. 取消农学系改设农事推广委员会，每年以款额若干办理：（1）本校农事试验；（2）与平民教育促进会合办农业试验场；（3）与燕京大学及香山慈幼院合组农事讲习所。[①]

由于政治形势剧变，东方语言、音乐、农业等三系取消以及农事讲习所创办等事项，直到北伐胜利、罗家伦任校长以后才逐渐实现。

三、重构课程体系

课程调整与完善是教务长的重要职责。大学部和国学研究院成立，学校架构和行政部门调整基本完成后，梅贻琦认为："清华行政各部分现已发展到相当地步，将来可不再扩充；现在要竭力发展的就是教学部分。"[②]

具体而言，由于原有留美预备部已停止招收新生，已有学生逐年递减，1929 年最后一届学生毕业后，留美预备部自然取消。因

---

① 《教授会临时会议记录》，《清华学校校刊》第 33 期，1928 年 5 月 14 日，第 1 版。

② 梅贻琦口述：《清华发展计画》，《清华周刊》第 408 期，1927 年 4 月 29 日，第 491 页。

此，梅贻琦对留美预备部课程不做变更。[①]他要竭力发展的教学部分主要是大学部的课程改革，协调、组织各系制定学程，并保障学校人才培养目标落实在各系学程中。

与设立学系相适应，1926 年 4 月 8 日教职员第 9 次会议通过赵元任的"本校学程以学系为单位"的提议。[②]同时，学校将"普通训练"的时间缩短为一年。这就意味着每个系不但要制定各自四年的课程方案，还要相互协调，合作制定第一年"普通训练"课程。

对于大学教育，梅贻琦认为：

> 大学教育者，乃吾人一生教育进程之一段，为进修高深学问之门径，为启发原有智力之工具，故本校课程组织之目的，重在给予诸生以基本训练，俾于毕业后，或欲入社会服务，或更继续作研究工作，皆得有相当的豫备；其方法则注重于指导启发，而务免除灌输式之教法。盖大学学生，已届成年时期，应脱离中小学生之习惯，而了解学问，须自求自得之理。各自用功，然后教师加以指导，则可事半功倍。不然，倘在大学而犹偷安依赖，敷衍了事，恐终难成功。[③]

---

① 惟远：《教务处》，《清华周刊》第 378 期，1926 年 5 月 7 日，第 689—690 页。

② 《教职员第九次会议记录》，《清华周刊》第 375 期，1926 年 4 月 16 日，第 484 页。

③ 《第一次修学指导讲演》，《清华学校校刊》第 5 期，1926 年 10 月 3 日，第 1 版。

对于新的课程体系，梅贻琦认为：

> 清华大学学程为期四年，其第一年专用于文字工具之预备，及自然科学与社会科学之普通训练；其目的在使学生勿囿于一途，而得旁涉他门，以见知识之为物，原系综合联贯的，吾人虽强为划分，然其在理想上相关连相辅助之处，凡曾受大学教育者不可不知也。学生自第二年以后，得选定专修学系以从事于专门之研究，然各系规定课程，多不取严格的限制，在每专系必修课程之外，多予学生时间，使与教授商酌，得因其性之所近，业之所涉，以旁习他系之科目，盖求学固贵乎专精，然后狭隘之弊与宽泛同，故不可不防。①

课程设计，除了按照知识体系发展历史及难度由浅入深外，也照顾学生的实际情况，兼顾不同资质学生选修。梅贻琦指出：

> 各课程皆以学分计算其成绩；而学分定有最低与最高限度，以予天资聪慧、学力较高，与禀赋鲁钝、学力稍低者，以伸缩发展之余地。大学一年级学生，无论文实各科，都有必修功课，即国文、英文、自然科学及社会科学是也。（农、工科学生因本科基本学科须早学者，则社会科学可于第二或第三年级时修完之。）②

---

① 梅贻琦：《清华学校的教育方针》，《清华周刊》第 426 期，1927 年 12 月 23 日，第 669 页。

② 惟远：《教务处》，《清华周刊》第 378 期，1926 年 5 月 7 日，第 689—690 页。

可见，梅贻琦秉持的仍是通识教育理念，这点与张彭春并无二致。由此，以学系为单位的课程体系仍是在通识教育理念主导下设计完成。以学科特点看似极为鲜明的工程学系课程设计，尤其体现出通识教育的理念。梅贻琦指出：

> 工程系学科之组织，亦有与外间不同者。盖今日社会上所需要之工程人材，不贵乎专技之长，而以普通基本的工程训练为最有用，是以本校设立工程系之始，即以此为原则。凡工程学之基本知识，或属于机械，或关乎电理，或为土木建筑之要义，使学生皆得有确切的了解，及运用之能力，俾将来在社会遇凡关工程问题，皆能有相当的应付；且工程事业往往一事关系数门，非简单属于某一门者，在今日中国之工商界中，能邀致数专家以经业一事者甚少，大多数则只聘一工程师而望其无所不能。斯故本校之工程学程中，认普通之基本训练较若干繁细之专门研究为重要也。[1]

在梅贻琦领导下，11 个学系分别制定课程计划，并在校刊上公布，听取师生意见。在此后的执行中，不断完善。在组织各系制定学程同时，作为教务长，梅贻琦又推动对大学部通选课进行调整完善。例如，1927 年 9 月，大学部对二年级英文课做出调整。

> 查本年大学部二年级英文课程原分四组，其中甲组系为专

---

[1] 梅贻琦：《清华学校的教育方针》，《清华周刊》第 426 期，1927 年 12 月 23 日，第 668 页。

修西洋文学系课程者而设，其余三组则为其他各系学生而设。兹为便利选择教材，俾各适所用起见。将乙、丙、丁三组另行分配。凡专修自然科学及工程者统入乙组上课，凡专修社会科学者入丙、丁两组上课。兹将乙、丙、丁三组学生名单列左，望于下星期起即按照规定之组上课可也。[①]

梅贻琦一面主持制定各系学程，一面注意做好解释工作，他召集学生开会，面对面讲解课程设置意图、总则，并辅导学生选课。据清华校刊报道：

本校现有十七学系，其中十一学系已设专修课程。因此项课程之编排，极称繁复，且所包括之科目又甚众多，欲使新生了解，自非以相当之解说不可。故教务长已于本月七日上午召集大一级新生，复于是日下午召集大二级插班生为之解说学程总则，及选课手续云。[②]

大学部原来培养计划基本单位为学时，学程中规定每门课的"单位"指学生每周在该课程应投入时间，包含上课及自修，一个单位约为三小时。至于课内与课外时间比例，教师可斟酌自定。[③]随着新的课程体系建立，学时制也改为学分制。

---

① 清华大学档案，1-2:1-69:2-021。

② 《解说课程》，《清华学校校刊》第 2 期，1927 年 9 月 14 日，第 1 版。

③ 《大学部组织及课程》、《清华一览》，清华大学校史研究室编：《清华大学史料选编》一，第 294—295 页。

四、辅导学生专业选择

专业选择对学生是一个重要问题。梅贻琦任教务长时,清华学校已经开办 15 年,留美预备部课程体系虽有不足,但可说较为成熟。1925 年成立的大学部和国学研究院则属于新生事物。国学研究院实行一年制研究生教育,[①]课程以导师为中心,师生均少,相对来说较为简单。因此,学生专业选择的问题仍集中于大学部。

大学部从原来普通与专门两段式教育到设立各学系实行四年一贯制本科教育,建立以学系为单位的课程体系,学生面临的首要问题是选系。

在成熟的培养体系内,选系不是一个严重问题。因为学生在进校时已经明确,学生选课也不过是常规的教学环节。在清华,梅贻琦任教务长后对大学部组织与课程体系进行重大调整,所以大一新生面临着选系、选课等问题。此外,大学部第一次招生,只看考试成绩而无学历限制,故而学生之间学历差别较大。有三三制高中毕业的,有四年旧制中学毕业的,也有个别上过大学一二年和一个只读过初三的。[②]

学生选系、选课既关系到学生培养方案执行,也关系学校课程资源分配。梅贻琦尊重学生选择,视选课为学生权利,但同时也加强管理,做好教学资源的调整,顺利地完成了过渡。为了帮助学生选系,梅贻琦策划组织系列演讲,邀请大学部各系主任对大一学生

---

① 学校规定,"学员研究期限,以一年为率,但遇有研究题目较难,范围较广,而成绩较优者,经教授许可,得续行研究一年或二年。"《研究院章程》,《清华周刊》第 360 期,1925 年 11 月 20 日,第 23 页。

② 《傅任敢(举丰)老学长遗作两篇》,《清华校友通讯》复 6 期,1982 年 10 月,第 130 页。

进行选系演讲，"将各学系学程内容、将来计画，以及关系选习各该系学科应有之预备等等，分次讲演，以为诸生等择业之指导"[①]。讲座最初在1926—1927年度春季学期举行，名为"大学一年级选科讲演"，安排如下：

时间	主讲人
2月21日	吴在　钱崇澍
2月23日	叶企孙　朱彬元
2月28日	杨光弼　朱君毅
3月2日	陆懋德　周永德
3月7日	吴宓　虞振镛
3月9日	钱端升

梅贻琦注意总结工作经验，不断改进对学生选系的指导。1926年6月，《清华周刊》报道：

> 新大学同学之在校者，现为七十余人。刻下已经选定下年所学课程者，已有六十人左右，尚有十数同学迟迟未将选科单交进。教务长梅先生以为选科似是学生一种权利。盖教务处将视同学所选科目及各科人数，而定将来课程及将开之班。故已于本月六日出示告知该部同学，最晚于八日上午必定将选单交进。否则学校因办事关系，绝不再待，课程班次一经排定，迟缓同学只有就此范围选读矣！[②]

---

① 清华大学档案，1-2:1-69:3-056。

② 远:《新大学选科》,《清华周刊》第383期，1926年6月11日，第983页。

在 1927—1928 年度，这个系列演讲改名为"修学指导演讲"，时间也从一学期扩展为一学年。"修学指导演讲"从 1927 年秋季开始，"本学年内学校将为新生举行修学指导演讲。此项演讲，略带教课性质，每次举行，学生必须前往听讲；惟不给学分。至演讲题目及人员等等，闻已由教务长编排就绪，不日即可发表；演讲时间定为每星期一下午四时举行"[①]。1927—1928 学年度秋季学期演讲如下：

	时间	演讲人	题目／主题
1	1927 年 9 月 26 日	梅贻琦	清华学校校史及现在的教育方针[②]
2	1927 年 10 月 3 日	戴志骞	如何利用图书馆[③]
3	1927 年 10 月 24 日	唐钺	读书法[④]
4	1927 年 10 月 31 日	郝更生	体育与人生[⑤]
5	1927 年 11 月 7 日		卫生问题[⑥]
6	1927 年 11 月 14 日	梅贻琳	康健与病源[⑦]
7	1927 年 11 月 25 日		肺痨病[⑧]

---

① 《修学指导演讲》，《清华校刊》第 2 期，1927 年 9 月 14 日，第 1 版。

② 《第一次修学指导讲演》，《清华学校校刊》第 5 期，1927 年 10 月 3 日，第 1 版。

③ 《第二次修学指导讲演》，《清华学校校刊》第 5 期，1927 年 10 月 10 日，第 1 版。

④ 《第三次修学指导讲演》，《清华学校校刊》第 9 期，1927 年 10 月 31 日，第 1 版。

⑤ 《第四次修学指导讲演》，《清华学校校刊》第 10 期，1927 年 11 月 7 日，第 1 版。

⑥ 清华大学档案，1-2:1-69:2-044。

⑦ 清华大学档案，1-2:1-69:2-047。

⑧ 清华大学档案，1-2:1-69:2-052。

（续表）

	时间	演讲人	题目／主题
8	1927 年 12 月 2 日		痢疾与消化系统之其他疾病[1]
9	1927 年 12 月 9 日	梅贻琳	砂眼及眼的卫生[2]
10	1927 年 12 月 28 日		中国食品及滋养问题[3]

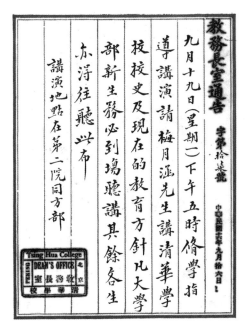

图 7-1　1927 年 9 月 26 日，教务长梅贻琦作题
为"清华学校校史及现在的教育方针"修学指导
讲演的通知

---

[1]　清华大学档案，1-2:1-69:2-055。

[2]　清华大学档案，1-2:1-69:2-060。

[3]　清华大学档案，1-2:1-69:2-067。

1927—1928 学年度春季学期演讲如下：

	时间	演讲人	题目 / 主题
1	1928 年 2 月 9 日	朱君毅	择业指导①
2	1928 年 2 月 16 日	吴在	国文学系计画及学程大纲
		吴宓	西洋文学系计画及学程大纲②
3	1928 年 2 月 23 日	叶企孙	物理学系计画及学程大纲
		杨梦赉	化学系计画及学程大纲③
4	1928 年 3 月 1 日	刘崇乐	生物学系计画及学程大纲
		陆懋德	历史学系计画大纲及学程④
5	1928 年 3 月 8 日	余日宣	政治学系课程组织及计画等
		朱彬元	经济学系课程组织及计画等⑤
6	1928 年 3 月 15 日	朱君毅	教育心理学系计画大纲及学程组织
		周永德	工程学系计画大纲及学程组织⑥
7	1928 年 3 月 22 日	梅贻琦	关于选系问题之谈话⑦

---

① 《第一次修学指导演讲》，《清华学校校刊》第 21 期，1928 年 2 月 13 日，第 1 版。

② 《第二次修学指导演讲》，《清华学校校刊》第 22 期，1928 年 2 月 20 日，第 1 版。

③ 《第三次修学指导演讲》，《清华学校校刊》第 23 期，1928 年 2 月 27 日，第 1 版。

④ 《第四次修学指导演讲》，《清华学校校刊》第 24 期，1928 年 3 月 5 日，第 1 版。

⑤ 《第五次修学指导演讲》，《清华学校校刊》第 25 期，1928 年 3 月 12 日，第 1 版。

⑥ 《教务长布告》，《清华学校校刊》第 25 期，1928 年 3 月 12 日，第 1 版。

⑦ 《修学指导演讲消息》，《清华学校校刊》第 27 期，1928 年 3 月 26 日，第 1 版。

（续表）

	时间	演讲人	题目 / 主题
8	1928 年 3 月 29 日		痨病①
9	1928 年 4 月 19 日		Mental Hygiene②
10	1928 年 4 月 26 日	梅贻琳	Mental Hygiene③
11	1928 年 5 月 3 日		Sex Hygiene④
12	1928 年 5 月 10 日		Sex Hygiene⑤
13	1928 年 5 月 17 日		Sex Hygiene⑥

　　修学指导系列演讲第一讲和最后一讲都由梅贻琦担任。在 1927 年 9 月 26 日第一次演讲中，梅贻琦演讲题目为"清华学校校史及现在的教育方针"。梅贻琦强调"本校课程组织之目的，重在给予诸生以基本训练，俾于毕业后，或欲入社会服务，或更继续作研究工作，皆得有相当的豫备；其方法则注重于指导启发，而务免除灌输式之教法。清华学生已界成年，应各自用功，自求自得之理"。⑦在 1928 年

---

　　① 《梅大夫演讲痨病志略》，《清华学校校刊》第 28 期，1928 年 4 月 2 日，第 1 版。

　　② 《梅大夫神经卫生第一讲志略》，《清华学校校刊》第 30 期，1928 年 4 月 23 日，第 2 版。

　　③ 《梅大夫神经卫生第二讲志略》，《清华学校校刊》第 31 期，1928 年 4 月 30 日，第 1 版。

　　④ 《梅大夫性的卫生第一讲志略》，《清华学校校刊》第 32 期，1928 年 5 月 7 日，第 1 版。

　　⑤ 《梅大夫演讲志略》，《清华学校校刊》第 33 期，1928 年 5 月 14 日，第 1 版。清华大学档案，1-2:1-69:2-103。

　　⑥ 《梅大夫卫生演讲》，《清华学校校刊》第 34 期，1928 年 5 月 21 日，第 1 版。

　　⑦ 《第一次修学指导讲演》，《清华学校校刊》第 5 期，1926 年 10 月 3 日，第 1 版。

3月22日最后一次演讲中，梅贻琦对选系、毕业考试标准、缺课旷课分别等学生关心的问题做了详细解答。[1]

从"大学一年级选科讲演"改名为"修学指导演讲"，顾名思义，辅导范围有所扩大，内容大体上分两类。

第一类也就是春季学期系列演讲，着重于对学生学习有重要影响的环境、资源、学习方法、生活等介绍。这是在上年度系列演讲基础上新增的内容。

图书馆主任戴志骞在讲座中介绍了中外图书馆发展史，以及国内图书馆发展历史与现状，最后介绍了清华学校图书馆收藏、借阅、管理等。[2]

唐钺演讲的主要内容有：

> 第一段讲读书目的，计分（一）记忆文字，（二）了解意思，（三）学习著作方法，（四）探求著作精神四种。第二阶段讲读书应有的数事，即为（一）健全的身体，（二）适宜的环境，（三）起首时要格外努力，（四）对于所读之书要有兴趣等等。第三阶段讲记忆文字的方法。第四阶段讲了解意思的方法。第五阶段讲如何学习著作方法。第六阶段讲如何探求著作精神。[1]

---

[1] 《修学指导演讲消息》，《清华学校校刊》第27期，1928年3月26日，第1版。

[2] 《第二次修学指导讲演》，《清华学校校刊》第5期，1927年10月10日，第1版。

[1] 《第三次修学指导讲演》，《清华学校校刊》第9期，1927年10月31日，第1版。

值得一提的是，梅贻琦重视学生身心健康，增加了体育和校园卫生、个人卫生等方面内容。梅贻琦认为：体育不是简单锦标主义，而是身心健康、适应工作需要。"清华自近七八年以来，已舍其选手锦标之目的，而注意于各个学生之健康。观一二球队比赛之胜负，固无以知一般学生体育之如何，故必使在校各个学生，皆得受相当之训练，使其体力增长，能应将来做事之需要，而毋为心知之累，斯为体育之真目的，斯为在校学生人人必须注意之工作。"[1]

因此，梅贻琦特意请体育部郝更生作了题为"体育与人生"的讲座。郝更生首先讲述体育发展历史，其次讲了体育理论，"略称体育所以促成智识之实现，更所以辅助事业之成功，故惟精究体育，始能知行合一。又吾人参加各种团体运动，俾获互助公正努力服从等良好精神，所以练习体育，亦为锻炼人格之一道。再吾人受体育训练后，身体健全，思维敏捷，此则均可用于吾人将来职业中，其得益之大，当可想见"。郝更生认为，提倡体育有两大目的：狭义的为造成个人之健康，广义的为实施人种的改良。[2]

在19次演讲中，梅贻琦安排了8次校医梅贻琳主讲健康与卫生，充分体现了梅贻琦对学生身心健康的重视。

第二类也就是春季学期系列讲座，主要是各系、各专业介绍，实际上也是专业选择指导。"本学期之修学指导演讲，前六次均为择业指导，于大一诸生下学年选入专系至关重要。"[3]

---

[1]　梅贻琦：《清华学校的教育方针》，《清华周刊》第426期，1927年12月23日，第669页。

[2]　《第四次修学指导讲演》，《清华学校校刊》第10期，1927年11月7日，第1版。

[3]　清华大学档案，1-2:1-69:2-085。

各系主任大体都围绕学系和专业基本情况介绍、学科发展史、学系发展计划、对个人能力要求、社会需求、就业前景等内容展开。既让学生了解学系和专业，也了解社会对各专业要求及未来发展空间，不啻为择业预习，对于学生了解自己、选择专业有很大的帮助，有助于大学部学生顺利克服因组织、学制、课程等重大调整带来的困惑。

五、聘请教师

大学部成立后，必然带来师资的需求。大学部部分师资来自原留美预备部和国学研究院。但主要师资需要新聘。一则原有师资不敷使用，二则原有部分教师难以达到大学课程教学要求。

1923 年 2 月上旬，胡适接受《清华周刊》关于清华改办大学问题采访，赞成清华改办大学，并对国学部教员直言不讳地提出批评，他说：

> 欲办大学必须有计画，有了计画，便须作公开的讨论。我看清华至少该办成文科和理科。……欲办文科，则国学最为要紧。在中国办大学，国学是最主要的。聘请国学教授又是极困难的问题。譬如《中国历史》一门，国中即无几个合格的教授人才。清华既有大学之议，现在便该开始罗致有名的学者来充教授之职。清华现在的教授，国学部恐颇少合格者，（至于西文部如谭唐、罗伯森等则是研究有素，当可胜任）……要聘好的国学教授，先要定一个标准。国学教授绝非只是什么"举人""进士""师爷""幕僚"便能担任的，请不到合格教授，大

学终是办不好。[①]

在批评国学部同时，胡适还表示："理科注重在设备，关于这一门，我是外行，清华物理教授梅先生等必能妥为擘划。"

1923 年 9 月，在东南大学任教的清华校友孟宪承向来访的清华学生贺麟批评道："我看清华下学期新聘的国文教员尚有前清举人翰林之属，以这种旧人物来作国文教员，足见清华的国文，还没有上轨道。"[②] 显然，孟宪承的看法基本是胡适观点的翻版。胡、孟二人观察代表了社会上一部分人的意见。

1924 年初，已毕业赴美留学的翟桓在《清华周刊》发文指出：

> 我现在才知道在清华读书和在美国读是有这样大的分别！至少我敢说：清华的文科功课大半是不够格的。我看美国大学教授的诚恳勤谨的态度、好学不倦的精神，我真要替母校一部分教员羞死！教我英国史的一位老教授已经有二十六年的经验，但他对我们说："我的教授法每年都有点改变，我无时不想如何可使我的学生花最少的时间得最大的益处。……但是我敢说一句大话：在我班上读过历史的学生无论在那一个大学校里，历史是不会考不及格的。……"清华教员谁肯下这种苦功，谁敢说这句大话。改良清华应先从改变清华教授的态度起，改办大

---

① 华：《与胡适之先生谈话记》，《清华周刊》第 268 期，1923 年 2 月 9 日，第 28 页。

② 贺麟：《与孟宪承先生谈话记》，《清华周刊》第 287 期，1923 年 9 月 28 日，第 14 页。

学乃是第二个问题。[①]

梅贻琦深知教师水平对学校发展的重要性，1927 年 4 月，梅贻琦指出："多聘好教员，增加教学设备，此为将来发展的主要点。"[②]

梅贻琦深知教师对学校的重要性，极为重视师资建设，数年后就任清华大学校长典礼上有"所谓大学者，非谓有大楼之谓也，有大师之谓也"的名言。他任教务长后，1926 年 9 月，新聘和续聘教授有：国文学系左霈、朱洪、汪鸾翔、吴在、李奎耀、陈鲁成、杨树达、戴元龄，西洋文学系王文显、朱传霖、吴可读、施美士、陈福田、黄中定、黄学勤、温德、张杰民、翟孟生、楼光来、谭唐、谭唐夫人，哲学系金岳霖，历史学系陆懋德、麻伦，数学系熊庆来、郑之蕃，物理学系梅贻琦，化学系梁传玲、高崇熙、赵学海，生物学系刘崇乐、钱崇澍，教育心理学系朱君毅、邱椿、唐钺，政治学系余日宣、郑麐、钱端升，经济学系朱彬元、蔡竞平，社会学系陈达，工程学系周永德、笪远纶、潘文焕、钱昌祚、罗邦杰，农业系虞振镛、周景福，军事体育学系曹霖生、马约翰，音乐系林美德、海门斯，另有袁复礼等。

1927 年 9 月，新聘和续聘教授有：西洋文学系毕莲，历史学系孔繁霱、朱希祖，物理学系方光圻，化学系沈镇南，生物学系寿振璜，政治学系苏尚骧、杨光洼，经济学系刘驷业、陈岱孙，工程学系杜光祖、吴毓骧，等等。

---

① 翟桓：《皮劳埃大学情形》，《清华周刊》第 302 期，1924 年 1 月 11 日，第 8 页。

② 梅贻琦口述：《清华发展计画》，《清华周刊》第 408 期，1927 年 4 月 29 日，第 491 页。

  梅贻琦一方面通过新聘教师增强师资水平，同时也注意改善教师队伍结构。清华是一所"自我意识"较强的学校，教师聘任倾向于本校出身的人。1927 年在职的 67 位教师中，清华出身、非清华出身、外籍教师分别为 34 人（51%）、26 人（39%）、7 人（10%）。这种情况到罗家伦任校长后有很大变化。1928—1930 年，先后到清华任教的 84 位教师中，清华出身、非清华出身、外籍教师分别为 33 人（39%）、47 人（56%）、4 人（5%）。从整个教师阵容看，罗家伦不但提升了教师队伍整体水准，还改造了教师来源结构，使得教师队伍更加多元与开放。但这种短期内大刀阔斧的改革也给教师队伍的稳定带来一定隐患。梅贻琦任校长后，逐渐使清华出身与非清华出身的教师比例接近，分别占 49% 和 45%，趋于平衡。[①]

  1927 年入校的大学部二级学生王信忠回忆：

    我们学校的学术水准，在清华大学初成立的二、三年间，教学的水准仍不脱偏重英文及留美预备的训练，但很快的积极充实师资，改善教学内容，我们的母校就变成国内的一流大学了。尤其是自罗家伦先生接任校长后，增聘了很多国内有名的教授，积极扩充研究设备，在民国二十六年七月北平沦陷前，我们已是世界一流的文理法工农的综合大学。[②]

---

  ① 本段清华教师统计数据来自苏云峰《从清华学堂到清华大学 1928—1937》，第 16—17、113、114 页。

  ② 王信忠：《我记忆中的清华，长沙临时大学及西南联大》，《清华校友通讯》新 74 期，1981 年 1 月 24 日，第 28 页。

从回顾历史角度看，王信忠的观察是实事求是的。的确，相对罗家伦大刀阔斧改革及梅贻琦长校后增聘名师，1926—1927 年大学部师资改善并不突出。但大学部师资的充实与水平的提升不是一蹴而就的，而是一个持续的过程。可以说，曹云祥与张彭春开其头，梅贻琦（教务长）、罗家伦、梅贻琦（校长）等继续努力，最终形成 1930 年代清华大师云集、名师荟萃的盛况。

六、完善大学培养体系

梅贻琦关爱学生。学生甫一入校，梅贻琦鉴于"彼等到校伊始，对于本校历史及一切设施等等，尚未明悉，允宜由师长善为指导，方能使彼等于品行学问，易收进益之效"，于是请十余位教授担任新生指导员。1927 年 9 月 6 日，教务处公布新生指导员及学生名单，将 113 名新生按照每名教授指导 9 名或 8 名学生分组。梅贻琦与余日宣、郑之蕃、朱自清、叶企孙、吴宓等 13 名教授分任指导员。[①]梅贻琦此举，意在增强师生互动，帮助大一新生顺利实现中学到大学学习、生活等转变。

指导员	学生						
余日宣	陈京南	陈钟儒	范云龙	方大元	何会源	陆宗贤	杨凤岐
	张建方	张钦益					
赵学海	张辅安	张国威	张民醒	张士培	张天璹	张为申	张永懋
	赵九龄	赵世杰					
郑之蕃	陈久徵	陈华伟	陈善铭	陈松	陈文珍	陈元骥	陈永龄
	郑保璋	成蓬一					

---

① 《新生指导员》，《清华学校校刊》第 1 期，1927 年 9 月 9 日，第 2—3 版。

（续表）

指导员	学生
朱君毅	钱思亮　秦秉穆　朱承珏　曲秀芳　朱德武　庄圻泰　锺秉智　贺知礼　郝崇学
朱自清	萧仁树　萧士珣　徐义生　徐文祥　徐允贵　胡龙骧　黄恭仰　黄国镇　黄审知
叶企孙	黄琮璞　霍世休　阚毓谟　高昌运　高永晋　葛干昌　郭景文　李振芳　李植泉
刘崇鋐	李进　李伯龙　李沛芳　李登云　李文采　梁锡安　林同棪　刘旋天　刘克澂
朱汇臣	刘牧纽　罗毅　马振玉　马祖圣　孟光裕　彭树德　施祥林　石磊　苏国桢
吴宓	孙家珂　孙怀瑾　孙亮　戴世光　田德望　丁百山　丁士英　曹宝华
杨梦赍	曹盛德　曾迪先　屠璇　童家骅　王家栋　王治　王信忠　王义儒
戴梦松	王道平　王聿知　温庆昌　杨珠瀚　杨逢挺　杨宪泰　杨祖宏　姚肇新
张杰民	姚琮铭　叶郁生　严仁荫　言国槼　尹道恪　余心正　於德伦　袁轶群
梅贻琦	陈长济　朱懋勋　徐宗稼　罗凤超　司徒尹衡　唐永健　杜朝馥　王肇嘉　王维显

　　大学部学生选定系以后，日常学习、考核等管理制度，都要从无到有地建立起来并不断完善。在梅贻琦的领导下，清华学校逐渐建立了一套本科教育教学体系。

1927 年 9 月 5 日，梅贻琦主持制订的《大学部学生改选科目规则》公布：

（一）凡欲请求改课者须先查时间表有无冲突然后明白填写；

（二）未经批准以前须仍照原选之科目上课；

（三）改课日期自九月七日至二十一日止；

（四）在改课期限以后不得再请更改或取消某科，凡自由不上课者该科即以劣等论；

（五）凡二、三年级学生请求改课者须先征求系主任意见。①

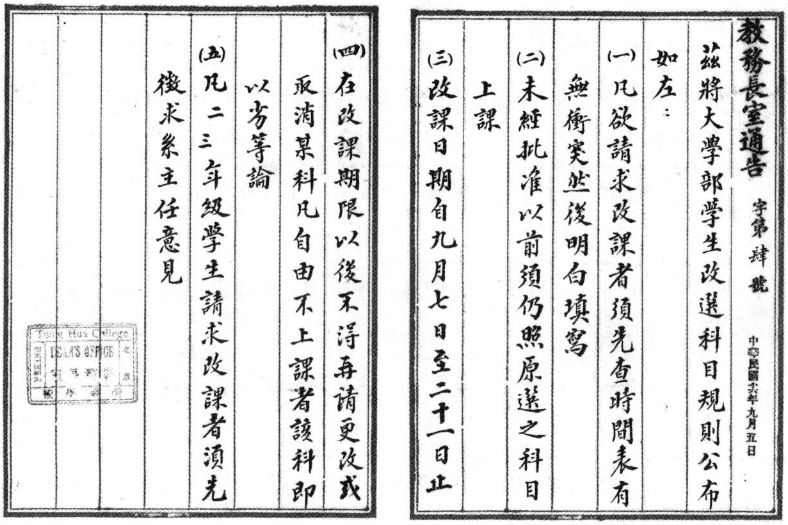

教務長室通告 字第肆號

中華民國十六年九月五日

茲將大學部學生改選科目規則公布如左：

(一)凡欲請求改課者須先查時間表有無衝突然後明白填寫

(二)未經批准以前須仍照原選之科目上課

(三)改課日期自九月七日至二十一日止

(四)在改課期限以後不得再請更改或取消某科凡自由不上課者該科即以劣等論

(五)凡二三年級學生請求改課者須先徵求系主任意見

图 7–2　1927 年 9 月 5 日，梅贻琦主持制订的《大学部学生改选科目规则》

① 清华大学档案，1-2:1-69:2-004。

1927 年 9 月 6 日，梅贻琦主持制定、教授会通过的《学生选课规则及开班办法》中修改的两条规定公布：

（一）凡新旧制学生上学年成绩平均为上等而每科成绩至低为下等者，得在下学年内多选习四学分或二成绩时之学科；

（二）本年已设课程中倘有学生四人选习者可变通办法，准许开班。[①]

针对学生缺课管理，1928 年 2 月 9 日，教务处发布规则：

（一）凡学生一学期内于某科缺课（无论因何事故）时数满该科上课总时数三分之一者，由注册部通知该科教授给予劣等，该生不得参与学期考试；

（二）凡学生一学期内无故缺课在各科之总时数（体育在内）满十六次时，由注册部给以警告；满二十次时报告教务长酌与训诫；

（三）凡学生缺课者，自本学期起每日由注册部发出通知单，置于各该生信箱内，俾得周知以免错误。[②]

再如，对于一学年课程、上学期课程成绩不及格情形，1928 年 2 月 9 日，教务长布告称：

---

① 清华大学档案，1-2:1-69:2-006。
② 《教务长布告二》，《清华学校校刊》第 21 期，1928 年 2 月 13 日，第 1 版。

查本校学科多为一年学程，成绩考核当以全年为准。前经与各系主任商定，凡学生习一年的学科在上学期得劣等者准于下学期继续修习，但上学期所缺工作应由学生分请各该科教授指示补足之，本年上学期得劣等者，本学期皆以准随班上课，至上期工作应如何补足，望各生迅即商请各该科教授订定办法为要。

再体育各班上学期得劣等或未有成绩者，亦应照此办理，望各生注意。[①]

1928 年 3 月 8 日，学校教授会通过《大学部学生毕业考试规则》。

（一）毕业考试以学生所专修之学科为准。其目的应注重于各学科相互的关系及其通贯的了解，而不注重于片段的知识；

（二）考试时期定于第四学年之五月第一星期内举行；

（三）拟定试题及评判结果应由各专修系之教授、讲师公同商决；

（四）此项考试可分为两次举行，以三小时为限。[②]

在选课、考试之外，还有一些诸如课间教室管理等问题，作为教务长、训育委员会主任委员，梅贻琦也妥善予以处理。

---

① 《教务长布告三》，《清华学校校刊》第 21 期，1928 年 2 月 13 日，第 1 版。

② 《大学部学生毕业考试规则》，《清华学校校刊》第 26 期，1928 年 3 月 19 日，第 1 版。《大学部学生毕业考试规则》，《清华学校校刊》第 32 期，1928 年 5 月 7 日，第 2 版。

1926年11月,一位教师下课后尚未离开教室,但下一堂课学生已进教室。一位学生屡次喧闹且对教师有无礼言行,这位教师要学校严办学生。11月17日,梅贻琦为此专门出台布告:

> 教师上课在未退出教室之前,他班学生本不应擅自出入,即有为预备下一时之功课须入教室者,亦应安静入座,不得高声谈笑以扰及在室师生之讲论。近查有少数学生忽视此点,殊属非是。既妨他人之学业,又损个人之行检。此后务当切戒以自重而无妨他人为要。[①]

同时,梅贻琦委托钱昌祚做这位教师工作,从轻处分学生。[②] 11月23日,学校给予学生记大过处分。[③]

梅贻琦任教务长后,在前任教务长张彭春工作基础上,继续在组织建设、课程体系、学生管理等各方面建立健全大学部本科人才培养体系。

梅贻琦对学生的关爱也渗透在对制度的执行中,体现为充满温情的管理。徐铸成的经历就是一个例证。

1926年,徐铸成借同学文凭,考入大学部政治学系,用名"徐锡华"。甫一入校,钟灵毓秀的清华园、中西兼有的精美建筑让徐铸成陶醉。徐铸成感到清华"真是辽旷无际,建筑则崇楼杰阁,美轮美奂,设备完美而西化,恍如置身中西合璧之大观园"。"我从小

---

① 清华大学档案,1-2:1-69:3-037。

② 钱昌祚:《怀念梅故校长》,《清华校友通讯》新2期,1962年8月29日,第15页。

③ 清华大学档案,1-2:1-69:1-021。

为穷学生，一旦处身此环境，仿佛刘阮上天台矣。"[①] "总之，在我看来，天堂般的环境，神仙般的生活。"[②] 但好景不长，徐铸成曾经求学的无锡省立第三师范校长致函清华，揭发徐铸成借用他人文凭投考清华之事，要求清华严肃处理。

梅贻琦作为教务长负责处理此事。身为学校管理者，他必须依章办事。但是作为教师，他又要保护学生。面对矛盾，梅贻琦表现出极大的灵活性。梅贻琦答复第三师范校长：该生投考时之照片与入学时核对无误；且该生入学后品学兼优，似不应追究。言下之意，希望该师范校长宽大为怀，不再追究，给这位品学兼优的学生出路。无奈第三师范校长覆函气势汹汹，并附有徐铸成与徐锡华两人照片，声称如再不开除，将向教育部控告。

无奈之下，梅贻琦替徐铸成做了周到细致的安排。徐铸成回忆"月涵先生并温言慰勉，谓人生难免无挫折，要有再接再厉，屡扑屡起之决心。言毕，出示一写就之致南开张伯苓先生介绍信，并言：'伯苓先生为我中学老校长。我恳介你去南开学习半年，明夏再来清华插入二年级。'"梅贻琦的温言劝慰，与无锡省立第三师范校长必欲致青年于死地适成鲜明对照，其委曲爱护青年之苦心，让徐铸成大为感动，不禁"热泪潸然而下"。翌日，徐铸成便"洒泪告别清华园"[③]。"在天堂只逗留半年，就一跤跌回了人间。"[④]

---

① 徐铸成：《徐铸成回忆录》（修订版），生活·读书·新知三联书店 2010 年版，第 20 页。

② 徐铸成：《从京师大学堂到北平大学》，《报海旧闻》，生活·读书·新知三联书店 2010 年版，第 139 页。

③ 徐铸成：《徐铸成回忆录》（修订版），第 21—22 页。

④ 徐铸成：《从京师大学堂到北平大学》，《报海旧闻》，第 139 页。

离开清华后，由于"南开所费不赀，父亲又收入甚菲，断无力供应，不得不重违梅月涵先生之好意"[①]。徐铸成考入河北大学和北京师范大学国文系。以后又走上新闻之路，终成为我国一代著名记者与新闻评论家。

徐铸成回忆道："我在清华不到一年就离开了，以后对她还很眷恋，关心她的一动一静。"[②]他以温润的文字深情回忆了在清华学习与生活，并表达了对教务长梅贻琦的衷心感谢。

1928年，国民党北伐胜利前夕，北方局势剧烈震动。部分学生担心局势而提出转学申请。梅贻琦指示注册部开具学生成绩证书以兹证明。同时告知转学生"凡欲转学他校者，在请领成绩证书后，倘下学年仍欲回校，须至迟于开学前两星期以前来函声请，待复信准许后方得回校，以清手续"[③]。为转学学生留有退路，充分体现了对学生的关心与爱护。

梅贻琦任教务长后，直面大学部发展遇到的种种难题，审慎稳妥地一一解决。待到1928年国民党北伐胜利，清华学校被国民政府接管并更名为国立清华大学。1928—1931年，尽管有政局丕变、社会动荡、学校改名、学潮频仍、人事更替等各种因素，但清华的教学并未有波动，根本原因就在于1926—1928年清华在梅贻琦的领导下已经建立了一套较为完整的教学、管理体系。如果说张彭春对大学部成立有奠基之功，梅贻琦则对大学部组织变更、课程建设、师资建设、学生培养等各项工作接续完善，居功甚伟。

---

① 徐铸成：《徐铸成回忆录》（修订版），第23页。

② 徐铸成：《罗家伦与吴南轩》，《旧闻杂忆》，生活·读书·新知三联书店2009年版，第42页。

③ 清华大学档案，1-2:1-69:2-108。

提议成立满蒙问题研究会

近代以来，列强对中国蚕食侵略，边疆问题日益严重，广受国人关注。清华师生也不例外，对日本觊觎满蒙，尤为关注。

1925 年，清华筹办农业学系，即确定"到边疆去做事"作为学生培养工作的重要目标之一。[①] 1927 年，吴景超、王化成、雷海宗、何运暄、胡毅等五人组织清华文科课程委员会讨论会，建议政治学系增加"满蒙藏问题"等课程。[②] 1928 年"济南惨案"发生前，发表在《清华周刊》上有关"满蒙"问题的文章有：

作者	题目	时间 / 期
	日人力谋满蒙	1923 年 1 月 28 日，第 300 期
	日本之满蒙经济政策	1924 年 3 月 21 日，第 306 期
	关于满蒙商租权问题	1925 年 2 月 27 日，第 337 期
	满蒙羊毛生产与输出调查	1925 年 10 月 30 日，第 357 期
	满蒙交涉——日本人雄心不死	1927 年 9 月 23 日，第 413 期
侯中祥	日本侵略满蒙政策略述	1927 年 9 月 23 日，第 413 期

---

① 虞振镛：《清华的农科》，《清华周刊》第 364 期，1925 年 12 月 18 日，第 849 页。

② 吴景超等：《关于清华大学文科课程的商榷》，《清华周刊》第 416 期，1927 年 10 月 14 日，第 187 页。

这些教育熏陶使得校内形成关注、研究满蒙问题的氛围。1928年，在梅贻琦提议下，清华学生成立满蒙研究会。

一、梅贻琦对日本的认识

1927 年 10 月中旬至 11 月中旬，梅贻琦赴江苏、浙江、山东、奉天调查各省教育。返校后，11 月 20 日，他对学生讲述了调查所得和沿途感想。其中，对于日本经营东北情形，梅贻琦感到"又惊又怕"。

在大连时曾往旅顺游览一日。大连、旅顺一带日人称为关东；各种设施，至美至善。我们中国人看了，真是又惊又怕。我们平时高唱收回旅大，其实谈何容易。日人经营关东已二十余年，所费以亿万计，而其视东三省为国家命脉，又岂肯轻易放手？即论日本愿意退还，则中国须与以相当代价，此项京巨数目，一时从何征集？即令业已收回，中国又感缺乏相当人才，管理该地。所以不至其地，不知其难；空谈收回，实无所补于实际。

大连有工业专门学校，学生均日本人（间亦有中国学生）。毕业后，即在关东一带服务，很少回祖国的。旅顺尚有工科大学，因我去之日，适逢星期，未得参观，想其内容，必较大连者更为完善。

大连之中央试验所，系专以研究满洲各种出产品之场所。如各种产物之功用及其改良，均研究得无微不至。曾晤某日人，彼以其用豆饼制出之酱油飨我，其味至佳；彼云此项研究已成功，现将建厂制造。则附近一带用旧法造酱油之工厂，不久必蒙重大打击。

旅顺有一博物院，专陈设在中国搜集之古物及满洲之农产畜产，矿产标本，而以后者为重要。譬如农产品吧，则分为麦类、豆类等等，其用途、品质及产地均详细注明。此外更有一极大的东三省地势模型，举凡各地之山林川泽，无不显出；并于其上标明各地农畜产品，如某地产羊，则以一大草原上置羊群表明之。观此种种，则东三省各种蕴藏，皆可一目瞭然。所以我国人所知之满洲，不过东三省之疆界而已，岂能及日人之万一？日人不惜重资，作种种设备，对于满洲之经济、社会各种情形，皆有极精邃之研究；由是可见日人对于满洲用心之深刻矣！[①]

谈话内容体现了梅贻琦一贯的说话风格，述而不论或少论。尽管如此，从"我们中国人看了，真是又惊又怕"这句话不难体会到这次东北考察给梅贻琦思想带来的震撼，从而说出"我国人所知之满洲，不过东三省之疆界而已，岂能及日人之万一？"这样的沉痛之语。梅贻琦清醒地认识到，日本人对东北的经营，武力之下，研究随之，多管齐下。"日人不惜重资，作种种设备，对于满洲之经济、社会各种情形，皆有极精邃之研究；由是可见日人对于满洲用心之深刻矣！"由此，梅贻琦提出研究日本人对中国种种侵略，为未来中日交涉预做准备。

梅贻琦的这番苦心，学生看在眼里。一星期后，12月16日出版的《清华周刊》第425期上，张彝鼎撰文指出："梅教务长为清华

———————

① 皮名举：《与梅教务长谈话记》，《清华周刊》第424期，1927年12月9日，第572—573期。

第一批学生，在校当过十年教授，新近南游，得了许多感触，并特别注重学生的学业，这些见识吾人非常佩服。"[1] 言者有意，听者有心。当时机成熟，师长恳切呼吁在前，学生自然积极响应于后。

二、提议成立满蒙问题研究会

1928 年 5 月，日本为阻挠国民政府北伐，策划、制造了"济南惨案"，引起中国人民的抗日怒潮，清华师生也做出了强烈反应。

5 月 9 日晚 8 时，清华学校教职员公会在科学馆召开临时紧急会议，讨论关于山东问题通电事项。会议讨论通过对山东问题发表通电，表达清华教职员强烈愤慨，呼吁国际干预：（一）致国际联盟会电，日人在山东暴行，危及世界和平，侵犯中国领土主权，违反国家公法，请主持公道。（二）致美国国务卿及参议院国际部主席电，日人在山东暴行，侵犯中国领土主权，违反华府会议协定，及国际公法，请主持公道。会议还决定：山东事件非一时能了，须有继续工作，应该组织济案后援会专司其事，5 月 14 日召开大会选举委员会以专其成。[2]

教职员公会临时紧急会议结束后，梅贻琦与吴宓、戴超等谈话，讨论学校与个人安全。吴宓"心境殊不佳"，在当日日记中写道："近日本以兵强占山东，国已不国，此生何乐？生子育儿，他日更为困苦。念此呜咽，而一身一家一校之安危，只有听其自然已耳。"[3]

---

① 张彝鼎：《荛荛之言》，《清华周刊》第 425 期，1927 年 12 月 16 日，第603—604 页。

② 《教职员公会开会志略》，《清华学校校刊》第 33 期，1928 年 5 月 14 日，第1 版。

③ 《吴宓日记：1928—1929》，第 58 页。

5月14日晚7时，教职员公会在工字厅召开临时会议，讨论成立后援委员会，选举余日宣、梅贻琦、陈福田、李仲华、叶企孙、郑之蕃、赵学海等七人组成。到20日，后援会开会两次，议决：（一）各委员用私人名义发信至济南、上海等处调查济案真相。（二）用教职员、学生全体名义致公函于外交部，请其电令国联代表将济案提出。[①]

教师如此，学生不甘落后。"济南惨案"后，林文奎、傅举丰、汤象龙、徐雄飞、罗香林、曾炳钧等清华学生即组织"济案后援会"，参与组织北平各校"济案后援会"，调查日货，编写英文宣传资料《济案真相》（*The Tsinanfun Crisis*）等。[②]

5月15日上午，学校停课半天，在大礼堂召开"济南惨案"纪念会，参会师生群情激昂。吴宓臂缠黑纱出席，以示悲愤。会上有学生演讲"力主实用之学，而谓嗣后众宜勿治文哲等学"[③]。教务长梅贻琦最后讲话，"再三致意于吾人对此次惨变，极当临以刚毅坚忍之意志，慎勿徒作五分钟之狂热，以致无补国事，贻讥外人。"他还提议"本校师生宜及此时组织一日事研究会，对于日本种种方面，分工作详确之调查，精密之研究，藉供将来对付日本之参考"[④]。梅贻琦提议成立日事研究会，绝非济南惨案发生后临时起意，这是基

---

① 《教职员公会开会志略》，《清华学校校刊》第34期，1928年5月21日，第1版。

② 《济案后援会》，《消夏周刊》第2期，1928年7月16日，第12页。

③ 《吴宓日记：1928—1929》，第61页。《校长处布告》，《清华学校校刊》第34期，1928年5月21日，第1版。

④ 《本校师生全体纪念济南惨案大会》，《清华学校校刊》第34期，1928年5月21日，第1版。

于他长期对日本侵略、经营中国的观察。另一方面，针对学生热血激昂但失之偏颇的发言，梅贻琦冷静地告诫"慎勿徒作五分钟之狂热"。相形凄惶的吴宓，梅贻琦显得很沉着。

了解到南开大学已于 1927 年 1 月成立满蒙研究会，梅贻琦专门去函询问研究会的工作详情。由于邻近暑假，师生离校者日多，加上梅贻琦忙于清华学校的平稳过渡与交接，无暇顾及组织研究会。因此，正式的研究会没有成立。1928 年 7 月 2 日，仅由假期留校的30 多名同学组织了临时性质的暑期满蒙研究会。①

暑期满蒙研究会推举夏坚白、傅举丰、丁而汉、牟乃祚、林文奎等五人为事务委员，梅贻琦、余日宣、陈寅恪、钱稻孙、王化成、刘崇鋐、陈达、朱彬元、戴志骞等九人为指导教师。研究会请梅贻琦出面，邀请南开大学校长张伯苓来校演讲。②梅贻琦通过张彭春邀请张伯苓来校演讲，由于张伯苓事务繁忙，转请南开大学傅恩龄教授（曾任南开大学东北研究会主任）7 月 14 日来校演讲。③梅贻琦还将学生编辑的《济案真相》转赠友人，以扩大宣传。④

在梅贻琦帮助下，满蒙问题研究会联合消夏团开办日语班，40多人参加，钱稻孙授课，同学们以"靡不有初，鲜克有终"自醒。⑤

---

① 《发起边疆问题研究会》，《国立清华大学校刊》第 9 期，1928 年 11 月 16日，第 2 版。

② 《满蒙研究会》，《消夏周刊》第 1 期，1928 年，第 14 页。

③ 傅恩龄演讲，暑期满蒙研究会笔记：《东三省之最近状况》，《清华周刊》第30 卷第 1 期，1928 年，第 24—28 页。《满蒙研究会》，《消夏周刊》第 2 期，1928 年7 月 16 日，第 12 页。

④ 《济案后援会》，《消夏周刊》第 2 期，1928 年 7 月 16 日，第 13 页。

⑤ 《满蒙研究会》，《消夏周刊》第 2 期，1928 年 7 月 16 日，第 12 页。《日文开课》，《消夏周刊》第 2 期，1928 年 7 月 16 日，第 21 页。

暑假期间，满蒙研究会开读书报告会三次，并将清华图书馆中所有关于满蒙问题之书籍编成索引，以便为研究提供方便。

由满蒙问题研究会成立及成立后活动可见，梅贻琦是研究会成立的主要提倡者和组织者。正是他的提议，尤其是他耐心的指导，研究会才能顺利成立并开展有声有色的活动。

三、成立边疆问题研究会

暑期满蒙研究会属于假期学生临时组织，开学后，"暑期满蒙研究会"名称已不能适用。为了使满蒙问题研究继续进行、更加规范并扩大队伍，暑期满蒙研究会决定发起组织"边疆问题研究会"。[①] 1928 年 11 月 12 日，暑期满蒙研究会全体大会通过取消的决议。12 月 8 日，暑期满蒙研究会全体会议决定将书籍、捐款转赠"边疆问题研究会"。自 12 月 25 日起，暑期满蒙研究会正式取消。[②] 因兹事体大，如仅具虚名殊无意义，切实工作则非有实地调查、发表刊物、系统研究不可。因此，暑期满蒙研究会决定先推定傅举丰、曾炳钧、袁翰青三人为代表与校长接洽，希望得到学校支持，再定组织办法。[③]

此时，清华学校已改为国立清华大学，校长罗家伦已于 1928 年 9 月 18 日宣誓就职。他非常重视边疆问题研究，任清华大学校长之

---

① 破浪：《边疆问题研究会》，《清华周刊》第 445 期，1928 年 12 月 1 日，第 65 页。

② 《暑期满蒙研究会启事》，《清华周刊》第 449 期，1928 年 12 月 29 日，第 87 页。

③ 《发起边疆问题研究会》，《国立清华大学校刊》第 9 期，1928 年 11 月 16 日，第 2 版。

前，他任中央政治学校校务委员主持教务时曾开办蒙藏班，后改建为蒙藏学校。抗战全面爆发后，他又对西南、西北等地进行考察，对开发、建设边疆提出了许多设想和建议。

"济南惨案"处理期间，罗家伦（时任战地政务委员会教务处处长）曾与熊式辉等临危受命，赴济南谈判，险些发生意外，[①]对日军的凶残骄横有切身体会。任清华校长后，罗家伦积极支持师生这一爱国举动，并欣然名列边疆问题研究会发起人。虽然学校对边疆问题研究会"于原则上极为赞成"，但揆诸当时形势，学校"当局认为此学会，不便由学校发起，可由教职员及同学组织"[②]。

在学校支持下，经过袁翰青等积极筹备，1928年12月7日，边疆问题研究会在科学馆正式成立，吸纳成员50余人。[③]研究会发布公告：

边疆研究会缘起

我国自鸦片战争以还，门户洞开，藩篱尽撤；帝国主义者挟土地侵略之野心，四面八方，步步进逼：如日之于南满，英之于西藏，俄之于新疆，外蒙；彼此间密约之协定，势力范围之划分；或煽惑土人，反抗政府，或强用武力，攫取利权。吾国若尚不早为固圉之计，则唇亡齿寒，内地亦行见有沦亡之祸。同人等怀国势之颠危，知挽救之不容或缓，故有边疆研究会之

---

① 《郭廷以先生访问记录》，第187页。

② 破浪：《边疆问题研究会》，《清华周刊》第445期，1928年12月1日，第65页。

③ 《边疆研究会成立大会》，《国立清华大学校刊》第19期，1928年12月10日，第2版。

发起。目的在切实研究边地之地理形势，社会状况，天产富源，外人势力，政治现象及其他与边地有关之各种重要问题；期得确切之知识及妥善之挽救办法。凡本校教职员同学如于边疆问题具有兴趣，愿加入本会研究者，不胜欢迎之至。

发起人：

丁而汉	王肇嘉	朱希祖	牟乃祚	吴志翔	林文奎
洪有丰	翁文灏	夏坚白	袁翰青	徐雄飞	高 琦
曹毓俊	张星烺	张大东	张国威	张德昌	傅举丰
冯友兰	曾炳钧	汤象龙	杨振声	邬振甫	葛春林
郑冠兆	刘崇鋐	刘大白	谢子敦	罗香林	罗家伦[①]

发起人中，朱希祖、张星烺、翁文灏、冯友兰、杨振声、罗家伦、洪有丰、刘崇鋐等人为清华教职员，罗家伦为校长，杨振声后任文学院院长兼中文系主任，冯友兰后任文学院院长兼哲学系主任，洪有丰任图书馆馆长，朱希祖任历史系主任，翁文灏任地理学系主任、代理校长。研究会成立时，教务长吴之椿、历史系教师郭廷以也正式加入，后历史系主任蒋廷黻成为研究会指导顾问。学生分布于政治、心理、化学、地理、历史、经济、土木等系，其中政治学系最多，达7人，其次为化学与心理两系，分别为4人。因此，从组织形式及人员构成看，这是一个得到学校支持、部分教授指导、以学生为主的研究团体。

学生发起人中，林文奎、傅举丰、汤象龙、徐雄飞、罗香林、

---

① 《边疆研究会缘起》，《国立清华大学校刊》第16期，1928年12月3日，第1版。

曾炳钧、夏坚白、丁而汉、牟乃祚等人参与组织"济案后援会""暑期满蒙问题研究会",这表明三个组织具有组织、思想上的继承关系。换言之,边疆问题研究会是满蒙问题研究会的延续。

此时梅贻琦已赴美任留美学生监督处监督,便不再位列发起人名单,此后也未参与研究会活动。但他前期提议成立、并积极联系南开。从名单可见,边疆问题研究会的成立得到多位教授和学生支持,说明梅贻琦的提议反映了师生的心声,代表了师生的意愿。正所谓人同此心,心同此理。

边疆问题研究会成立后,制定了章程,下设有东三省组、内外蒙古组、新疆组、康藏组、滇桂组与海疆组等六个组,通过收集资料、组织演讲、专题研究、征文活动等多种形式活动,在校内外产生了一定的影响。[1]

1928 年 5 月,"济南惨案"后,国内兴起了轰轰烈烈的反日浪潮,"国人苟不早图防范,合力御侮,则国土日蹙百里,藩篱尽撤,门户不掩,国事真不堪设想也!"[2] 这种紧迫与焦虑情绪弥漫于全国。梅贻琦提议成立满蒙问题研究会,既是这一情绪的反映,也是基于他在东北调查基础上对局势的判断。1927 年 11 月,梅贻琦判断:"我国人所知之满洲,不过东三省之疆界而已,岂能及日人之万一?日人不惜重资,作种种设备,对于满洲之经济、社会各种情形,

---

[1] 金富军:《清华大学边疆问题研究会考察》,《中国边疆史地研究》(季刊) 2008 年第 2 期。

[2] 《边疆问题研究会重振近讯》,《国立清华大学校刊》第 104 期,1929 年 10 月 30 日,第 2 版。

皆有极精邃之研究；由是可见日人对于满洲用心之深刻矣！"[1] 1932年9月18日，在清华大学纪念"九一八"事变一周年大会上，梅贻琦指出："盖日人之侵略东北，蓄谋已久，非一朝一夕之故，早惹世人注意，只要留心万宝山等次的惨案，处处都可以观测出来。……是以沈阳既去，吉林、黑龙江、锦州随之而陷。大家不要以为目前尚可苟安。殊不知此时敌方时时可以再有动作，或另有阴险图谋。实则形势非常可危。"[2] 历史演进正如梅贻琦判断那样，日本从占领东北开始，然后以东北为基地，取蚕食政策，进而悍然发动全面侵华战争。

梅贻琦关注"济南惨案"，提议成立满蒙研究会，充分体现出他高度关注时势、积极提倡学术研究与民族命运结合的思想。1931年"九一八"事变两个月后，梅贻琦出长清华，正逢外患日亟，在他领导下，清华大学更加主动地通过多种形式进行抗日救亡运动。

有研究者指出，"济南惨案"揭开了"九一八"事变的序幕，[3]正是在"济南惨案"以后，国民政府开始酝酿在思想文化、军事国防、爱国宣传等方面开始抗战准备工作，并在"九一八"事变后开始工作。[4] 与此相应，二十世纪三四十年代边疆问题研究高潮，也由此拉开序幕。清华大学边疆问题研究会的成立，即是其中的一个组成部分。这项事业在清华的开展，梅贻琦实有首倡之功。

---

① 皮名举：《与梅教务长谈话记》，《清华周刊》第424期，1927年12月9日，第246—247期。

② 《国难纪念会纪事》，《国立清华大学校刊》第434号，1932年9月21日，第2版。

③ 李家振：《济南惨案——"九一八"事变的序幕》，《山东社会科学》1988年第2期。

④ 田海林、黄延敏：《论南京国民政府抗战的思想文化准备》，《史学月刊》2005年第7期。

任留美学生监督处监督

北伐胜利后，在梅贻琦的积极配合下，国民政府顺利接管清华学校。梅贻琦炙手可热，距离校长职位看似只有一步之遥。但接踵而来的是赴美任留美学生监督处监督。

1928 年 10 月 31 日，清华大学校长罗家伦收到教育部电，教育部批准梅贻琦任留美学生监督。11 月 5 日，教育部、外交部联合，任命梅贻琦为留美学生监督处监督。[①] 此前，梅贻琦已于 10 月 28 日离平赴沪，准备从上海乘船赴美上任。[②] 11 月 9 日，梅贻琦乘坐美国塔虎塔总统号轮船离沪赴美。[③] 12 月 7 日抵达华盛顿，12 月 8 日梅贻琦接替赵国材正式就任留美学生监督。[④] 梅贻琦担任此职一直到 1931 年底被任命为清华大学校长。

对梅贻琦 1928 年赴美任职，有人猜测是受罗家伦排挤，颇有"兔死狗烹"的意味。这种猜测隐含的逻辑是：梅贻琦在清华学校逐渐成为核心人物，顺利协助国民政府完成对清华学校的接管，完全有可能并且理应继续发挥更大作用。应该说，这个逻辑有合理因素，

---

① 清华大学档案，1-4:4-2-053。

② 《留美监督启程》，《国立清华大学校刊》第 2 期，1928 年 10 月 31 日，第 2 版。

③ 《时人来往志》，《申报》第 19988 期，1928 年 11 月 7 日，第 4 张。

④ 《留美新监督接任》，《国立清华大学校刊》第 34 期，1929 年 1 月 16 日，第 1 版。

但历史发展多样复杂，而非一厢情愿。"全部的事实都是历史，但历史并不全部都是事实，它也是全部的可能。"[①]

这里有必要再梳理一下 1928 年前后清华校内外形势和事实。

实际上，早在 1928 年 5 月 15 日的清华学校第 65 次评议会上，会议主席、校长温应星已经提出拟将留美学生监督处监督赵国材调回，改派学校得力教授充任；并规定监督每届任职四年。学校推荐教务长梅贻琦接任留美学生监督处监督。[②]5 月 25 日，外交部发布第 168、169 号令，分别免去赵国材监督职务、任命梅贻琦任留美学生监督处监督。[③]可见，梅贻琦赴美是学校和外交部既定的决议，迁延至罗家伦校长时期才成行。

其次，在曹云祥校长时期，余日宣与图书馆长戴志骞，化学系教授杨光弼、赵学海，农业学系教授虞振镛等五人与曹云祥接近，被学生批评为"五凶"，立誓驱逐。9 月 4 日，学生结队游行，包围住宅，强迫五人即日离校。[④]同时，清华学生"对梅并无大好感"[⑤]，梅贻琦也在被驱逐之列。罗家伦到校后，虽然"罗不听梅言，且有学生要求去梅。梅已辞职"[⑥]。但最终还是罗家伦坚持将梅贻琦留在清华。郭廷以回忆：

———————————

① 《可能性、现实性和历史构图》，何兆武：《历史理性批判论集》，清华大学出版社 2001 年版，第 59 页。

② 清华大学档案，1-2:1-6:1-065。

③ 《新任游美清华学生监督》，《清华学校校刊》第 36 期，1928 年 6 月 4 日，第 2 版。

④ 《吴宓日记：1928—1929》，第 122 页。

⑤ 《郭廷以致罗家伦函——民国十七年八月二十五日》，《罗家伦先生文存》（附编），第 198 页，

⑥ 《吴宓日记：1928—1929》，第 131 页。

　　当政府发表罗先生长清华后，清华毕业同学会以这个任命未经董事会先通过，曾表不满，不过学生很表示欢迎。由于清华系由美国退还的庚款办的，称之为"国耻学校"，认为所接受的是不荣誉的钱，而罗先生是"五四运动"的健将，学生们希望在北伐以后局面一新，希望罗先生能彻底改革清华。当时学生会的领导分子有周同庆、高琦（警寒）、袁翰青、夏坚白、戴克光（戴戎光之兄）等人，他们认为有六个人把持学校，是"帝国主义的走狗"，酝酿一个驱逐的运动。这件事给冯友兰知道了，冯友兰毕业于北大，罗先生将请他到清华来，他告诉我几天内可能有行动。这时，梅贻琦代教务长，亦在被攻击之列。我问冯友兰的看法如何？冯说："驱逐这些障碍，罗先生来比较好干。"我说："我的看法不一样，不能都赶走了，最低限度应该留下梅贻琦，否则罗先生如何来接事？"我与周同庆在中学时期就认识了，他念清华物理系，学生会的领导分子都很佩服他，影响力很大。在我坚持下，他们接受了，留下梅，但他们声称以后还要赶，这件事不知为何梅贻琦知道了，他碰到我就说："郭先生，我谢谢你。"

　　罗先生在九月底才到北平，……他原要我留梅贻琦做教务长，后来因留美监督赵国材辞职，而梅对这个职位求之不得，便由梅赴美继任。……[1]

可见，罗家伦对梅贻琦并不排斥。相反，罗家伦知道梅贻琦对

---

①　《郭廷以先生访谈录》，第188—189页。

清华的重要性，称赞梅贻琦"为人濂（廉）洁诚实"[①]。梅贻琦的去留，是罗家伦面临的一个重要问题。郭廷以从接近罗家伦角度回忆，罗家伦对梅贻琦不但挽留而且想请梅贻琦继续担任教务长。

罗家伦到校后，从燕京大学聘请曾为北大同学的杨振声和冯友兰分别出任教务长和秘书长，组建自己的治校班底。冯友兰回忆：在清华，"教授和学生们也都震于北伐的声威，表示欢迎。我们这个班子就顺利地把清华接收了"[②]。

显然，罗家伦在组建治校班底时并未给梅贻琦预留位置，所谓继续担任教务长可能只是一时想法。梅贻琦既不能回到院系专任教授，学校又无职务安排阿衡校务，无异于被悬挂起来，处境之尴尬可想而知。

新旧过渡之际，无论罗家伦自我感觉多么重视梅贻琦，还要看梅贻琦本人作何感想。1928 年 10 月 5 日晚，吴宓拜访梅贻琦，谈论学校事情以及罗家伦的种种改革。当天，吴宓在日记中记载"新校长对梅、赵、叶诸人亦无甚诚意"[③]。这恐怕不仅是吴宓个人的观感，也是梅贻琦传达给吴宓的真实感受。

从主持校务，到不得不面对罗家伦的"无甚诚意"，主客易位，冷暖自知，有赴美担任留美学生监督处监督机会，梅贻琦自然"求之不得"。

梅如此，罗何尝不如此？故执行前议，派梅赴美，既免尴尬，又解难题，不啻两全之策。此一过程，罗家伦可谓识人，梅贻琦可

---

① 《整理校务之经过及计划》，《国立清华大学校刊》第 12 期，1928 年 11 月 23 日，第 3 版。

② 冯友兰：《三松堂自序》，第 77 页。

③ 《吴宓日记：1928—1929》，第 141 页。

谓明智。

此后，罗家伦离开清华后，两人再无工作交集。他们终身保持了清淡如水的君子之交。梅贻琦去世后，罗家伦集句题梅贻琦像赞，高度评价："显显令德、穆穆清风、循循善诱、休休有容。"

1928年10月16日，罗家伦致电教育部长蒋梦麟，请委派梅贻琦为留美监督处监督。电文称：

> 教育部蒋部长钧鉴：清华驻美监督赵国材，报销不免浮滥，曾经前伪外交部撤换，委教授梅贻琦前往。我军收复北平后，我国政府外交部亦曾促梅君赴美接办。但按照新章，须由校长呈请钧部及外交部汇委。特此电呈，希即日加以正式任命，以便克日前往整理。因梅君前任教务长，廉洁可靠，而现在监督处每况愈下也。谨乞电示。国立清华大学校长罗家伦叩铣。[1]

10月31日，罗家伦收到教育部批准电报。11月5日，教育部、外交部联合发布命令，任命梅贻琦任留美学生监督处监督。

留美学生监督处的职责比较清晰，主要是管理和服务学生，包括介绍学校、发放学费、稽核功课等。[2]

介绍学校是监督处一项重要职责，一般来说，美国普通大学入学较好申请，学生出国时已联系妥当，并不需要监督处太费周章。唯军事院校限制颇多，申请不易，需要留美监督处做许多协调工作。

西点军校是美国最好的军校，入校条件非常严苛。学生要进西

---

① 《清华驻美新监督》，《大公报》（天津）1928年10月17日，第3版。

② 金富军：《清华大学留学管理研究1909—1949》，第228—257页。

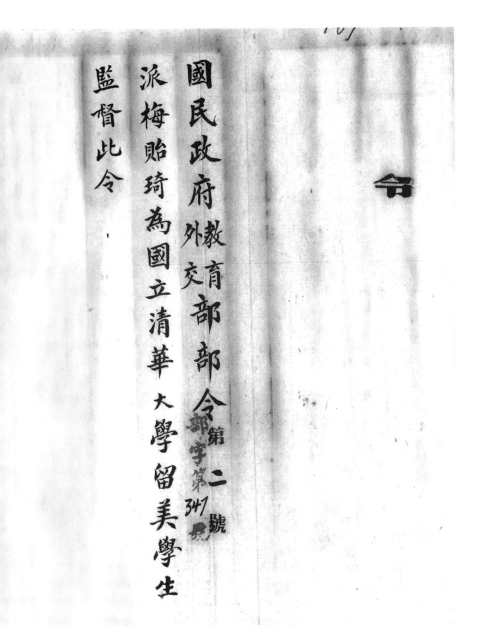

令

國民政府教育部部令第二號
外交部令部字第341號
派梅貽琦為國立清華大學留美學生
監督此令

图9-1　1928年11月5日，教育部、外交部合派梅贻琦任留美学生监督处监督

点军校读书,"应具履历书及详细体格检查表,陈请驻美监督处转校,或陈请本校(在美学生呈请监督处,国内学生迳陈本校),由校呈请外交部,咨陆军部批准;由外交部及本校转咨驻美公使,请求美政府提交议院通过,方克有效"[1]。即便依规定程序申请,能否顺利入学仍存在许多不确定因素。1926年清华学校毕业的王之回忆:

> 我真正认识梅先生为人,是在美国。当我在清华的末一年,军阀混乱,学潮汹涌,青年学生大都抱着救国的志愿。在我们毕业班六十余人中,就有十数人志愿学习军事。那时候清华体育主任是曹霖生先生,他是美国西点军校毕业生,鼓励我们去西点学习军事。我和梁思忠同学(梁任公幼子,曾任营长,归国两年即因肠炎逝世),因学校的推荐,政府的选拔,报名入西点军校就学。那知到了美国以后,那一届的美国国会,却因议案过多,搁置了华生入西点就学案。因此我进入威斯康辛大学学历史,梁思忠进入西大德大学学习军事。两年以后,我们都大学毕业了,忽然留美学生监督处来了通知,美国国会已将华生入学西点的议案通过了。梁思忠同学当即表示他已大学毕业,不愿再从大学一年级读起。我得到通知时,正在美国维蒙特州骑兵营中野地露营,即日与当时任留美学生监督的梅先生通电话,说我也不想进西点。梅先生就很严厉的回答:我们国家正在整军经武,备战御敌,需军事人才之时,美国国会既已

---

[1] 《清华学生入美国西点陆军学校办法》,《清华周刊》第359期,1925年11月13日,第30页。

通过华生入学西点议案，正是我国培植军事人才的好机会。我国政府催促此议案之通过，经过了多次的交涉；梁思忠既不愿去，你再不去，如何能对得起国家？你个人失去机会不足惜，以后我国岂能再申请此种机会？我听了不禁懔然，并且深为感动，因此决心再从大学一年级读起。好在当时我仅二十一岁，还没有超过西点入学的年龄限制。[①]

除了学校与专业外，留学生生活也是梅贻琦关心的重要工作。王之回忆：

西点军校是十分严格艰苦的。我记得当入伍期间，每日四次两小时的操练，中间只有十分钟的休息，我跑回营房，只有喝一杯水，躺在地上略舒腰腿的时间。我将操练辛苦的情形，写信报告梅先生，他回信说即来看我。有一天他来了，是以家长探视的资格来的，所以能在营房内见我。我在军校四年中，他是唯一能到营房内见我的人。他带来几份中国报纸和几本中国书籍，询问了军校状况，及我个人生活习惯健康情形，十分的恳切关怀。我告诉他军校规矩，新生在餐桌上如犯了过失，高年生可罚他停止进餐，我常时是饿肚子的。他回去后，就寄来了许多饼干食物。营房内虽然不能存放，梅先生的爱护盛情，使我衷心感激。[②]

---

① 王之：《我所认识的梅校长》，《清华校友通讯》新40期，1972年5月19日，第21—22页。

② 同上。

监督处不仅要关心学生学习以及日常生活，还要处理一切可能
的事故。梅贻琦"经常到各地了解学生学习情况，就地解决他们在
专业选择上以及学习上的各种困难"[1]。任之恭回忆，梅贻琦任监督
时曾赴哈佛，处理一位同学被控事情。梅贻琦"竭尽许多交涉手腕，
才把此事和解"[2]。

监督处负责审核在美优秀学生资助申请，作为监督的梅贻琦杖
节把钺、位高权重。梅贻琦抱着对学校、学生负责的态度，认真审
核学生申请并做出妥当处理。他说：

> 完全视其修业成绩，指导教授的证明，和本人的进修计画，
> 由监督观察、调查、洽谈，认为重要且有希望，才把审查意见
> 报告给学校，决定延长与否及延长多久。其中亦有中途改科系、
> 转学、转地区、或赴欧洲研究考察者；另有患病休学一年，并
> 重须护送回国等等，皆须监督审核报告学校作决定；有时情形
> 紧迫，监督必须立即反应，便宜作主。[3]

对此，1923 年毕业的张忠绂深有体会。他回忆：

> 一九二八年夏，清华五年公费届满，但我的论文还只作了
> 五个月。清华过去的惯例，本可延长公费一年。不料北伐以后，
> 国民政府更换了清华校长，……对延期请求，只批准五人。清

---

① 施嘉炀：《怀念梅贻琦先生》，北京大学校友联络处编：《笳吹弦诵情弥
切——国立西南联合大学五十周年纪念文集》，第 12 页。

② 任之恭：《追念梅师》，《清华校友通讯》新 2 期，1962 年 8 月 29 日，第 21 页。

③ 赵赓飏：《梅贻琦传稿》，第 36 页。

华公费游学的用意在造就人才。原定游学期五年，是因为在通常情形下，五年可以念完博士学位。遇到例外的情形，只要有主任教授证明，即可延期，免使八年清华，五年游美所成就的人才功亏一篑。

……这时留美学生监督是原任清华教授梅贻琦。我到他的华盛顿办事处晋谒，向他陈说学校对此事处置的不当。

我说我自信成绩不在人下，主任教授的推荐信，其恳切的程度也难以复加。（嗣后韦罗伯教授知道我官费未得延长时，他曾另案请学校免我交纳学费。）学校陡然限制延期的学额，使当事人无从准备，我虽然无权过问，但至少去取的标准似应公正。本年获得批准的五人都是我的同班，其中固不乏成就优秀的，但是我却知道他们都有"八行书"。最后我坦白的询问梅先生，学校此次的去取，是否依赖人情多过于依赖成绩？这句话使梅先生难于置答。他思索了一下，答覆了我三个字："很难说。"

梅先生最后向我恳切的表示说，现在为时已晚。另有一种半官费是他权力所能及的，我若愿意请求，可以从二月起发给我。今年八月到明年正月的一学期已赶不上了。这时我已有许多朋友返国作事，他们联合来信，担保我留美一年的用费，使我能安心将论文完成。后来我虽然没有用朋友的钱，但那些朋友的情义迄今犹使我怀念。……

国内朋友联合与我的支持，使我有胆量决定留美，将论文作完。梅先生给我半年的半官费更增加了我继续留美的勇气。[①]

---

① 张忠绂：《迷惘集》，沈云龙：《近代中国史料丛刊》（续编）第53辑，（台北）文海出版社有限公司1978年版，第77—78页。

除了留学生在美学习与生活，留学生回国安置也是梅贻琦关注的重点。留学生回国就业的一大问题是所学非所用。此前，周诒春、张煜全等校长曾努力为留学生回国工作创造条件、提供机会。[①] 1931 年梅贻琦在就任清华大学校长典礼演讲中，指出："清华的旧同学，其中有很多人材，而且还有不少杰出的人材，但是回国之后，很少能够适当利用的。多半是用非所学，甚至有学而不用的，这是多么浪费——人材浪费——的一件事。"[②]

正是看到这个问题，梅贻琦和周诒春、张煜全等前任校长一样，积极寻求解决办法。梅贻琦认为，国内建设人才需求孔急但留学回国人员却多怀才不遇之感。主要原因在于"人才之养成与事业之需要各不相谋，其结果遂使供不适求，学难致用。我国留学事业进行数十年之未能大收其效者，其弊大都在此，然而人才与用途，其间缺少相当介绍机关，亦为障碍之大者"。故留美监督处"有鉴于此，用将本年清华留美学生三百余人所在学校专修学科及其成绩著作等详为调查，编成表册，以供国内各机关之参考，庶求者与供者可有接洽之机会"。梅贻琦给国内用人机关发函，建议"某校或某机关拟求某种人才，虽非目前急需，但最好能先一、二年预行接洽，倘经约定，则该生在此一、二年中对于某种学科或某项问题可特别注意，以得充分之预备，是则非但于该机关与该学生彼此皆为有利，抑亦我国派遣留学政策目今补救之一端也"[③]。监督处提供留学生信息和

---

① 金富军：《清华大学留学管理研究 1909—1949》，第 40—44 页。

② 《梅校长到校视事》，《国立清华大学校刊》第 341 号，1931 年 12 月 4 日，第 2 版。

③ 《国立清华大学留美学生监督梅贻琦关于改进留学生能学成归国服务问题致中央大学函（1930 年 5 月）》，中国第二历史档案馆编：《中华民国史档案资料汇编》第五辑第一编，教育（一），江苏古籍出版社 1994 年版，第 393 页。

清华留美学生调查表，希望能加强沟通。

对于国内一些科研机构进行留学生研究成果的统计与目录编制等需求，梅贻琦积极回应，让国内机构预先了解留学生工作，既为国内研究进步提供信息，也为留学生以后回国就业提供方便。1930年3月，北平研究院致函清华大学，希望"征集留学生著作，请将贵校派赴留美学生之博士论文，杂志中论文，所著书籍，及其他著作，代为调查函知，于以上各种著作之出版年月发行书局著者姓名籍贯通讯住址，统希见告"。清华将此函转监督处办理。梅贻琦回复表示："在美留学生之各种著作，与其研究概要，敝处现正设法调查，惟近来吾国留美生，缺乏统一机关，调查极为困难，但关于清华留美各生情形，不久可有一览编就，一俟出版，当即寄呈。"[①]

温应星、罗家伦以梅贻琦代替赵国材任留美学生监督处监督，主要原因是不满意赵国材开支浮滥浪费。罗家伦数次批评"赵国材从前滥用公款"[②]，明确指出"温应星时代，所以撤赵国材之故，即因其于某生医鼻费中，竟开去八百余元美金"[③]。

因此，梅贻琦赴美任监督，身负整理并减省留学经费的使命。留美监督处费用过多，在北京政府时期已是一大问题。北伐胜利后，

---

① 《（一）国立清华大学函复留学生著作俟留美监督查复再函达（十九年三月八日）》，《（二）国立清华大学留美学生监督处函（十九年三月二十二日）》，《国立北平研究院院务汇报》第1卷第1期，1930年，第8—9页。

② 《清大校务概况——民国十七年十一月十三日在国立清华大学董事会报告》，《罗家伦先生文存》（第五册），第32页。

③ 《清大董事会开会经过——民国十七年十二月十七日在清华大学总理纪念周报告》，《罗家伦先生文存》（第五册），第35页。

罗家伦任校长。"过去清华留美监督处开支的浮滥，早经外交部一再指责，并且训令家伦切实整顿。家伦即据以转令尚未卸任之监督赵国材君，但赵君仍置若罔闻。数月以来，原均按月汇寄四万美金，近忽来电要增至五万。现在新任监督梅贻琦君，已经启程；梅君为人濂（廉）洁诚实，曾任清华教授和教务长有年，对于留美监督处弊端，知之最详。在他未去之先，商同家伦，曾将留美章程及监督处办事章程大加修改，认真考察学生学行，减省用费，并裁减监督职员名额和经费。"①

梅贻琦赴美之前与罗家伦商量，1928 年 12 月制定的《国立清华大学留美学生监督处办事细则》规定：监督处设"监督一人，事务员二人，分任文牍会计等事务"②。连同监督在内共三名职员，缩减了监督处的规模，实际上回归到 1909 年 7 月制订的《遣派游美学生办法大纲》规定的规模。

梅贻琦到任后，极力撙节用度。他辞掉了司机，自己学习开车；将厨师和清洁工改为半日工作，只管清洁，由夫人做饭；秘书兼管买菜等等。他履行监督职责、将监督处办成留学生之家。他的夫人韩咏华回忆："他把监督处办成留学生之家，在华盛顿的学生可以随时来监督处活动、休息。……月涵不赞成学生到社会上参加娱乐活动，不赞成学生去舞场跳舞，因而尽量把监督处办得好些，使学生们乐于来此。假日，他也允许学生们在这里打打桥牌，搞些健康的

---

① 《整理校务之经过及计划》，《国立清华大学校刊》第 12 期，1928 年 11 月 23 日，第 3 版。

② 《国立清华大学留美学生监督处办事细则（1928 年 12 月）》，刘真主编：《留学教育》第三册，（台北）"国立编译馆"1970 年版，第 1049—1052 页。

文娱活动。"①

　　1931 年底，梅贻琦被任命为清华大学校长。梅贻琦离任，赵元任继任留美监督处监督。在赵元任到任前，由中国驻美使馆秘书于烺吉代理监督。11 月 2 日，梅贻琦与于烺吉完成交接。②

　　1929 年，清华留美预备部最后一届学生毕业出洋后，留美预备部撤销；专科男生、专科女生也停止选送；加之留美学生陆续结束

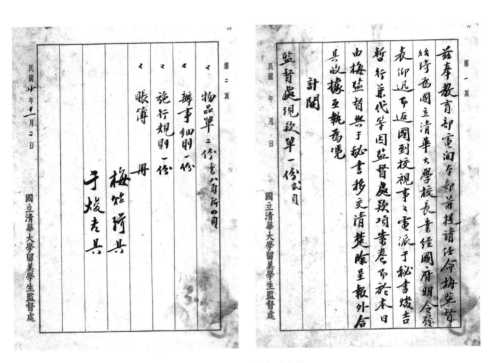

图 9-2　1931 年 11 月 2 日，梅贻琦与于烺吉完成交接

　　① 韩咏华：《同甘共苦四十年——记我所了解的梅贻琦》，《清华校友通讯》复 15 期，1987 年 4 月，第 49 页。

　　② 清华大学档案，1-2:1-96:2-001。

学业，在美留学生逐年减少。清华大学考虑裁撤监督处，将其事务另觅机构代管。

1931 年 11 月 17 日，叶企孙致函在美的梅贻琦，欢迎其出任校长，并告知校务会诸人建议撤销监督处，以便节省经费充实校内经费。留美监督处负责的发支票、付学费、转学、延长官费等诸项事务由学校直接办理，留学生医药费等事务可请中国驻美使馆代理。叶企孙提到，谋求留美监督职位的人颇多，叶企孙建议梅贻琦同意裁撤监督处。[①] 梅贻琦就职后，采纳了校务会先前裁撤监督处的决议。

1933 年 5 月 3 日，清华大学第 52 次评议会议决：留美学生监督处定于 1933 年 7 月底裁撤。评议会修正通过监督处裁撤后旧制留美学生管理办法草案。[②] 经协商，学生监督处于 1933 年 9 月结束，清华留美生事务委托华美协进社代管。[③] 华美协进社位于纽约西 57 街 119 号。1933 年 12 月 20 日，在清华大学第 62 次评议会上，梅贻琦报告了裁撤监督处并委托华美协进社代理任务经过情形。[④]

1933 年，梅贻琦说明了裁撤监督处的原因：

> 清华留美学生，自十八年以后未曾添派，故人数逐年减少。本年留美及在英欧者，总数为八十余人。今秋以后，仅有留美预备部之最后一班，计三十八人。合旧生因工作未完，准予展

---

① 清华大学档案，1-2:1-96:2-005。此函落款 11 月 17 日，根据信中内容，推断为 1931 年 11 月 17 日，梅贻琦从美国回来之前。

② 清华大学档案，1-2:1-6:3-051。

③ 清华大学档案，1-2:1-96:2-009。

④ 清华大学档案，1-2:1-6:4-008。

期，及今夏研究院毕业生择优派遣留学者，约不出二十人。总计人数不过五十余人。管理事项不如以前之繁重。故本校定自今夏以后，将驻美监督处裁撤，而以管理学生事务，暂托在美其他机关代管。至于二十三年夏间以后留美人数，又将减少三四十人。其仍在美者应不过二十左右。且以后赴美者，皆为大学毕业，已曾在国内研究有年，其年岁长大，学识亦有根柢，对于入校及研究工作之范围，亦均可预为规定，然则管理问题尤为简单。即或由校直接办理，当亦无不可矣。[①]

梅贻琦赴美出任留美学生监督处监督，既是实现迁延半年、自温应星校长即已开始撤换监督的计划，同时也较好地处理了他与罗家伦之间的关系。因此，不能简单视为排挤或外放。

1929 年，梅贻琦带着整顿留美学生监督处的使命赴美上任。在美期间，他热忱关心留学生学习与生活，让他们安心求学；积极联系国内各界，为学生回国就业牵线搭桥；以身作则，改革监督处，以搏节用度。在他精心打理下，监督处变成了留学生之家。

也正是在此期间，清华大学出现驱逐罗家伦、吴南轩，拒绝乔万选等校长更迭风波。远离旋涡的梅贻琦得以安然置身风波之外。乱极思定，国民政府、校内师生都急需一位合适的校长领导清华。恰在此时，李书华署理教育部长，提名梅贻琦出长清华。对梅贻琦而言，任监督的几年恰似壮士蛰伏，一有机会，他便马上披甲上阵、纵横驰骋，担负重任。

---

① 梅贻琦：《清华一年来之校务概括》，《清华副刊》第 39 卷第 7 期，1933 年 4 月 29 日，第 5 页。

尽自己的心力谋清华的发展
（1931—1937）

　　琦自一九〇九年（即宣统元年），应母校第一次留美考试，被派赴美，自此即与清华发生关系，即受清华之多方培植。三十二年来，从未间断，以谓"生斯长斯，吾爱吾庐"之喻，琦于清华，正复如之。

——1941 年 4 月

　　我希望清华今后仍然保持它的特殊地位，不使堕落。我所谓特殊地位，并不是说清华要享受什么特殊的权利，我的意思是要清华在学术的研究上，应该有特殊的成就，我希望清华在学术研究方面应向高深专精的方面去做。办学校，特别是办大学，应有两种目的：一是研究学术，二是造就人材。清华的经济和环境，很可以实现这两种目的，所以我们要向这方面努力。

——1931 年 12 月 3 日

支持留学教育

1932 年，梅贻琦校长在毕业典礼上，回顾清华从留美预备学校到改办大学的历史，认为这个历程与时代需要相适应，也象征着国家教育程度的提高。

本校成立于民国元年，可是那时办理的方针，和现在完全不同。那时的清华，是留美预备学校的性质，所以一切都是向着准备留学这个目标进行。这种办法，在当时的确是适合时代需要的办法。那时国内学校的程度，都还很差，毕业的学生，能够留学的很少，清华为适应这样需求，办理成留美预备学校的性质，这是很对的。但是后来国内的学校，逐渐的将程度提高，造就出来的学生，都可以直接出洋留学了，于是清华当初的那种办学方针，也逐渐失去了时代的重要性，终究于民国十四年夏季改办大学部了。改办大学部的目的，是想把清华改成一个自己能够造就专门的人材，研究高深的学术的独立机关。[①]

纵观 1911—1949 年清华历史，无论是北京政府时期，还是南京政府时期；无论是相对和平时期，还是国家板荡、外患急迫时期，

---

① 《毕业典礼志盛》，《国立清华大学校刊》第 422 号，1932 年 6 月 24 日，第 1 版。

清华均坚持派遣和资助留学生，这成为清华办学的鲜明特色。清华派遣和资助留学生分布之广、类型之多、时间之长、人数之众、影响之大，在国内高校中无出其右。其中，二十世纪三四十年代，清华大学留学生选拔、培养、派遣取得了巨大成绩，这与梅贻琦校长积极擘划与大力推动有直接关系。

一、对留学不绝如缕的批评

近代以来，世界日益成为一个紧密联系的整体，任何民族、国家、文明不可能自外于这个整体而独立发展，只有互相学习交流，取长补短，在共存、融合中共同前进。正如蔡元培所言："世界的大势已到这个程度，我们决不能逃在这个世界以外，"只能"随大势而趋"。[①] 中国向西方学习，"师夷之长"的一个重要方面就是留学生派遣。清华毕业、赴美留学的侯德榜说："留学自有留学特别存在理由。非特后进之国有留学之举，即于先进国中亦有互相留学。留学无罪，吾人对于留学之见解须认精确也。留学如中国今日者，非国家之荣，亦非国家之利，长此而往中国科学昌明，实业发达，其为期远乎哉？"[②]

伴随留学热潮，从各种角度批评之声也不绝如缕。1906年，王国维批评："吾国之所素乏及现在之所最需要者，高等及中等教育也。""高等教育既兴，则外国留学可废。""留学生之数之多，如我中国之今日，实古今中外之所未闻也。通东西洋之留学生数不下万

---

① 《蔡元培全集》（三），中华书局1984年版，第218页。

② 侯德榜：《论留学之缺点与留学之正当方法》，《留美学生季报》第6卷第1期，1919年，第98页。

人，每人平均岁以五百元计，则岁需五百万元；以此五百万兴国中之高等教育，不虞其不足，即令稍有不足，其受教育之人数必倍于今日之留学生之数无疑也。"[1] 1914 年，胡适发表《非留学篇》，指出留学乃"吾国之大耻也""废时伤财事倍功半者也""救急之策而非久远之图也"。胡适认为中国政府舍本逐末，"不知振兴国内教育，而惟知派遣留学。"胡适特意提到"其赔款所立之清华学校，其财力殊可作大学，而惟以预备留美为志，岁掷钜万之款，而仅为美国办一高等学校，岂非大误也哉！"[2] 稍后，与胡适同为1910年第二批直接留美生的许先甲发表《遣派赔款留美学生办法管见》，亦以清华为例，认为"以遣派学生而丐学于人：事之可痛，孰有过于此者？"许先甲建议增高留学生程度，节省留学费用。[3]

1925 年，梁启超批评清华以往贩卖式教育：

> 清华学校之设立，以游美预备为目的，其学额普及于各省；其学课为游学常识之充分的预备；起自中等科，为长时间多数人之同型的训练，毕业后随其志愿，认定专科，在美受该科之完全教育。今则每年学成而归者以百数十计，在社会上形成一新学风，其于模仿裸贩上实已有相当之成绩。此为清华第一期事业。

> 中国学问界决不以此为满足，自今已往，应渐脱离模贩时期，入于独立时期。此时期，虽赖全学界之分劳协作，不能专

---

① 王国维：《教育小言十二则》，《教育世界》第 117 号，1906 年，第 2—4 页。

② 胡适：《非留学篇》，《留美学生年报》第 3 期，1914 年，第 4—10 页。

③ 许先甲：《遣派赔款留美学生办法管见》，《留美学生季报》夏季第 2 号，1914 年，第 55 页。

责备清华，然而清华当然要负一部分重要的使命。[1]

1926 年，舒新城回顾晚清以来 60 年留学史时，批评清华派遣留学花费巨大而留学生少，且"十七年来，只派学生一〇三一人，而留学经费每年一百五十万元，共用去一千九百五十五万元，只得学生如许（前几年人数较少，每年用不着许多经费，但现在初出国之学生还须支用五年始能回国，故仍以十七年计算）。即使学生人人成材亦极不经济，而况不能如所预期！"他还提出："清华学校留美预备式的教育与高等科毕业生一律派遣赴美的办法，当根本取消，应首在国内办理大学，施以中国的教育；其留学计划如仍保存，应划归国家留学教育事务中办理。"[2]

1929 年 7 月 6 日，罗家伦校长在清华大学毕业典礼上，批评"中国以往的教育方针，是借贷式的，唯一的目的，就是转贩外国已有的学术"。[3]在罗家伦看来，清华留美预备部就是中国以往借贷式教育方针态度的具体表现。"这种态度，当然有它片面的成立的理由，但是从民族的观点来看，一个民族要求独立、自由、平等，必须在文化方面、学术方面，先求得独立、自由、平等的地位方可。中国近几十年来，派送了几万的留学生，他们学成回国后，对于本国，固有相当的贡献；但是要谋我国学术的独立，必须自己有独立

①　梁启超：《学问独立与清华第二期事业》，《清华周刊》第 350 期，1925 年 9 月，第 6 页。

②　舒新城：《近代中国留学史》，上海书店出版社 2011 年版，第 160、175—176 页。

③　《养成一种领导时代的健全人格》，《罗家伦先生文存》（第 5 册），第 51 页。

的最高学府，仅仅靠了外国的教育，那是无论如何不可能的。"① 显然，这番话是罗家伦对他素所尊敬的老师胡适早年观点的呼应："适以今日无海军、无陆军，犹非一国之耻，独至神州之大，无一大学，乃真祖国莫大之辱，而今日最要之先务也。"②

可见，梁启超、罗家伦政治上虽然分属两营，但对教育、对清华过去的评价却基本一致。

1928 年 11 月 5 日，清华大学化学系大四学生袁翰青撰文批评："过去的五十年中，国内学术界所致力的是稗（裨）贩和模仿。……历史告诉我们，学术不能独立的国家是危险的，是不能永久适存的。在模仿和稗（裨）贩之后，需要更进一步的学术独立。""就过去清华的情形看来，他还是一个抱着造成稗（裨）贩人材为宗旨的最显著的学校之一。""清华过去的努力，不足以维持清华今后的生命。"③

1930—1932 年，清华没有派遣留学生。1933 年开始，清华继续留学生选拔、派遣、资助。对于重启派遣留学生，清华校内及社会存在不同意见。分歧的焦点，仍集中于"往学"与"来教"、基础与实用等方面。

1933 年，清华大学历史学系主任蒋廷黻在《独立评论》撰文指出，教育部命令清华选派留学生是必须的、毫无疑问的。但他强

---

① 《养成一种领导时代的健全人格》，《罗家伦先生文存》（第 5 册），第 51—52 页。

② 《致〈甲寅〉编者》，耿云志、欧阳哲生编：《胡适书信集 1907—1933》（上），北京大学出版社 1996 年版，第 61 页。

③ 袁翰青：《清华的新生命》，《国立清华大学校刊》第 4 期，1928 年 11 月 5 日，第 4 版。

调的是"全国须要两三个比较完善的大学，这也是毫无疑问的。因为靠外国的大学来替我们造人才不是个经常的办法，且是很不经济的"[①]。不久，清华大学物理系教授萨本栋也在《独立评论》撰文对1933年留美公费生科目和考选标准提出疑问："这次所要考的科目，如应用光学、仪器及真空管制造、兵工、飞机、硫酸及硝酸制造等等，都是极专门的技术。""此次考题的性质，及录取标准，是以基本的学问，或以专门的智识为主体，很值得注意。"作为物理学家，他明确指出，"我们相信在美国的大学（假定先送到美国）与研究学术机关，对于本次所指定的科目中几门，是完全学不到什么的。至于非研究学术的机关，如公司或工厂之类，因为他们利害的关系，不但不肯以秘密告人，即极平常的技术也不轻以授人。"他认为，派遣留学生如果是要忠实地造就专门人才，"我以为较有效果的办法，应当先在国内研究这些专门问题，然后再派人到外国去观光；最少除了派遣留学生之外，在国内同时要研究此等问题。""如果政府确有决心造就专家，而不是救济青年无出路，我以为须令国内学术机关，如中央研究院，北平研究院及三四大学合作，各派相当人员，各负相当经费，立即起始在国内研究与此次所指定要考科目有关的问题。"[②]

1935年，清华大学理学院院长吴有训在清华大学建校24周年纪念会上作了"学术独立工作与留学考试"的演讲。他接着两年前蒋廷黻、萨本栋的意见，继续对留学考试提出批评，不过其着眼点

---

① 蒋廷黻:《派遣留学生》,《独立评论》第57号，1933年7月2日，第2页。

② 萨本栋:《教部令清华继续考选留学生以后》,《独立评论》第59号，1933年7月17日，第7—8页。

在优秀人才的流失。他指出，"中国的学术是慢慢的趋向独立"，表现在两个方面：第一是大学聘请教师"不但要问所习的专门学科，且须顾及已发表的研究工作及其价值"；第二是国内各专门学术团体成立。对国内研究工作，他承认"当然，国内现在进行研究工作者，大部系留学生，所以今日学术上所得的一点成就，也可说是留学政策的一种收获"。接着，他话锋一转，"现在自己有一批人正在努力独立工作的时候，留学考试，是否仍应视为造就专门学者的惟一办法，是大可讨论的问题。"中国一面追求学术独立，开办研究所，培养自己的人才，一面拼命地留学考试，是不甚相容的政策。"最显著的事实，是相处很久的助教和成绩较好的学生，对于所进行的工作，本可望相当的结果，因预备留学考试致工作的效率大减，有时竟等于零，所以有些工作，无法进行，有些工作中途停止。""留学考试录取一名或二名的学科，预备投考的人数竟达二十至三十，这简直可说是白费时间。"因此，他声明"反对现在的留学考试"，认为"现在所举行的留学考试，事实上是防（妨）碍了中国学术独立工作，不能不认为一件严重的事体"。[①]

可以说，自有留学以来，对留学的批评即相伴而生。这些批评切中留学的不足，有助于留学工作的不断完善。

二、坚定支持留学生派遣

由于特殊的建校背景和办学使命，绝大多数清华学生能从世界看中国、从中国看世界两个角度思考学校和国家发展。

---

① 吴有训：《学术独立工作与留学考试》，《独立评论》第 151 号，1935 年 5 月 19 日，第 34—37 页。

1914 年，有学生指出：

> 清华学校何为而设也？曰拟培植富有血性之爱国少年，吸收欧美之文明以扶持祖国者也。美人何以慷慨解囊退还赔款以立斯校也？曰有所祈望于清华者大、有所希冀于中国者深也。中国之贫贫如洗，中国之弱弱如柴，将何以治之？曰将天然之利源辟之，将闭塞之民智通之也。任此教育实业之责者为何许人？曰清华之子居其十之八九也。然则清华学校者，中华民国富强之原也。挽狂澜于既倒，支大厦于将倾，须清华学校任之。竖五色旗于帕米尔之颠、太平洋之中，招四方来归者，亦须清华学校任之。故清华学校与中华民族有盛衰连带之关系，非他校所可同日而语也。[①]

1924 年 6 月，施滉在毕业前夕指出：

> 我以为清华的使命有两个：
>
> （一）对于国家，清华有解决国家问题的使命。
>
> （二）对于世界，清华有介绍中西文化的使命。
>
> 中国国家之不得安宁，必因有许多复杂问题未曾解决。这些复杂问题，必是关于多方面的，必与政治有关，与外交有关，与经济有关，与农工商业有关，与哲学文化有关。惟各科最有学识，最有能力的人才，才能解决这多方面的问题。清华学生

---

① 钧：《中华民国与清华学校》，《清华周刊》第 15 期，1914 年 10 月 6 日，第 1 版。

最有机会做这类人才，所以清华有解决中国问题之使命。

　　清华学生除懂得中国文字之外，又懂得外国文字，除有机会了解中国文化之外，又有机会了解西方文化，所以清华学生最宜于介绍中国文化与西方，又最宜于介绍西方文化与中国，介绍中西文化必是清华的第二个使命。①

　　这些有代表性的话，体现了清华学生对自己肩负使命清醒、自觉的认识，以及对中国与世界关系的深刻思考。

　　梅贻琦亦然，他在对学生演讲中屡次提到"中国人懂外国的太少。中国要改良维新需要新人物，通西洋文化及有近代学术的"②。

　　1933 年 9 月，梅贻琦在开学典礼上讲话指出：

　　外间有人说本校"洋气太重"，不知这话究何所指？如仅以洋服洋餐而论，恐未见比校外为重，而且无论多少，吾以为皆无关宏指（旨）。但如吾们认为外国人大都能勤苦耐劳，办事认真，公私清楚，不因循，不敷衍，不拖泥带水。我们如果有这点洋气，那么吾们不必惭愧，并且要时刻保持的。③

　　之所以有如此明确的认识，一方面梅贻琦本人得益于留学，极

---

　　①　施滉：《对于清华各方面之建言》，《清华周刊》第 10 次增刊，1924 年 6 月，第 8—9 页。

　　②　孟治：《梅校长对于一个学生的影响》，《清华校友通讯》新 2 期，1962 年 8 月 29 日，第 13 页。

　　③　《二十二年度开学典礼志略》，《国立清华大学校刊》第 518 号，1933 年 9 月 15 日，第 1 版。

为重视 1909—1914 年赴美留学的经历。1931 年 12 月，梅贻琦在就职演讲中提道：

> 本人能够回到清华，当然是极高兴，极快慰的事。可是想到责任之重大，诚恐不能胜任，所以一再请辞，无奈政府方面，不能邀准，而且本人与清华已有十余年的关系，又享受过清华留学的利益，则为清华服务，乃是应尽的义务，所以只得勉力去做，但求能够尽自己的心力，为清华谋相当的发展，将来可告无罪于清华足矣。[①]

另一方面，也更为重要的是，梅贻琦从世情、国情出发，站在国家民族发展和世界学术发展的高度，将留学与国家的现代化紧密联系在一起，视开放与交流为学校重要的办学传统，将派遣留学作为学校重要的工作之一。他指出，清华大学"不仅为国内最高学府之一个，同时亦当努力负起与国外学术界沟通之使命"[②]。"派遣留学之举，吾以为应永为清华之一部。以清华经济言，倘不受意外变动，每年可供给二三十人留学，而不致影响于全校之发展。至于校外各界所望本校仍行选派专科学生之办法，足与本校派遣研究院毕业生之旨相同。……倘将来基金无问题，学校收入稍得宽裕，则本校正愿扩充留美学额，每年加派外选专科学生数人，以应外界之需

---

① 《梅校长到校视事》，《国立清华大学校刊》第 341 号，1931 年 12 月 4 日，第 1 版。

② 梅贻琦：《五年来清华发展之概况》，《清华周刊》向导专号，1936 年 6 月 27 日，第 5 页。

求也。"①

1940年，抗日战争进入艰苦阶段，梅贻琦坚定地认为："吾人固知抗战期间经济之困难，吾人尤知建国事业需才之迫切，不及今储才备将来建国之用，后将有才难之感……凡此虽当学校经费不裕，外汇难得之际，皆以仰体政府求才之殷望，勉继吾校三十一年以来所负之使命耳。"②

1944年，梅贻琦在告校友书中介绍留美公费生考试情况："此项留美考试，如将来财力允许，希望能继续进行。"③ 1945年11月，他仍坚持派遣留学与聘请专家来讲学可并行。④ 1947年3月，清华大学已经在清华园复员开学，梅贻琦在告校友书中写道："考选留美公费生，为清华一贯之政策，如与国外学术机关之联系、交换，亦为应予注意之问题。至于如何实施，将来当详为筹划，相机进行。"⑤

可见，留学生派遣在梅贻琦心目中始终占有重要地位，是清华大学的重要工作之一。在他殚精竭虑的擘划下，清华大学的留学生选拔、培养和派遣在清华学校时期的基础上，不但范围更广、类型更多，质量也更加提高。

---

① 梅贻琦：《清华一年来之校务概况》，《清华副刊》第39卷第7期，1933年4月29日，第5页。

② 《抗战期中之清华（续）（1940年4月）》，清华大学校史研究室编：《清华大学史料选编》三（上），第24页。

③ 《抗战期中之清华（四续）（1944年4月）》，清华大学校史研究室编：《清华大学史料选编》三（上），第39页。

④ 清华大学档案，1-4:4-4-007。

⑤ 梅贻琦：《复员后之清华（1947年3月）》，清华大学校史研究室编：《清华大学史料选编》（四），第34页。

从类型上，1933 年后，有留美公费生、中德交换生、国外研究生、意大利保送生、波兰津贴生、留法公费生、中印交换生、自费生等。相对清华早期留美预备部毕业生，这些学生层次都有提高。[①]

尤其值得一提的是，1935 年，清华大学与德国远东协会及国外学术交换处达成协议，选派交换留学生，改变了此前中国只是留学生输出国的局面，使得中德两国教育、文化实现互动。梅贻琦曾评论："本校自二十四年夏起，与德国大学会订立互派研究生办法，去年本校派出三人，已分在德国大学作专门研究，进行良好；德国派来学生二人，亦均到校受教。此亦学术界互惠之盛举也。"[②] 研究者高度评价中德交换研究生制度："清华大学和德国大学的研生交换便很好地体现了高等教育国际化的基本意涵。民国时期高等学校的研究生，事实上已经具备在大学或研究机构任职的资格，跻身于国内学术界精英阶层。研究生交换之举，首先在学术水平上比一般的留学具有较高的层次。以平等的条件进行互换交流，反映了当时中国部分大学已在一定程度上具备了国际水准，获得了能够与世界著名大学平等对话的地位。可以说，20 世纪 30 年代清华大学与德国大学的研究生交换，既是该校与国外大学进行研究生交换的开始，更意味着民国时期高等教育国际化新途径的开辟。"[③]

---

① 金富军：《清华大学留学管理研究 1909—1949》，第 131—156 页。

② 梅贻琦：《五年来清华发展之概况》，《清华周刊》向导专号，1936 年 6 月 27 日，第 5 页。

③ 田正平、王恒：《民国时期的研究生交换研究——以清华大学和德国大学的研究生交换为中心》，《社会科学战线》2016 年第 8 期。

三、耐心细致主持留学工作

梅贻琦支持留学生选拔、实习、派遣、资助等工作并非挂虚名，而是事必躬亲，亲力亲为。以留美公费生为例，他和叶企孙等一起，从公费留美生考试委员会组织、留学科目设置，到每一位学生指导导师聘请、实习和留学计划制定，以及学生最后对指导导师回函感谢等，都悉心擘划、精心组织、确保质量。何炳棣推崇梅贻琦"校长居中主持，勤劳宵肝（旰），尤为青年学子所钦敬。历届清华留美考试，筹备周详，规章允当，成绩卓著，早已蜚声海内"[①]。

从现存的大量有关梅贻琦推动留学生选拔和派遣的材料中，只要选取少量选聘导师、推荐学校与关心学生的信函，便能以小窥大，一瞻他耐心、认真、细致的工作作风。

（一）主持制定考试规程和计划，为选拔、培训与派遣定向

留美公费生、中德交换生等选拔派遣，每次科目、人数等都有变化。由于为国选材、广受瞩目，因此招生简章制定或调整需要慎之又慎。梅贻琦亲自主持制定和调整，力求更加完善，在公平公正基础上择优选材。

1933年第一届留美公费生招考，应考资格为：

（一）国内公立或经教育部立案之私立专科以上学校毕业，曾继续研究所习学科二年以上而有有价值之专门著作或其他成绩者；

（二）国内公立或经教育部立案之私立专科以上学校毕业，

---

① 清华大学档案，X1-3:3-107:2-055。

并曾任与所习学科有关之技术职务二年以上者；

（三）国内公立或经教育部立案之私立大学或独立学院毕业而成绩优良者。

其中对第三款，规程规定：

第三款应考人，由各大学及独立学院择优保送。每具三学院之大学以十名，每独立学院以四名为限。三学院以上之大学，每多一院，得多保送四名。[①]

这条规定，以学校性质区别报送应考学生数量，忽视学校规模，引起不满。1933 年 7 月 18 日，北洋工学院院长李书田致电梅贻琦，对招考章程中投考名额提出意见。"凡独立理工学院本届毕业生人数在四十人以下者，固可保送四名。其在四十人以上者，拟请准予按每十人保送一名。因查南开大学四院本届毕业生人数只四十余而敝院则达九十人。谨电恳采及刍荛，拟定施行办法呈部备案实施，俾各院校毕业生机会均等而昭公允。"[②]

对各方意见，梅贻琦充分吸收合理因素。1934 年，学校对留美公费生应考资格做了调整。他在给教育部长汇报的手拟底稿中写道：

应考资格第二款由各大学及专门独立学院保送者，本年拟

---

① 《教育部训令 第五九五○号》，《国立浙江大学校刊》第 140 期，1933 年，第 1470—1474 页。

② 清华大学档案，1-2:1-91:6-030。

改为"每大学及独立学院得于有关系之学门每一名保送毕业生二人"。如此可多予毕业生以投考机会而亦不致太滥也。[1]

教育部研究同意清华大学意见，教字第六二九六号指令内开："呈悉。准如所拟办理，仰迳由该大学通知各校可也。此令。"由此，1934年留美公费生应考资格，依照这条施行。[2]

由于当时出国留学考试极少而投考者众多，为了予更多学生以机会，1935年这条又变为"各大学及独立学院择优保送，每校得于有关系之学门，每一名额保送毕业生四人"。[3]

（二）精心组织每一个环节

留学生选拔的核心无疑是遴选出优秀的学生，慎重组织考试自不待言。梅贻琦对此异常重视，精心组织每一个环节。

在留美公费生考选过程中，考试委员会委员负责考试全部事务。考试委员会由九人组成，梅贻琦作为清华大学校长任委员长，教育部派代表一人、清华教授三人、校外专家四人为委员，其中校内外专家教授由委员长提名，经教育部核准后方可聘用。[4]"所有考试规则、录取标准，以及各科命题、阅卷之人选，悉由该会决定。"[5]这

————————

[1] 清华大学档案，1-2:1-91:6-018。

[2] 《国立清华大学函请保送毕业生应留美公费生考试》，《国立浙江大学校刊》第179期，1934年，第1929—1932页。

[3] 《国立清华大学考选留美公费生规程（民国二十四年度）》，清华大学校史研究室编：《清华大学史料选编》二（下），第668—669页。

[4] 《清华大学公费留美生考选办法纲要》，《江西教育旬刊》第6卷第6、7期，1933年，第87页。《留美生办法》，《申报》1933年6月18日，第16版。

[5] 梅贻琦：《抗战期中之清华（二续）（1941年4月）》，清华大学校史研究室编：《清华大学史料选编》三（上），第27—28页。

种组织形式，体现了教育部对考选工作的领导权，考试委员由校内、外各四人组成的结构又有利于公平、客观。

特别值得指出的是，梅贻琦抱着为国选优材、育大材的目的，以对考生、学校、国家极端负责的态度，在留学生选拔时极为重视公平与公正。

考试委员会外，清华还要寻找合适的命题人和阅卷人。命题阅卷人负责考前出题，考后阅卷。考试委员会聘请各领域知名学者担任命题人和阅卷员。在命题阅卷人组成中，清华大学教授占比始终保持在很低水平，保证选拔考试的客观公正。例如，清华大学公费留美生考试命题阅卷人，多为校外征聘的各领域知名学者和专家。对命题、阅卷人，梅贻琦严格限制清华大学教授比例，以此来保证选拔考试的客观公正。梅贻琦说："除国文、英文由本校教授评阅较为便捷外，在其他门类科目，则尽量向校外征聘。本校教授参与评阅者，仅占有三分之一。"[1] 实际上，统计第1—4、6届留美公费生考试出题、阅卷人工作单位，清华大学教授占比始终不超过五分之一，从而最大程度保证考试的公平与公正。[2]

出题者和阅卷人均为知名专家学者，梅贻琦亲自拟定聘书内容与格式，供校长办公处使用。

备印聘书填

请任本年本校留美公费生＿＿＿＿＿＿学门＿＿＿科目命题兼阅

---

[1] 梅贻琦：《抗战期中之清华（二续）（1941年4月）》，清华大学校史研究室编：《清华大学史料选编》三（上），第28页。

[2] 金富军：《清华大学留学管理研究1909—1949》，第279—280页。

卷事宜，务希惠允，赐复。再该项考题并请于＿＿月＿＿日以前亲交。

琦^①

    清华选拔学生不只是"考试"，还要为考取的学生选择好导师进行出国前辅导。为了提高留国考察和实习以及出国留学的针对性，清华大学为每位留美公费生聘请导师。按照规程，为每位考取学生聘请1—3位导师。实际上，部分门类，学校聘请导师最多达5人。给每一位导师的邀请函，梅贻琦都会反复斟酌，悉心修改，充分体现了他对导师的尊重和一丝不苟的作风。

    1934年，赵九章考取第二届留美公费生，梅贻琦致函竺可桢请其担任导师。

藕舫吾兄大鉴：

    日前邮上一函，敦请吾兄担任母校本届留美公费生考试高空气象气学门考取生赵九章君留国实习指导，谅承鼎诺。兹经与叶企孙兄商量，特嘱赵君前来尊处实习，以便就近聆教。尚希不吝指导，惠予接见为盼。

    专此即颂

    秋安

弟　梅——谨启
十月廿九日^②

---

① 清华大学档案，1-2:1-91:6-008。
② 清华大学档案，1-2:1-89:3-001。

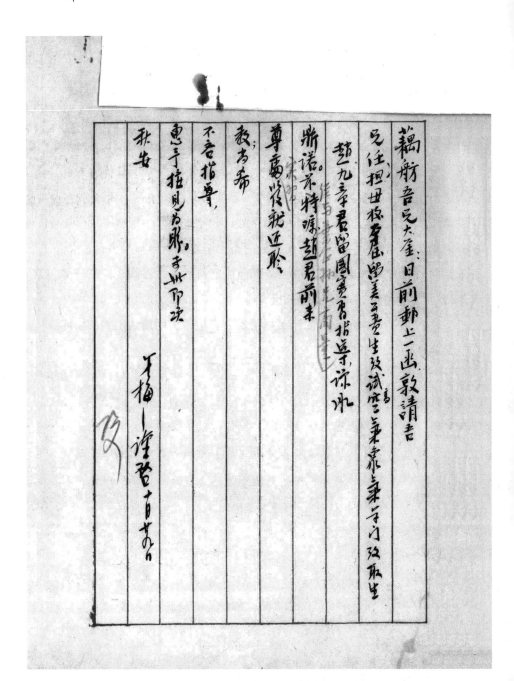

图 10-1　1934 年 10 月，梅贻琦邀请竺可桢担任赵九章导师信函底稿

其中，"经与叶企孙先生商定""实习"为梅贻琦校长在底稿上增加。

再如1934年第二届留美公费生费青，1935年1月8日，梅贻琦拟就致上海第一特区地方法院院长郭闳畴函，请他和燕树棠共同担任费青的指导导师。

闳畴先生大鉴：

别教多日，良用驰慕。比维公私迪吉，允符藻颂。敬启者，敝校廿三年夏留美公费考试国际私法门考取生费青君留国调查实习事宜，前承惠示指导，无任忻感。兹特嘱费君如命来沪，面聆教益，即希赐予接见，指导一切，无任感荷。至费君在沪调查拟以一月为期，调查完毕，仍令回平预备德文及其他工作以便于来夏赴德研习此种计画。燕召亭兄亦以为当，尊处想必赞同也。

梅——谨启

一月八日①

信件底稿中，梅贻琦校长将底稿中的"赐予接见"后的"不吝指示为感"划去，增加"指导一切，无任感荷。至费君在沪调查拟以一月为期，……尊处想必赞同也"。

留美公费生导师对学生的指导工作结束后，梅贻琦也会修书表示感谢，尽显礼数的周全。

1935年1月13日，梅贻琦致函杭州飞机制造厂王助，对其指导第二届公费留美生钱学森表示感谢。

---

① 清华大学档案，1-2:1-89:5-092。

禹朋先生大鉴：

前奉惠书忻悉一是。敝校公费生钱学森君留国实习事宜，承允指导，并荷拟示钱君到美应入学校，至感至谢。顷据钱生来函报告，知已到贵厂，承指示，感荷无已。至于该生将来到美，自当遵命令入麻省理工也。专此致谢，即颂

公安。

梅——谨启

一月十三日 [1]

（三）尊重导师指导意见和学生意愿

清华大学聘请导师，不囿于清华校内，聘学识宏富且多具有实际经验的各研究机构、工厂、行政部门的专家担任导师，以期在理论与实践两方面给学生切实指导。[2] 梅贻琦极为尊重导师意见，同时也兼顾学生意愿，将两者结合起来，最终确定学生的留学去向。

清华大学生物学系毕业生薛芬考取 1935 年第三届公费留美生，他认为英国水产学水平高于美国，想赴英留学。薛芬写给梅贻琦校长信中写道：

受业以英国水产事业，比较美国发达；且在英国，便于赴欧洲沿海各国（那威、丹麦、德国渔业甚发达）考察；而欧洲经济情形，又与吾国比较相近，可资借镜之处甚多。故受业来定以后，即与指导员陈同白先生商定，拟改赴英国，入利物浦

---

① 清华大学档案，1-2:1-89:1-058。

② 金富军：《清华大学留学管理研究 1909—1949》，第 293—309 页。

大学研习。①

获批后，薛芬进入世界著名的英国利物浦大学海洋学系学习。

清华大学请陈同白担任薛芬指导导师。陈同白致梅贻琦信中，
更加仔细分析了舍美赴英的原因：

> 英美两国均有大学水产科。英有利物浦大学，有著名之水
> 产专门教授。美有华盛顿大学，课程、设备均甚完全。水产生
> 物研究所英美两国亦各有 Plymouth Marine Biological Laboratory 及
> Woods Hole Marine Biological Laboratory 均系世界有名之学术机关。
> 但在美留学只能就近往加拿大参观研究，赴英则与欧洲各国相
> 距甚近，大可往那威、丹麦（渔捞事业最为发达）及德、法
> （养殖事业最为发达）等国参观研究，且欧洲之经济情形与我国
> 较为相似，可以借镜之处较多。②

在陈同白来信上，梅贻琦批示："复陈先生，薛君计画往英可照
准。"在利物浦大学，水产学附于海洋学部，故薛芬入利物浦大学海
洋学部，重研习水产学。薛芬赴英留学后，1936 年 6 月 18 日，梅
贻琦致信陈同白，对其指导表示感谢。

> 同白先生大鉴：
> 迳启者，顷奉惠书，忻悉一是。敝校公费生薛芬君留国实

---

① 清华大学档案，1-2:1-90:1-104。
② 清华大学档案，1-2:1-90:1-113。

习多承指导，用能得有充分之经验，隆情厚谊，无任忻感。谨
函布谢，即颂暑安不一。

梅——谨启

六、十六 [1]

再如，清华大学政治学系毕业生王铁崖考取 1936 年第四届公费
留美生。起初，王铁崖面谒王化成先生，并驰函周鲠生先生两导师
商议国外研究计划，愿赴英国伦敦大学。同年 11 月 17 日，周鲠生
致函王化成，提出两种方案。如果照留美办法入哈佛大学，则不妨
在两年内取得高级学位，留学期限延长一年赴巴黎大学做进一步研
究。如果王铁崖志愿获批，则宜入伦敦大学两年取得高级学位后转
入巴黎大学做研究。[2] 嗣经王、周两先生商定英国伦敦大学或美国
哈佛大学任择一校。11 月 23 日，王铁崖致函清华大学校长办公处，
并附周鲠生 17 日来信。王化成在信中表示，对周鲠生 17 日信中各
点均表赞同，请校长办公处以王、周二人名义填写王铁崖国外研究
计划书。[3] 在以王化成、周鲠生名义填写的计划书中，有"第一二年
美国哈佛大学或英国伦敦大学，第三年（如延期能得校中允许）巴
黎大学"。[4] 但不久，王铁崖从同学处得知学校仍派他赴哈佛大学。
经与王化成商量后，认为应向学校申请，仍应入伦敦大学。1937 年

---

① 清华大学档案，1-2:1-90:1-123。

② 清华大学档案，1-2:1-91:2-039。

③ 清华大学档案，1-2:1-91:2-040。

④ 清华大学档案，1-2:1-91:2-035。王化成致清华大学校长办公处函写于 1936
年 11 月 23 日，24 日校长办公处收到。如果校长办公处依照王化成、周鲠生两位指
导教师意见填写计划书，则填写时间最早应为 24 日。而此国外研究计划书填写时间
为 11 月 22 日，提前了 2 天。考虑到学校希望指导教师 15 日之前返回指导意见，这
份计划书可能是根据王铁崖意见填写。

6月4日，王铁崖致函校长办公室，详细陈述了选择伦敦大学的原因。8日，梅贻琦校长批示"准改入伦敦大学"。[①] 至此，王铁崖选择学校一事终于尘埃落定。

（四）撰写推荐信或证明信

学生联系国外大学或申请签证时，除个人自荐信外，还需要学校、导师的推荐信。由于留学生都是经过学校严格选拔出来的优秀人才，梅贻琦会亲自给他们写推荐信、证明信。这对学生申请学校和签证非常重要，因为这意味着以清华大学信誉为学生背书，公信力自然不同一般。

梅贻琦对学生的请求，总设法予以满足，尽可能提供帮助。1937 年 12 月 20 日，经济学系 1931 年毕业生金郁彣为申请如伦敦大学政治经济学院事给梅贻琦写信，请梅贻琦以校长名义写推荐信，并请学校开具英文毕业证与成绩单。由于此时抗战已经全面爆发，清华大学南迁至长沙，与北大、南开合组长沙临时大学。成绩单等未及携带，故梅贻琦批示："证明毕业函照办，成绩单无从查抄。"[②]

梅贻琦校长经常为学生写推荐信，他并不是套用固定模板，而是针对不同学生，信件内容有所区别。

1936 年 6 月 29 日，梅贻琦给伦敦大学研究生院负责人写信，推荐费孝通前往求学。

研究生院院长

伦敦大学

英国

---

① 清华大学档案，1-2:1-91:2-042。

② 清华大学档案，X1-3:3-110:6-003。

亲爱的先生:

我很高兴代表我校研究生院的毕业生费孝通先生致函贵校,他希望申请进入贵校研究生院攻读社会学专业的高阶课程。

费先生于 1933 年 6 月毕业于燕京大学,之后进入清华大学研究院学习。1935 年 6 月毕业于清华大学研究院。随信附上他在苏州大学、燕京大学和国立清华大学的成绩单。这些成绩单将显示他的所学科目的性质、学分和成绩。

June 29, 1936

Dean of the Graduate School
University of London
England

Dear Sir:

I have the pleasure to write on behalf of Mr.
Fey Shiaw Tong (Fei Hsiao T'ung) a graduate of our Graduate
School, who wishes to apply for admission into your Graduate
School to do advanced work in Sociology.

Mr. Fey graduated from Yenching University in June
1933, after which he came to the Graduate School of Tsing Hua
University. He graduated from the Graduate School of Tsing
Hua University in June 1935. Enclosed herewith are trans-
cripts of his work in Soochow University, Yenching University
and National Tsing Hua University. These transcripts will
show the nature and amount and quality of his work.

Because of his fine scholastic record, Mr. Fey has
been awarded a scholarship from this University to study in
England. During all the time Mr. Fey has been with us, he
has proven himself to be most diligent and conscientious in
his work. In view of these facts, it is earnestly hoped that
you will give his application a favorable consideration and
will find it possible to admit him into your Graduate School.

Kindly advise us of your decision at an early date
so that the applicant will have ample time to make his pre-
parations for departure to England to study.

Any courtesy extended to this student will be
greatly appreciated by us.

Very truly yours,

Y. C. Mei,
PRESIDENT.

图 10-2　1936 年 6 月 29 日,梅贻琦为费孝通赴伦敦大学留学写的推荐信

由于学习成绩优异，费先生获得了我校的奖学金，赴英国留学。费先生在我校学习期间，一直勤勤恳恳地学习。有鉴于此，我们衷心希望您能对他的申请给予积极的考虑，并有可能录取他进入贵校研究生院。

请尽早将您的决定通知我们，以便申请人有充足的时间为前往英国学习做准备。

我们将十分感谢您对这位学生的礼遇。

敬启

梅贻琦

（国立清华大学）校长 [①]

1937 年 6 月 26 日，在清华大学信纸上，梅贻琦给伦敦大学研究生院负责人写信，推荐王铁崖前往求学。

研究生院院长
伦敦大学
英国伦敦
亲爱的先生：

我很高兴代表王铁崖先生给您写信。王铁崖先生 1933 年 6 月毕业于本校政治学系。王先生现经我校批准申请进入贵校研究生院深造，攻读高阶国际法，特别是国际法原理。王先生此行得益于他去年通过竞争性考试获得的清华大学奖学金。

毕业后，王先生一直从事有关中央政府系统的研究工作和在国民政府各部委见习。如果他的申请被接受，他打算今年秋

---

① 据伦敦政治经济学院档案译。

季到贵校就读。随函附上他在我校学习的成绩单。

如能考虑王先生的申请，我们将不胜感激。

敬启

梅贻琦

（国立清华大学）校长 [1]

当然，部分推荐信也有代签的情况，在梅贻琦校长署名下，由代签人签名。例如，1936 年 5 月 9 日，梅贻琦给龚祥瑞写的致伦敦政治经济学院研究生院负责人的推荐信，注明由秘书长沈履代签。

虽然推荐信有基本的模板，但比较给费孝通、王铁崖的两封推荐信，仍有不同。在给费孝通写的推荐信中，写明费孝通 1935 年毕业于清华大学研究生院。而在给王铁崖写的推荐信中，只写了 1933 年毕业于清华大学政治学系。可见，梅贻琦写信非常严谨。

（五）及时协调解决学生出国各类问题

学生出国前后会遇到各种问题。很多人直接写信给梅贻琦请求帮助。他一般都亲自处理，积极回应，热情指导并给予帮助。

1934 年，夏鼐从清华大学历史系毕业，并考取这一年留美公费生考古学名额，高兴之余，又有纠结。他原来跟随历史系主任蒋廷黻进行近代史研究，一下子转到考古，非常矛盾。一方面，夏鼐以实习生身份在安阳参加由梁思永主持的殷墟西北冈墓群的发掘，并和李济、梁思永等讨论留学事宜。另一方面，夏鼐通过历史系教授刘崇鋐以及吴晗和学校接洽，希望能将考古学改为近代经济史方向，这一请求因与章程不符而为梅贻琦拒绝。最终，夏鼐选择英国伦敦

---

[1] 据伦敦政治经济学院档案译。

大学学习考古学。

1935年5月19日，夏鼐致函梅贻琦，就修改留学方向向梅贻琦做出解释，询问能否保留上届已考取考古方向资格再考下届经济史方向，如能保留则决心再考，如不能保留则选择考古。夏鼐还就能否自定出国日期、国内考察旅费等七个问题征求梅贻琦意见。

夏鼐担心梅贻琦对自己中途改换方向心存芥蒂，故在信中小心翼翼地写道："生夙知夫子公正为怀，必不为生之故故意徇情或故示严格。"实际上，夏鼐的担心是多余的。5月24日，梅贻琦在来信上的批复：

> 1. 办法应如此规定。此前章程未列出，因未料有此种情形也。足下决计致力考古最好。前晤李济之先生，言练习成绩颇好，是更宜从续努力也。
> 2. 赴英与吴先生同行甚好。
> 3. 所来平调查旅费照发。[①]

5月25日，校长办公处根据梅贻琦批示拟定了详细回信，对夏鼐来信中问题逐一回答。关于换专业，信中写道："好在足下对于考古等方面，亦已获得兴趣与经验，且前闻李济之先生言，知足下实习成绩，亦甚佳良，则努力为之，将来必有贡献。如能取消改考之意，是所忻盼也。"梅贻琦在修改时，将底稿中"如能"改为"如即"。[②]可见，梅贻琦处事一秉大公，不但毫无芥蒂，还对夏鼐勉励有加，解决了他的后顾之忧。

---

① 清华大学档案，1-2:1-89:6-020。
② 清华大学档案，1-2:1-89:6-019。

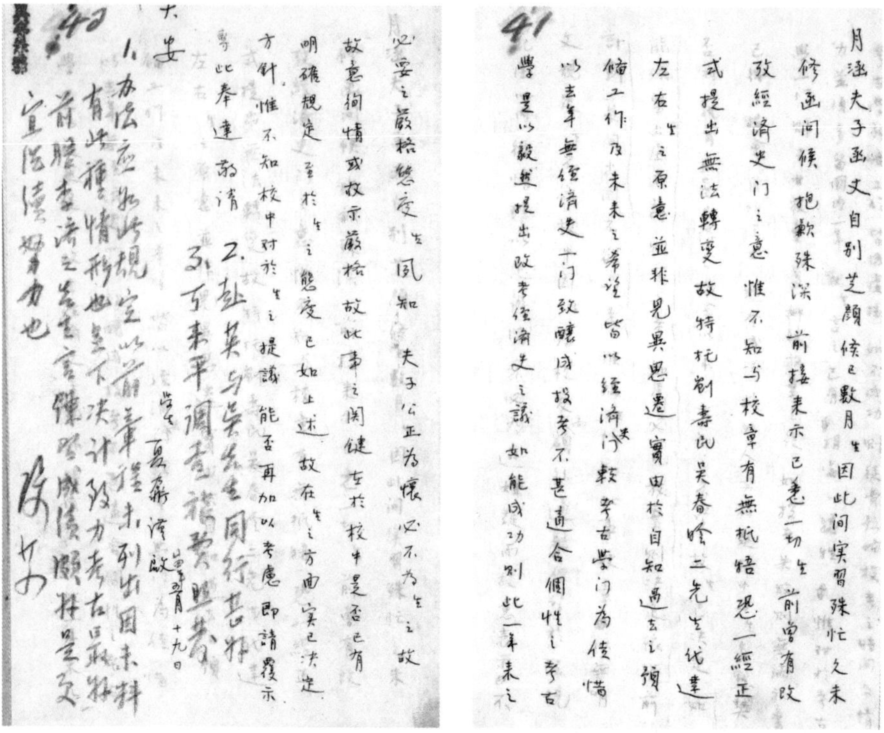

图 10-3　1935 年 5 月 24 日，梅贻琦在夏鼐来信上批示

1935 年 5 月，梅贻琦致函清华校友孙碧奇[①]，请他为第二届留美公费生张光斗提供帮助。

> 兹有母校去年考取留美公费生张光斗君，来美入学。张君初履异域，人地生疏，俾待指教。特嘱前来奉谒，尚希赐予接

① 孙碧奇（1907—1986），谱名义规，浙江奉化萧王庙镇人。1929 年毕业于清华大学经济学系。1931 年进入外交界，曾任国民政府外交部驻旧金山总领事。1935 年获得斯坦福大学硕士学位。1969 年任国民党中央委员会党务顾问。1973 年移居美国。著有《沧海浮生记》《四海为家》等。奉化市政协文史委员会、奉化市台湾事务办公室编：《蒋氏幕下奉化人》2001 年版，第 87—88 页。

见，不吝指导为幸。[①]

1936 年 11 月 27 日，梅贻琦致函张光斗："光斗同学左右：昨自南中返校，得获九月二十三日来书，藉悉一是。足下转学哈佛及麻省理工二校事，可即照准。关于选课情形，仍希随时函告是幸。"[②]底稿上，梅贻琦加上了"随时"二字，企盼之心跃然纸上。

（六）关爱留学生，勉励他们安心求学

对远离祖国、求学海外的学子，梅贻琦关心他们的学习、生活和思想，对他们的回信都会及时回复，劝慰有加。

1935 年 9 月 26 日，第一届中德交换生乔冠华、敦福堂和季羡林到达德国后致函梅贻琦校长汇报情况。10 月 11 日，梅贻琦批示："复，希勉励。"[③]10 月 14 日，梅贻琦校长回信：

冠华、福堂、羡林同学左右：

顷奉九月二十六日惠书，忻悉足下等已安抵柏林，一切情况均极顺适。远道忻闻无任快慰。此次清华与德国互换研究生，可谓中德文化沟通之重要关键，而足下等又得膺第一届赴德研究生之选，使命可诚极重大。盖一言一动均将影响及于德人对于吾国知识界之印象也。谅足下等必能善念此意，为国争光。因得来书，喜不自胜，辄布区区，请希珍重不备。[④]

---

① 清华大学档案，1-2:1-89:2-026。

② 清华大学档案，1-2:1-89:2-053。

③ 清华大学档案，1-2:1-92-028。

④ 清华大学档案，1-2:1-92-027。

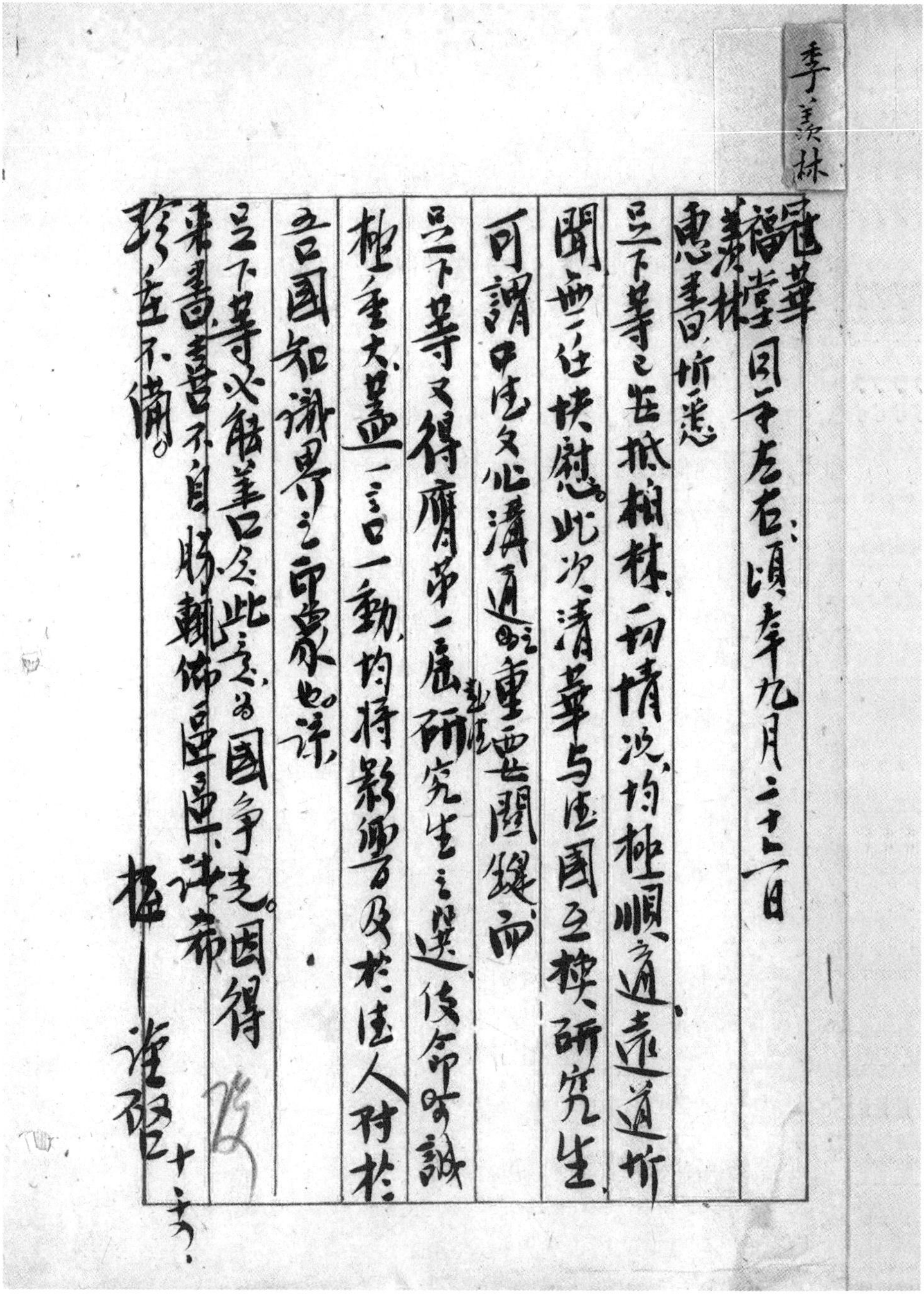

季羡林

冠華
福堂 同學左右：頃奉九月二十七日
羡林
惠書，備悉
足下等已安抵柏林，一切情況均極順適，遠道
聞之無任快慰。此次清華與德國互換研究生，
可謂中德文化溝通之重要關鍵，而
足下等又得膺第一屆交換研究生之選，使命誠
極重大，蓋一言一動均將影響及於德人對於
吾國知識界之印象也。諒
足下等必能善體此意，為國爭光。因得
來書喜不自勝，輒佈區區，諸希
珍重不備。
梅貽琦 謹啟 十．五

图 10–4　1935 年 10 月，梅贻琦致信乔冠华、敦福堂和季羡林，勉励他们认真读书，为国争光

　　1937 年 4 月 20 日，梅贻琦致函李士彤："士彤同学左右：久未通讯，正深系念。比诵惠书，藉悉努力近况，至慰。远怀所冀持之以恒，并力趋赴，至所盼企。"[①]1937 年 5 月 4 日，梅贻琦致函张俊祥，对其重学不重学位表示赞赏："俊祥同学左右：久别正念，适得来书，藉悉努力近况，无任忻慰。承告工作计画注重技术之获得，不读学位，极为妥善，希即努力进行，是所企盼。"[②]这些信既有生活上关心，又有学业上的鼓励和期望，言语温润，让学生如沐春风。

　　1937 年抗战全面爆发后，国内政治形势急剧变化，这引起部分留学生的顾虑和不安。梅贻琦在给留学生的回信中勉励他们要着眼国家长远发展的需求、安心求学。1938 年 6 月 13 日，夏鼐在致李济的信中提道："去秋平津失陷后，生曾上书梅校长，拟即行返国。旋接由中美协会转来梅校长函谕，公费生仍须继续求学。公费虽行减低，但决设法维持至期满为止。"[③]书信的最后一句话不仅是生活上的保障和承诺，更是国难之际对民族、国家未来的自信。信中所体现的坚韧信念和亲切关怀也鼓舞着海外学子潜心求学，来日学成归来报效祖国。

　　梅贻琦不仅对清华遣派和资助的各类留学生悉心照顾，对于由其他途径出国的留学生同样关爱有加。

　　1948 年 8 月 30 日，清华大学电机工程学系教员张汉考取教育部自费生赴美。因当时币制改革，官价外汇取消。张汉担心赴美后续请外汇发生困难，听说华美协进社可以协助代觅工作和请领外汇，

---

① 清华大学档案，1-2:1-90:7-046。

② 清华大学档案，1-2:1-90:8-023。

③ 清华大学档案，1-2:1-89:8-005。

遂恳请学校代为介绍。张汉在致梅贻琦的信中写道：

> 不知钧座能否代生介绍。生自毕业后即在母校服务，迄今五年，如所求似有过份，当邀谅宥。自问尚堪获此酬报。是否可行，敬候钧裁。如有不便，普通性质之介绍信证明生系官价处汇去美，初至国外，请诸多协助亦可。叨陈梗概，不胜祈待之至。[①]

收信当天，梅贻琦即批示"照为介绍"。据此，9月1日，校长办公处文书组以梅贻琦名义草拟给华美协进社孟治的信。在介绍了张汉的情况及困难后，信里写道："倘其日后在经济上有需觅求课余工作或申请任何助学金、奖学金或救济金时，尚祈直予指助，以资维持。"9月2日，文书组将此信交张汉带往美国。

作为清华大学校长，梅贻琦也擘画了抗战胜利后包括学校学科发展、留学政策等在内的发展计划。1945年11月9日，他《战后中国的大学教育与留学政策》报告提纲第五点写道：

> 5.战后留学政策
> 派遣留学与聘约专家来讲学可并行，
> 工厂买机器即应雇机师同来，
> 但将来派遣宜与其工作机关联系规划。[②]

---

① 清华大学档案，1-4:2-213-023。
② 清华大学档案，1-4:4-4-007。

1947 年 3 月，梅贻琦发表《复员后之清华》，坚持："考选留美公费生，为清华一贯之政策，如与国外学术机关之联系、交换，亦为应予注意之问题。"[①]

可见，梅贻琦不但将派遣与引进并重，恢复 1937 年前清华大学的传统，同时考虑到战后恢复，尤其社会发展的实际需要，特别强调要适应社会需要。可惜，局势动荡，学校发展举步维艰，很多设想无从实现。

梅贻琦是一个坚定的爱国主义者，同时他又有开放的眼光，坚决反对画地为牢、固步自封，深知只有通过开放、交流与互鉴，才能真正达到中华民族的教育独立与学术自主。在他身上，集中体现了清华校歌中传唱的："东西文化，荟萃一堂；新旧合冶，殊途同归；立德立言，无问西东。"

留学生的选拔与管理是学校对外交流与合作的重要组成部分，梅贻琦强调学校要担负起沟通中外学术的使命，并且作为清华大学校长，他凭借着对教育规律的深刻把握、宽广的国际视野和卓越的领导能力，以及对学生深沉博爱，积极支持清华大学留学工作，为国家选拔、培养了一大批杰出人才。阅读这些泛黄的历史档案，我们看到了梅贻琦为学校发展和学生培养夙夜在公、殚精竭虑，也体会到他对学生拳拳爱护之心、殷殷期望之情。

---

① 梅贻琦：《复员后之清华（1947 年 3 月）》，清华大学校史研究室编：《清华大学史料选编》（四），第 34 页。

聘请华敦德

　　1931年"九一八"事变与1932年"一·二八"事变，侵华日军挟空中优势狂轰滥炸，给中国军队造成极大伤亡。"一·二八倭寇的飞机驰骋于上海，如入无人之境，闸北犹在无空防的情形下，变成了瓦砾之场。人民不消说像丧家之狗，几无藏身之处，其情形彷佛是伦敦巴黎的市民在徐柏林威胁之下一样。"[①]

　　战争的失利让国人逐渐意识到"今日欲救国家，必须有雄厚之军事力量；而欲有雄厚之军事力量，又必须努力发展空军，欲发展空军，尤须全国民众深切瞭解航空事业之重要，全国青年勤加研练航空之学识与技术，然后可以建立中华民族在国际间之地位"[②]。国民政府痛定思痛，开始积极加强空防，推进空军建设。"以前，中国政府注意航空，只偏重在那看得见听得见的枝叶部分，而忽略了根本。直到受了'九一八''一·二八'的打击教训之后，才渐有觉悟，对于航空也发生了兴趣。"[③]

　　1933年，航空委员会技术处处长钱昌祚提出，航空"工程师之训练，宜于工科大学设立航空工程学系，即军官出身者，亦可送至大学训练，可利用工科大学之普通工程设备，得有良好之基

---

① 沈开寰：《空防与国防》，《航空生活》第3版，1936年12月1日，第4页。
② 郑汉生编：《实用航空学》，（上海）商务印书馆1935年版，第1页。
③ 姜长英编：《飞机原理》，（上海）大东书局1950年版，第2页。

础。……我国各大学中，已有二三大学，着手筹备，军事航空机关，对此极愿予以臂助"①。1934年航空委员会在召开的航空技术会议上，决定协助各大学设立航空工程系。②

1933年2月，梅贻琦指出："近来国人提倡科学运动的日多，实因我国对日作战，非忠勇之气不能过人，徒以科学逊色，武器不及，为未能克敌制胜之主因。我们要从速研究实用科学，以供国家需要。"③

可见，国家的实际需要、清华大学为国服务的办学理念与良好的科研条件结合是清华大学开展航空工程教育与科学研究的直接原因。

一、清华发展航空学科

1932年夏，清华大学机械工程学系成立，下分三个组：原动力工程组、机械制造工程组、飞机及汽车工程组。其中，飞机及汽车工程组"注重飞机及汽车之制造，于发动机之装卸，试验及比较等，均施与充分之训练。将来须与政府航空机关或学校合作。然后于学理制造，及航空实验，均有充分之训练"④。

清华大学发展航空学科得到了国民政府的大力支持。1933年10月，航空委员会第四处任职的钱昌祚观察到：

---

① 钱昌祚：《我国航空工业之前途》，《航空杂志》航空工业专号，1933年12月1日，第11—12页。

② 姚峻主编：《中国航空史》，大象出版社1998年版，第78页。

③ 《二月廿七日总理纪念周纪事》，《国立清华大学校刊》第486号，1933年3月2日，第1版。

④ 《机械工程学系》，《清华副刊》第39卷第7期，1933年4月29日，第7页。

查航空工程为当务之急，而军事机关因缺乏教育设备，未能即为举办，殊有遗憾。环顾全国各工科大学中，北平大学工学院、中央大学工学院、交通大学及湖南大学先后俱曾在机械工程学系中增设航空工程一课，每星期约三四小时，一学期或一年完毕，俱因缺乏设备及固定之人选，未有显著成绩。[1]

于是，国防设计委员会从航空救国亟需造就航空工程人才出发，会同中英庚款委员会、军政部航空署、航空委员会等机关，率先在武汉大学、清华大学筹设航空讲座，随后又在中央、交通、武汉等大学设立航空工程学系。此举一方面培养中国紧缺的航空工程人才，另一方面也初步奠定中国航空工程事业的发展基础。

1933 年 10 月，国防设计委员会副秘书长钱昌照与秘书长翁文灏曾先后致函梅贻琦、顾毓琇、叶企孙等，表示国防设计委员会拟在清华大学与武汉大学设立航空讲座，由国防设计委员会各补助一万元。武汉大学已经着手准备，询问清华能否在工学院设航空讲座。[2]

梅贻琦积极响应钱昌照的提议，他与理学院院长叶企孙、工学院院长顾毓琇商议后，10 月 21 日，在回复钱昌照信中，支持钱昌照在清华大学"工学院原有于机械系中添设汽车及飞机工程一组之议"，决定使汽车及飞机工程组"规模稍为扩大，即改为航空工

---

[1] 《钱昌祚致国防设计委员会秘书厅意见书（1933 年 10 月 13 日）》，龙锋、张江义、姚勇、王志刚选辑：《20 世纪 30 年代初国防设计委员会资助大学发展航空教育函电选》，《民国档案》2016 年第 3 期。

[2] 清华大学档案，1-2:1-204-001，1-2:1-204-002。

程组"[①]。

1933 年 12 月 13 日，梅贻琦主持召开清华大学第 9 次校务会议，首先"报告国防委员会来函在本校设置航空讲座及函请增加设备等情"[②]。

1934 年 1 月，梅贻琦致函国防设计委员会及翁文灏、钱昌照，表示清华大学决定开办航空讲座，并表示由于清华临时费不甚充裕，请先拨三数万，先行启动。[③] 1935 年秋，飞机及汽车工程组改称为航空工程组。

清华大学发展航空学科不久，便得到国民政府的支持。学科发展与国家需求紧密结合，成为清华大学航空学科发展的一大特点。

二、聘请华敦德教授来清华任教

清华开始发展新型、尖端航空学科，首先遇到的问题就是人才缺乏。为此，1934 年暑期前，清华函聘美国前航空部次长、麻省理工学院（MIT）航空工程科主任及加州大学航空工程科教授冯·卡门（Theodore von Kármán）来清华任教，并筹备设计风洞等事项。后冯·卡门因事回德国，不能来华。开学后，清华致函请其推荐人才。[④]

冯·卡门对华友好，对清华办理航空学科非常热心，1929 年访

① 《国立清华大学校长梅贻琦致钱昌照函（1933 年 10 月 21 日）》，龙锋、张江义、姚勇、王志刚选辑：《20 世纪 30 年代初国防设计委员会资助大学发展航空教育函电选》，《民国档案》2016 年第 3 期。

② 清华大学档案，1-2:1-7:2-065。

③ 清华大学档案，1-2:1-204-005。

④ 清华大学档案，1-2:1-204-019。

问清华即建议清华开展航空工程教学与科研。[1]由于种种问题，不能应聘清华，他便积极热心推荐其他人选。最初他推荐慕华博士（Dr. Morre），但慕华因故未能来华。1935 年 8 月 17 日，冯·卡门特意致函梅贻琦致歉，并推荐另一位专家华敦德（F.L.Watterendorf）博士。

华敦德，1906 年出生于美国波士顿，从 1920 年代起，跟随冯·卡门研究，于 1933 年获得加州理工学院博士学位，在流体力学、风洞设计等方面成绩卓著，是一位著名的航空专家。

冯·卡门高度评价华敦德，他在信中写道：华敦德博士毕业于哈佛大学和麻省理工学院，1927 年到德国，在哥廷根和亚琛与他一起工作。1930 年回到美国，在加州理工学院工作。华敦德博士是风洞与飞行实验方面的一流的研究人员，也是一名优秀教师。他具有调整自己适应任何外国环境的出色能力。他相信华敦德博士一定能在清华做好工作。[2]

冯·卡门在信中还指出，慕华是航空计算与设计专家，但在实验方面经验稍逊；华敦德富于活动与领导经验。此外，冯·卡门还建议清华安排第一年聘请慕华，第二年聘请华敦德，这样费用不会太高，顶多就是旅行费开销。

1935 年 9 月，梅贻琦两次致函冯·卡门，表示欢迎华敦德。其中在 9 月 26 日的信中，梅贻琦表示，虽然慕华不能来华，但清华同样欢迎华敦德。并提出几条建议：（1）1936 年起，聘请华敦德为机械工程学系空气动力学方向教授。（2）将发表演讲、组织研究等，并与该系合作开展航空工程研究。（3）不在校外从事任何其他活动。

---

[1] 《著名科学家冯·卡门谈：协助清华创始航空工程研究经过》，《清华校友通讯》1996 年第 4 期。

[2] 清华大学档案，1-2:1-204-021。

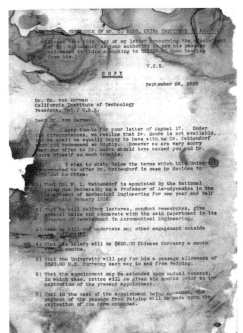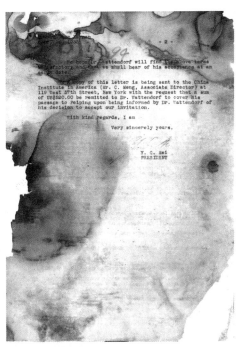

图 11-1　1935 年 9 月 26 日，梅贻琦致函冯·卡门，欢迎华敦德到清华任教并提出建议

（4）他的工资为每月中国国币 600 元，为期 18 个月。（5）清华支付往返北平的单程 520 美元的旅费。（6）经双方同意，可延长聘期，在聘期到期前六个月通知。（7）如果聘期延长，则自北平返回的旅费将在聘期届满时支付。①

　　11 月 23 日，梅贻琦再次致函冯·卡门，表示华敦德待遇等同慕华。②梅贻琦致冯·卡门的几封信函，以及给华敦德 600 元的高薪，既表达了他对冯·卡门的尊重与对华敦德的重视，也表明他要发展航空的决心和紧迫。

---

①　清华大学档案，1-2:1-204-021。

②　清华大学档案，1-2:1-204-021。

1936 年 2 月 12 日，华敦德到达清华。到达当天，他立刻投入工作中。他仔细观察了机械工程学系航空组的 5 英尺风洞，当即表示十分满意。他说："没想到在中国建造风洞如此精确，达到国际水平；而且作了很好的研究准备。"就在这天，他与冯桂连教授、张捷迁助教共同谈论了将来的实验研究计划。[①]

在平时教学中，华敦德强调培养基本实验技能，特意在实验课上布置一些基本实验，锻炼学生应知应会的基本功。当时不少学生对此颇有微辞，但华敦德不为所动，仍坚持实验基本技能训练。事实证明，华敦德的这些安排是必要的，这些基本功训练在马上到来的南昌风洞设计和运转工作中得到应用。

上课以外，华敦德还定期举行航空讲座与讨论。[②]同时，他也参与指导留学生的派出。例如，中德交换生吕凤章就是在他和冯桂连的建议下，选择阿亨高工航空专业。[③]

1936 年春，清华决定在南昌筹建航空工程研究所并建造 15 英尺航空风洞。当时面临着许多困难，首当其冲就是设计人员不够。华敦德大胆提议：取消航空组学生毕业考试，利用省出全部人力时间，师生协力设计南昌大风洞。这样既可以训练培养人才，又可以建立独立科研的信心。[④]华敦德的这一提议，新颖而大胆，既在一定程度上解决了设计人员短缺问题，同时也让学生理论联系实际，在

---

① 张捷迁：《回忆清华开创航空研究》，《清华校友通讯》新 95 期，1986 年 4 月 29 日，第 38 页。

② 《华敦德先生返校，空气力学开始讲演》，《清华机工月刊》第 1 卷第 5 期，1937 年 4 月 1 日，第 24 页。

③ 清华大学档案，1-2:1-79:2-030。

④ 《著名科学家冯·卡门谈：协助清华创始航空工程研究经过》，《清华校友通讯》1996 年第 4 期。

实践中得到提高，一举两得。6 月，华敦德、冯桂连、殷文友三位教授分率助教学生在一个月之内完成 15 英尺风洞初步设计。其中华敦德担任风洞空气动力学设计。初步设计后，华敦德赴南昌实地考察，并与建筑工程师讨论施工办法。① 学生毕业后，华敦德与张捷迁二人又花费四星期，修改整理已经完成的初步设计，然后定案，完成正式图。

1936 年 11 月，清华大学成立南昌航空研究所，华敦德被聘为筹备委员。② 1937 年初，风洞开始建设，华敦德与张捷迁留驻南昌负责督造。

1937 年 7 月，清华大学邀请冯·卡门访华，华敦德全程陪同。结束中国行程后，冯·卡门访问日本。7 月 23 日，华敦德陪同冯·卡门赴日本东京大学讲学。7 月 29 日北平沦陷。访学结束后，冯·卡门离开日本直接返美，华敦德则坚持回到日本占领下的北平。"他认为自己是美国公民，不会受到伤害。他要留在清华，防止自己长期搞成的那台风洞遭到日军破坏。"③ 回到清华后，由于日美当时还未开战，日军虽然对华敦德比较客气，但是没收了空气动力实验室和珍贵的实验设备，还虚伪地开出收据，表示战后将归还云云。在北平沦陷期间，清华沦为日军兵营和伤兵医院，学校遭受空前洗劫。原有之设备，从图书、仪器、机器，直至家具等，损失达 90% 以上，华敦德的心血亦毁于一旦。

随着北平局势日益严重，华敦德南下去南京，受叶企孙、吴有

---

① 清华大学档案，1-2:1-204-057。

② 清华大学档案，1-2:1-204-057。

③ 〔美〕冯·卡门、李·爱特生:《冯·卡门——航空与航天时代的科学奇才》，曹开成译，上海科学技术出版社 1991 年版，第 240 页。

训等教授秘托携带 30 万美元支票和一小盒镭锭。华敦德顺利完成此项重要任务，在南京，他将支票和镭锭交给梅贻琦。

华敦德在旅途中即感觉不适，带病由南京勉强转南昌，在南昌医院检查发现半边面部和嘴眼动作不调，下肢不能动。南昌医院条件较差，航空研究所紧急请求江西公路局局长萧庆云校友，借用公共大汽车一辆，又请内科医生伴护，到长沙湘雅医院。在湘雅医院，经检查，华敦德患半身不遂症。梅贻琦非常关心华敦德健康，亲赴湘雅医院探望。

遗憾的是，华敦德病治疗效果不好。圣诞节前后，清华大学包租欧亚航空公司专机，将华敦德送往香港。华敦德从香港乘船返美。返回美国后，华敦德一直在波士顿治疗，两年后，基本恢复健康，不过留下一脚微跛的后遗症。

由于局势的变化，在华敦德返美后，原先约定的慕华第二年来华接替华敦德的计划便从此夭折，这是清华的不幸，也是国家的损失。

1938 年，华敦德曾代表清华大学参加第 14 届国际应用力学大会，提交风洞设计理论的论文，成为"运用分析方法设计风洞之鼻祖"[1]。

1939 年，华敦德在冯·卡门推荐下，在美国莱特空军基地，支持设计并建造当时世界上功率最大的 4 万马力风洞。这个风洞是当时研制美国空军 B-36 轰炸机和研究许多高速航空问题的关键设备，对第二次世界大战的成功起了很大作用。[2]

---

① 《张捷迁（教）校友建议表扬华敦德博士对母校与国家之贡献》，《清华校友通讯》（台湾），1971 年新第 35 期，第 71 页。

② 〔美〕冯·卡门、李·爱特生：《冯·卡门——航空与航天时代的科学奇才》，曹开成译，第 273 页。

　　1944 年，经冯·卡门提名，华敦德与钱学森一道，入选美国空军科学顾问团，协助美国空军制定未来航空发展研究计划。战后，华敦德帮助冯·卡门推动恢复欧洲各国航空研究事业，效果显著，受欧美多国勋章。[①]1968 年华敦德荣获美国空军特别贡献勋章。1986 年去世，享年 80 岁。

　　值得一提的是战争胜利后，华敦德任美国远东科学顾问团主席，在一次视察完日本后，曾到中国与梅贻琦会面，建议中国可以到日本搜运航空技术及其他科学仪器与图书。华敦德对清华航空事业之拳拳用心，令人感动。

　　对清华大学发展航空工程学科，梅贻琦有决心、有信心。一方面是为国服务的强烈使命感，一方面是在清华发展尖端学科的强烈紧迫感。在梅贻琦邀请下，华敦德在中华民族面临日本帝国主义严重威胁的关头来到中国。在短短的一年多时间里，华敦德耐心矫正清华同学重理论、轻实验的风气，教导学生重视基本实验技能；协助清华完成 15 英尺航空风洞的设计并参与建造，使得清华航空教育与科研在发展初期就站在较高的水平上；并与冯·卡门一道，协助国民政府制定全国航空研究计划，以应付即将到来的民族危机。华敦德为中国现代航空事业做出了积极的贡献。[②]

　　梅贻琦高度评价华敦德等外聘专家对清华的贡献："华敦德向在美国加省理工大学研究，于航工之理论与经验皆有精深之造诣。"哈达玛、维纳与华敦德"此数君之来校或期以数月，或一二年，吾校

---

　　① 张捷迁：《回忆清华开创航空研究》，《清华校友通讯》（台湾），1986 年新第 95 期，第 43 页。

　　② 金富军：《华敦德与清华大学抗战前航空研究》，《中国科技史杂志》2006 年第 27 卷第 3 期。

师生利用此时机作学术之探讨，其成就必有逾乎寻常者"[1]。

　　梅贻琦强调清华大学"不仅为国内最高学府之一个，同时亦当努力负起与国外学术界沟通之使命"[2]。在这一思想的指导下，学校聘请华敦德等一批国际著名专家学者来清华任教，快速地提升了清华大学学科发展、人才培养、师资建设、对外合作与交流等水平。华敦德来华是梅贻琦实践其追踪学术前沿、发展尖端学科、聘请一流师资理念的典型案例。

　　① 梅贻琦：《五年来清华发展之概况》，《清华周刊》向导专号，1936 年 6 月 27 日，第 2 页。

　　② 同上。

聘请诺伯特·维纳

梅贻琦极为重视清华大学与国际学术界的交流与合作，他提出清华大学"不仅为国内最高学府之一个，同时亦当努力负起与国外学术界沟通之使命"。他将延聘世界一流学者作为师资队伍建设的重要内容。他说：

> 吾人常言：大学之良窳，几全系于师资与设备之充实与否，而师资为尤要。是以吾人欲图本校之发展，欲图提高本校之学术地位也，亦以充实师资为第一义。至其实况，可于下列三事见之：第一，教师人数之增加。……第二，国外学者之延聘。吾人以为将欲提高国家学术水准，端赖罗致世界第一流学者，来华讲学。是以年来对于此点，尤特注意。[①]

在梅贻琦的领导下，国际化的学术生态和网络逐渐形成，吸引了一些国际著名专家学者来校任教，诺伯特·维纳（Norbert Wiener）就是其中一个。

---

① 梅贻琦：《五年来清华发展之概况》，《清华周刊》向导专号，1936 年 6 月 27日，第 2 页。

一、聘请维纳来清华大学任教

1935—1936 年，著名数学家诺伯特·维纳在清华担任数学、电机两系合聘教授，给师生带来了最新的科研信息，热情指导华罗庚、徐贤修等，继续进行控制论研究，并与李郁荣合作进行了中国最早的计算机研究，促进了清华大学数学、电机工程两系的教学与研究。

清华大学能够聘请维纳来校任教，电机工程学系教授李郁荣起了桥梁作用。两人的认识很富有戏剧性。维纳回忆：

> 我遇见李的情况是很有趣的。我的荷兰朋友施特鲁依克在贝尔电话实验室找到了一件有关电路分析的暑期工作。这马上促使我考虑，我能不能另辟蹊径利用傅里叶级数研究这个领域。我经过进一步的考虑，感到我的想法很好，于是我问万尼瓦尔·布什，他能否给我一个电子工程方面的优秀学生，在我指导下写一篇论文。他非常乐意这样做，于是就推荐了李，当时他住在波士顿一个教会的教区寄宿舍。李爽快地接收了这个建议，我们便一起工作。[①]

维纳对两人的合作非常满意，欣赏李郁荣的才华，"曾尽一切努力为李博士在美国电气工程业谋取一个职位"，但没有成功。

1930 年 5 月，李郁荣获得麻省理工学院科学博士学位。1934

---

① 〔美〕诺伯特·维纳：《我是一个数学家》，周昌忠译，上海科学技术出版社1987 年版，第 106 页。

年，他到清华大学电机系任教。[1]李郁荣没有忘记维纳这位天才的导师。迨至工作稳定，1934 年 12 月 4 日，李郁荣即致函维纳，试探性地邀请其来清华访问讲学。李郁荣在信中写道："我已经和工学院院长顾毓琇博士，物理系的任之恭、萨本栋博士以及数学系的曾远荣博士商谈过，建议向您提供一个研究职位。他们都非常赞成我的建议，并表现出很高的热情。"信中，李郁荣描述了清华良好的科研水准和设备条件：

> 数学系的曾远荣（芝加哥大学博士）一直紧密追随您的工作，他渴望能有机会与您一起研究。他已经在《美国数学会公告》上发表了一些成果。或许您还记得赵访熊，MIT 的毕业生，他在最新一期的 MIT《数学和物理学杂志》上发表了一篇论文。物理系有任之恭博士（毕业于哈佛大学和 MIT）、萨本栋博士和吴有训博士（他刚刚结束了在 MIT 的一年休假回到清华）和其他一些学者，他们都非常希望见到您。……
>
> 清华以工学院拥有的设备和装置而自豪。数学系的图书馆与 MIT 的一样完善。任博士认为物理系的图书馆要比哈佛大学的更加完善一些。我相信，您会发现这些图书馆为研究工作准备了充分的资料。[2]

显然，这封"重点介绍清华的科研水准和设备条件，还强调了

---

① 李旭辉：《李郁荣博士传略》，《中国科技史料》1996 年第 17 卷第 1 期。

② 李旭辉：《30 年代 N·维纳访问清华大学函电始末》，《中国科技史料》1998 年第 19 卷第 1 期。

清华教员较为优厚的经济待遇和生活条件"的信，旨在打消维纳的顾虑，并且特别点出与麻省理工学院有关的教师，以让维纳产生亲近感。

李旭辉认为，维纳愉快地接受邀请，原因不外以下几点："一、他是个具有国际主义观点的学者，对东方文化向往已久。二、清华在 1928 年改建为国立大学后，实力迅速增长，30 年代初已成为中国最大的高等教育和科学研究中心之一。维纳在清华不仅可以充分阐发自己的学术思想，还有机会展开合作研究。三、他希望能暂时改变环境，作一番调整。在 4 月 8 日给李郁荣的一封信中，他谈到了东方之行对他个人的意义：'今年我非常疲惫，几乎没做什么新的工作。有一大堆的材料需要整理。能在贵校悠闲的环境中完成这项工作，对于我和我的健康都将极为有益。'"[1]

客观地说，当时清华较高的科研水准与良好的设备条件是相对国内其他学校而言，和美国一流大学相比仍较逊色。维纳之所以接受聘请，还在于在梅贻琦推动下已经形成的较为活跃的国际学术交流氛围、众多 MIT 校友任教所建立的国际化的学术网络。

在梅贻琦的推动下，清华大学从积极邀请国际著名学者来校报告、讲座，已经开始向较长时间在校访学、任教转变，时间的延长体现了清华大学学术水平的提高并获得国际学术界认可，也表明清华大学国际化程度稳步提升。1935 年，维纳、哈达玛、华敦德来校，访学从三个月到一年，即标志着这种转变。梅贻琦指出：

---

① 李旭辉：《30 年代 N·维纳访问清华大学函电始末》，《中国科技史料》1998年第 19 卷第 1 期。

　　数年之内，外国学者来游中国，本校得以邀聘来校作短期
讲演者，如郎哲曼（Longevin），如朗密尔（Langmuir），如何尔康
（Holcombe），如杰克生（Jackson），虽每人讲演多者不过二三次，
而本校得与观摩谈论，获益当非浅鲜。至本年更进而聘约来
校长期讲学者，计有哈德玛（Jacques Hardamart），温讷（Norbert
Wiener），华敦德（Frank L. Wattendorf）诸君。……温讷为美国麻
省理工大学算学教授，于近代算学之应用，尤多发明……此数
君之来校或期以数月，或一二年，吾校师生利用此时机作学术
之探讨，其成就必有逾乎寻常者。……[①]

　　这个时期，毕业于 MIT、在清华任教的有张子高、顾毓琇、任
之恭、李郁荣、蔡方荫、庄前鼎、陶葆楷、施嘉炀、黄子卿、冯桂
连、张任、王士倬、赵访熊、李谟炽等人。1932—1937 年，工学院
在任的 26 位教授中，14 位出身于麻省理工学院。[②]这些在 MIT 接受
教育并与教授拥有良好师生关系的教师，建立起了清华与 MIT 合作
的网络。

　　例如，清华大学发展航空学科，在 1934 年 9 月开学后，梅贻琦
同时致函美国前航空部次长沃纳（Warner）、麻省理工学院航空工程
科主任亨塞克（Hunsaker）及冯·卡门，请他们推荐人才来清华工
作。最终，经冯·卡门推荐，华敦德来清华任教，为清华大学航空
学科发展做出了重要贡献。1936—1937 年，王尔兹（Karl L. Wildes）

---

　　① 梅贻琦:《五年来清华发展之概况》,《清华周刊》向导专号, 1936 年 6 月 27
日, 第 2 页。

　　② 冯筱才编著:《教育之桥:从清华到麻省理工》, 清华大学出版社 2014 年版,
第 20 页。

教授来机械系讲授电力网及电系稳定度，对中国电工学术界有良好
影响。[1] 1936 年，应清华大学工学院院长顾毓琇、建设委员会首都
电厂厂长潘铭新发起，以中国电机工程师学会名义邀请麻省理工学
院电机系主任、美国电机工程师学会会长杰克逊（D. C. Jackson）访
华，在清华大学、中央大学、交通大学等京沪平津等地多所大学

图 12-1　1936 年 1 月 26 日，梅贻琦与麻省理工学院北平校友在骑河楼清华同学会
欢迎杰克逊教授夫妇。前排中间为杰克逊夫妇，左三维纳，左六梅贻琦。后排左一倪
俊，左六施嘉炀，左九庄前鼎，左十顾毓琇

---

① 冯筱才编著：《教育之桥：从清华到麻省理工》，第 48 页。

演讲。[①]

外籍教师、留学回国的教师有助于学校形成国际化的氛围，这让外籍教师很快融入其中。维纳观察到，在清华大学：

> 我们过了几天才开始适应清华和我们的新生活。这里使用两种语言，西方人文学科和科学的教学大都用英语。虽然教员中有一些西方教授，但绝大多数是中国人，他们大部分在美国受过训练，但也有一些人是在英国、德国和法国受的教育。
>
> 看看这种外国训练怎样反映在教员身上，是很有趣的。有位中国女士曾在巴黎留学，她的步履甚至从几个街区远的距离看过去也象个法国人。有个自信的、矮小的、在德国受过训练的教授，除了气质上的细微差异外，他的举止同十足的纳粹分子毫无二致。许多教授跟我国内的同事一样有一副美国人的腔调，还有一位穿着考究的英语教授，他浑身上下和灵魂深处都打上了牛津的印记。
>
> 清华大学数学系主任熊教授，我们在法国已经见过，他在巴黎就跟在这西山脚下一样舒适自在，他的十一岁的孩子是个西方风格的画家。这孩子能够轻松自如地为巴黎的一所大学预科写一篇法文作文，也能用古汉语讨论孔子的德行。[②]

维纳心目中的"悠闲的环境"，绝非饱食终日无所用心，而是这种既有东方风情、又能自由交流的文化学术氛围和生态。

---

① 《美国杰克逊教授来华考察建设事业》，《新闻报》1935 年 12 月 28 日，第 10 版。《杰克逊教授来华讲演》，《时事月报》第 14 卷第 3 期，1936 年，第 15 页。

② 〔美〕诺伯特·维纳：《我是一个数学家》，周昌忠译，第 152 页。

清华大学良好的学术生态初步形成，学术水平的稳步提高，积极延聘国际一流学者，在国际学术界产生了良好影响。获悉维纳将赴清华大学访学消息后，1935 年 3 月 16 日《自然》杂志报道：

> 国立清华大学的运作得益于义和团运动后的庚子赔款，这笔赔偿金由美国返还给中国，用于教育目的。清华大学经常邀请各学术领域的知名人士进行访学，其中包括哈佛大学数学系的乔治·D·伯克霍夫教授，印度诗人和哲学家泰戈尔，伯特兰·罗素，法国数学家哈达玛以及法国物理学家郎之万。[1]

在维纳而言，还有一个重要原因，那就是喜欢旅行。维纳说：

> 我不仅总是为了旅行本身而热爱旅行，而且我父亲教育我把知识世界看做为一个整体，每个国家不管它的地位怎样崇高，都只不过是这个世界的一个地区。……我从来就认为，欧洲文化比任何伟大的东方文化更优越，只是历史上暂时的插曲。因此，我迫切希望亲眼看看这些非欧罗巴国家，通过直接考察来了解他们的生活方式和思想方式。[2]

可见，对旅行的热爱和对中国的向往，与李郁荣私人交谊，清华与麻省理工学院学术网络，以及清华大学国际化氛围等诸多因素，促成了维纳这次为期一年的讲学。

---

[1] 译自 Nature, March 16, 1935, p. 423。

[2] 〔美〕诺伯特·维纳：《我是一个数学家》，周昌忠译，第 148 页。

二、在清华高质量的工作

收到李郁荣的信后，1935年1月7日，维纳回复李郁荣，欣然接受邀请，同时还发出一份电报"愉快接受邀请，访问自8月开始"。2月14日，梅贻琦向维纳正式发出邀请电："热诚邀请前来清华，担任下一学年的研究教授。"[①] 至此，邀请维纳来校一事尘埃落定。

至于维纳到清华后住宿、开设课程、合作研究等具体事宜，则由李郁荣、熊庆来等联系确定。

维纳将来清华任教的消息传出后，师生可以说翘首以盼。在1935年4月底出版的校庆特刊上，学生以《数学泰斗 Dr. Norbert Wiener 将来我校讲学　本年八月初即可到校》为题报道：

数学泰斗 Dr. Norbert Wiener 年十五，毕业于 Tufts College，翌年（十六岁）着手作康奈尔大学毕业讲文，被学术界誉为神童，得哈佛大学博士。现任美国麻省理工大学算学教授，曾在德国哥廷根大学，英国剑桥大学长期讲学，并为美国国家科学院会员（按，美国国家科学院会员，均为美国极负盛名之大科学家）。博士著作甚多，且与本校电机系教授李郁荣博士共同发明关于电网线路，得有美国政府专利。此次应本校电机系与算学系之请允为来校讲学，约本年八月初即可到校。[②]

---

① 李旭辉：《30 年代 N·维纳访问清华大学函电始末》，《中国科技史料》1998年第19卷第1期。

② 珊：《数学泰斗 Dr. Norbert Wiener 将来我校讲学　本年八月初即可到校》，《清华廿四周年纪念特刊》，1935年4月29日，第10页。

1935年5月9日，梅贻琦致函维纳，就维纳在清华大学工作从七个方面具体化，并表示将由华美协进社孟治支付1040美元旅费。

亲爱的维纳博士：

我非常高兴地从我们的往来电报中得知，您已经明确接受了我校的邀请，将在明年担任我校的研究教授。现在，我很高兴在这里以书面形式向您说明李郁荣博士之前向您大致介绍过的待遇：

（1）您将被清华大学任命为数学与电机工程学系的研究教授，任期为1935—1936年。

（2）您将讲课、进行研究、举办专题讲座，并在上述部门的发展计划中与之合作。

（3）您将不会在大学之外从事任何其它工作。

（4）一年12个月的月薪为700.00中国元。

（5）清华大学将为您和温讷夫人每人支付往返北平的旅费520.00美元。

（6）经双方同意，聘期可延长，但应在1936年5月1日前发出通知。

（7）如果任期延长，则在延长期满后支付从北平出发的旅费。

我希望您能同意上述条款。我已请位于纽约第57街119W号的华美协进社（副社长孟治先生）为我提供协助，向您预付1040.00美元，希望您能尽快收到。李博士告诉我，他已在他家附近为您和您的家人预订了一所房子。因此，我们非常高兴地期待着您的到来，更期待着明年八月您能与我们在一起。①

1936 年，维纳离开中国时，清华依旧支付 1040 美元旅费。②

在清华，维纳开设了傅里叶级数和傅里叶积分（包括 Lasbgye 积分）以及其他数学专题讲座。课程每周 3 学时，在科学馆三层 306 教室。听课人数约 20 人，其中有赵访熊、华罗庚、徐贤修、吴新谋、段学复等人，还有来自燕京大学的教师。③他也继续和李郁荣研究电路设计问题，经常和在清华大学访学的法国数学家哈达玛交流。他满足于向学生传道受业带来的成就感，也感受到同事之间温暖的关爱，感受到清华园生活的安静平和。他回忆：

> 我在清华的讲课用的是英语，所有学生都能容易地听懂。这些学生后来不止一个从事纯粹数学或者电气工程。他们现在分布在中国和美国的各个大学里。课余时间我常常在教学楼附近啜饮是由系里的公务员泡的茶，跟同事一起下了无数次的象棋、五子棋或围棋。④

维纳喜欢四处走走看看，"我们时常乘公共汽车或者出租汽车，有时也乘人力车到城里去。乘人力车去城里和返回，是饶有兴味的，虽然让另一个人用力来拉自己使人感到羞耻"⑤。

---

① 译自麻省理工学院档案馆藏档案。
② 清华大学档案，1-2:1-111:1-012。
③ 魏宏森：《维纳在清华》，《自然辩证法通讯》1980 年第 1 期。
④ 〔美〕诺伯特·维纳：《我是一个数学家》，周昌忠译，第 155 页。
⑤ 同上书，第 157—158 页。

维纳还指导华罗庚、徐贤修发表学术论文，[①]向英国数学家哈代等介绍华罗庚的工作并请哈代作为华罗庚留英时的指导教师。

按照与清华的协议，维纳将于 1936 年 7 月结束清华聘期。维纳计划赴欧洲考察和交流，出席在挪威奥斯陆的世界数学家大会，并做报告。[②]同年 4 月 30 日，梅贻琦敦请维纳代表清华大学出席大会。

> 亲爱的维纳博士：
>
> 随信附上您参加在挪威奥斯陆举行的国际数学大会的介绍信和证明。
>
> 我们还致函国际数学大会，通知他们您已被任命为清华大学的代表。
>
> 我们衷心感谢您代表清华大学参加这次盛会。[③]

维纳欣然接受了这一邀请。待会议结束，1936 年 9 月 23 日，维纳致信梅贻琦，通报了参加奥斯陆数学家大会的情形。

> 尊敬的梅校长：
>
> 我想向您提交一份迟到的关于奥斯陆数学大会的报告，我是这次大会的清华代表。这次会议开得非常成功，尽管由于俄

① 1936 年 5 月 28 日，华罗庚、徐贤修致信维纳，感谢维纳对他们研究的指导："我们对您的亲切指导和帮助深表感谢。我们唯一遗憾的是，您没能在清华多留一段时间。但是，在这么短的时间内，您已经指导我们走上了正确的学习道路。此刻，我们祝您和您的家人旅途愉快。"据麻省理工学院档案馆藏档案译。

② 《清华派教授温纳代表出席国际数学大会》，《科学》第 20 卷第 6 期，1936年 6 月，第 517 页。

③ 译自麻省理工学院档案馆藏档案。

罗斯和意大利代表团的缺席以及德国代表团的大幅缩水而受到影响。会议收到了大量的特邀论文，其中最成功的论文可能是法兰克福的西格尔教授的论文，无论是论文的表述还是论文的内容。我本人也报告了我在清华大学所做的关于间隙定理的工作。会议的娱乐活动安排得令人愉悦，为今后的会议树立了一个难以达到的标准。

华先生现在剑桥，我已经和目前在美国的哈代教授讨论了他在那里的安排。海尔布伦博士受哈代教授之托去找他，确保他安顿下来。哈代教授将在第二学期回来。

我发现各地都对中国在过去几年中取得的科学进步非常感兴趣。我已经尽力指出了已经达到的非常高的水平，以及在现有人员的基础上，近期有望达到的更高水平。特别是，华先生的成果受到越来越多的好评。最近，关于他为伦敦数学学会论文集撰写的一篇论文的篇幅，出现了一些问题，但当他寄来第二份说明时，人们发现，这些材料非常重要，无法进行有效的删减。我期待着他的事业蒸蒸日上。

在这个时代，希望一切都一帆风顺实在是太奢望了，但我收到了北平的来信，信中表示学校的现状可以无限期地维持下去。但愿如此。在清华的一年里，我对这个国家和这所学校产生了真正的感情，我的妻子也完全赞同。

最近，我在哈佛大学三百周年纪念活动见到了萨教授。如您所知，贵校化学系有一位苏先生，我正在尽一切努力保持我的普通话，每周与他用普通话交谈一小时。您看，我还指望将来有机会到中国来呢。学校与学校之间，家庭与家庭之间，致以最良好的祝愿。[①]

12月10日，梅贻琦回复维纳，对数学家大会成功召开表示祝贺，对维纳代表清华与会表示感谢。同时，还提到并感谢维纳对华罗庚的指导和评价。

　　亲爱的维纳教授：

　　　　从您9月23日的来信中，我非常高兴地了解到您离开中国后的活动情况。

　　　　我很高兴地得知，尽管欧洲局势复杂，但奥斯陆数学大会仍取得了圆满成功。我们非常感谢您代表清华参加这次盛会。

　　　　您对华先生所做工作的描述非常鼓舞人心，我们衷心希望他能够保持其他学者所达到的高水平。我们非常感谢您对他工作的好评。

　　　　我衷心希望您和您的家人在不久的将来有机会再次访问中国。祝您和您的家人圣诞快乐，新年快乐。[②]

梅贻琦始终关注维纳的行止，寻找机会再请维纳来清华访学。1947年，他听闻维纳有再来清华的意愿，便于同年6月24日致函在美的华罗庚，请其征询维纳是否有意再来清华。

　　　　Dr. Wiener（M. I. T.）闻有愿再来清华之表示，可否请便中一

---

① 据麻省理工学院档案馆藏档案译。
② 同上。

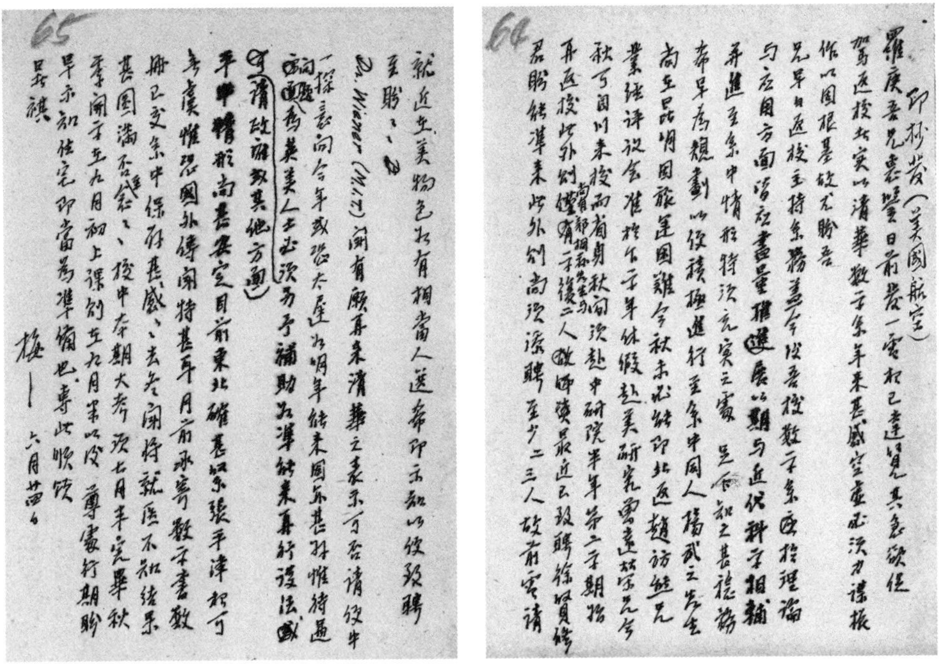

图 12-2　1947 年 6 月 24 日，梅贻琦致函在美的华罗庚，请华罗庚征询维纳是否有意再来清华

探意向。今年或恐太迟，如明年能来固亦甚好。惟待遇问题为英美人士必须请政府或其他方面另予补助，如准能来再行设法。[1]

7 月 10 日，华罗庚回复梅贻琦信中提到：

关于 Wiener 先生事，当晚于 Rohode Lland 修养，曾去 Boston 见及，彼获印度之聘，往讲学六个月（时约在一九四八），俟定

---

[1]　清华大学档案，1-4:2-122-027。

去期，彼望能"回"中国。目前困难在薪金、旅费等问题。不识我公有何指示否？如需向政府另请补助等，可否请即进行？①

7月24日，梅贻琦在华罗庚来信上批示"叶企孙先生阅"。叶企孙批示："关于请 Wiener 事，可呈部请拨旅费及外汇津贴。"可惜，由于客观情况，维纳未能再来清华。

1935—1936年，维纳在清华大学教学与研究，对双方都产生了积极影响，实现了双赢。维纳认为这是他科研生涯的一个分水岭：

> 回顾我的访华和接着的访欧，我看到自从早年在马萨诸塞理工学院以来，我已经取得了多么大的进步。……我的科学生涯也已达到了使我的成就不可争议的阶段，纵然这些成就在我家乡附近某些地方还不受欢迎。我已经开始看到我的工作的成果，不仅有许多重要的独立论文，而且还表现为一种观点，一种已不能忽视的学识整体。如果我要为我的生涯确定一个特定的分界点，即作为科学的一个刚满师的工匠和在某种程度上成为这一行的一个独当一面的师傅，那末我应当选择一九三五年，即我在中国的那一年作为这个分界点。②

在梅贻琦的领导下，清华大学注意延聘世界一流学者来校任教，以提高师资水平。在他的推动下，清华大学对外交流合作蓬勃开展。

---

① 清华大学档案，1-4:2-103-047。
② 〔美〕诺伯特·维纳：《我是一个数学家》，周昌忠译，第171页。

同时，校内较好的设备条件，教师中留学回国人员比例较高，与国外学术界合作较为频繁，因而清华大学逐渐形成了国际化、开放式的良好的学术生态。维纳等来清华大学任教，不仅是这一生态的结果，其本身也是建立这种学术生态的重要一环。

1936 年 6 月，算学系主任熊庆来高度评价维纳，认为对算学系"裨益匪浅"：

> 因审同人能力绵薄，乃求于可能范围内，延致国外名师来校讲学，或谋与之发生关系，俾工作得以促进。今年曾与本校电机系合聘温讷教授来校讲学一年，又与中法教育基金会，合聘哈达玛教授来校讲学三月。哈氏为法国算学泰斗，温氏亦美国特出算学家，来此后，均热心诲导，对于本系裨益匪浅，二氏留此虽为期短促，但离华后仍愿不断联络也。[1]

从维纳、哈达玛、华敦德等开始，国外学者来清华大学不只是短期报告，而是长达数月甚至一年的教学，并与清华大学教师合作研究，这表明在梅贻琦的领导下，清华大学学术水平迅速提高并逐渐被国际学术界认可，科学研究已经不只是向西方学习和引进，而是与国际一流学者合作交流，参与到国际学术创新的洪流。这种双向互动代表着中国的学术独立进入了新的阶段。

---

[1] 熊迪之：《算学系概况》，《清华周刊》向导专号，1936 年 6 月 27 日，第 20 页。

邀请冯·卡门指导航空学科发展

　　1932年，清华大学开始发展航空学科，学科发展与国防建设需求紧密结合，得到了国民政府的大力支持。同时，也得到了世界著名航空工程专家冯·卡门的鼎力相助。冯·卡门积极推荐得力助手华敦德来清华任教，指导清华大学航空风洞建设。1937年，在抗日战争全面爆发前夕，冯·卡门接受梅贻琦邀请访华，评估清华大学航空学科五年发展成效并给予指导；与政府、军方等高层人士接触，对中国航空工业发展提出意见。冯·卡门此次访华是近代中美科技交流史上的重要事件，对中国航空事业发展起了积极促进作用。在此过程中，梅贻琦与冯·卡门始终保持密切沟通，为冯·卡门来华起了重要的作用。

一、聘请冯·卡门来清华任教

　　1932年，清华开始发展航空学科，并积极寻求国民政府的支持。1934年1月，清华大学与国防设计委员会商定开办航空讲座一事确定，随着而来的就是聘请高水平学者来校主持航空学科的发展。梅贻琦将眼光投向了加州理工学院教授冯·卡门。

　　冯·卡门（1881—1963）是20世纪世界著名的航空学家，开创了数学和基础科学在航空航天和其他技术领域的应用，被誉为"航空航天时代的科学奇才"。

　　清华大学聘请冯·卡门来校任教，有两方面考虑。

首先，冯·卡门对华友好，"平生酷爱东方文物"，且与清华大学已有联系。早在 1929 年，冯·卡门第二次访华。在北平，冯·卡门接受理学院院长叶企孙邀请访问清华大学。在访问清华大学的过程中，他向学校阐述了发展航空工业和航空学科的重要性，建议在清华大学尽快创办航空工程专业和设立航空讲座，培养这方面的人才，以便与邻国日本保持军事上的平衡。[①]在南京，冯·卡门在中央研究院、中央大学、中国科学社联合宴请答辞中表示："深觉中国应联合世界科学学者，悉心研究，创立中国科学之基础，再谋发扬光大于世界。"[②]

其次，中国当时发展航空，隐含着主要竞争对手是日本。而日本航空的飞速发展，得到了冯·卡门的支持。1927 年，他曾帮助日本河西机械公司建造第一台风洞，并于 1928 年竣工。河西公司成立了一家飞机制造公司，在第二次世界大战中成为日本水上飞机和战斗机的主要生产部门。有日本前鉴，清华大学航空学科如果能得到冯·卡门的支持和帮助，无益于知己知彼。

因此，1934 年清华大学聘请航空专家时，自然想到冯·卡门。这一方面源于冯·卡门对华友好及与清华的前缘，同时也意味着清华大学发展航空甫一开始便意欲对接世界最高标准。

1934 年暑假前，清华大学函聘冯·卡门来校任教，并筹备设计风洞等事项。冯·卡门因事由美赴德，不能来华。开学后，清华致

---

① 朱克勤：《冯·卡门与清华大学早期的航空工程学科》，《力学与实践》2013年第 35 卷第 5 期。

② 《招待卡曼教授记事》，《科学》第 13 卷第 9 期，1929 年 4 月 15 日，第1281 页。

函冯·卡门，请其推荐人才来清华工作。[①]

感于清华的诚挚邀请和出于对中国人民的友好感情，冯·卡门极为重视清华之请，并做出积极回应，与梅贻琦多次函电往来，先后推荐慕华博士和华敦德博士来清华任教。最终，华敦德受聘于清华，为清华大学航空学科发展做出了重要贡献。[②]

在聘请冯·卡门、慕华和华敦德的沟通过程中，梅贻琦居间积极沟通、协调，表现了清华大学的最大诚意，赢得了冯·卡门的信任和积极响应。冯·卡门对慕华、华敦德的推荐是非常真诚负责的，尤为可贵的是他站在清华的立场、尽可能为清华节省经费，充分表现了他对清华发展航空学科的支持和期望。

二、邀请冯·卡门访华

1937 年初，梅贻琦邀请冯·卡门访问访华。如果说冯·卡门此前访华是游历性质，那么这次访华有着校内、校外双重特殊背景。

首先，在校内外各方支持下，清华大学航空学科在几年内快速发展，急需进行评估和总结。

1934 年 12 月，钱昌祚受国防设计委员会委托审查评估清华大学机械工程学系航空组发展，他认为：

> 窃按凡大学中创办某科系之成功，赖于人才、时间、金钱三者。该校筹设航空工程组之决定，较诸国内其他大学早有

---

① 清华大学档案，1-2:1-204-019。

② 金富军：《华敦德与清华大学抗战前航空研究》，《中国科技史杂志》2006 年第 27 卷第 3 期。

一二年，其间进步，虽未云甚速，然在按部就班做去，并未停顿，此时间方面之占优也。该校机械工程系王教授士倬及在延聘中之冯君桂连，俱属航空工程专门人才，此后着手进行，当较他校之尚待物色专任人选者为易。至于物质设备，据该校机械设备概况所载，房屋设备俱属新置，质量方面，尚可与他校抗衡。[①]

1936 年 3 月，钱昌祚受资源委员会委托审查评估清华大学机械工程学系航空组一年发展概况，称赞清华大学"在国内各大学中，成就最多"，"殊堪嘉许"，他认为：

> 该校对于延聘讲座及教授人才方面，在国内各大学中，成就最多，不但竭力罗致外籍专家，以提高教育标准，且能将已有之教授人才，分借政府机关，供给航空教育之需要。较诸其他国立大学，领有政府补助办理航空工程教育，未能罗致外籍教授，并须向航空机关吸引原有人员者，其努力合作情形，殊堪嘉许。[②]

钱昌祚这段表扬并非溢美过誉之词，而是实事求是。1936 年 4

---

① 《钱昌祚致国防设计委员会秘书厅意见书（1934 年 12 月 31 日）》，龙锋、张江义、姚勇、王志刚选辑：《20 世纪 30 年代初国防设计委员会资助大学发展航空教育函电选》，《民国档案》2016 年第 3 期。

② 《钱昌祚致资源委员会秘书厅函（1936 年 3 月 10 日）》，龙锋、张江义、姚勇、王志刚选辑：《20 世纪 30 年代初国防设计委员会资助大学发展航空教育函电选》，《民国档案》2016 年第 3 期。

月 24 日，航空组研制的 5 英尺航空风洞成功建成。风洞风速每小时
可达 120 英里，雷诺数达 5,500,000。当时世界著名风洞，雷诺数最
高为英国伦敦高气压风洞，达 83,000,000；次为美国兰雷飞行场风
洞，达 63,000,000。与清华风洞雷诺数相埒者有日本川西机械制作
所风洞，为 6,650,000。[①] 当时英、美、日三国均从世界范围内搜罗
人才。例如冯·卡门即从德国投向美国。日本风洞研究是在冯·卡
门的得力助手埃立希·凯塞直接领导下从 1927 年即已开始，[②] 费时
四五年，耗资数百万日元，建造了东京大学 10 英尺航空风洞，奠定
日本航空研究基础。[③] 清华以一校之力自主设计，一次即告成功，并
能得到如此高的雷诺数，在中国航空史上有非常重要的意义。[④]

　　5 月，中国工程师学会及各专门工程学会在杭州举行联合年会，
王士倬、冯桂连、华敦德、张捷迁联合撰写的 5 英尺试验风洞论文，
被评为 1936 年中国工程师学会论文第一奖，并作为《工程》杂志
"第六届年会论文专号"第一篇文章发表。[⑤] 1938 年 10 月，华敦德
在国际著名的英国《飞机工程》(Aircraft Engineering) 杂志发表《中
国清华大学之五尺口径风洞》介绍清华 5 英尺航空风洞，引起国际

---

① 王士倬、冯桂连、华敦德、张捷迁:《国立清华大学机械工程系之航空风
洞》,《国立清华大学机械及航空工程研究丛刊》机研第八号，1936 年 5 月，第 7 页，
清华大学档案馆，1-2:1-204。

② 〔美〕冯·卡门、李·爱特生:《冯·卡门——航空与航天时代的科学奇才》,
曹开成译，第 154—155 页。

③ 庄前鼎:《国立清华大学航空研究所工作报告 (1937 年至 1945 年) (节录)》,
清华大学校史研究室编:《清华大学校史资料选编》三 (上)，第 150 页。

④ 王士倬、冯桂连、华敦德、张捷迁:《清华大学机械工程系之航空风洞》,
《工程》第 12 卷第 1 号，1937 年 2 月 1 日，第 7 页。

⑤ 同上。

航空学界注意。[①]

紧接着，清华大学在南昌建立航空工程研究所，开始建造远东最大的 15 英尺航空风洞。当时中国航空人才缺乏、研究水平不高、技术水平也低，虽然有来自冯·卡门、华敦德等国际友人支持，但仍面临许多困难。

1936 年，南昌航空机械学校校长钱昌祚访美时，征求冯·卡门教授对清华建设 15 英尺风洞的意见。冯·卡门结合自己所在的麻省理工学院的航空风洞运行情况，以及中国航空发展对航空风洞需求，提出自己的建议：

> 敝校之十尺风洞，供各制造厂研究新机，已甚适用。现在每周工作七十小时，敝校有重造同样者一座之计划。如仅就飞机模型试验，十尺者已颇适用，试观现在所试之双发动机飞机模型，已甚笨重，装置时须二三人协力扛抬。如为十五尺风洞，则模型将重至二百磅，每次装卸，势必用吊车，然而十五尺之风洞，供全个螺旋桨及发动机试验，犹嫌太小，如美国国立航空咨询委员会之风洞系二十尺，英国空军部航空试验所之风洞系二十四尺，鄙意中国如欲造一风洞可以试验螺旋桨者，至少应有口径十八尺，最好能作两种装置，寻常用十尺，必要时改十八尺，效用可广。至于天称方面，敝校设计者，有一部份不

---

① 华敦德论文以英文发表，名为 "The First Chinese Wind-Tunne: A Description of the Five-Foot Tunnel Installed at Peiping University"，文章名直译为《中国第一台风洞：北平清华大学 5 英尺风洞介绍》，庄前鼎在其工作报告中译为《中国清华大学之五尺口径风洞》。

能自动调测，新造者自可改良也。[①]

冯·卡门建议清华建造的航空风洞能分 10 英尺、18 英尺两个装置，互相兼容以便适应更多应用场景，长远看无异能提高效率、降低成本。但当时中国和清华的技术和成本极为有限，很难一步到位，只能采取循序渐进的办法。最终，学校还是选择 15 英尺航空风洞，一定程度上可视为折中方案。

1937 年初，15 英尺航空风洞建造设计完毕，3 月开工建造，计划于 1938 年初建造完毕。

与此同时，梅贻琦向航空委员会提出：清华大学计划扩充航空研究范围，除在南昌成立航空工程研究所、校内设置航空讲座外，"拟再举办一切有关航空各方面之研究，以期向精备实用方面而致力"[②]。

在计划进一步推动航空学科发展、15 英尺航空风洞设计完成并开始建造之际，清华大学迫切需要冯·卡门亲临，指导清华大学航空学科的下一步发展。

其次，正如清华大学发展航空学科有国民政府大力支持而非单纯学校行为，此次邀请冯·卡门访华，亦是在中日关系日益紧张的背景下，国民政府邀请冯·卡门对中国航空工业给予指导，并且这是更为重要的因素。冯·卡门在华活动主要在南京、江西而非清华，主要与国民政府、空军高层接触而非清华大学航空组师生，非常清

---

① 钱昌祚：《房卡门博士谈话录》，《航空机械》第 2 卷第 3 期，1937 年 8 月 1 日，第 3—4 页。

② 清华大学档案，1-2:1-204-052。

楚地说明了这一点。只是出于保密，由清华大学出面邀请。

1937年7月5日，冯·卡门由苏联经东北到北戴河，华敦德到站迎接。当晚，他们乘车赴北平。6日早6点半，冯·卡门在华敦德陪同下到达北平。来华之前，冯·卡门只知其一，不知其二，一直以为"主要目的是到清华大学讲学，同时看看清华航空工程系的进展情况"[①]。到中国后，在从北戴河赴北平火车上，华敦德告诉他实情，此次邀请实际另有意图。冯·卡门回忆当时谈话：

> 旅途上，佛朗克先简要介绍了一下中国情况，然后才谈到我这次访华的实情：访问清华，察看航空工程系不过是个幌子，背后文章是帮助中国政府建立一支现代化空军，因为蒋介石指望这支空军去抵挡日本的侵略。我兴致勃勃地听弗朗克侃侃而谈。为了对付日本侵略，蒋介石政府在30年代中期就着手筹建空军。他不在铺设铁路、增强国防上下功夫追赶工业化国家，想直接跨入航空时代，能在空中领先一步。面对日本侵略东北，蒋公开采取姑息政策，让日军长驱直入，占领了东北三省。据说，送掉东三省是哄哄日本人，让他们感到平安无事。蒋暗中在禁止外国人入内的南昌建立一支独立的空军，以图等待时机，靠空军反攻过去。
>
> 这支空军的主要基础是从美国和意大利进口的飞机。当时中国技术条件很差，不适应使用这些现代化飞机，中国技术人员也嫌外国飞机的操纵和维修太复杂，宁可采用结构简单、适

---

① 〔美〕冯·卡门、李·爱特生：《冯·卡门——航空与航天时代的科学奇才》，曹开成译，第230页。

合国情的飞机。在我来前不久，他们在南昌已经开办了一个飞机制造厂。这时他们正盼望添置一台风洞，用来检验他们的飞机设计指导思想。[①]

按照中国空军发展规划，风洞的设计和运转工作由清华大学承担，请华敦德担任技术指导。征得国民政府同意后，清华开始在南昌设计建造远东最大的 15 英尺航空风洞。华敦德提议添置空气动力学辅助研究设备，但此事要空军批准。恰在此时，冯·卡门来到中国。可见，邀请冯·卡门来清华访问绝非临时起意，而是清华大学、国民政府发展航空计划的一步。

1937 年初，清华大学即开始酝酿邀请冯·卡门访问清华，视察清华建造的航空风洞，对清华大学航空教育与研究给予指导。3 月11 日，梅贻琦致函冯·卡门，邀请他来清华，并提供 1000 美元旅行费用。[②] 由于此前冯·卡门"对于华敦德教授在中国所受之礼遇，及清华大学诸青年热心航空研究情形，引为快慰"[③]，故他欣然接受梅贻琦邀请，并对中国之行充满期待，表示"借这个好机会，我一方面去探望我的老助手，另一方面亲眼看看航空这门新兴科学在那个文明古国的发展状况。我上次访华至今已有 8 年了，那时我就提议通过兴办航空教育把孔夫子的故乡推进到航空时代。这一次临行前，

---

① 〔美〕冯·卡门、李·爱特生：《冯·卡门——航空与航天时代的科学奇才》，曹开成译，第 232 页。

② 冯·卡门此次来华，实际支出除 1000 美元外，另有 2000 元国内交通、住宿、陪员等支出。清华大学档案，1-2:1-111:2-040。

③ 钱昌祚：《房卡门博士谈话录》，《航空机械》第 2 卷第 3 期，1937 年 8 月 1日，第 4 页。

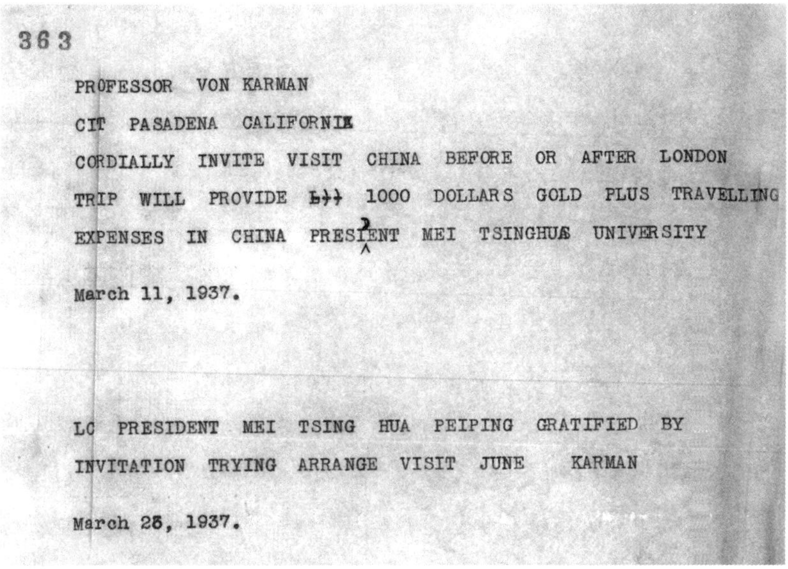

363

PROFESSOR VON KARMAN
CIT PASADENA CALIFORNIA
CORDIALLY INVITE VISIT CHINA BEFORE OR AFTER LONDON
TRIP WILL PROVIDE 1000 DOLLARS GOLD PLUS TRAVELLING
EXPENSES IN CHINA PRESIDENT MEI TSINGHUA UNIVERSITY

March 11, 1937.

LC PRESIDENT MEI TSING HUA PEIPING GRATIFIED BY
INVITATION TRYING ARRANGE VISIT JUNE KARMAN

March 25, 1937.

图 13–1　1937 年 3 月 11 日，梅贻琦致函冯 · 卡门，代表清华大学邀请他来清华讲学

我听说中国人已经取得了一些进展。我看他们聘请弗朗克这样的专家去办航空系，至少在一定程度上说明了这个问题。但我仍渴望亲自去看看具体发展情况”[①]。3 月 23 日，冯 · 卡门回复梅贻琦，将于 7 月间访问清华大学。[②]

三、冯 · 卡门对清华和中国航空发展提出建议

冯 · 卡门到达北平时，梅贻琦已赴庐山参加蒋介石召集的会议，故在北平、南京期间，冯 · 卡门未晤及梅贻琦。

① 〔美〕冯 · 卡门、李 · 爱特生：《冯 · 卡门——航空与航天时代的科学奇才》，曹开成译，第 223 页。

② 清华大学档案，1-2:1-111:2-040。

1937 年 7 月 7 日，冯·卡门在北平饭店与华敦德、清华大学领导以及军方高级将领开会，会后马上参观清华大学，并在清华大学工字厅午餐。冯·卡门充分肯定清华大学坚持独立自主培养研究人才、走自主研发道路的方针，他观察到：

> 清华与日本的航空研究部门相仿，迫切需要培养学生运用试验设备解决航空重大问题的意识。走这条路发展中国航空要比凭许可证造外国飞机更切实际。我特别强调指出，那后一条路不过是生搬硬套外国人的设计而已。我说，这一代学生只要坚持不懈钻研航空理论，不断提高独立试验能力，那么，依靠自己的力量肯定能把中国的航空搞上去，而且能有所突破。[①]

7 日，清华大学工学院院长顾毓琇等陪同冯·卡门乘下午 5 点 50 分火车赴南京，8 日到南京。[②] 在南京，冯·卡门会见了航空委员会主任周至柔。同日，冯·卡门、华敦德、清华大学机械工程学系教授冯桂连等人草拟了清华大学航空工程研究所计划。

10 日，冯·卡门到达南昌，在华敦德、顾毓琇以及航空机械学校校长钱昌祚、教育长王士倬等陪同下，冯·卡门参观了空军基

---

① 〔美〕冯·卡门、李·爱特生：《冯·卡门——航空与航天时代的科学奇才》，曹开成译，第 234 页。

② 冯·卡门回忆自己是在 1937 年 7 月 7 日离开北平赴南京。顾毓琇回忆 7 月 6 日下午 6 时陪同冯·卡门教授离开北平赴南京，翌日，卢沟桥事变发生。参见《著名科学家冯·卡门谈：协助清华创始航空工程研究经过》，《清华校友通讯》1996 年第 4 期；〔美〕顾毓琇《水木清华》，清华大学出版社 1994 年版，第 272 页。据清华大学拟定行程表，冯·卡门的回忆是对的。清华学档案，X1-3:3-98-052。

地、中意合作建立的飞机制造厂,以及清华大学 15 英尺航空风洞工地。[①]

对清华大学建设的 15 英尺风洞,华敦德、张捷迁研究了薄壳理论在钢筋混凝土建筑中的应用问题,[②]从理论上给予支持。应用薄壳理论,15 英尺风洞壁厚仅 3.5 英寸,最大风洞壳直径 34 英尺。[③]建造方法国内首创,打破了当时一般建筑师认为中国技术不够好,非请外国人用机械制造不可的心理。这让冯·卡门大为惊叹并交口称赞,[④]给清华大学航空工程研究所研究人员很大鼓励。

访华结束后,冯·卡门在写给梅贻琦的信中,再次高度评价风洞超前的设计与优良性能。[⑤]

从推荐慕华、华敦德来清华任教,到坦率地对 15 英尺航空风洞提意见,再到访华实地考察并指导风洞建设和航空学科发展,冯·卡门事实上已经成为这项工程的成员之一。1946 年 5 月,清华大学航空工程研究所所长庄前鼎在向教育部长朱家骅汇报工作的信中明确地提出并肯定了冯·卡门所起的作用:

---

① 《15 英尺航空风洞的研制》,金富军:《老照片背后的清华故事》,清华大学出版社 2020 年版,第 119—124 页。

② 〔美〕华敦德、张捷迁:《钢筋混凝土薄层管中应力之分析》,《工程季刊》第 1 卷第 1 期,1937 年 3 月,第 37—50 页。〔美〕华敦德、张捷迁:《薄层管支环中弯矩之分析》,《工程季刊》第 1 卷第 2 期,1937 年 3 月,第 207—216 页。

③ 〔美〕张捷迁、盛捷:《怀念美籍讲座教授华敦德博士对清华的贡献》,《清华校友通讯》1996 年第 4 期。

④ 〔美〕冯·卡门、李·爱特生:《冯·卡门——航空与航天时代的科学奇才》,曹开成译,第 236 页。

⑤ 清华大学档案,X1-3:3-98-052。

　　窃职所成立于抗战前一年，为国内学术机关与国防航空方面发生联系之惟一机构。当时蒙委员长核准，由航空委员会拨协款八十万元，于南昌建造远东最大之十五尺口径航空风洞，并由军事委员会资源委员会补助航空讲座经费聘请世界闻名之美国航空专家房卡门博士及华敦德博士会同职所全体教授、教员等及清华机械系航空组第一届全体毕业生设计建造。于民国廿五年十二月开始兴建，七七抗战后在敌机轰炸下仍加紧工作，卒于二十七年一月将土木部分、钢筋混凝土建筑全部完成，不幸于二十七年三月遭敌机轰炸，命中一弹。益以当时南昌空袭频仍，安装马达等工作无法进行，不得不抛弃垂成之工作，随同航空机械学校由赣迁川。[①]

在清华大学及在南昌清华大学航空工程研究所考察交流活动结束后，冯·卡门开始了与国民政府、军方频繁的交流与指导，开始他此次来华的另一项重要工作——指导中国航空工业发展。

参观完清华大学航空工程研究所后，在南昌航空机械学校，冯·卡门作了题为"改善飞机性能之途径"的公开讲演。

冯·卡门的演讲从气体动力学、材料、结构方法和发动机四个方面对飞机性能进行了分析。在气体动力学方面，冯·卡门着重指出了风洞的重要性，并高度赞扬清华大学 15 英尺航空风洞。

　　利用风洞之设备，以研究改良飞机之性能，已为世界各国专家所公认之最有效方法。余知南昌方面，正在建筑一伟大而

---

　　① 清华大学档案，X1-3:3-98-052。

效率极高之风洞，其将对于贵国航空事业之前途，作许多重要
贡献，余敢断言者也。[1]

冯·卡门将航空工业划分为三个时期："大凡一个国家之航空工
业，其进展可分三个时期。第一期为购机时期，飞机与发动机及一
切零件，均取给于友邦，昔捷克、波兰等国皆如是。第二期为仿造
时期，即购取外邦之国图样即制造权，自行设厂训练工人制造，欧
美、日本诸国均有之。第三期则为自行设计制造。在此三个时期中，
气动力学之研究，风洞之测验，皆可作实际有效之贡献。"[2] 1939
年9月，华敦德重申了冯·卡门的这一观点，并明确指出：1936、
1937年的中国航空工业水平，主要处于第一阶段，即购机阶段，但
是已经雄心勃勃地开始第二阶段，并为第三阶段做准备。清华大学
建造的15英尺风洞则使得中国有能力解决第一、二阶段问题，同时
迈向第三阶段。[3]

冯·卡门在演讲最后还不忘激励大家说：

> 最后余盼望贵国诸位专门学者，继续努力，作航空技术之
> 研究。航空事业，发展未久，前途大可以有为；切勿以为君等

---

[1] 〔美〕冯·卡门讲演，王世倬笔记翻译：《改善飞机性能之途径》，《航空机
械》第2卷第3期，1937年8月1日，第10—15页。

[2] 钱昌祚：《房卡门博士谈话录》，《航空机械》，第2卷第3期，1937年8月1
日，第3—9页。钱昌祚：《与房卡门博士谈话录（续完）》，《航空机械》，第3卷第1
期，1939年1月10日，第3—6页。

[3] F. L. Wattendorf, "China's Large Wind Tunnel: Details of the Design and
Construction of the 15ft. tunnel at Tsing Hua", in *Aircraft Engineering*, Sep. 1939, p. 345.

现已落后，急起直追，时犹未晚也。诸位大都年事尚轻，余亦素知贵国青年之聪明善学，予以设备，予以教育，贵国航空学术之前途，定无限量！[①]

7月11—12日，华敦德与冯桂连、钱昌祚等陪同冯·卡门会晤国民政府空军高层领导毛邦初、朱霖等。冯·卡门详细回答了与会各位有关航空教育、发展趋势、军火贸易等提问。

中国政府、军方高层对冯·卡门非常尊重。冯·卡门回忆："官员们称呼我是中国名誉顾问，希望我对中国航空研究发展长远规划发表意见。耐人寻味的是，他们非常关心我帮助日本搞航空的路子，认为我完全明白，一个技术上落后的国家要急起直追首先应该抓什么。由于当时日本的航空领先于中国，因此他们想走类似日本的道路赶上去。看来，就办好空军的最有效途径向蒋介石和当时主管空军的宋美龄进行游说的任务，该落到我的身上了。我也乐意去完成这个使命。"[②]冯·卡门的这个感觉再次说明国民政府邀请的真正意图，在中日关系紧张之际，希望借重这位对华友好、又曾对日本航空业发展起过重要影响的国际著名航空专家帮助中国航空业发展。

经航空研究所副所长庄前鼎与周至柔沟通，[③]7月14日，梅贻琦与顾毓琇、华敦德等陪同冯·卡门前往庐山牯岭拜见蒋介石。冯·卡

---

① 钱昌祚：《房卡门博士谈话录》，《航空机械》第2卷第3期，1937年8月1日，第3—9页。钱昌祚：《与房卡门博士谈话录（续完）》，《航空机械》第3卷第1期，1939年1月10日，第3—6页。

② 〔美〕冯·卡门，李·爱特生《冯·卡门——航空与航天时代的科学奇才》，曹开成译，第233—234页。

③ 清华大学档案，1-2:1-205-021。

门向蒋介石、宋美龄等介绍了风洞原理，并介绍了风和飞机之间的相对运动以及在实验室运用风洞模拟飞机在空中飞行的情况，得到了宋美龄的支持。冯·卡门特意提出，中国航空事业，试验与研究应该齐头并进，一批缺乏经验的人需要做大量的试验工作。[①]

冯·卡门对牯岭之行与蒋介石、宋美龄会谈很满意。7月25日，他在写给梅贻琦的信中表示：我有机会见到了贵国许多富有学识和影响力的人，尤其是贵国的领导人。我相信，蒋介石伉俪对航空发展深感兴趣，这对贵研究所的成功是有利的。[②]

与蒋介石会见后，冯·卡门再与国民政府军方高层座谈。[③]冯·卡门就大家关心的驱逐机发动机形式采用、中翼机与低翼机设计比较、高压空气风洞与全型大风洞效用对比、木质飞机与金属飞机性能比较、美国民用军用航空标准、美国发动机及燃料研究等各种问题做了解答。

冯·卡门在信中特别提到与国民政府、军方高层人士会谈，再次重申他针对中国当前情况提出的建议：将基础研究与实际航空工作急需的实验和研究工作分开。建议将基本研究项目列出来，由一个独立的、与清华大学这样的教育机关有联系的科学研究机构来负责。[④]信中还感谢清华热情邀请和盛情接待，尤其感谢顾毓琇的计划和安排，让他觉得非常愉快。冯·卡门表示，愿意继续和清华保持

---

① 〔美〕冯·卡门、李·爱特生：《冯·卡门——航空与航天时代的科学奇才》，曹开成译，第239页。

② 清华大学档案，X1-3:3-98-052。

③ 钱昌祚：《与房卡门博士谈话录（续完）》，《航空机械》，第3卷第1期，1939年1月10日，第3—6页。

④ 清华大学档案，X1-3:3-98-052。

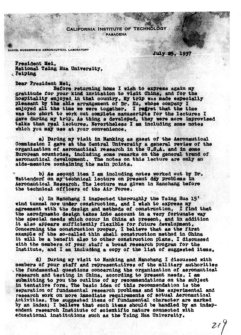
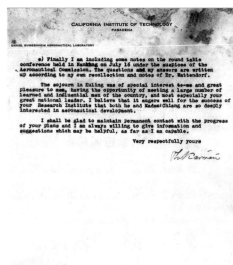

图 13-2　1937 年 7 月 25 日，冯·卡门致信梅贻琦，再次重申他对中国航空业发展的建议

联系并提供力所能及的帮助。[①]

　　7 月 23 日，冯·卡门在华敦德陪同下赴日本东京大学讲学。讲学完毕，冯·卡门乘船返回美国，华敦德则坚持回到清华大学。

　　1937 年 7 月，冯·卡门访华。除到清华大学讲学，并指导航空风洞建设外，实际上也是考察和指导中国航空工业，并提出发展建议。冯·卡门接触了蒋介石、周至柔、毛邦初等中国政府、军队高级领导，以及清华大学航空专业师生，同时参观了南昌的空军基地、飞机制造厂和清华大学航空工程研究所等重要设施，对当时中国航

　　① 清华大学档案，X1-3:3-98-052。

空事业发展情况有了初步了解。他从美、英、法、德等强国航空发展历史出发，对中国航空事业发展提出了意见和建议。遗憾的是，由于抗日战争全面爆发，国民政府的空军发展计划被打乱。但他关于基础研究与应用研究并重、培养中国学生实验技能，以及注意发挥学术团体作用等正确意见，至今仍有指导意义。

四、继续和冯·卡门保持联系并取得支持

梅贻琦与回到美国以后的冯·卡门一直保持联系。冯·卡门则继续关注中国航空事业发展并将对华友好感情投入对中国留学生的精心培育中。抗战期间，他培养了钱伟长、钱学森、林家翘、范绪箕、郭永怀、张捷迁等来自清华大学的优秀人才。

钱学森是 1934 年第二届留美公费生，1935 年赴美入麻省理工学院航空工程系，仅用一年时间就取得了硕士学位。钱学森认为仅仅取得航空工程硕士学位还不够，必须继续攻读空气动力学等航空理论，于是又到加州理工学院跟冯·卡门继续学习。按照清华大学规定，对留美公费生资助三年，1938 年期满。钱学森为了继续深造、进一步提高独立工作能力，向清华大学提出延期申请。1937 年 6 月 7 日，钱学森向学校写信，汇报自己的学习情况，申请资助延期。[①] 6 月 8 日，冯·卡门也致函梅贻琦，高度评价钱学森的工作，恳请清华大学延长对钱学森的留学资助。[②]

梅贻琦重视冯·卡门来信，请教务长潘光旦审核。潘光旦又批给机械工程学系航空组教授冯桂连处理。冯桂连认为："以该生之聪

---

① 魏宏森主编：《钱学森与清华大学之情缘》，清华大学出版社 2011 年版，第 17 页。

② 清华大学档案，1-2:1-89:8-014。

明能力，学校能将公费延长一年，不但对于该生个人有莫大之增加，就将来对于国家必有贡献。"①经评议会议决，钱学森得到延期资助，继续学习，最终取得了骄人的成就。

冯·卡门一直关注清华大学的发展。抗战期间，在美访学的周培源拜访冯·卡门，谈及邀请钱学森回国在清华任教。周培源在致梅贻琦信中写道："在东方时，曾与冯·卡门先生谈及钱君返清华事，渠甚为赞同，并表示希望学校方面能给渠一机会施展其抱负。"②其对清华大学发展关怀之心，跃然纸上。

冯·卡门对中国充满感情，曾数次向周培源表示愿来中国，因未得清华大学授权，周培源"皆以他话搪塞，以免发生不幸误会"③。冯·卡门也曾向国民政府航空委员会工作的清华校友王士倬表示"对中国有特殊情感，甚愿来华办理航空教育"。他的这一积极态度经顾毓琇向蒋介石报告并得到积极回应。王士倬向梅贻琦建议，清华敦请冯·卡门担任航空工程研究所所长，如此"不仅母校之光，实民族前途之幸也！"并请钱学森、周培源等在美召集冯·卡门介绍的学者来清华工作。④遗憾的是，由于形势变化，这一建议没有实现。

梅贻琦为清华大学航空学科发展倾注了巨大的精力。作为校长，他总揽全局、沟通各方，积极与政府、军队相关部门沟通，争取宝贵办学支持；他瞄准国际前沿，高标准筹办航空学科，延聘冯·卡

---

① 魏宏森主编：《钱学森与清华大学之情缘》，第50—51页。

② 清华大学档案，X1-3:3-36:2-073。

③ 清华大学档案，1-4:2-122-022。

④ 清华大学档案，1-4:2-105:4-027。

门、华敦德等世界一流专家来校任教或访问，促进学校航空学科发展并对中国航空业发展献计献策；积极支持钱学森等留美公费生学习和生活，为国家培养杰出人才。梅贻琦为清华大学航空学科发展付出的心血，在校史上写下了浓重的一笔。

争取将圆明园划拨给清华大学

1909 年，清政府将清华园划拨作为校址。1913 年，唐国安校长呈请将近春园划拨清华学校，扩大校园面积。

随着学校发展，尤其改办大学步伐加快，校园日益逼仄，不敷使用。与清华毗邻的圆明园则因管理不善，长期荒芜，园内文物损毁严重。于是，清华逐渐产生征用圆明园想法，一则扩大学校办学空间，着眼于学校长期发展；二则更好地保护古迹。但圆明园本身具有高度的文化价值和政治象征意义，预示着将其划拨清华不可能一帆风顺。在周诒春、曹云祥、罗家伦、吴南轩等校长，尤其是梅贻琦校长的接续努力下，圆明园终于在 1934 年划归清华大学。

一、1932 年前征用圆明园的努力

清华征用圆明园的努力始于 1916 年。

按照辛亥革命时期袁世凯与清政府达成、并经 1912 年 2 月 6 日南京临时参议院正式通过的《优待条件》，颐和园与圆明园仍归内务府管理。要征用圆明园，必须与内务府直接接触。

1916 年初，清华通过外交部，请内务府将圆明园内部分雕花石块拨给清华。1916 年 1 月 14 日，外交部总务厅回复清华（17 日到达清华），称"内务府函称，该园石块石柱等项，均系应行保存之

件，已饬该馆官员妥为看守，未便拆卸"[1]。

1922 年 3 月 29 日，清华径函内务府，请将圆明园水木清华旧址太湖石一座（刻有青云片等字）、海月（岳）开金（襟）南岸梅花石碑一座赐予清华。[2] 4 月 2 日，内务府复函拒绝，称"该园此项山石，系属官物，未便擅动。所请拨给之处，碍难照办"[3]。

以上两次对具体物件征用的努力，均告失败。

1920 年代后，随着清华改办大学步伐加快，学校面积逐渐不敷使用。1922 年，学校面积仅为 820.632 亩，其中清华园 428.116 亩，近春园 392.516 亩。[4] 为此，学校将目光又一次转向一路之隔的圆明园。而此时圆明园，由于长期管理不善，古迹损毁和流失严重。

丙寅级学生自发组织了"设法保留圆明园古迹委员会"，开展古迹保护活动，协助学校开展征用工作。学生会也数次通过决议，呼吁学校拥有圆明园所有权。国学研究院学生方壮猷撰文指出：

> 现在清华已有十里周围的面积，与校舍毗连的有三十里周围面积的圆明园荒址。如得有力的人主持其间，即其圈圆明园为校舍当然是可能的事。如能会清华园圆明园为一大学区，则清华之校舍面积当不下五十里，以与牛津康桥之学区比较也就无甚愧色。[5]

---

[1] 清华大学档案，1-1-11-007。

[2] 清华大学档案，1-1-11-034。

[3] 清华大学档案，1-1-11-035。

[4] 清华大学档案，1-1-11-037。

[5] 壮猷：《清华与中国教育前途》，《清华周刊》第 368 期，1925 年 10 月 17 日，第 21—22 页。

增加校园面积不只是空间的扩大，"与牛津康桥之学区比较也就无甚愧色"显然也隐含着将清华建设成为与牛津、剑桥比肩的世界名校的抱负和愿景。

清华深知征用圆明园的复杂与困难，免费拨予不可能，购买又力不能逮。为此，曹云祥校长提出以增加旗籍学生名额来换取圆明园，并保证学校将永久保护园内古迹。为推动此事，曹云祥致信内务府、野云贝勒载涛，并请梁启超、胡适、王国维以及曾任溥仪老师的英国人庄士敦等人等代为说项。[①] 但圆明园问题牵涉面实在太广，直到曹云祥离职，征用圆明园一事仍无着落。

1928 年，国民党北伐胜利，全国政治出现新的气象。圆明园也改归北平市政府管辖。这年 9 月，罗家伦任清华大学校长后，积极谋划将圆明园归并清华。1956 年罗家伦在其回忆中提道："我到校以前，大约有十年的时间不曾添过一个像样的建筑，也可以说是停顿了将近十年。现在既然改了大学，就不能不有新的建置，于是我把整个的校址从新设计，另画蓝图。这个计划不限于清华园内，而且打算把英法联军烧毁的圆明园亦准备圈到大学范围以内来。"[②]

北平市向清华提出了征用圆明园的条件：（一）圆明园全部由北平市政府租与清华办理清华附属华北植物园。（二）每年清华出租金四千元，原佃户租金由清华代收或由清华资遣佃户，自行耕种，悉听其便。（三）合同期限三十年，期满或由市政府收回，或另加租，临时再议。但收回时付赔偿费不得过三万元。加租不得过一倍。

---

① 清华大学档案，1-1-11-044，1-1-11-045，1-1-11-048。

② 罗家伦：《我和清华大学》，罗久芳：《罗家伦与张维桢——我的父亲母亲》，百花文艺出版社 2006 年版，第 134 页。

（四）租园人须开放，作为公共游览或学术参考处。

与北洋政府时期主管圆明园的内务府不同，北平市政府不一味拒绝，而是将所有权与经营权分离，提出条件，探讨双方合作的可能，无疑是一个很大的进步。

1931 年初，有人在《清华周刊》发表文章，以北平市政府的四项条件为基础，结合学校实际情况，提出清华宜采取"租""办""永久之计"三步计划：

第一步，清华答应北平市政府四项条件，"租"用圆明园。

第二步，清华在园内开办各项事业：（一）由原有农事股、技术股、生物学系三机关组织设计管理委员会管理之。（二）原有佃户，按设计方便，资遣一部，余者加以部署，使成植物园之耕植者，暂酌收租金。（三）另雇工司种植、修筑灌溉等事，约需二十人。（四）分划全园为若干区，购苗种植。（五）周园之原有园墙加以修茸，无墙处种以洋槐，数年后即成天然围墙。（六）池沼水源，加以修浚，山坡渐加平治，筑马路数条，纵横通贯。如此每年所费约七千元，以后减少，因购种减少，而出产方面，有相当收获，可以抵补。

第三步，即永久之计，一面合办，一面由学校进行交涉。如清华办理成绩很好，一定可得舆论支持。最好能请政府当局划拨。如果不行，也可以与北平市政府协商，清华出钱购买。所需经费，由学校与毕业同学共同负担，当不难解决。[①]

这个计划，既照顾北平市政府、圆明园内佃户利益，又着眼长远，为清华最终征用圆明园奠定基础，不失为一个可行的方案。

1931 年 3 月，校务会议向教育部呈文，请转呈国民政府核准、

---

① 曲：《两种建议》，《清华周刊》第 503 期，1931 年 1 月 22 日，第 13—16 页。

令北平市政府将圆明园划拨清华，以解决校址"不敷应用"的困难；
并承诺保护园内遗迹，"使此一代名园，不致湮灭；与国民政府保存
北平文化之旨，亦正相副。"[①]

1931 年 4 月 27 日，吴南轩校长在总理纪念周校务报告中表示：
"扩充校址，这是指收有圆明园，本人决努力进行。"[②]吴南轩呈请教
育部转呈国民政府，请将圆明园划拨清华大学。但此议被教育部批
缓办。[③]

这个时期，北方政局以及清华校务均极动荡，征用努力未能奏
效。国内，一方面日本侵略中国野心日益膨胀，在东北、华北不断
制造事端，直接策划"九一八"事变。另一方面，1929 年中原大战
爆发，整个华北局势深陷混乱之中。校内，出现驱逐罗家伦、吴南
轩两位校长风潮，直至 1931 年梅贻琦出任校长，校务才告稳定。

1932 年 2 月，任校长不久的梅贻琦在报告中说：

> 再有一事，则为圆明园保管的问题。近来外间传说，圆明
> 园系归清华保管。其实不然，不过去年春间本校因为校址已觉
> 狭小，曾经呈请教育部转呈国民政府将圆明园拨归本校保管，
> 以备扩充校址。但奉部批缓办。该地废弃多年，一片荒场，有
> 很少数的苦民，出点租钱在那里种植，并时常有人将残缺之雕

---

① 《上教育部呈文（三月廿七日发）》，《国立清华大学校刊》第 279 号，1931
年 4 月 1 日，第 2 版。

② 国琪笔记：《本星期总理纪念周校务报告》，《国立清华大学校刊》第 289 号，
1931 年 5 月 1 日，第 2 版。

③ 《二月八日总理纪念周纪事》，《国立清华大学校刊》第 367 号，1932 年 2 月
10 日，第 2 版。

刻石柱等，锤成碎末，掺入食米混售。城内人因受报纸登载错误消息的影响，说本校不尽保管的责任，甚有责言。但本校固愿为保管，而实际上无从尽力。近来因受古物保管委员会的委托，每日派人到那里查看，竟发现有人凿运石块。据云系由某机关卖给他们的。出若干钱可买白石一方。该地幅面甚广，可见保管不易。如欲尽保管责任，须要划定保管界限。现此项保管办法，闻北平负责方面，正在计议，尚未决定。总之地方当局如肯以该园的一部拨归本校保管，本校因为近邻的关系，自应设法维护。以尽吾们提倡学术文化的责任。[①]

这个讲话透露了学校坚持不懈的努力，以及圆明园管理不善的现状，更重要的是表明如果条件成熟、时机合适，学校将责无旁贷负起保护责任。迨至1933年国民政府要求清华增设农学院，给清华大学一个绝佳机会。梅贻琦立即抓住机会，再次争取划拨圆明园。

二、因势利导提出征用圆明园

近代以来，中国日益卷入世界资本主义经济体系，原有的农业受到强烈冲击，逐渐凋敝。国内不少人通过各种途径，谋求改良农业，振兴农村。至1930年代初，农业凋敝、农村衰败问题日益严重，国民政府逐渐意识到"农产不足，国本动摇"。对三农问题"若不设法救济，国家前途危险，将不堪设想"。1933年5月，南京国民政府组织"农村复兴委员会"，调查农村状况、研究农村问题、进

---

① 《二月八日总理纪念周纪事》，《国立清华大学校刊》第367号，1932年2月10日，第1版。

行农村救济、倡导乡村建设。

教育部积极推动高等院校参与复兴农村运动。1933年6月16日，教育部发布第5825号令，命令清华添设农学院：

> 农业问题之探讨及其专业人才之培植，亟关重要。该校应力筹添设农学院。关于设备、农场及设系诸端，应即由该校妥速筹划，拟定切实办法及实施步骤，呈部审核。[①]

清华认真研究5825号令，仔细分析学校历史与当时的形势，决定添设农业研究所而非教育部要求的农学院。

1933年7月8日，清华呈教育部，表示遵行教育部注重农工、振兴实业的命令，愿为国家做贡献。但是，添设农学院应该慎重。清华建议应先对农业中迫切需要改良的各项问题详加研究，以期洞明真相，及研究稍有基础，再按照需要设系招生，对学生施以相当训练，学成后能在乡间做推广改良之实际工作。否则农科人才虽已养成，不能深入乡间，致于衰落之农村毫无裨益，则非国家提倡农业教育之本旨。

发展农业学科，必须有实验基地。清华在报告中呈请将圆明园划拨给清华，作为农业研究所实验农场。清华为此做出三点承诺：（一）"该园址内所遗残余故物，有保存之价值者，本校自当设法保存，勿使毁弃。"（二）"园内建有之三一八烈士墓及十三师义冢各一段，约共占地数亩，本校可特为画（划）出保存，或于其四周酌植林树，尤足用资纪念，藉垂久远。"（三）"其余空地有由市政府管理

---

① 清华大学档案，1-2:1-162:1-001。

颐和园事务所招人领垦者，本校可暂仍令原户领垦，或更减轻其地租。惟于种植等事，应受本校指导，作为合作实验区。"另外，清华还提出，少部分土地为政府留置，清华接管后，应有按原价收回之权利。[①]

这样，清华一面积极筹建农业研究所，一面开始了与教育部、北平市政府关于划拨圆明园的交涉。在交涉过程中，梅贻琦表现出了极大的耐心和稳重细致的工作作风。

三、积极争取接收圆明园

教育部积极支持清华大学提出的划拨圆明园的呈请。接到清华7月8日的呈文后，教育部与北平市政府及北平政务整理委员会委员长黄郛进行沟通，转达了清华希望划拨圆明园作为实验农场的意见。同时，教育部请清华遣派干练办事人员与北平市政府就近接洽。[②]

北平市政府对清华的请求反应消极，其回复教育部电称："圆明园遗址历史上具有重大意义，园内石柱、太湖石亦有相当价值。上年七月间，本府为慎重保管古迹起见，经邀集本市文化各机关组织遗迹保管委员会，由该会负责保管并经议定整理保管方案，由府分令所属各局对于各项建设分别切实办理在案。一年以来，整顿设施，煞费经营，预期再有两年即可渐臻完善。该园既系旧都伟大古迹之一，且经该委员会实行保管，自未便再有变更，敬希查照转知为幸，

---

① 清华大学档案，1-2:1-162:1-002。

② 清华大学档案，1-2:1-162:1-003。

北平市政府艳印。"①

8月2日，梅贻琦致信清华校友、教育部高等教育司司长沈鹏飞，探询北平市政府对教育部函电意见及教育部对北平市政府回电的态度。同时，请沈鹏飞查阅北平各文化团体会议议定保留古迹不作别用的决议案是否在教育部备案。②

沈鹏飞给梅贻琦的回函中，抄录了北平市政府复教育部的内容。这样，清华在教育部8月25日正式转达北平市政府回电之前，提前摸清了北平市政府的态度。沈鹏飞并透露：教育部长王世杰原来以为圆明园归内政部管辖，只需通过行政院会议决议拨给清华即可。但根据北平市政府回电，圆明园归北平市管辖，则原先设想的通过行政院会议决议划拨清华的办法行不通。王世杰建议清华派遣熟人与北平市政府当面接洽。③

8月25日，教育部高等教育司转来北平市政府关于圆明园的意见。虽然北平市不同意将圆明园划拨清华，但教育部高等教育司函中最后仍表示教育部"对于此事，仍拟设法交涉。尚希贵校将接洽经过函司备考为荷"④。

面对北平市政府的有意拖延，无奈之下，9月16日梅贻琦致函王世杰，明确指出："此事症结所在，实缘园中之水旱地亩，经由市府管理人招人领垦者已占十之八九，每年租费闻有三四千元之收入。因此市府不肯放手。"所谓圆明园保管委员会是1932年冬天圆明园中石件被经管人员凿毁引起社会批评后，北平市政府为减少压力而

---

① 清华大学档案，1-2:1-162:1-006。

② 清华大学档案，1-2:1-162:1-005。

③ 清华大学档案，1-2:1-162:1-005。

④ 清华大学档案，1-2:1-162:1-007。

成立的一个机构，不过是一时权宜之计。成立一年来未再开会。另外，圆明园石件遭破坏时，古物保管委员会曾函请清华出面设法保护圆明园遗物。但清华考虑到北平市政府没有表示，所以不便干涉。针对王世杰希望清华先行与北平市接触商洽的建议，梅贻琦提出：

> 倘由校方再与交涉，彼则一味以官话搪塞，殊难生效。惟有恳请钧座即在行政会议中提出决定。盖此种公地处置之权，当属中央，平市府不过负就地保管之责。而新组之圆明园保委会又系隶属于市政府，更非法定永久机关，自难争持。至经中央决定以后，市府于交割时，或不无留难之处，可再由校方设法疏通。因大问题既已定，则暂时啖口小利，必可就范。再中央于决议或命令中，可加入责成该校对于园中遗留古物设法保存等语，则平中文化机关亦不致藉口反对矣。总之，此事惟仗钧部支持转请中央决定拨给，则以后虽有小麻烦，校方自易解决。目前，本校对于农场经费及人选，均有相当准备，惟俟该园遗址问题解决，一切即可进行矣。①

可见，梅贻琦深知倘清华大学与北平市政府交涉，只会迎来北平市官话搪塞而久拖不决。故梅贻琦希望教育部推动中央通过决议，并以中央名义令北平市政府执行。

王士杰接受梅贻琦建议，在 1933 年 10 月 4 日行政院会议上提出"责成该校对于园中遗留古物设法保存"的建议。在罗家伦等人支持下，此建议获得通过。当日，王世杰发密电告梅贻琦，中央政

---

① 清华大学档案，1-2:1-162:1-009。

治会议议决将圆明园划拨清华大学，并且实业部北平种畜场也可廉价转交清华。[①]对此，梅贻琦既感高兴，又存忧虑。10月9日，梅贻琦回电：

> 南京教育部王部长勋鉴：
>
> 教密支电敬悉，圆明园事蒙鼎力主持，至深感佩。惟请速见明令，免生他变，将来交划时须请部派代表监视接收，庶免市府有所留难。盖且京中消息已见报端，深恐~~盗卖情事更将变本加厉~~保管人员益不负责，公物~~难免~~将更受损失也。再政府近将召集之庚款机关代表会议，其性质如何？于校款有无影响，恳便中赐示。无任感祷。
>
> 梅贻琦　叩，青[②]

在底稿上，梅贻琦有所修改，反映出他内心的不安和忧虑。

收到青电，王世杰令高等教育司回复以平梅贻琦的疑惧。10月19日，高等教育司回复清华：中政会决议已到国府，教育部已向中政会催办。[③]

一个月后，11月11日，教育部转给清华大学《国民政府行政院5245号训令》，训令中转发国民政府第535号令："准中央政治会议函开：'本会议第三七七次会议讨论关于北平古物保管机关处分事宜一案，经决议：（一）古物与建筑应以分别处理为原则；（二）处

---

① 清华大学档案，1-2:1-162:1-012。

② 清华大学档案，1-2:1-162:1-013。

③ 清华大学档案，1-2:1-162:1-015。

理方法如下：……6. 圆明园故址交清华大学，办农事试验场，原有古迹及石刻等应交该大学妥为保存，相应录案函请政府查照办理等由；准此，自应照办。除分令外，合行令仰该院分别转饬遵照办理，此令。'等因；奉此，自应遵办。"教育部奉此令，"除分函北平市政府查照将圆明园故址交该校办农事试验场，并将原有古迹石刻等一并移交，由该校妥为保存外，合行令仰遵照，并将办理情形具报。"①

11 月 14 日，清华接到行政院训令后，梅贻琦批示："函平市府商订接收手续，俟接收后再遵令具报。"②学校立即组织了"圆明园遗址接收委员会"，负责筹备接收事宜，并派人与北平市政府商谈接管手续及移交日期。

尽管行政院通过正式决议，但北平市政府仍蓄意拖延。始以尚未接到中央政府命令、继则须维持园内佃租利、再则因清册缮造未齐等为由，搪塞敷衍。

正如梅贻琦所料，行政院拨圆明园为清华大学试验农场消息传出后，引起园内佃户不安，他们联名致信梅贻琦，强烈抨击清华接收圆明园为丧心病狂的兵匪之举。北平市农会也开始介入此事。于是，一面是北平市政府有意拖延，一面社会舆论纷纷扰扰，清华异常被动。

面对困局，清华一面积极与北平市疏通，一面请教育部出面协调。12 月 5 日，梅贻琦请教育部给北平市发电催促。同日，清华大

---

① 《教育部训令（第一一六五六号）（1933 年 11 月 11 日）》，《国立清华大学校刊》第 535 号，1933 年 11 月 17 日。清华大学档案，1-2:1-162:1-016。

② 清华大学档案，1-2:1-162:1-016。

学还拟文请行政院饬令北平市政府移交。可能考虑到此文发出后，难免让北平市政府认为清华大学拿中央压自己就范，影响清华大学与北平市政府关系，故请行政院饬令北平市政府移交圆明园的文并未发出。[①]

接到电报第二天，即 12 月 6 日，沈鹏飞即回信（12 月 12 日清华大学收到）。他从清华与地方政府关系角度出发，明确表示不赞成通过中央命令的方式迫使北平市政府移交圆明园，建议清华尽量与北平市政府疏通，"较诸用强硬手段易得圆满结果，且此后办事或需市府协助之处尚多。若用强硬方法，纵能接收，而感情破裂，则将来固难望其协助，且恐遇事从中再梗，亦殊不利。"[②] 显然，这也是教育部长王士杰的态度。

12 月 13 日，梅贻琦复函沈鹏飞，解释清华大学的苦衷：北平市有意拖延，清华承受社会舆论压力，而圆明园佃户又酝酿闹事，清华很被动。圆明园佃户联名致信梅贻琦，强烈抨击清华"年来振兴农村，救济农村之声调不绝于耳，虽则于屡遭欺骗之余，未敢遽信，但私衷窃祷未尝不希邀上天之眷怜，变理想而为实现也。岂图振兴者未遑救济者有待，而新式破坏农村之方法，竟出自我芳邻之学府。从此兵匪不得视为专业矣。蚩氓何辜，遭此荼毒。……贵校所积之基金，果真有余力以经营此万数千亩之农场乎？其谁欺？若自以为奥援可恃，不惜先破坏一大好农村以留待后日之试验，自非丧心病狂，当不出此"[③]。

---

① 清华大学档案，1-2:1-162:1-023。
② 清华大学档案，1-2:1-162:1-024。
③ 清华大学档案，1-2:1-162:1-025。

　　虽然极不愿意，但北平市政府不敢公开违抗行政院决议，勉强同意将圆明园交给清华，但仍设置障碍。12月29日，北平市政府致函清华，提出三点注意事项：（一）园内租户有永佃权，清华应予维持。（二）园内佃户每年交纳2683元税收，清华应仍旧交纳。（三）园内建筑遗址经保管委员会保管在案，清华应予维护。[①]

　　对这三项要求，清华全盘接受，全部答应。对于园内佃户权益，清华表示："原在该园领种各佃户之所有现行法律保障之权益，自不因之变异。本校除遵令负责保管园址及古迹外，对于佃租农民，当予以协助指导，藉促农业改进。将来本校有需用某部土地之必要时，亦当对农民应有之权益予以救济。"对于税收，清华表示"本校极愿勉尽棉薄，暂纾贵府困难。……拟自本校正式接收后，每年协助市府国币贰千陆百元，定以三年为期"[②]。

　　清华提交回复后，北平市政府派颐和园事务所所长许保之来清华商洽移交手续，并由颐和园事务所呈复北平市政府。不料北平市又节外生枝，称"原议定协款每年贰千陆百元，系根据前次函达收租贰千陆百数十元计算。现查觉该项租金计算有错漏之处，实数应为叁千零数十元，兹特商请贵校改按此数，重定协款"[③]。为避免夜长梦多，清华同意增加协款数额，每年3000元，为期3年。

　　1934年2月9日，北平市政府致函清华，表示遵行行政院令，将"保管委员会"撤销，废止其章程。

　　① 清华大学档案，1-2:1-162:1-028。

　　② 《呈教育部公文（1934年4月11日）》，《国立清华大学校刊》第572号，1934年5月3日，第2版。清华大学档案，1-2:1-162:1-029。

　　③ 《呈教育部公文（1934年4月11日）》，《国立清华大学校刊》第572号，1934年5月3日，第2版。

经过多方折冲，事情朝着梅贻琦希望的方向发展。梅贻琦既高兴，同时也有隐忧。3月26日，他手拟《圆明园及农场筹备问题》提纲：

    1. 假定园能得到

    2. 组织筹备委员会

    3. 暂以三年计画，每年以二、三万元为准

    4. 研究门类先以一、二门，如果木，棉，畜牧，昆虫经济，植病理戴、邓，育种沈宗瀚[①]

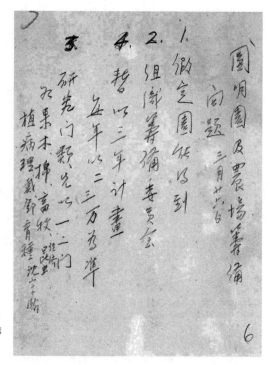

图14-1　1934年3月26日，梅贻琦手拟《圆明园及农场筹备问题提纲》

---

    ① 清华大学档案，1-2:1-200-003。

可见，在未到最后关头，梅贻琦仍不敢掉以轻心。同时，他也在考虑农业研究所研究人员人选。提纲中戴、邓为戴芳澜、邓书群，与沈宗瀚都是清华大学成立农业研究所时关注的农业研究人才。

4月2日，北平市政府发给清华251号公函，通知正式将圆明园移交清华，撤销圆明园保管委员会，该委员会组织章程废止。公函并提出四点声明：（一）圆明园图只有一份，清华欲取用，可以借绘。圆明园界址，以工务局此前测量时设立洋灰桩为准。（二）圆明园土地、遗物清册随文移交。（三）清华每年缴纳税款3000元。1933年以前欠款，清华代为催交。（四）园内砖石，在不妨害历史遗迹前提下，北平市政府随时商明清华酌量提用。[①]对此，清华表示予以接受。

之后，在接收圆明园交涉进行中，1933年10月16日，秘书长沈履请历史学系主任蒋廷黻协助查找地方志中有关圆明园的情形，以供接收时参考。[②]1934年3月，清华草拟了《国立清华大学管理圆明园地亩办法》；沈履特地请法律系主任燕树棠详加研究，避免出现法律漏洞。燕树棠研究后，对京师地方审判庭民事判决书内部分内容提出了应注意之点。[③]同时，清华专门查阅了晚清时期内务府的有关档案，以及一些有关土地官司的档案，以备接收时使用。应该说，清华为接收圆明园，做了充分的准备。

4月4日，清华派人会同颐和园事务所人员，依照清册接收了圆明园。至此，接收工作暂时告一段落。

---

① 《呈教育部公文（1934年4月11日）》，《国立清华大学校刊》第572号，1934年5月3日，第2版。

② 清华大学档案，1-2:1-162:1-014。

③ 清华大学档案，1-2:1-162:2-002，1-2:1-162:2-003，1-2:1-162:2-004。

四、接收后的风波

4月4日，清华虽然与北平市政府办理了接收圆明园的手续。但只是形式上的接收，随之而来的诸多困难和纷扰，使得清华直到1937年抗战全面爆发，都未能实现对圆明园真正意义上的接管。

首先是如何管理园内佃户问题。

接收圆明园后，清华一方面立即着手调查圆明园房屋租赁情况，并抄送住户名单，函请教育部高等教育司查阅。清华管理圆明园地亩办法奉教育部14821号命令，商同内政部会议修正，准予备案。另一方面，清华发布公告，要求园内佃户缴纳租金。但是，佃户李文奎等人一面呈请行政院，请其收回圆明园拨给清华的成命，一面撕毁清华布告，拒缴税款。税款无法收缴，1935年，清华给北平市政府缴纳税金也因此停止支付。停止支付税金，成为抗战后北平市政府拒绝划拨圆明园给清华的口实之一。1934年10月，北平市农会呈请实业部转呈行政院及中央政治会议，呈请教育部请收回划拨圆明园成命。[①]

其次，北平市政府或明或暗支持部分佃户的抗议行动，继续阻挠清华接管圆明园。冀察政务委员会委员长宋哲元电请行政院收回将圆明园拨给清华的命令，恢复圆明园以前管理体制。北平市长秦德纯也致函梅贻琦，提出同样要求。[②]作为北平最高军、政领导，宋、秦两人的姿态势必严重影响到清华对圆明园的接管工作。

再次，处于准备抗战的战略考虑，清华与湖南省政府签署秘密

---

① 清华大学档案，1-2:1-162:1-034，1-2:1-162:1-035。

② 清华大学档案，1-2:1-162:2-055，1-2:1-162:2-058，1-2:1-162:2-061。

协议，清华在湖南开展农业研究。这样一来，完全、真正接管圆明园便显得不是很迫切，原来制定的圆明园管理办法暂缓实施。

最后，当时国内，尤其是华北局势日益严峻，1931、1932 年相继爆发的"九一八"事变与"一·二八"事变，成为日本侵略中国明显的信号，东北逐渐沦陷，华北看似平静的外表下暗流涌动。

以上种种原因，使得清华对圆明园的管理推进缓慢，到 1937 年抗日战争全面爆发，清华并未实现真正意义上的拥有与管理圆明园。

五、四十年代后期再次提出征用圆明园

1945 年日本宣布投降前后，梅贻琦一方面积极筹划清华大学复员北返计划，一方面牵挂清华园的接收。事实上，在日本还未投降、但败局已定的时候，清华大学校务会议已经开始讨论复校计划。1945 年 8 月 7 日，第 49 次校务会议讨论了清华大学复校计划。[①] 8 月 19 日，梅贻琦主持第 57 次校务会议，讨论通过：校长偕同一二人员先往北平视察校址，以便计划修复。[②]

由于交通不便，学校一时无法派人北上检查清华园。梅贻琦和教育部积极沟通，确定学校接收人员。经与教育部商议，确定张子高、陈福田为清华大学代表，前往接收清华园。[③] 在代表未确定之前，梅贻琦与一直留平的张子高联系，请他代表清华大学接管

---

① 《第四十九次校务会议关于战后复校计划的决议（1945 年 8 月 7 日）》，清华大学校史研究室编：《清华大学史料选编》三（上），第 398 页。

② 《第五十七次校务会议关于复校计划的讨论（1945 年 8 月 19 日）》，清华大学校史研究室编：《清华大学史料选编》三（上），第 398 页。

③ 《教育部申俭电（1945 年 10 月 19 日）》，清华大学校史研究室编：《清华大学史料选编》四，第 97 页。

清华园。

8月23日，梅贻琦致函张子高，请他代表清华大学负责清华园校产接收事宜，其中特别提到圆明园。"今幸战事终了，重聚当为期不远，快慰奚如。此间虽赶作复校计划，但因交通困难，一时难言迁移。……关于清华校产接收事，请即代表接办，盖接收之后，守卫尤为重要，则最好请觅旧日校警，……免于敌兵退出后再受损失。……圆明园前数年本经政府拨给我校，近顷同人且有办农学院之议，接收时请并注意。"[①]

1946年11月23日，农学院函请梅贻琦校长，称该院"拟于明春开始田间试验工作，据估计结果农田颇不敷用，拟请校方即设法收回圆明园，以便着手冬耕，以备明年之用"。12月1日，梅贻琦作出批示，请相关人员查阅关于圆明园文书档案。[②]3天后，校长办公处文书组将1933—1937年间有关圆明园交涉的经过整理后提交校长梅贻琦与秘书长沈履。文书组指出：

> 综核全卷内容，圆明园故址，既奉明令拨归本大学管理，其未能接收原因，系佃农以于民初与内务府涉讼，依法取得永佃权，恐一旦归本大学接收管理，妨碍其权益，故不惜一切，多方阻挠，虽迭经本大学一再声明维护彼等权益，始终未能了解。复以要求修改管理办法为口实，抗缴租金。在沦陷期间，佃户以难免有辗转倒让情事。是必根据前案函请北平市政府协

---

① 《梅贻琦函张子高（1945年8月23日）》，清华大学校史研究室编：《清华大学史料选编》三（上），第401页。

② 《农学院关于拟请收回圆明园文（1946年11月23日）》，清华大学校史研究室编：《清华大学史料选编》四，第563页。

助清查，俾明真相。[①]

面对清华大学再次征用圆明园的请示，北平市政府态度依然消极，其转来颐和园事务处函称"圆明园地亩租收为该所经费大宗，应照本校与前市府议定成案，先行核议协款，再将该址移拨由"。虽然消极，但从颐和园事务处回复看，毕竟还有回旋余地。

此时，清华正忙着与国民政府、军方、北平市政府等各方交涉接管清华园。由于在接收过程中，军方与政治势力强行介入，处处刁难清华，并乘机大肆洗掠，"接收"变为"劫收"，清华战后复员工作严重受阻。学校各项工作头绪繁多，与北平市交涉征用圆明园一事不免受到影响。

1947年9月1日，梅贻琦致函北平市政府，首先说明1934年3月，北平市政府曾将圆明园地亩佃户等清册移交给清华，清华已经勘验接收。接着，梅贻琦提到，由于当时华北局势恶化，农学院筹备被耽误。为此，1937年春，清华又函请北平市政府仍委托颐和园事务所代为管理。随着抗日战争全面爆发，清华奉教育部命令南迁，圆明园亦随北平市沦陷而沦陷。公函最后，梅贻琦提出"兹因本校复员以还，农学院需要积极筹设农事试验场，以期促进农业而利学生之实习，拟即收回圆明园旧址以资应用"[②]。希望北平市政府将圆明园地亩情形告知清华，以便办理。

11月5日，北平市长何思源回复清华，对梅贻琦公函中问题逐

① 《文书组关于圆明园故址归属事给秘书长、校长的呈文（1946年12月4日）》，清华大学校史研究室编：《清华大学史料选编》四，第566页。

② 《关于查询代管圆明园地亩事给北平市政府的公函（1947年9月1日）》，清华大学校史研究室编：《清华大学史料选编》四，第567页。

一答复。

首先，何思源指出，根据 1934 年北平市政府与清华大学移交圆明园协定，清华连续三年代交原来由圆明园佃户缴纳的每年 3000 元税金。但清华只在 1935 年缴纳一次，1936、1937 年并未履行协款义务，"似嫌爽约"。

其次，清华称 1937 年曾函请北平市政府委托颐和园事务所代为管理圆明园，"本所无案可稽，该校有无依据，未便悬揣。"实际上否认代管一事。

再次，在北平沦陷期间，圆明园已被颐和园事务所收回。

最后，根据登记，1946 年圆明园水旱地较 1934 年移交清华时均有增加。1937 年前，圆明园经费由清华上缴北平市政府，再转给颐和园事务所使用。1947 年，颐和园事务所改为经费自足，所有圆明园地亩年租，均列为正项收入。[①]

由何思源回复可以看出，此时北平市政府对清华征用圆明园的态度，又退回到 1934 年清华接收以前状况，这自然是历史的大倒退。在 1947 年 11 月 20 日下午召开的复校后第 12 次评议会上，梅贻琦向评议会报告了学校向北平市接洽经过及何思源覆函的内容要点。

由于时局变化，北平地方当局与清华均自顾不暇，圆明园交涉遂告中断。

校园是办学最重要的要素之一，从唐国安、周诒春、曹云祥、

① 《北平市政府关于圆明园故址归属事的公函（1947 年 11 月 5 日）》，清华大学校史研究室编：《清华大学史料选编》四，第 568—569 页。

罗家伦、吴南轩到梅贻琦，以及 1949 年后蒋南翔等历任领导，都在努力扩大校园面积。对此，历任领导表现出高度的一致和持久的耐心。

1933 年，梅贻琦借国家支持办农业研究所之际，因势利导，再次提出征用圆明园。他以极大的耐心、审慎细致的作风，取得教育部支持和北平市政府的谅解，接收了圆明园作为农学院农场。

1930 年代波诡云谲的国内外形势以及佃户、北平市政府与清华大学错综复杂的利益纠葛，使得清华仅从法理而非实质拥有圆明园。及至抗战胜利后，梅贻琦锲而不舍，旧事重提。但政治、军事、社会形势变化使得此事最终不了了之。虽然圆明园最终与清华失之交臂，但梅贻琦校长为此付出的心血和努力，理应成为校史的组成部分，值得永远铭记。

农业学系的撤销与农业研究所的建立

近代以来，中国社会由传统农业社会向工业社会转型发展，这个过程缓慢而曲折。1934年，有人指出：

> 我国数千年来，是以农立国，全国人民的衣食住，都附着在农业上面。……虽然自产业革命以后，全世界的经济情势，都已由农业经济而进于工业资本主义；由工业资本主义，更进一层的形成金融资本主义。海禁大开以后的中国，固已受到了这种影响，国民经济也曾有显著的变动。不过以我国的目前情势看来，还停滞在农村经济濒于破落而都市经济基础还没有确实树立与充分的发展当中，除掉都市的中小规模的工商业而外，还是不能不以农业为国民经济的泉源。①

1934年《清华周刊》第42卷第6期为"中国农村问题特辑"。编者指出：

> 二十世纪的中国，大体上，还是一个农业国家，封建残余毫无疑义的占着优势；中国农村的动向，同时也是整个中国社

---

① 陈瑞昌：《农村复兴与农村合作》，《第一军月刊》第6卷第6期，1934年，第16页。

会的动向——至少在某一意义上是如此。[①]

这些评论无疑都切中时弊，直指中国农业衰败的本质。鉴于农业凋敝、农村衰败问题日益严重，1933 年 4 月 11 日，行政院院长汪精卫在 96 次行政院会议上提出救济农村案。经实业部、内政部以及行政院政务处会商，提出在行政院下成立农村救济委员会。经行政院第 97 次会议议决，在行政院下设立"农村复兴委员会"。5 月 5 日，农村复兴委员会在南京成立。委员会旨在"灭除农民疾苦，调剂农村金融，增加农民生产，使农村之复兴，得早实现"[②]。由此掀起了农村复兴运动。

教育部积极部署高校参与农村复兴运动，指出："农业问题之探讨及其专业人材之培植，极关重要。"令清华大学"筹添农学院"。梅贻琦向教育部明确表示："钧部注重农工教育，培植专业人才，以谋振兴实业之至意。本校自应遵令，极力筹划进行，庶得完成使命，为国家略尽一部之贡献。"[③]他带领清华大学，根据清华大学和华北农业教育的实际情况，学校成立农业研究所，积极而又稳妥地推进农业学科的建立和发展。

一、提议撤销农业学系

1925 年，清华学校成立大学部。1926 年，大学部成立农业学系等 17 个学系。

---

① 《编后》，《清华周刊》第 595 期，1934 年 11 月 26 日，第 119 页。

② 《本会设立之经过》，农村复兴委员会秘书处：《农村复兴委员会会报》第 1 号，1933 年 6 月 26 日，第 1—2 页。

③ 清华大学档案，1-2:1-162:1-002。

鉴于当时理论与实践脱离、中国农业发展缓慢的状况，农业学系建系伊始，即确定理论实践并重的方针："本校今办农业教育，力矫前弊，拟事事从实际着手，试验农作上种种结果，无论其优劣，当宜诸农民，作直接之补救；能减农民一分之负担，即做得一分之事业。"[①] 这既是解决时弊的对策，也是农业学系主任虞振镛等人一贯重视实践思想的延续。

虞振镛等通过调查，认为"吾国农村现在之所需需者，实为农村领袖，因缺少农村领袖，故农业不能改良，农民不得安逸"[②]。因此，农业学系培养学生的目标是造就"特殊媒介人才"，使农民与农业教育机构能互相了解，[③] "务使学者出校后能直接与农民接触，作真正农村之领袖。"[④] 具体而言，清华农业学系重心"为垦务科，所以专门造就开垦人才，俾得利用之荒地，开拓吾国之财源"。"本校所拟开办之垦务科，尤注意与西北方面之开垦。"[⑤] "谋边疆之发展，组织新农村，拓殖边荒，使我业农者有无尽谋生之处。"[⑥]

1926 年农业学系虽然成立，但并未招生。由于不招生，经费不

---

① 虞振镛：《吾校农学系今后之方针》，《清华周刊》第 408 期，1927 年 4 月 29 日，第 526 页。

② 陈隽人：《中国农业教育的经过与现状》，《清华周刊》十五周年纪念增刊，1926 年，第 141 页。

③ 虞振镛：《清华农科之方针及其新计画》，《清华周刊》第 439 期，1928 年 5 月 4 日，第 831 页。

④ 虞振镛：《吾校农学系今后之方针》，《清华周刊》第 408 期，1927 年 4 月 29 日，第 526 页。

⑤ 陈之迈：《与农学系主任虞振镛先生谈本校开办农科计划记》，《清华周刊》第 25 卷第 14 期，1926 年 5 月 28 日，第 2 页。

⑥ 虞振镛：《吾校农学系今后之方针》，《清华周刊》第 408 期，1927 年 4 月 29 日，第 526 页。

充裕，不能有较大发展。农业学系如何办理、如何发展，成为当时农业学系面临的问题。虞振镛考虑将农业学系改办为一农业专门学校。学习程度不必太深，但求实用，希于改良中国农业上有实际之贡献。[①]但这一设想在学校没有获得通过。1927年5月29日，学校第35次评议会议决通过农业学系三年发展计划：（一）本校暂不招农业系学生，亦不自办中等农业学校。（二）本校农业系与平民教育促进会合作，研究农业之各种问题。（三）本校农业学系与香山慈幼院及燕京大学合作，供给两校以农学教授人才。[②]可见，学校支持联合办学而非独自办理农业专门学校。

国民党北伐、北洋政府倒台、南京国民政府接管等导致政局和校务动荡，联合办学到1928年才实现。三校联合成立农事讲习所。[③]

1928年6月20日，第62次评议会上，教务长梅贻琦提交下学年教育方针八条，其中第二条为取消农学系改设农事推广委员会，以款若干办理：1. 本校农事试验；2. 与平民教育促进会合办农业试验场；3. 与燕京大学及香山慈幼院合组农事讲习所。[④]6月25日第63次评议会议决将虞振镛、陈隽人归到农事推广委员会。[⑤]

梅贻琦提出取消农业学系，并非轻视农业，而是从学校实际情况出发不得已为之。主要原因有三：（一）大学部成立后，同时设立17个学系。学校没有条件对各个系均给予大力支持。因此，先期开

① 《农科》，《清华校刊》第26期，1927年4月12日，第2版。

② 清华大学档案，1-2:1-6:1-035。

③ 《农事讲习所》，金富军：《老照片背后的清华故事》，第100—103页。

④ 清华大学档案，1-2:1-6:1-062。

⑤ 清华大学档案，1-2:1-6:1-063。

出课程的只有 11 个系。各系设备、师资等严重依赖原有基础，新购设备、新进师资力有不逮。相对来说，农业学系设备、师资等较为薄弱。（二）农业学系不招收学生因而没有专业教学。（三）农业学系强调应用而非基础农学研究，有特色科研也仅为一个模范奶牛场。故梅贻琦提出撤系改设农事推广委员会，更符合农业学系的工作实际，以求名实相副。

1928 年 8 月 17 日，国民政府议决清华学校改为清华大学，任命罗家伦为首任校长。罗家伦对清华大学进行了一系列改革，其中包括裁撤农业学系等不招生的学系。

1928 年 10 月，罗家伦在呈大学院、外交部文中提出清理清华大学方针，明确提出要"秉学术为公之精神，选贤与能之宗旨，体察中国切要之学科，就清华已有之基础，且按环境在研究上供给之便利"三项原则，"不事铺张，但求切实，不计近功，但求能为中国建设一学术独立之策源地，而造就党国之基本建设人材。"同时，他也明确指出："清华如将普通大学所有各科系，应有尽有，而皆完善，为经费所不允许；且就同地大学作一通盘打算，亦未免有叠床架屋之嫌，故不得不按照上述三项原则略事整理，而以发展基本自然科学及历史、社会科学为职志：如农业学系，仅有教员而无学生者，拟即裁并，仅设农场主任，管理农场。"[①]

有人认为是罗家伦改革清华大学裁撤农业学系。[②]准确地说，裁撤农业学系的计划，梅贻琦提出在前，罗家伦执行于后。需要指出

① 《上大学院、外交部呈（民国十七年九月）》，《罗家伦先生文存》第七册，第 70—71 页。

② 虞佩曹：《清华——父亲》，宗璞、熊秉明主编：《永远的清华园——清华子弟眼中的父辈》，北京出版社 2000 年版，第 67 页。

的是，裁撤农业学系并非一刀切，只是裁撤了有名无实的"学系"，而保留了原有基础和特色。不同的是，梅贻琦主张改设农事推广委员会，罗家伦决定改设农场。

二、成立农业研究所

1933 年 6 月 16 日，国民政府教育部第 5825 号令命令清华添设农学院，称："案查农业问题之探讨及其专业人材之培植，亟关重要。该校应力筹添设农学院。关于设备农场及设系诸端，应即由该校妥速筹划，拟定切实办法及实施步骤，呈部审核。"[①]

教育部对清华添设农科极为慎重，指令之前有充分讨论和动员。在发出 5825 号令之前，教育部长王世杰曾召集梅贻琦开会，劝清华添设农科及继续选送留学生。[②]接到教育部令后，清华大学认真研究和讨论后决定：缓办农学院，先办农业研究所与试验农场，专注研究而不招生。之所以如此决策，主要原因有：

首先，梅贻琦历来主张对添设院系、学科等采取稳妥、渐进的原则，而不求大、求全、求快。他说：

> 研究事业特别在创始之际，规模不宜扩张，贵在认清途径，选定题材，由小而大，由近而远，然后精力可以专注，工作可以切实，至于成效，虽不可预期，然积渐积久，必有相当之收获也。[③]

---

① 清华大学档案，1-2:1-162:1-001。

② 《胡适日记全编》（六），第 220 页。

③ 梅贻琦：《抗战期中之清华》，《清华校友通讯》第 5 卷第 3 期，1939 年 5 月 1 日。清华大学校史研究室编：《清华大学史料选编》三（上），第 21 页。

故从农业研究所开始，从专注研究开始，循序渐进，以求实效，待条件成熟时再成立农学院。

其次，农业学科要求理论与实践结合，学生培养既要注重质量，也要考虑出路。1933年9月13日，梅贻琦在秋季开学典礼讲话中指出：

> 自从今春农村兴复（复兴）委员会开会之后，政府对于改良农业，救济农村经济，特别注意。今夏教育部令本校筹办农学院，当时奉令之下，很为踌躇。因为农科大学毕业生之无补于农村改进，几乎是国人公认的事实，况且在清华附近，又已有北平的农学院，及保定的农学院。所以吾们认定了农学院设系招生的事，是可以缓办的。但是政府既要吾们在这方面去帮忙解决，吾们就应该向有切实效用方面审慎去做，然后对于国家方可有点贡献，[①]

再次，在经费有限情况下，新建院系规模不宜过大。

一方面，1932年3月—1933年2月，庚款停付一年。清华向财政部垫借100万，并向银行借部分款项，勉强维持。[②] 1933年度庚款停付虽未成事实，但经费仍不能按月拨付。至1933年9月中旬，只领到3、4、5月的庚款。[③] 1932年度庚款停付以及1933年

①《二十二年度开学典礼志略》，《国立清华大学校刊》第518号，1933年9月15日，第2版。

②《呈教育部文（1933年3月10日）》，清华大学校史研究室编：《清华大学史料选编》二（下），第706—707页。

③《二十二年度开学典礼志略》，《国立清华大学校刊》第518号，1933年9月15日，第1版。

庚款拖欠，给清华财政造成巨大困难。[①]就在接到 6 月 16 日教育
部 5825 号令前不久，梅贻琦还向教育部交涉，恳请政府照例拨付
经费。[②]

另一方面，配合国民政府重点发展理工的政策，清华于 1932 年
成立工学院。在原有土木工程系基础上，增设机械工程与电机工程
两个系。"惟成立之后，因经济困难，设备建筑，多尚未能进行。"[③]
学校规模不断扩大，而总经费保持不变。客观上无法再分更多资源
发展农学院。1946 年清华大学农学院院长汤佩松在介绍农学院概况
时明确揭示了这一点："清华在十五年前即奉教部令筹备农学院，其
时理工两院方成立，学校的精力咸集中于充实该两个学院，因此先
行成立特种性质的农业研究所，不招收研究生。研究的性质，有如
中央研究院的研究机构。"[④]1981 年出版的《清华大学校史稿》这样
表述："一九三三年教育部还曾命令清华添办农学院。清华当局认为

---

① 清华办学经费来自庚子退款，较为稳定。但随着学校发展，清华经费日渐
紧张。但社会对清华的一般印象与清华实际情况存在差距。清华大学秘书长沈履指
出：社会对清华的印象"就是清华大学富得很，经济宽裕得很，所以大家不妨敲她
一下竹杠，揩她一点油，这是一个根本的误解啊！"《沈秘书长本学年开学典礼报
告（1934 年 9 月）》，清华大学校史研究室编：《清华大学史料选编》二（下），第 728
页。1932 年度清华庚款停付，而中央大学的经费不受时局影响，照例从财政部领
192 万元。罗家伦：《两年来之中央大学（1934 年 6 月）》，《南大百年实录》编辑组编：
《南大百年实录》（上卷）"中央大学史料选"，南京大学出版社 2002 年版，第 315—
316 页。

② 梅贻琦：《呈教育部文（1933 年 3 月 10 日）》，清华大学校史研究室编：《清
华大学史料选编》二（下），第 706—707 页。

③ 梅贻琦：《清华一年来之校务概况》，《清华副刊》第 39 卷第 7 期，1933 年 4
月 29 日，第 3 页。

④ 《汤佩松院长谈清华农学院概况》，《华北日报》1946 年 9 月 21 日，第 3 版。

与本校发展理工的方针相悖，同时也不具备条件，……因此，清华当局只答应办了一个农业研究所，以敷衍教育部的要求。"①汤佩松和《清华大学校史稿》都从经济角度解释了为什么成立"所"而非"院"。

清华办理农业研究所，正是遵循了梅贻琦"认清途径，选定题材，由小而大，由近而远"的办学理念。有研究者认为，清华因"时间仓促，预备不及，由校方决定先着手组织农业研究所，以奠定农学院基础"②。这显然是不准确的。

1933 年 7 月 8 日，梅贻琦回复教育部，表示遵行教育部注重农工、振兴实业命令，愿为国家做贡献。但是，添设农学院应该慎重。在秘书处起草的底稿上，梅贻琦做了修改。

> 惟以培植农业人才之始，应先对农业亟宜改良~~挽救~~之各项问题详加研究~~探讨~~，以期洞明真相，及研究稍有基础，~~立有标准可循，~~然后按照需要设系招生，施以相当~~深切~~训练，俾学成后能在乡间作推行改良之实际工作，则效验可收，复兴可期。否则农科人才虽已养成，不能深入乡间，致于衰落之农村毫无裨益，则非国家提倡农业教育之本旨矣。③

因此，梅贻琦建议"对于农院设系招生诸端拟暂稍从缓，而于

① 清华大学校史编写组编著：《清华大学校史稿》，中华书局 1981 年版，第112 页。

② 阎万英：《抗日战争时期的清华大学农研所》，杨舰、戴吾三主编：《清华大学与中国近现代科技》，清华大学出版社 2006 年版，第 211 页。

③ 清华大学档案，1-2:1-162:1-002。

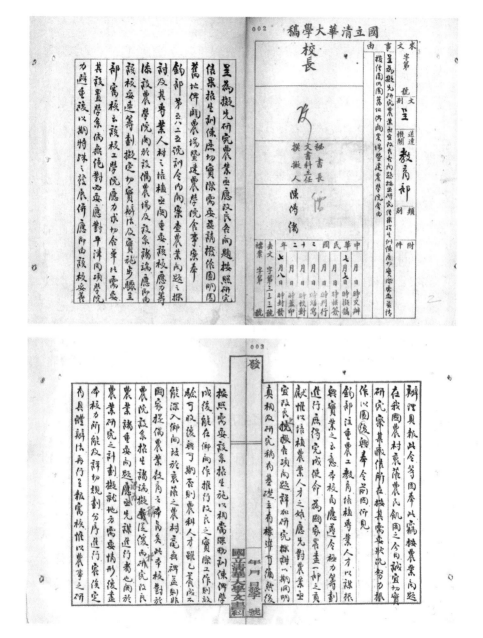

图 15-1　1933 年 7 月 7 日，梅贻琦呈教育部，清华大学先设农业研究所并请划拨圆明园作为试验农场

研究改良农业诸重要问题<u>认为应极先谋进行者也</u>"。下划线文字为梅
贻琦所加。

借筹办农业研究所，梅贻琦因势利导，顺势提出将圆明园划拨
清华，作为农学院试验农场，以缓解校园局促局面。经过与教育部、
北平市政府反复交涉，1934 年 4 月，清华大学接收了圆明园。

对于清华先办农业研究所与实验农场、缓办农学院的计划，教
育部起初并不认可，仍督促清华尽快筹办农学院，且督促甚急，
1935 年 8 月 12 日，教育部长王世杰签发第 10987 号训令，对此前
教育部视察清华工作表示满意。"该校曾经本部提示要点，令饬改进
在案。查核此次视察员报告，该校对于前令提示各点，大致尚能注
意办理。对于充实设备，及研究工作，均甚努力。……农学院之筹
备，亦应加紧进行，以期早日成立。"[1]

但清华大学、梅贻琦坚持稳健的发展计划，教育部最终也予以
认可。

三、确定农业研究所人员和工作内容

对农业研究所的研究重点和工作内容，清华大学也有审慎而明
确的规划。

1934 年 3 月 26 日，清华大学第 17 次校务会议通过决议："建议
于评议会本校可试办农事研究，暂定三年。其经费每年以二、三万
元为准，研究科目先以两门为限。研究科目<s>由</s>请校长征求本校<u>曾习
农业</u>与农业有关各教授之意见，<u>草拟计画</u>，惟须注意国内人才及本

---

[1] 《教育部训令　第一〇九八七号》，《国立清华大学校刊》第 677 号，1935 年
8 月 31 日，第 1—2 版。

校现有设备之利用。"①

梅贻琦对决议记录进行了修改，删除了部分文字，下划线为增加文字。修改后不但文气更顺，遣词也更为准确。根据会议决议，梅贻琦会后找到生物学系陈桢、戴立生、李继侗三位教授，请他们对办农业研究所提出报告。

陈桢等三教授仔细分析，就农业研究所研究内容、人员选择、经费使用等情况向梅贻琦提出报告：

关于研究范围，三教授倾向于辐射面较广的病害与虫害两个方向：农业研究范围极广，病害、虫害、育种、肥料、作物、园艺等均在内，如不能同时并举，则"本校宜先办病害研究及虫害研究，因此类研究对于作物、园艺各方面，均有关系，研究结果之影响较广，而收效之时间亦可较早也"。

关于教授人员，三教授提出：选人原则是标准要高，"研究之能否成功，大部分依赖人选之是否适宜。桢等以为人选标准不可不高。最好聘请已有独立工作之经验与成绩者任之。"基于病害、虫害两个研究方向，三教授推荐戴芳澜、邓叔群与杨维义等三名已有一定研究成绩的专家。

关于经费预算，三教授估计"专家二人薪金约需八千六百元，研究助手二三人薪金约需三千元，书籍、仪器、化学品等约需六千四百元，旅费约需二千元。以上共计每年约需二万元"②。

3月28日下午，清华大学第71次评议会议决，接受陈桢、李继侗、戴立生等三位教授的建议，指出研究范围"惟应注明华北农

---

① 清华大学档案，1-2:1-200-005。
② 清华大学档案，1-2:1-200-006。

产物及果类之病害研究暨虫害研究"[①]。

以三教授报告为基础，清华制定了农业研究所的工作内容与经费预算。梅贻琦在 1935 年校庆典礼讲话中指出：

> 复兴农村改良农业，已属近年朝野共同注意之工作。前夏本校有奉令添设农学院之议，但就吾人所知大学设农学院系办法，似未能解决农村问题，大学所造就之农学人材，多不肯到乡间去作实际改良农业挽救农村工作。兼以北平保定皆有农学院，本校似无设院必要；惟农业研究自属需要，设有成绩，即可补助农村。本校遂成立农业研究所，择他处尚少注意之病害虫害两方面，为第一步研究标的。亦因北平一带富有果产，受病害虫害亦甚多，如能就近解决，亦增加生产之一补。故拟先着手于此。[②]

显然，陈桢、戴立生、李继侗三位教授的意见对清华校方决策起了决定性作用。不过，在人选上，学校考选范围较大，涂治、刘崇乐、沈宗瀚都曾作为清华欲引进的人才而受到关注。同时，学校也接受李继侗意见，将农业研究所归属于理学院，可以与生物系密切合作。[③]

---

① 《第七十一次评议会记录》，《国立清华大学校刊》第 569 号，1934 年 4 月 23 日，第 1 版。

② 《举行廿四周年纪念典礼志略》，《国立清华大学校刊》第 656 号，1935 年 5 月 2 日，第 1—2 版。

③ 汤佩松：《忆清华生物学系的历史沿革》，清华校友总会：《校友文稿资料选编》第三辑，清华大学出版社 1994 年版，第 92 页。

梅贻琦指出，农业研究所从实际出发，采取与其他农学院错位发展方针，既避免叠床架屋，又发挥特色优势。"择他处尚少注意之病害虫害两方面，为第一步研究标的。"工作内容大体集中在五个方面：

> 本所于二十三年创设，希以研究所得，贡之农村实用，以为改良农业、复兴农村工作之一端。现先办病害、虫害两组。以此两方面需要较切，而为国内各农事研究方面所不甚注意者也。工作拟定者，有河北省病虫害调查、河北省重要病虫害之防治、旧有防治法之调查与国产除害剂之试验、植物抗病种之选择及害虫天然节制法之研究、与应用有直接关系之纯粹研究等五项。[①]

1934 年 7 月，清华大学成立农事委员会，梅贻琦亲自任主席，以示重视。成员包括生物系李继侗、化学系张子高以及戴芳澜、刘崇乐。农事委员会的成立，有利于协调农业、生物、化学等单位相关资源的调配与利用，相当于农业研究所筹备的协调机构。8 月，农业研究所正式成立，下分虫害、病害两个组，刘崇乐、戴芳澜分任组长。

起初，清华拟请戴芳澜任农业研究所所长，但其一心科研，坚辞所长职务，只主持病害组工作。[②]因此，农业研究所没有设所长一

---

① 梅贻琦：《五年来清华发展之概况》，《清华周刊》向导专号，1936 年 6 月 27 日，第 4 页。

② 汤佩松：《为接朝霞顾夕阳——一位生理学科学家的回忆录》，化学工业出版社 2021 年版，第 107 页。汪振儒：《纪念植物病理学家及菌物学奠基人戴芳澜（1913）学长》，清华大学校友总会编：《清华校友通讯》复 28 册，清华大学出版社 1993 年版，第 146 页。

职，虫害组、病害组相互之间保持独立。

在农业研究所筹备阶段以及成立后，学校都明确研究所工作重在研究。1937 年 5 月，梅贻琦指出：

> 二十三年夏设立农业研究所。近年来，国家对于农村建设及农业改造，极端注意，本校成立此所，先从研究实验方面着手，藉以辅助国家农业事业之改进，较之设立农学院尤易收获实效。[①]

清华大学认识到，"惟以培植农业人才之始，应先对农业亟宜改良之各项问题详加研究，以期洞明真相，及研究稍有基础，然后按照需要设系招生，施以相当训练，俾学成后能在乡间作推广改良之实际工作，则效验可收，复兴可期。否则农科人才虽已养成，不能深入乡间，致于衰落之农村毫无裨益，则非国家提倡农业教育之本旨矣。此本校对于农院设系招生诸端拟稍从缓，而于研究改良农业诸重要问题认为应亟先谋进行者也。"[②]并且"先从研究实验方面着手，藉以辅助国家农业事业之改进，较之设立农学院尤易收获实效"。故 1937 年前，农业研究所不招收学生，也不在学校开设公共课程。

在刘崇乐、戴芳澜带领下，农业研究所成立后继承了清华学校时期农学教育理论与实践并重的传统，也较好地贯彻了建所之初学

---

① 《廿六周年纪念志盛》，《清华校友通讯》第 4 卷第 4、5 期，1937 年 5 月 1 日，第 5 页。

② 清华大学档案，1-2:1-162:1-002。

校确定的"对于农院设系招生诸端拟稍从缓，而于研究改良农业诸重要问题认为应极先谋进行者也"方针，取得了丰富的科研成果，在此过程中，年轻的助教也逐渐成长起来，日后成为我国著名的农学专家。[①]

在学科建设方面，梅贻琦总是强调既要"应国家社会之需要"，也要兼顾"本校学科顺序之发展"[②]，"毋宁多重质而少重量，舍其广而求其深"[③]，以求向专精方向去做。农学学科的发展鲜明地体现了他的这一思想。

在政局动荡、经费紧张情况下，是他首先提议撤销有名无实的农业学系而保留有特色的农场。在复兴农村、振兴农业的需要下，又是他主持成立农业研究所，不招生而将工作集中于研究，研究重点有别于其他机关而错位竞争。抗战胜利，国家复兴，百端待举，人才培养与学术研究尤为当务之急，还是他支持将农业研究所扩充为农学院。先撤后建，并非简单反复；从所到院，也并非单纯增量。他既谋势而动、顺势而为，又实事求是、尊重规律。他将国家需要、学科发展、学校实际三者妥善结合，集思广益做出审慎务实的决策，大大促进了清华大学农学学科的发展。

---

① 金富军、冯茵：《抗战前清华农学研究考察》，《农业考古》2012 年第 6 期。

② 梅贻琦：《复员期中之清华（1946 年 4 月）》，清华大学校史研究室编：《清华大学史料选编》四，第 28 页。

③ 梅贻琦：《复员后之清华（1947 年 3 月）》，清华大学校史研究室编：《清华大学史料选编》四，第 34 页。

争取成立清华大学湘雅医学院

2001年，清华大学成立医学院，开始发力医学学科。鲜为人知的是，一甲子之前，梅贻琦也曾大力推动医学学科建设，满怀希望地筹划成立"国立清华大学湘雅医学院"。

1936年起，基于对北方局势发展的前瞻判断，梅贻琦未雨绸缪、果断决策，决定在长沙、南昌筹建分校，以作为华北战事爆发的退路。与此同时，位于长沙的湘雅医学院建设与发展需要资金。这为双方合作尤其是湘雅医学院并入清华大学提供了机会。梅贻琦运筹帷幄，积极促成双方的合作，推动湘雅医学院并入清华大学。

一、预备发展医学

清华建校之初，课程分为哲学教育、本国文学、世界文学、美术音乐、史学政治、数学天文、物理化学、动植生理、地文地质、体育手工等十类。有动植生理类，并无医学类课程。或许，这与学校性质有关。清华学堂是作为留美预备学校建立的，"高等科注重专门教育，以美国大学及专门学堂为标准，其学程以四学年计，中等科为高等科之预备，其学程以四年计。"[1] 医学课程要求较高，学校尚无条件开设此类课程。

---

[1] 《清华学堂章程》，清华大学校史研究室编：《清华大学史料选编》一，第146页。

1916 年，清华学校开始筹备向完全大学转变。在进行必要硬件建设同时，也考虑调整学校学制，以便大学与既有留美预备部有机衔接。[①] 虽然校内没有医学课程，但三批直接留美生和清华毕业赴美的学生中，有选修医科的学生。考虑到医学对学生基础要求较高，留学时间也相对较长。为了让有志于学医的学生赴美后学习顺利，学校有意识增加医学课程。

1921 年 3 月，金邦正校长在对《清华周刊》记者谈话中表示："校中学课，力求完备，并将使自然科学之程度加高。俾吾校同学之习实科者，亦能不劣于文科生，而插入美国大学三年级。""大学第一年级课程已经完全定妥。"[②] 经讨论确定的大一课程，"暂分工业、农业、医学三科"[③]。可见此时学校在课程结构上已有医学单元的计划。

---

① "留美预备部"名称是随着清华学校 1925 年成立大学部和国学研究院而出现的。1916 年开始，清华学校开始着手改办大学。10 月，清华学校"大学筹备委员会"（Council for University Development）成立，改办大学加速进行。1925 年 4 月，外交部批准了大学筹备委员会提出的《清华大学工作及组织纲要（草案）》。学校随即按照《纲要》成立了"临时校务委员会"，由曹云祥、张彭春等 10 人为委员。临时校务委员会负责将清华学校改组为大学部、留美预备部和研究院三部分，并决定到 1929 年旧制生全部毕业后，留美预备部停办。1925 年 3 月下旬"留美预备部"名称由学生会提出。"本校下半年添办研究院大学（部），旧有高等科中等科诸名称，均不适宜。上礼拜学生会呈请校长将旧有高等科中等科改称留美预备部。校长覆函深加奖许，想不久当正式公布更换名称也。"《留美预备部》，《清华周刊》第 339 期，1925 年 3 月 30 日，第 21 页。大学部学生不以留洋为目的，毕业后不再由学校派出公费留美，称为"新制生"，原有高等科、中等科学生称为"旧制生"。因此，留美预备部又称为"旧制部"。1925 年起，学校出现留美预备部、大学部、国学研究院三部共存局面。1929 年最后一批旧制生毕业，留美预备部撤销。

② 《校长谈话》，《清华周刊》第 210 期，1921 年 3 月 4 日，第 31 页。

③ 《下学年课程表》，《清华周刊》第 213 期，1921 年 3 月 25 日，第 24 页。

1925 年，清华成立大学部。初期分为普通科与专门科。普通科不分系，"重综合的观察"，即学习一些普通的基础课程。专门科基础与理论、研究与实践并重，分三类：（一）文理类；（二）应用社会科学类，如商业、新闻业、教育及法政等；（三）应用自然科学类，如农业、工程等。1926 年，清华取消普通科和专门科，在大学部设立 17 个学系，其中并无医学。可见，大学部改革前后，在课程和学系设置上，清华暂未考虑发展医学。

1930 年 9 月 9 日，校评议会通过理学院设立医预科的提议。

1931 年 1 月 22 日，校评议会议决通过理学院提出"本校医预科学生在本校修满三年并在本校承认之医学院修业满一年成绩及格者得由校给予理学士学位"，请教育部核准。3 月 19 日，校评议会议决通过理学院提本大学医预科规程。《国立清华大学医预科规程》内容为：

一、本大学为适应社会需要及利用物理、化学、生物等系已有之课程及设备起见，设立医预科，直属于理学院；目的在使有志升入医学院肄业之学生，先于此获得充分之基本知识。

二、除本规程另有规定外，医预科学生入学资格，入学手续，以及缴费、选课、请假、休学、退学等规则，均照本大学本科教务通则办理。

三、医预科学生休学年限定为三年，转学生至少须在本校肄业两年。

四、医预科学生修完一百零四学分，又体育六学分，军事训练六学分，及党义考试及格，并缴清一切规定校费者，经教授会审查通过后，得由本大学发给医预科毕业证书。

五、凡学生在本大学医预科得有毕业证书，又在本大学所承认之医学院修业满一年，成绩及格者，本大学得授予理学士学位（此条须待教育部批准方能施行）。

六、凡学生在本大学得有医预科毕业证书后，如愿在本大学继续肄业者，须照转系办法办理。[①]

从 1930 年 9 月开始酝酿，到 1931 年 3 月通过发展医预科规程，说明清华在文、理、法三学院之外，准备开始发展医学学科。不过依照循序渐进的原则，暂时不独立设系和院，而是放在理学院下，学生进行物理、化学和生物等训练，以为以后医学专业学习打好基础。

二、合并契机

湘雅医学院成立于 1914 年，由湖南育群学会和美国雅礼会联合在长沙创办。1931 年，国民政府教育部核准湘雅医科大学董事会立案；同年 12 月，学校更名为私立湘雅医学院。

到 1935 年夏，湘雅医学院有教职员 34 人，学生 6 个班 106 人。学校有附属湘雅医院。[②]湘雅办学经费来自湖南省政府、教育部拨款及雅礼会捐助。由于湖南省政府拨款不能及时到位等原因，湘雅经费支绌。1935 年教育部对湘雅医学院巡察，6 月 25 日，教育部发布第 8608 号训令，令其改进。

---

① 《评议会第十次会议记录》，《国立清华大学校刊》第 275 号，1931 年 3 月 23 日，第 2 版。

② 唐耀章：《院史》，《湘雅医风》招待新同学特刊，1936 年 6 月，第 3 页。

该学院上年曾经本部提示要点，令饬改进在案。查核此次视察员报告，该院一年以来，推行地方公共卫生事业颇有相当进展。惟实验新式医学教育计画，在该院目前经济状况之下，诸多困难，应从缓办。其他应行改进各端，未见有何成效。兹再提示要点，仰即切实办理。

一、该院经费，殊嫌不敷，应由校董会增筹基金，以固基础。

二、该院有若干基本科目课程尚形缺乏，而主要课程中，如药理学、细菌学、动物学、胚胎学等，尚须添聘专任教授，负责分担，并酌增助教及助理医师数额，俾各教授得分出时间从事于指导学生研究实习之工作。

三、该院校舍尚足敷用，无须再添新建筑，应尽先整理各实验室，并充实基本科目之设备，图书亦须添置，藉供参考之需。

四、该院教授固不乏研究精深之专家，惟一部分师资之改善，究为切要，又教员授课，多用英语，固能提高学生阅读西文参考书籍之能力，但教员讲授是否皆能应用裕如，及学生听讲是否皆能充分了解，尚须加以注意，并为适当之纠正。

以上各点，合行令仰遵照改进具报。至该院拟议实验新式计画，现时尚多困难，应俟经费确有把握，再行呈部核定举办。①

分析教育部训令，可知湘雅的主要问题是经费支绌，"殊嫌不

---

① 《教育部公报》第 8 卷第 3—4 期，1936 年，第 35—37 页。

敷"，因此教育部暂停其新式医学教育计划。

　　据 1936 年 2 月湘雅向教育部提交的改进报告，经费的来源"有湖南省政府补助、美国雅礼会补助及本医院收入三项，设备费有中英庚款董事会补助及钧部补助二项，合计岁入二十余万元"[①]。实际上，湘雅经费达不到每年 20 余万元，"从 1931 年起，湖南省政府每年津贴湘雅医学院 7.3 万元、湘雅医院 1.2 万元，教育部每年补助设备费、教席费 3—4 万元。此外，中英庚款委员会两次捐助 10 万元。"[②]之所以虚报，当与湘雅急于寻求解除教育部暂停新式医学教育计划有关。

　　在湘雅医学院经费构成中，湖南省政府津贴是经费主要来源，但恰恰是湖南省政府拨款拖欠较多。"惟省政府补助积欠殊多，不无困难"是湘雅医学院经费困难的主要原因。为解决经费问题，湘雅遵照教育部令，"已请校董会筹划基金，切实办理。"[③]董事会筹划基金纾解经费困难，成为湘雅寻求并入清华大学的原因。

　　对清华大学而言，也有内在动力与湘雅医学院合作。

　　首先，清华有办理医学的需要。清华有发展医学的规划，苦于条件不足只能在理学院利用物理、化学和生物等力量进行医预科培养。清华发展医学得到了卫生署支持。1935 年 2 月 4 日，在南京的梅贻琦致函在校的秘书长沈履与教务长潘光旦，谈及在京活动情况时提道："关于卫生工程与卫生署合作办法，大致已商妥。据刘月如瑞恒及戴雅二君表示，将来或可得罗氏基金团之补助，使此门再加

①《湘雅医学院已遵部令改进》，《时事新报》1936 年 3 月 1 日，第 4 版。
②刘笑春：《湘雅医学院简史》，《中国科技史料》1985 年第 6 卷第 1 期。
③《湘雅医学院已遵部令改进》，《时事新报》1936 年 3 月 1 日，第 4 版。

扩充，则更善矣。"[1] 从信内容看，双方合作集中在清华大学留美公费生考试卫生工程门的选拔与派出，但有了双方合作的意向，进一步鼓舞了清华发展医学的决心。

其次，清华大学已经开始积极在湘筹办分校，异地办学的体制障碍已不复存在。清华大学与湘雅医学院合并，首要问题是异地联合带来的管理问题。对于异地办学，清华向来持慎重态度。随着华北局势的日益恶化，学校决策在南昌、长沙设立分校以备不时之虞，这在事实上已经迈出了异地办学的步伐。因此，当湘雅医学院提出愿意合并为清华大学医学院时，梅贻琦欣然同意并积极促成。

由此，1935 年湘雅医学院经费需求与清华大学医学学科发展需求一拍即合，双方很快便洽商一致。

三、合作协议

1935 年 5 月，梅贻琦赴长沙考察分校建设，特别会见湘雅医学院各方人士。5 月 12 日，梅贻琦给叶企孙、冯友兰、陈岱孙、顾毓琇、沈履、潘光旦写信提道：

> 此次晤及湘雅医学院各方人士，皆表示愿与清华合作。经数次商谈合拟办法，以湘雅并为清华之湘雅医学院。其经费凡省府及他方补助皆仍旧。清华年补助四五万。院中一切行政由清华主持，另设委员会为咨议机关。此办法似可两利。将来到京后当与教部商量，如认可先试办数年再说。[2]

---

① 清华大学档案，1-2:1-198-002。

② 清华大学档案，1-2:1-198-007。这份档案未标年份，根据内容判断，应在1935 年。

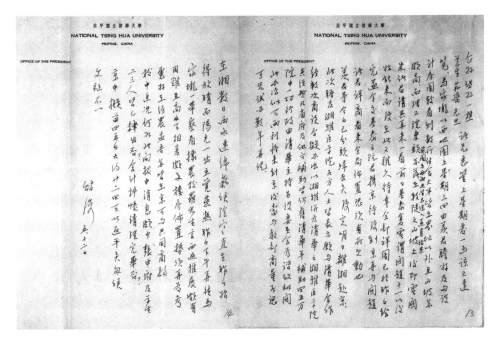

图 16-1　1935 年 5 月 12 日，梅贻琦致函叶企孙、冯友兰、陈岱孙、顾毓琇、沈履、潘光旦等，谈在长沙考察情形，提及与湘雅医学院合作等事

梅贻琦在长沙与湘雅的几次会商确定了五项原则：（一）湘雅医学院并入清华大学；（二）湖南省拨付湘雅的经费照旧拨付；（三）合并后，清华每年支付湘雅 4 万—5 万元；（四）合并后，由清华负责管理；（五）成立咨议机构。

此后，双方在上述五点原则基础上继续推进合并事宜。

前揭湖南省政府每年应拨的 7.3 万元是湘雅经费主要来源，但积欠较多导致湘雅经费"殊嫌不敷"。清华大学每年拨付 4 万—5 万元，虽较 7.3 万元为少，但稳定有保障。

由于湘雅是美国雅礼会与湖南育群学会合办的学校，清华要合并湘雅，首先要理清法理关系。为此，梅贻琦请湘雅提供有关雅礼会、育群学会合作办学的相关文件。

1936年2月12日，清华津贴生、湘雅医学院院长王子玕致函梅贻琦，告知已将育群学会与雅礼会两次合约、续约英文记录稿转抄并湘雅医学院立案文件一份一并送交清华。[①]

事关各方对合并事宜极为慎重，商讨拟定了各种协议，明确合并后管理体制、经费设备等。

1936年4月，湘雅医学院领导胡美、颜福庆、王子玕拟定《湘雅医学院合并于国立清华大学之建议》：

第一条　为养成全国医学人材并研究改进医务学术起见，湘雅医学院合并于国立清华大学，更名为国立清华大学湘雅医学院（以下简称本院）。

第二条　本院直隶于国立清华大学，其组织法另订之。

第三条　本院院址设于长沙，距离北平甚远，特设委员会审议一切重要事项，并辅助业务之发展，其章程另订之。

第四条　本院设置院长一人，秉承国立清华大学校长意旨综理全院一切事宜。

第五条　本院委员会委员由国立清华大学校长聘任。本院院长由本院委员会推选，提请国立清华大学校长聘任。主任、教授、医师、技师由院长遴选，经提交本院委员会通过后，呈请国立清华大学校长分别聘任，其余职员由院长派充之。

第六条　本院一切预算及决算概由国立清华大学统筹办理。

---

① 清华大学档案，1-2:1-214-013。

第七条　本院经济之来源有左列各项

（一）国立清华大学

（二）湖南省政府

（三）美国雅礼会

第八条　本院原有一切建筑及设备概由国立清华大学向育群学会及雅礼会租借，每年租金一万元，其租约另订之。

第九条　本院此后一切扩充事宜概由国立清华大学负责办理。

第十条　本院办事细则另订之。[①]

这份建议书将两校关系、管理体制、经费来源等做了周详的计划，为两校最终的合作协议提供了讨论蓝本。育群学会对这份建议书进行斟酌损益，提议合办建议如下：

第一条　为养成全国医学人材并研究改进医务学术起见，私立湘雅医学院与国立清华大学合办，更名为国立清华大学湘雅医学院（以下简称本院），为清华大学学院之一。

第二条　本院设委员会审议一切重要事项，并辅助业务之发展，其章程另订之。

第三条　本院设院长一人，秉承国立清华大学校长意旨综理本院一切事宜。

第四条　本院委员会委员由国立清华大学校长聘任若干人及湖南育群学会、美国雅礼会各推选若干人组织之。本院院长

---

① 清华大学档案，1-2:1-214-015。

由本院委员会推选提请国立清华大学校长聘任之。

第五条　本院每年度预决算由院长分别造具送请国立清华大学校长覆核，再由委员会审定之。

第六条　本院经临各费由左列各机关筹集之

（一）国立清华大学

（二）湖南省政府

（三）美国雅礼会

第七条　本院现有一切建筑及设备依据育群学会与雅礼会原订及续订各约继续有效，仍由本院使用。

第八条　本院此后一切扩充事宜概由国立清华大学负责办理。

第九条　本院办理细则另订之。[①]

育群学会的修改，主要在三个方面：（一）湘雅并入清华，改为双方合办。（二）咨议委员会委员的产生方式由清华大学校长聘任改为清华大学、育群学会、雅礼会各推选若干，清华大学校长聘任。（三）删除院长由咨议委员会推选、清华大学校长聘任内容。显然，这样修改增加了育群学会、雅礼会的话语权。

在育群学会建议书基础上，经过双方讨论，1936年7月，清华大学与湖南育群学会订立合办湘雅医学院的草案，进一步细化了建议内容：

第一条　国立清华大学与湖南育群学会为养成全国医学

---

① 清华大学档案，1-2:1-214-014。

人材并研究改进医务学术起见，双方商定将私立湘雅医学院及附设各机关改组并扩充应用，更名为国立清华大学湘雅医学院（以下简称本学院），为国立清华大学学院之一。

第二条 前湘雅医学院董事会废止之，另设本学院委员会，以左列人员十一人至十五人组织之，聘任委员任期定为三年。

一、国立清华大学校长并为本委员会当然委员长

二、湖南育群学会会长

三、美国雅礼会会长

四、湖南省政府教育厅厅长

五、清华大学聘请四人至六人

六、育群学会公推二人至四人由委员长聘请之

七、本学院院长

第三条 委员会之职权于左

一、调整清华大学与育群学会之相互关系

二、保管院产

三、依据清华大学整个教育政策决定本学院教育大纲

四、依据清华大学整个财政计划审核本学院之预决算

五、推选本学院院长并辅助校长监督本学院业务，但不得干涉院内用人行政。

第四条 本学院之经费来源如左

一、清华大学

二、育群学会向湖南省政府请领之补助金

三、育群学会与雅礼会所订合约之补助金

四、其他收入

第五条 本学院现在使用之建筑及基地并各项设备，依据

育群学会与雅礼会所订原续各约继续有效，完全归本学院使用。

第六条　本学院设院长一人，由本院委员会推选提请清华大学校长聘任，秉承校长意旨全权办理本学院一切事宜。

第七条　本学院以后扩充事宜由校长统筹办理

第八条　本学院委员会组织规程另定之

第九条　本办法由双方会呈教育部立案后，由育群学会呈报湖南省政府备案施行。[①]

草案明确废除董事会、成立咨议委员会，规定了委员会人员结构和比例以及职权。同时还明确委员会调节育群学会与清华大学关系，审议国立清华大学湘雅医学院财务、教学、推选院长等重要事宜，并规定"不得干涉院内用人行政"。

湖南育群学会还与清华大学拟定了《国立清华大学湘雅医学院委员会章程》，在草案基础上进一步细化了委员会的职权。章程内容如下：

第一条　本会依据湘雅医学院章程第三条之规定组织之。

第二条　本会掌管事项如左

一、关于院务之督察事项

二、关于院内重要人员之推选及提请任用事项

三、关于院务之扩充改进事项

---

① 清华大学档案，1-2:1-214-017。清华大学档案馆藏这份档案无明确时间，草案签署时间"1936年7月"来自中南大学档案馆黄珊琦老师《临时大学办长沙湘雅医教施援手》（未刊）一文中引湖南省档案馆藏档案。

四、关于基金之筹集及保管事项

第三条　本会委员定为九人，由国立清华大学校长选聘热心医学事业及富有医事学识经验者充之。

国立清华大学校长、湖南省政府教育厅长、湖南育群学会会长、美国雅礼会会长暨湘雅医学院院长为当然委员。

第四条　本会委员均为名誉职，但聘任委员当开会时得酌送旅费。

第五条　本会聘任委员任期三年，但期满得继续聘任。

第六条　本会由全体委员推定常务委员三人，每月开常务会议二次，审议并处理本章程第二条所规定之各事项。

第七条　本会每年开全体会议二次，审议并追认常务委员会议决各事项。但遇必要时得由国立清华大学校长召集临时会议。

第八条　本会全体会议以国立清华大学校长主席，但遇因事不能出席时，得指定委员一人代理。常务委员互推主任委员一人负召集会议及担任开会时主席之责。

第九条　本会设秘书一人，由常务委员一人兼任，掌理会议记录及其它一切事务。

第十条　本章程如有未尽事宜，得由委员会过半数之提议，再呈请国立清华大学修正之。[①]

从几份建议书表述变化及委员会章程制定过程可见，无论是胡美、颜福庆、王子玕、陈润霖，还是梅贻琦；无论是雅礼会、育群

---

① 清华大学档案，1-2:1-214-016。

学会、湘雅医学院，还是清华大学；虽然对各方权益存在分歧，但对这一合作均抱有极大的诚意和期望，讨论极为审慎认真，推进效率也很高。

有研究者认为，湘雅愿意并入清华，"此举之主要目的可能是为解决湘雅经费困境，因为根据协议，清华大学将对湘雅给予经济补助，而对其用人及行政方面并不加干涉。"[①]应该说，合并动因是为纾解湘雅经费困境无疑是对的。合并后的清华大学湘雅医学院实行校长领导下学院制管理。由于地理、历史等情况，在校、院之间成立委员会沟通学校和学院，但不能说清华对合并后的湘雅医学院用人及行政不加干涉。正如前揭梅贻琦写给叶企孙等人信中说的"院中一切行政由清华主持，另设委员会为咨议机关。此办法似可两利"。

应该说，湘雅并入清华一事，无论是两校，还是湖南省、雅礼会，均无障碍。遗憾的是，此事最终未能成功。主要原因可能来自教育部反对。作为旁证的是，1943年1月16日，梅贻琦与叶企孙谈战后清华发展规划，计划在长沙设理工分校。后来因为教育部反对而作罢。[②]

1946年2月14日，梅贻琦致函教育部长朱家骅，谈及清华大学在湘校舍：

> 本校于战前在长沙建筑校舍，原为备缓急之需，兼作特种研究之用。会为敌人炸毁一部分，其他部分亦须修理，尚能应

---

① 赵厚勰：《雅礼会在华教育事业研究（1906—1951）》，华中师范大学博士学位论文，2006年，第218页。

② 《梅贻琦西南联大日记》，中华书局2018年版，第142页。

用。本校鉴于战后学生人数必将大增，北平校舍最多只能容二千人为适，应将来需要乃有将工学院及研究所一部分移设长沙之拟议，以资调剂。后闻部中有不设分校之规定，又感困难。^①

再进一步考虑到教育部鼓励清华在长沙开展农业研究，甚至鼓励清华与湖南大学深度合作，必要时合并。可见，教育部也并非一刀切反对异地办学，可能只是反对清华与湘雅合并。由此导致清华与湘雅合并功败垂成，清华发展医学的努力受到重大挫折。

四、继续合作

虽然合并未成，但清华与湘雅的合作没有中止。清华在长沙开展特种研究事业，为未来可能战争预做准备，在湘师生客观上有医疗需求。而湘雅经费困难也长期存在。因此，双方合作的基础并没有变化。梅贻琦与王子玕保持密切联系，共同推动双方进一步合作。梅贻琦将合作重点放在改善清华在湘人员医疗上。

1936 年 6 月 8 日，王子玕致函梅贻琦，对清华"惠助建筑门诊处基金尤深感戴。俟建筑图样绘具即当邮呈审核"。王子玕关心询问华北局势，"近阅报载华北风云紧张，情况如何，至为驰念。"并热情邀请梅贻琦再临长沙。"假如台端南来视察贵校在湘建筑之农业研究所时，尚祈偕同尊夫人莅止，弟谨当扫榻以待，特先致迎迓之忱。"^②6 月 18 日，梅贻琦复函：

---

① 清华大学档案，X1-3:3-124-005。
② 清华大学档案，1-2:1-214-002。

子玕院长左右：

别教多日，正深怀仰。此奉来函籍谂，旅途清适，近况佳胜，至慰渴念。华北各校目前又在罢课中。所幸秋序尚佳，得无意外。于贵院门诊处建筑图样，当以先睹为快。暑中如有南行机会，自当趋前奉访也。另致贵院一函。并祈念察酌示复。^①

梅贻琦主动提出资助湘雅 2 万元建造门诊楼。6 月 17 日，梅贻琦指示校长办公处："另以公函致湘雅，谓为双方互助起见，本校愿赠助贵院建筑门诊处用费两万元，而请贵院担负本校在湘工作人员医疗事项，其待遇请照贵院教职员一律办理。"据此指示，6 月 20 日，清华发出第 690 号公函。^②同日，湘雅医学院董事会董事长陈润霖致函梅贻琦，对清华捐 2 万元助湘雅医学院建门诊楼表示感谢。^③7 月 14 日，清华收到王子玕 7 月 3 日写就的复函，复函感谢清华慷慨资助，表示"贵大学在湘工作人员医疗事宜自应遵照办理"，附送湘雅医学院职工住院及医药规则一份。^④并附送《湘雅医学院职工住院及医药规则》。^⑤8 月 7 日，清华大学函附汉口金城银行一万元支票一张，先期支付门诊处建设费一万元。^⑥8 月 29 日，清华收到王子玕 24 日写就的复函，告知已收到清华汇寄的一

---

① 黄珊琦、汪瑞芳、李君：《抗战中合作与双赢的例证：国立清华大学在湘史迹初探》，西南联大研究所编：《西南联大研究》（第三辑），云南教育出版社 2017 年版，第 426 页。

② 清华大学档案，1-2:1-214-004。

③ 清华大学档案，1-2:1-214-003。

④ 清华大学档案，1-2:1-214-005。

⑤ 清华大学档案，1-2:1-214-006。

⑥ 清华大学档案，1-2:1-214-009。

万元。[①]

由于清华慷慨资助，湘雅也给予清华在湘教师与湘雅医学院教职员相同待遇，双方互惠互利，两全其美。

1937 年 7 月，抗日战争全面爆发，清华与北大、南开在长沙合组长沙临时大学。由于三校仓促入湘，"三校原有之图书及理工设备，殆皆无法迁出；欲大量购置，又为力所不及。"在困难情况下，长沙临时大学得到了湘雅医学院、湖南大学等湖南高校的大力支持。"理工设备，经与湖南大学，及湘雅医学院接洽，大部尚可利用。""关于理工设备，其属理科各系，则与湘雅医学院合作，各项设备皆允利用。"[②]

鉴于南迁后，清华大学在湘教职员人数骤增，梅贻琦面嘱王子玕将湘雅医学院附属医院优待清华大学教职员住院章程加以修改，以适应变化的形势。1937 年 10 月 13 日，王子玕致信梅贻琦，附有修订后的《湘雅医学院附属医院优待国立清华大学教职员暂行住院章程》。章程共四条，对清华大学教职员有多处优待。

湘雅医学院附属医院优待国立清华大学教职员暂行住院章程

（一）国立清华大学教职员及其直系家属（限于夫妻、子女），持有正式证明函件，经本院医师诊察，认为有住院疗治必要时，特别病房照定额五折收费（但折后最低额不少于每日两

---

① 清华大学档案，1-2:1-214-010。

② 《长沙临时大学筹备委员会工作报告书（1937 年 11 月 17 日）》，北京大学，清华大学，南开大学，云南师范大学编：《国立西南联合大学史料》（一），云南教育出版社 1998 年版，第 5 页。

元）。普通床位照章收费（现定价额为每日六角，伙食及普通药品均在内）。

（二）住院所需贵重药品，特别检验、X 光造影、外科手术以及其他特殊费用均照最低额收费。需用特别护士照章收费（与医学院教职工同等待遇）。

（三）清华大学教职员及其家属患急症时，若有必要，得由清华大学请求湘雅医院医师前往会诊，医院不收出诊费。

（四）本章程得随时修改之。[①]

梅贻琦根据急剧变化的形势，主动提出请王子玕根据实际情况修订章程。可以说，正是梅贻琦不取巧、不作伪，推己及人的君子之风，才使清华、湘雅共信立、互信生，自始至终都互相谅解、互相尊重。从修订后的章程条款看，湘雅对清华教职员确予优惠。信中，王子玕还解释"至于普通房费暂不折扣，缘由实因普通病床每日消费平均约为二元三角。最近敝院经费更感拮据，不得不略加限制，以资弥补"[②]。

不及半年，长沙临时大学又迁至昆明。湘雅医学院也辗转迁至贵阳办学。双方的合作也不得不中断。

1945 年，中国人民艰苦卓绝的抗战取得胜利。1946 年，内迁各校纷纷复员返回原址。抗战期间，长沙各类建筑损毁严重，湘雅损失更是惨重。1942 年 1 月 4 日，日军纵火烧毁湘雅校舍，"致本

---

① 《湘雅与国立清华大学的合作》，黄珊琦编撰：《老湘雅故事》，中南大学出版社 2012 年版，第 156 页。

② 《湘雅与国立清华大学的合作》，黄珊琦编撰：《老湘雅故事》，第 156 页。

院留湘之房屋设备同付一炬，损失不下二千万元。"①清华在长沙残存的建筑成为各复员大学征用的目标。湖南大学、岳麓中学等都曾借用一部分建筑作为校舍。湘雅也希望借用，"此外，尚有湘雅医学院，因其校址全毁（除医院外），亦曾函商借一部分以便在湘复校。本校因同属教育机关，同为复员需要，拟亦匀调一部借与应用。"②清华大学对湘雅医学院的关照，可以说是双方合作的尾声。

从学科发展、抗战预备等多方考虑，梅贻琦积极支持将湘雅医学院合并入清华，从而实现医学学科的突破和发展。他积极与湖南省、教育部、卫生署，以及育群学会、雅礼会等沟通，虽然合并功亏一篑，但梅贻琦仍坚定支持湘雅的发展，体现了他对发展医学学科的重视。遗憾的是，一直到1948年底，梅贻琦离开学校，清华都没有建立独立的医学学科。但他的努力，应该在清华大学校史，尤其医学学科发展史上留下浓重的一笔。

---

① 李清香、黄珊琦：《关于湘雅医院院史若干问题的浅探》，《湖南医科大学学报》（社会科学版）2006年第4期，第239页。

② 清华大学档案，X1-3:3-124-005。

筹建南昌航空工程研究所

1935 年，在校内建成五英尺航空风洞后，清华大学计划建造更大的第二风洞。考虑到华北局势日益恶化，在与政府高层协商讨论后，清华大学决定将第二风洞建在南昌。与此工程相配合，在南昌成立航空工程研究所。在异地筹备成立航空工程研究所、建设第二风洞过程中，梅贻琦起着关键的协调、组织作用。

一、钱昌祚提出异地发展航空学科

1932 年，清华大学成立机械工程学系，下分三个组：原动力工程组、机械制造工程组、飞机及汽车工程组。其中，飞机及汽车工程组"注重飞机及汽车之制造，于发动机之装卸，试验及比较等，均施与充分之训练。将来须与政府航空机关或学校合作。然后于学理制造，及航空实验，均有充分之训练"[①]。

一开始，清华选定航空风洞为研究重点。庄前鼎指出："当时我们感到各国航空事业的突飞猛进，都有赖于研究工作的辅助；而航空研究的中心工作当以气动力学部份最为重要，那就是利用航空风洞，试验飞机机翼机身的特性，供制造飞机的参考与改良，及采购时选择飞机的决定。"[②] 对这一研究重点，清华有着一贯的认识。在

---

① 《机械工程学系》，《清华副刊》第 39 卷第 7 期，1933 年 4 月 29 日，第 7 页。
② 庄前鼎：《清华航空研究所工作报告（1937—1945）》，清华大学校史研究室编：《清华大学校史资料选编》二（下），第 557 页。

1940 年抗战期间，张捷迁仍详列七条理由，强调"我国抗战中仍需要风洞"[①]。应该说，这个选择是非常有远见的。发展航空业，不仅仅是基础理论研究，也需要很强的工程实践。航空风洞恰如一个连接器，将理论与工程结合起来。清华航空专业的学生不但有理论学习，亦有实践环节，学以致用，对提高学生培养质量起了重要作用。

1935 年校庆前夕，清华大学建成了五英尺航空风洞。五英尺风洞采用世界上普遍使用的普氏（Prandtl）风洞[②]，共分 19 节，每节大小与功用都不相同，节间用橡皮及许多螺丝钉连接紧，不漏气，成了风洞循回气流通道。有支架多个，按图将每管节轴线都装在水平面上，使风洞坚牢不动。1935 年秋冬两季，风洞全体外壳安装在新航空馆楼下。当时北平工业落后，用焊接制造方法于此种大规模工程，尚属首次。

五英尺风洞各项指标较为理想。风速每小时可达 120 英里，

---

① 张捷迁：《国立清华大学十五英尺口径风洞》，《航空机械》第 4 卷第 9 期，1940 年 9 月，第 3—4 页。

② 当时世界上风洞主要有两种：爱式（Eiffel）与哥丁根式（Göttingen）。哥丁根式由德国人普朗特（Prandtl）创造，又称普式，系由爱式改良而来。"大抵学理上两者各有短长，实际方面则各国皆用哥丁根式，因爱式收风节及散风节之两极端，在自由气体流中，时受气候上之影响，于风雨较大时即不能执行试验。而哥丁根式，则因于洞内迥流关系，不受气候之支配，易于管理。且爱式风洞占地较大，哥丁根式则可将迥流部份装置地下或屋顶，以节省地面，占地较小。又爱式风洞因两端在自由流中，由压力关系，试验室必密封而与外界不通，以便迥流。在哥丁根式，则因迥流节洞内压力，已稍高于试验室中气压，无需密封，较为便当。惟哥丁根式因原气流循环迥流渐热，亦有消耗能力之失。"秦大钧：《考察德法英荷比义等国航空研究所风室及飞机与马达制造厂报告》，《国立北洋工学院工科研究所丛刊》1936 年第 10 号，第 1 页。

雷诺数[①]达 5,500,000。当时世界著名风洞，雷诺数最高为英国伦敦高气压风洞，达 83,000,000；次为美国兰雷飞行场风洞，达 63,000,000。与清华风洞雷诺数相埒者有日本川西机械制作所风洞，为 6,650,000。[②]清华风洞自主设计，一次即告成功，并能得到如此高的雷诺数，在中国航空史上有非常重要的意义。[③]风洞最高风速及能量比率，经过测定最高能比约为 5.05，[④]对比当时国际著名航空风洞，这个数字已经相当出色，仅比加州理工大学 5.50 为低，高于法国、德国、英国、意大利、苏联、日本等国风洞。[⑤]利用间接的可用球阻力试验测量风流扰动次数，结果为 1%，与德国哥廷根 2.2 英尺风洞及美国加州理工 10 英尺风洞的测量结果，较为符合。[⑥]

　　1930 年代，中国航空工业十分落后，空军使用飞机大部依赖进口，主要从美国与意大利进口。这些飞机结构复杂，维修困难，而

---

　　① 流体力学中，影响物体在流体中发生变化的变量有流体速度（Velocity）、固体大小（Dimension）及流体动力滞性系数（coefficient of kinematic viscosity）暂以 V、D、γ 表示。飞行器进行风洞实验时，为求更接近实际情况，要求风洞中实验模型 VD/γ 与实际飞机飞行时 VD/γ 相等。VD/γ 即为雷诺数 Re（Reynold's number），风洞雷诺数越高，模拟实验越接近实际情况。

　　② 王士倬、冯桂连、华敦德、张捷迁：《国立清华大学机械工程系之航空风洞》，《国立清华大学机械及航空工程研究丛刊》机研第八号，1936 年 5 月，第 7 页。清华大学档案馆，1-2:1-204。

　　③ 王士倬、冯桂连、华敦德、张捷迁：《清华大学机械工程系之航空风洞》，《工程》第 12 卷第 1 号，1937 年 2 月 1 日，第 7 页。

　　④ F. L. Wattendorf, "The First Chinese Wind-Tunnel: A Description of the Five-Foot Tunnel Installed at Peiping University", *Aircraft Engineering*, Oct.1938, p.317.

　　⑤ 王士倬、冯桂连、华敦德、张捷迁：《清华大学机械工程系之航空风洞》，《工程》第 12 卷第 1 号，1937 年 2 月 1 日，第 7 页。

　　⑥ 冯桂连：《清华五尺风洞风流扰动之测定》，《工程季刊》第 1 卷第 2 期，1937 年 6 月，第 217 页。

国内缺乏技术人才，因此军方宁可使用国产结构简单的飞机。为此，中国与意大利合作在南昌建立飞机制造厂。因而需要建造一个风洞来进行试验，检测新的飞机设计指导思想。风洞容积应足以容纳整个机尾、机翼或一台发动机等部件，用它来研究已有外国飞机，找出改进措施，使这些飞机适合中国的具体使用条件。由于清华在航空研究上已取得初步成果，国民政府将研制大风洞任务交给清华大学。①

办理航空学科，不仅是科学和教育问题，亦是政治问题。国民政府积极支持清华大学发展航空教育与研究，但政府支持并不只看研究基础、科研水平和设备条件，设备安全、政治影响等也是必须考虑的因素。当时华北局势日益恶化，华北事实上已经成为中日冲突前线，不适宜在北平建大尺度风洞。钱昌祚认为：

> 本会拟选清华、武汉二大学设立航空学系讲座。查清华大学本有设立航空工程选科之计划，已在进行中，且其教授中已有航空工程专门人才，进行自易。如能略加资助，自可促其成功。惟华北局势未定，此项与国防直接有关之物质建设，如航空实验室、研究所等，易招强邻嫉视，能否酌于移设京畿附近，以策永久之安全，是有待于与该校当局商榷者。至于武汉大学之遴选，或以其地点适中，或因其经费宽裕，或因本会委员王部长雪艇之促成，想必有其相当理由。惟就目前之国情观之，航空重心在京杭一带，飞行学校及工厂、航空队，多在于此。

---

① 〔美〕冯·卡门、李·爱特生：《冯·卡门——航空与航天时代的科学奇才》，曹开成译，第232—233页。

如能在中央、交通、浙江三大学中择一设立航空学系讲座，则学生实习见闻及与军民航空当局合作较易，且各该校工科学生人数较多，成立较易。[1]

可见，选择清华大学主要在于清华已经进行航空工程教育与科研，且有相应师资等条件，这是清华的优势。因此，对已有基础的清华如果能"略加资助，自可促其成功"。但清华的不足也很明显，首先是地理位置。正如钱昌祚指出的，清华大学地处华北，1931年"九一八"事变后，随着东北逐渐沦陷，华北成为中日民族矛盾前线。在清华设航空讲座等，公开进行国防教育与战备训练，"易招强邻嫉视"。此外，清华大学距离南京、杭州、南昌等航空中心较远，学生实习以及与军、民航空合作不甚方便。钱昌祚虽未明说清华大学的区位劣势，但细揣钱氏关于从中央大学、交通大学、浙江大学等"京畿附近"大学择一支持的建议，不难看出暗含之意。

权衡利弊之下，钱昌祚并未否决清华选项。一方面，作为校友，钱昌祚对母校怀有感情，积极支持清华大学航空学科建设。另一方面，毕竟清华已经开始进行航空学科建设，"其教授中已有航空工程专门人才，进行自易。"在国内相对有自己的优势。因此，钱昌祚提出商同清华大学将航空实验室、航空工程研究所设在南京附近，"以策永久之安全"。

钱昌祚的这个提议新颖而大胆，对国家而言，可谓学科、地域

---

[1] 《钱昌祚致国防设计委员会秘书厅意见书（1933年10月13日）》，龙锋、张江义、姚勇、王志刚选辑：《20世纪30年代初国防设计委员会资助大学发展航空教育函电选》，《民国档案》2016年第3期。

兼顾的两全之策。但对清华而言则利弊兼有。有利的方面，在京畿附近建实验室，远离北方战场，安全有保障。但如此一来，航空工程研究所远离北平、孤悬江南，不符合大学教学、科研并重，不能收教学研究互补之效，埋下教学、研究分离的隐患。迨至于抗战全面爆发初期，遂有航空工程研究所随航空学校迁蓉而非随清华大学迁滇导致的进退失据的教训。[①]从国内国际局势、从争取国家支持出发，梅贻琦认真考虑异地办理航空研究。

二、果断决策在南昌筹建航空工程研究所

异地筹建航空学科，首先是选址问题。

1935 年，清华计划筹建分校发展航空，国民政府和军方部门对选址有不同意见。与航空相关的部门如国防委员会等支持选址南昌。1935 年 3 月 23 日，钱昌照致函梅贻琦，表示"贵校拟在赣扩充航空研究工作，弟甚赞同"。[②]

但清华大学上级主管部门教育部则力主选址长沙。1935 年 10 月，梅贻琦赴南京向教育部汇报工作。停留期间，梅贻琦赴教育部四次，先后与教育部次长段锡朋、教育部长王世杰谈。段锡朋"颇以南昌不如长沙"。王世杰极力主张清华大学与湖南大学合作。梅贻琦在写给沈履的信中描述他与王世杰的谈话：

> "合作"之不妥，因为清华的需要，并不是为那一种事业须

---

① 金富军：《迁滇前后清华大学航空研究所考察》，西南联大研究所编：《西南联大研究》（第三辑），第 412—421 页。

② 清华大学档案，1-2:1-204-046。

与湖大合作，是为应变的布置。倘照部里意思，在湖大先造些
房舍、分些教员，如清华须移动时，并不能应急，徒增加两校
的纠纷。王便说：到那时把湖大改为国立，可由清华接办此语
最危险。并说校长亦可无问题此语最无谓。[①]

梅贻琦对筹建分校极为慎重，对王世杰轻率的许诺和保证不以
为然，在未充分考察、论证前，虽未轻易接受教育部意见，亦不便
反对，遂表示："吾只好回校，再同大家商量。吾不愿一人作主张。
因为校内同人，如对于所定的计划不热心，将来学校团体，终难保
持。便与原来目的相违了。"王世杰见状，也不再坚持。"他才意思
活动，肯考虑江西问题，遂说定先由校派一、二人往江西察看情形，
以后再商议。"事实上，梅贻琦拒绝王世杰的意见。

1936 年 5 月，经国民政府行政院秘书长翁文灏介绍，蒋介石接
见清华大学校长梅贻琦、工学院院长顾毓琇和机械工程学系主任庄
前鼎等人。梅贻琦向蒋介石汇报了清华大学航空工程研究情况，提
出发展航空研究计划，获得蒋介石肯定。蒋介石手谕南昌航空机械
学校钱昌祚校长，令航空机械学校与清华大学合作办理。手谕内容
如下：

> 钱校长　清华航空工程研究所拟设置于南昌，中意机械学
> 校应与之切实合作或附设在校内以资研究且于人才与经费皆可
> 互助，以吸合作之效。[②]

---

① 清华大学档案，1-2:1-198-011。
② 清华大学档案，1-2:1-204-038。

这次汇报对建设第二风洞极为关键。首先，手谕明确了航空工程研究所与第二风洞地址定在南昌；其次，手谕明确航空机械学校要与清华"切实合作"，并在人才、经费等方面互助。显然，手谕无异让清华大学获得了尚方宝剑，有利于得到航空委员会等政府和军方部门支持。

由上可见，清华大学将航空研究所选择在南昌，地理位置是重要原因之一。正如梅贻琦在向教育部汇报时说：

> 鉴于我国对于航空事业迫切需要，拟将研究范围设法扩充推展，俾以研究所得贡献国家采用。惟当时因华北情势严重，该项研究事业允宜择谋比较安全地带举办以免或受阻难，爰有南昌等地设立航空工程研究机关之计议。[1]

其次，南昌是当时中国航空中心之一。南昌设有许多航空制造、机械、教育机构。1934 年中国与德国商定组建的中国航空器材制造有限公司、1935 年中国与意大利合作建立的中央飞机制造厂均在江西。[2] 自 1935 年起，国民政府将空军教导总队也设在南昌。[3] 1937 年 5 月，国民政府又在南昌成立先于南京第一空军区司令部的第三空军区司令部。[4] 而风洞是发展航空航天事业的关键设备，研制任何

---

[1]　清华大学档案，1-2:1-204-027。

[2]　唐学锋：《中国空军抗战史》，四川大学出版社 2000 年版，第 63 页。

[3]　孙孟桓：《国民党空军见闻》，中国人民政治协商会议文史资料委员会编：《文史资料存稿选编·军事机构》（上），中国文史出版社 2002 年版，第 632 页。

[4]　何应钦：《对临时全国代表大会军事报告（1937 年 3 月—1938 年 3 月）》，《何上将抗战期间军事报告》，《民国丛书》第 2 编第 32 册，第 95 页。

飞机，包括军用飞机、民用飞机以及航天飞机，都必须首先在风洞中进行大量试验，试验飞机能不能飞起来，能飞多高、多快和多远以及其他各项飞行性能等。清华建新大风洞，空气动力试验的一部分，将与中央飞机制造厂合作。因此，在南昌建造风洞，有利于研究、试验与生产结合。这是国防委员会支持的原因，也是清华大学最终选址在南昌的重要原因之一。

最后，江西省政府积极争取清华大学入赣办学，在南昌设立分校。

近代以来，江西省高等教育发展缓慢。1931—1937年江西省立专科学校情况为：

	1931	1932	1933	1934	1935	1936	1937
学校数	4	4	3	3	2	2	2
学级数	2	3	2	8	8	9	8
学生数	165	209	163	104	97	136	84
毕业生数	94	85	17	13	21	29	20
教职员数	178	140	129	123	87	63	57

程时煃：《十年来之江西教育》，《赣政十年：熊主席治赣十周年纪念特刊》，1941年12月编印，第60页。

到抗战全面爆发前，江西省只有工业与医学两所专科学校而无一所大学，高等教育力量非常薄弱，因此江西省政府办理大学的意愿十分强烈，除积极筹建中正大学，更是大力引进清华大学。

1935年1月30日，江西省政府委员兼省经济建设委员会主任委员萧纯锦致函梅贻琦，盛邀清华入赣办学：

关于清华南迁事，所不忍者惟事势所逼，有不能不先机绸缪者。弟前在四川峨眉时与最高当局议及此事。当荷赞同，即由弟在成都函吴正之兄接洽此事。正之兄覆函盛道我公赞许之意。惟事隔多时未见更有接洽，不知近日有无变计？□□□念本省在国内为文化富庶之邦，而独无大学。近者迎祸之余，百度凋残，振衰起颓，尤感有设大学必要。白鹿书院位置庐山之麓、鄱阳之滨，水陆交通均及便利。牯岭避暑胜地，夏□讲习，尤可招徕海内外多数名宿硕学。现有静生植物园在彼，业经倾动全国。倘清华迁彼，不惟可得敬仰先贤、继轨绝学之益，即影响社会、发挥学术效用，尤为特宜。白鹿书院□比甚大，房舍虽稍简陋，亦不难修葺。江西省政府自当力谋便利，即筹措建筑费亦愿惟力是视。此事已与熊天翼主席再三商酌同意，绝非放空言。[①]

信中吴正之即吴有训，江西宜春人，清华大学理学院院长。萧纯锦首先与吴有训联系，希望借助中国人传统上重视的乡缘关系拉进双方距离。萧纯锦强调，欢迎清华入赣办学是与江西省政府主席熊式辉再三商量的决定。

熊式辉欢迎清华在赣办学，对清华提出的拨地申请积极响应，表示："自应设法拨借，除令饬南昌市政委员会查核办理，另行函知外，相应先行函复。"[②]

---

① 清华大学档案，1-2:1-211-011。此信落款时间为"一.卅。"结合清华在赣办学情形，此信应写于 1935 年 1 月 30 日。

② 清华大学档案，1-2:1-204-049。

由此出现南昌、长沙竞争，"江西、湖南两省，均以该校素负声誉，表示欢迎。江西省府拟拨地一千亩，并赠建筑费二三十万元，在庐山或南昌建筑学舍。湘省政府亦愿以省立高级农业职业学校左家垅新校址，赠与清华。"[①]

经过清华大学慎重讨论，梅贻琦做出决策，航空工程研究所与第二风洞建设放在南昌。农业研究所及其他一些理工研究所放在长沙。当长沙进展不顺时，梅贻琦甚至考虑把农业研究所也办在江西，还专程赴赣考察。[②]

清华大学科学慎重、实事求是的规划和选址得到了最高当局的认可，前揭蒋介石的手谕无疑做了最终结论。

梅贻琦在向教育部汇报时说：

> 二十五年春，商承江西熊式辉主席允拨房屋及空地以供应用。后蒙航空委员会蒋委员长面询指示并手谕南昌航空机械学校与本校合作办法。当即拟具开办预算书及研究设施计划送经委员会鉴核同意。[③]

得到蒋介石手谕后，工学院院长顾毓琇手拟致航空机械学校校

---

① 清华大学档案，1-2:1-209-022。

② 1935 年 10 月 2 日，梅贻琦致函南昌航空委员会技术处钱昌祚、王士倬，称："教密，湘校租事无成，拟在赣办农学院。最近当来赣商□赣方及农校情形，祈先电或航快示知。"梅贻琦也注意收集江西省农业研究机关信息，例如清华大学档案馆藏有 1936 年 6 月 14 日《大公报》上关于江西省农业机关报道《全国仅有之农业机关江西农业院介绍》的剪报。清华大学档案，1-2:1-198-001，1-2:1-200-034。

③ 清华大学档案，1-2:1-204-027。

长钱昌祚信大意：

> 请　密函
>
> 南昌　航空机械学校
>
> 根据　蒋委员长致该校钱校长手谕——，请在南昌代觅本校航空研究所办公房屋及建造实验风洞等所需空地二十亩。
>
> 秘书处
>
> 文书科
>
> 琇 [①]

据此，秘书科 1936 年 7 月 10 日发出致钱昌祚信。[②] 双方开始更加密切沟通，推动清华大学航空工程研究所筹备和 15 英尺航空风洞的建设。

三、积极协调、组织航空工程研究所筹建

在第二风洞建设、航空工程研究所筹备过程中，所有与政府、军方部门交涉以及人员聘请、经费变动、介绍学生实习等，都由梅贻琦负责。其中，经费与人员最为关键，在梅贻琦积极有效的协调、组织与领导下，第二风洞与研究所异地建设才能顺利推进。

首先，经费和设备，梅贻琦积极争取相关部门支持。

清华大学发展航空学科的经费，除来自学校经费外，还积极争取国防设计委员会赞助。在国防设计委员会支持下，清华设立航空

---

① 清华大学档案，1-2:1-204-041。

② 清华大学档案，1-2:1-204-042。

讲座，同时积极争取到免费拨与的发动机等设备。

1937 年，由于沟通不畅，蒋介石不知清华已经开始建造风洞，按照 1936 年情况，将航空委员会报告中的清华经费由 20 万元预算核减为 5 万元。庄前鼎一面询问核减原因，一面和梅贻琦、顾毓琇商量如何重新申请。[①] 在梅贻琦积极努力下，蒋介石对航空委员会重新申请批复 18 万元经费，并致电梅贻琦。

> 清华大学梅校长，铣电诵悉。南昌航空研究所准予补助十八万元，希知照。中正敬申，侍参，牯印。[②]

虽则蒋介石批复，但梅贻琦仍须多次与航空设计委员会沟通，请分批落实拨款。

对建设中因计划变更而引起的经费变化，梅贻琦也认真审核。一般情况下，梅贻琦不具体关心风洞设计与建造技术细节，以及经费使用。但如果由设计或建造方案变化而导致经费变更，梅贻琦会作出具体批示。

1935 年 9 月 4 日，王士倬向梅贻琦报告：由于风洞设计修改，建造经费增加 240 元。当天，梅贻琦批复同意。[③] 9 月 5 日，秘书处根据梅贻琦批示回复王士倬，并转知施工方。[④]

其次，聘任相关人员，保证各项工作顺利推进。

聘任人员，主要包括两个方面。一是航空工程研究所研究与行

---

① 清华大学档案，1-2:1-205-019，1-2:1-205-020。

② 清华大学档案，1-2:1-205-025。

③ 清华大学档案，1-2:1-184-044。

④ 清华大学档案，1-2:1-184-043。

政人员。一般情况下，研究人员和行政人员，都由航空工程研究所负责人顾毓琇或庄前鼎提出，梅贻琦认可即可聘任。另一类是研究所外聘顾问。在梅贻琦主持下，聘请了三类筹备人员。一为研究所筹备顾问，聘请王伯修、王助、毛邦初、朱君复、钱昌祚、王守竞、王士倬、邢寿农为顾问。同时成立风洞工程筹备委员会，聘请李辑祥、华敦德、冯桂连、殷文友、黄学诗为筹备委员，张捷迁、秦大钧等为筹备员。[①] 聘请杨宽麟、王明之为风洞工程顾问。[②] 此外，梅贻琦还聘请冯·卡门为荣誉顾问。[③]

在梅贻琦组织下，研究、行政、外聘等各类人员很快确定并聘请到位，组成干练有效的工作队伍，快速推进风洞建设和航空研究所成立。

1936年11月，清华大学在南昌成立航空工程研究所（Aeronautical Research Institute, Tsing Hua University），顾毓琇兼任所长，庄前鼎为副所长。这是当时仅有的两个航空科研机构之一，也是高校中唯一的研究所；另一个为1939年7月在成都成立的"航空委员会航空研究所"。[④] 在科研体制上，清华大学航空工程研究所、农业研究所等几个特种研究所的成立，"实现了大学科研的专门化和职业化，具有

①《国立清华大学航空工程组及航空研究所工作报告（1937年1月）》，第7页。清华大学档案，1-2:1-204-057。清华大学档案，1-2:1-205-015，1-2:1-111:2-037。

② 清华大学档案，1-2:1-205-011，1-2:1-205-012。

③ F. L. Wattendorf, "China's Large Wind Tunnel: Details of the Design and Construction of the 15ft. tunnel at Tsing Hua", *Aircraft Engineering*, Sep.1939, p. 345.

④ 傅海辉：《抗日战争时期的航空研究院及其历史价值》，《中国科技史料》1998年第19卷第3期。傅海辉：《关于旧航空研究院几个数据的考证》，《航空史研究》1998年第2期。

很大的意义。"[①]

　　航空工程研究所克服人员、资料、资金不足等种种困难，在华敦德主持下，采取边设计边试验的方法，积极筹建 15 英尺航空风洞。在师生努力下，一个月之内便完成 15 英尺风洞的初步设计。华敦德与张捷迁又花费一个月，完成修正设计及指导绘图等工作，[②]然后定案，完成正式图。这个风洞是当时世界上最大的风洞之一，比加州理工学院的风洞要大 50%。[③]

图 17-1　建造中的 15 英尺航空风洞

　　①　徐明华:《民国时期大学的科学教育体制与科学研究的发展》,《自然辩证法研究》1992 年第 8 卷第 1 期。

　　②　张捷迁:《国立清华大学十五英尺口径风洞》,《航空机械》第 4 卷第 9 期, 1940 年 9 月, 第 1 页。

　　③　《著名科学家冯·卡门谈:协助清华创始航空工程研究经过》,《清华校友通讯》1996 年第 4 期。

15 英尺航空风洞，许多方面在中国都是首创，例如国内首创应用薄壳理论建造方法，风洞口径可以在 10—15 英尺之间切换，大量应用中国产零件，首创减少温度应力特殊方法。[①]

1937 年 7 月 14 日，在梅贻琦、华敦德、顾毓琇等陪同下，冯·卡门在庐山拜见蒋介石，谈对中国航空业意见。[②] 蒋介石充分肯定了清华大学航空工程研究所的工作，"面嘱积极进行"。[③]

按照计划，风洞建设"二十五年十一月九日，起始地基工程。十一月廿八日，起始地基混凝土工程。十二月一日，起始搭木架样板。十二月七日，起始风洞混凝土工程。现预望二十六年二月十五日完成混凝土工程，四月十五日完成风洞内部工程"[④]。不幸的是，1937 年 3 月，在日机轰炸中，风洞中弹。"窠筒距地面 10 英尺以下之钢筋水泥，全部崩毁，风筒损坏约全部百分之六十强"[⑤]。15 英尺航空风洞终至功败垂成，清华航空研究遭受重大挫折。

四、推动航空工程研究所工作重心转向以研究为主

"卢沟桥事变"爆发后，清华大学、北京大学、南开大学迁至湖南长沙，组建长沙临时大学。1938 年 4 月，长沙临时大学迁至昆明，改名为西南联合大学。

---

① 张捷迁：《国立清华大学十五英尺口径风洞（续）》，《航空机械》1940 年第 4 卷第 10 期。张捷迁：《回忆清华开创航空研究》，《清华校友通讯》1986 年新 95 期。

② 有关冯·卡门这次访华及活动，可参见〔美〕冯·卡门、李·爱特生《冯·卡门——航空与航天时代的科学奇才》，曹开成译，第 24—25 页。以及本书《邀请冯·卡门指导航空学科发展》。

③ 清华大学档案，X1-3:3-98-001。

④ 清华大学档案，1-2:1-204-057。

⑤ 清华大学档案，X1-3:3-98-023。

航空工程研究所并未随学校迁移。为了研究方便，航研所随航空机械学校迁移。1938 年 4 月，航研所迁往四川成都。依照清华大学计划，航空工程研究所留蓉，与南昌一样，仍采取异地办所方式，和航空机械学校合作。航空工程学系则与在昆的航空学校合作，共同培养航空工程人才。[①]

随着形势变化，根据国民政府部署，航空机械学校须迁往陪都重庆。清华大学航空工程研究所处境显得异常尴尬，"若留成都，失去合作机关；若随同迁渝，则中央大学已设有航空工程系，未免重复。"[②] 同时，航空机械学校校长钱昌祚于 1938 年 3 月调往汉口任职，[③] 无形中失去了双方合作中的一位有力支持者和沟通桥梁。因此，航空工程研究所决定随清华大学迁往昆明，继续推进航空研究。一方面，西南联大工学院内筹设航空工程系，重在教导学生，培养航空工程人才，航空工程研究所则重在研究，系、所既有分工、又互相配合，可以收相互支持、促进效果。另一方面，昆明是当时远离前线的后方，中央航空学校及飞机制造厂等机构迁移至昆明，使其成为当时航空中心之一。航空工程研究所可与航空学校、飞机制造厂等合作，"以收合作之效"。[④] 但频繁迁移给工作带来诸多困难。"由赣迁川，由川迁滇，时间精力，两俱损失。"[⑤]

---

① 清华大学档案，X1-3:3-98-005。

② 清华大学档案，X1-3:3-98-008。

③ 钱昌祚：《怀念梅故校长》，《清华校友通讯》新 2 期，1962 年 8 月 29 日，第 16 页。

④ 《国立清华大学为扩充研究事业呈教育部文（1938 年 9 月）》，清华大学校史研究室编：《清华大学史料选编》三（上），第 117 页。

⑤ 清华大学档案，X1-3:3-87-010。

1938 年 9 月，航研所迁到昆明北门街 71 号。此时，顾毓琇已就任教育部次长，机械工程学系主任庄前鼎接任航空工程研究所所长。

抗战全面爆发前，航研所实际上与机械工程学系航空组大体重合，除了研究工作外，也负责航空方向学生培养，实际上兼有教学、研究双重职能。抗战爆发后，社会对航空方面人才要求更为迫切，教育部命令部分学校正式添设航空工程学系，扩大航空人才培养规模。西南联大于 1938 年秋设立航空工程学系。这样，航空工程研究所实际上没有必要再兼有学生培养的职能。此外，抗战爆发后，原先来自航空委员会、航空建设协会总会等的经费支持不再继续，经费困难。由此，航研所工作重点势必做出调整。梅贻琦审时度势，推动航研所工作重点转向以研究为主。

1938 年 6 月 1 日，钱昌祚致函梅贻琦，提出："因航会关于大学航空工程教育今年已停止补助。中大方面因系特别托办班次，故列入预算而廿五年度仅领去一半，廿六年度未领去，对于他校多从婉谢，清大未便独异也。"因此，建议航空工程研究所"原则方面大概限于研究工作"。6 月 8 日，梅贻琦复函钱昌祚，同意钱昌祚提出的航空工程研究所工作重点，表示："至于原则方面，限于航空工作一层，对于本校可无问题。盖因以后清华即多注重于研究工作也。"[①]

1939 年初，航空工程研究所所长庄前鼎向学校申请，研究所"拟与中央空军军官学校合组航空编译社"。梅贻琦表示"本大学学术方针系注重教学与研究，教师用其教课与研究之余时，旁及于编译，固亦本大学所颇鼓励，且已有鼓励之办法。至聘请专员另行组织一层，就目前本校经济情况言、就航研所应特注重之事项言，经

---

① 清华大学档案，X1-3:3-98-006。

审慎考虑之后，琦认为可从缓议。再为所中研究工作得以专注起见（目前各所之廿八年度预算正赶编造），航空研究所之编译组恐难继续维持，该组工作应于本年度内就现有范围准备结束。所中研究人员当然仍不妨用其余暇从事编译。短篇编译稿件可投登国内已有之工程及科学杂志，长篇者可交本大学之出版委员会或中华文化教育基金会及中英庚款董事会之编译处印行"[①]。

1939 年 11 月 27 日，庄前鼎致函梅贻琦，汇报新聘副教授金希武主持与航空机械学校合作进行内燃机、发动机研究，同时兼授飞行员训练班发动机课。[②]12 月 9 日，梅贻琦手拟致庄前鼎信，希望金希武工作侧重研究。

> 金希武君聘约已备就，请转致。为目前航研所办理试飞员训练班自可如此办理。但将来仍以金君充实航工及机械系为宜。一因航研所应以前定之气体动力学、飞机机架及高空气象为研究范围，以免趋于广泛。一因近来学生投入航系者人数日多，每系之充实实为基本要图，亦即以促将来所之发展也。[③]

可见，对于航空工程研究所工作重心，一经确定，梅贻琦便坚持不懈。这样，在钱昌祚提议、梅贻琦推动下，航空工程研究所调整重心，工作集中于研究。学生培养则放到西南联大航空工程学系。

---

① 清华大学档案，X1-3:3-98-022。

② 清华大学档案，X1-3:3-41:1-039。

③ 清华大学档案，X1-3:3-41:1-038。

梅贻琦重视学术研究，他在 1931 年 12 月的就职演说中就明确指出："我希望清华今后仍保持它的特殊地位，不使坠落。我所谓特殊地位，并不是说清华要享受什么特殊的权利，我的意思是要清华在学术的研究上，应该有特殊的成就，我希望清华在学术方面应向高深专精的方面去做。"同时，梅贻琦也强调研究事业结合国家需要。1933 年 2 月 7 日，梅贻琦在总理纪念周上报告，强调"要从速研究实用科学，以供国家需要"[①]。清华大学发展航空学科，并选择南昌筹建 15 英尺风洞，是梅贻琦从国家需求、学科发展规律、对国内外形势的准确判断，以及清华大学实际情况出发，集思广益做出的慎重决策。对此，他付出了极大的心血。虽然 15 英尺航空风洞功败垂成，航研所颠沛流离、损失不小且被迫转向以研究为主，学科发展遭受挫折。但在梅贻琦领导下，清华大学航空学科坚持发展，不但度过了风雨如晦的抗战岁月，还迎来了战后更大的发展。

---

① 《二月廿七日总理纪念周纪事》，《国立清华大学校刊》第 486 号，1933 年 3 月 2 日，第 1 版。

筹设湖南分校

1931 年，"九一八"事变爆发后，华北局势日益恶化。1935 年，学校向校友介绍情况时沉痛地描述：

> 母校年来之处境，盖至苦至难，非有如外人所臆测之一帆风顺者。撮要言之，约有三端。一曰时局之影响。自九一八变起，平津已成国防前线。全校师生精神物质所受之损失，已至重大。继而平津被围，敌机日日盘旋于大礼堂上，战壕浸浸筑至校墙以内，于时在校师生，一方面须力持镇静，协助当局，以励前敌之士气。一方面又须为学校图长久之计，于此最高学府，力筹保存之力。"心力交瘁"殆此时母校师生最好之形容词矣。[①]

面对日本帝国主义昭然若揭的野心，清华大学也在做着应付不测之局的准备。

1933 年初榆关失守，3 月热河基本沦陷，华北局势骤然紧张。在热河沦陷前，2 月 26 日，清华大学文学院院长冯友兰、政治学系燕树棠两位教授赴南京向教育部汇报成立法律学系，并请示形势极

---

① 《母校近况鸟瞰》，《清华同学会总会校友通讯》第 2 卷第 1—2 期，1935 年 2 月 1 日，第 5 页。

端恶化时学校能否迁移。无奈教育部也无妥善办法，冯友兰、燕树棠在致梅贻琦信中说："部中对于北方大学苦无妥善办法，现在只可将重点书籍仪器装箱，必要时移北平附近地方暂避，永久迁移则现在无此力量，只好听其自然。"[1]实际上，这个结果在梅贻琦预料之中。

在严重民族危机面前，梅贻琦意识到，中日关系已经不是战与和的问题，而是何时战的问题，两国之间战争已不可避免。他在1931年12月3日的就职典礼上明确表示：

> 中国现在的确是到了紧急关头，凡是国民一份子，不能不关心的。……我们只要看日本对于图谋中国的情形，就可以知道了。日本田中的奏策，诸位都看过了，你看他们那种处心积虑的处在，就该知道我们救国事业的困难了。[2]

1932年度开学时，梅贻琦甚至发出"至于本学年未来之一年中，能否仍照这样安安静静的读书，此时自不可知"[3]的担忧。1933年2月27日，梅贻琦在总理纪念周上报告指出：

> 近来时局日趋紧急，据报纸及他方面消息，战事未见十分

---

① 《冯友兰、燕树棠致梅校长函（1933年3月28日）》，清华大学校史研究室编：《清华大学史料选编》二（下），第708页。

② 《梅校长到校视事》，《国立清华大学校刊》第341号，1931年12月4日，第2版。

③ 《举行廿一年度开学典礼志略》，《国立清华大学校刊》第432号，1932年9月16日，第2版。

顺利，大决战尚未开始，将来局势不知要演变到如何程度。据个人观测，日本不顾一切，任意横行，国际方面恐亦不能终久坐视。然则战祸旋涡，必致愈扩愈大，势将牵动全世界，恐亦必非短时期所能收拾。我们丁此时艰，更应努力准备。[①]

梅贻琦对形势的观察和中日关系走向的判断可谓准确，这对此后几年学校工作的调整有着至关重要的影响。

虽然没有教育部指示，但梅贻琦并不坐以待毙。一方面，他对校务、教务等做出各种安排，以应付可能的意外。曾任清华大学历史系主任的蒋廷黻回忆：当时很多教授主张从速准备，"以应付可能发生的战争。为了使学生准备作战，许多教授也改变了他们的授课内容。"[②]另一方面，梅贻琦吸收教育部转移重点书籍与仪器的建议，但转移地点不是"北平附近地方"，而是南方。1933年5月15日晚，梅贻琦对学生说："近日敌兵虽积极进攻，但其态度仍未明显暴露，敌占平津与否，尚难臆测。惟本校亦作相当准备，以防万一。如各系仪器、书籍及重要物件等，正在装箱运至他处。"[③]

电机系教授任之恭回忆：

> 从 1934 到 1937 年这 4 年，北京总是处在日本人就要来侵占的阴霾之下。

---

① 《二月廿七日总理纪念周纪事》，《国立清华大学校刊》第 486 号，1933 年 3 月 2 日，第 1 版。

② 《蒋廷黻回忆录》，第 144 页。

③ 《北平各大学盛传南迁声中　梅校长否认本校迁移长沙之说》，《园内》第 3 号，1933 年 5 月 20 日，第 2 版。

......

我们在学校不得不计划我们在日本人入侵时的应变行动，这可以具体例示这混乱局面的一个实际方面。当我们听到日本就要来了的传闻之后，教职员工和许多学生连夜把我们必要的实验仪器都装进许多大木箱中，然后航运到中国西南内地一个比较安全的地方。但过了不久，当这股侵略的阴云消散时，我们觉得非常急需这些已运走的仪器。我们的教学极需要它们，这样，我们实际上又让将这些仪器寄还我们并重新把它们安装在实验室中。因此，我们被迫跟着这片阴云来来去去，结果是来回反复这折腾这些教学设备。这种"再装起来，再运走"的事情在 1934 至 1936 这 3 年中发生过许多次。1937 年春季这个学期，我们决定不能再继续开实验室课程了。我们唯一的选择是课堂教学。[①]

日益严重的局势、反复的折腾，让梅贻琦下定决心，在南方建立分校作为战争爆发后的退路。

一、选择长沙发展农业研究

清华大学在南方建立分校的计划得到了江西省与湖南省的积极响应，并允诺优惠条件吸引清华在赣、湘办学。"江西、湖南两省，均以该校素负声誉，表示欢迎。江西省府拟拨地一千亩，并赠建筑费二三十万元，在庐山或南昌建筑学舍。湘省政府亦愿以省立高级

---

① 〔美〕任之恭:《一位华裔物理学家的回忆录》，山西高校联合出版社 1992 年版，第 70—71 页。

农业职业学校左家垱新校址，赠与清华。"[1]

在清华内部，面对日益严重的局势，设立分校是多数人共识，但在地点选择上有不同意见。

政治学系主任浦薛凤回忆："当初多设分校之议，予本赞成，但地点早应设在川滇一带。犹忆当年评议会中讨论此题，予力言长沙不宜，恐一旦战事发生，即行吃紧。但廷黻则力主此地，余亦附和。"[2]

历史学系主任蒋廷黻回忆，在讨论清华战时迁移地点时，"有些人认为西安很适当。我提议迁往湖南，因为我认为日本的侵略决不会远及湖南。尤有进者，湖南生产稻谷，即使日本想要封锁中国，清华教职员和学生也不致挨饿。"[3]

抗战全面爆发后，对清华、北大、南开在长沙合组联合大学，政治学系教授萧公权一针见血指出："长沙自古是兵战必争之地。日本侵华，其目的恐怕不只在占据沿海各省，而有深入内地的企图。万一不幸，长沙撤守，学校不免再度播迁，损失必更重大。似乎可以考虑迁往成都。远在西边，敌人不易攻达。"[4]

以后见之明看，浦、蒋二人与梅贻琦等多数人一样均有清醒的认识，他们超越了单纯的学科逻辑，着眼于战争爆发学校和师生的生存问题，均赞成设立分校，表现了政治学家和历史学家的卓见。区别在对局势的严重程度估计有差别，深研中国近代史的蒋廷黻对

---

[1] 清华大学档案，1-2:1-209-022。

[2] 浦薛凤：《长沙鸿爪》，《学府纪闻：国立西南联合大学》，台湾南京出版有限公司 1981 年版，第 55 页。

[3] 《蒋廷黻回忆录》，第 179 页。

[4] 萧公权：《问学谏往录》，岳麓书社 2017 年版，第 103 页。

日本侵华野心的认识，似没有政治学系浦薛凤、萧公权等人清晰，对局势的判断也稍嫌乐观。

最终，梅贻琦决策在江西和湖南同时布局、各有侧重。在江西，清华大学成立航空工程研究所，以建造15英尺航空风洞为重点进行航空工程研究。在湖南，先期进行农业研究。

清华大学与江西省合作在南昌筹建航研所，主要原因在于南昌是航空中心之一，在南昌筹建第二风洞、发展航空学科能与当地航空公司、航空机械学校等合作。那么与湖南省合作在长沙进行农业合作研究的原因是什么呢？

1936年6月，梅贻琦指出：

> 学校近来拟办之新事业，即将在长沙举办特种研究是也。按中国素号以农立国，但农业不振，已达极点，危机之大，不容忽视。是以本校有农业研究所之设立，意即此也。然本校所重者在研究，而推广则不可不与他人共图之。适湖南有省立高级农业本（学）校，注重推广农本（学）新知，而湖南又为国内粮产要区，使研究与推广合力进行必收事半功倍之效。本校审度事实，衡虑需要，遂商承教部拟定在湘工作计划。关于校舍及所需其他设备，最近即当筹划进行。[①]

可见，选定长沙的原因有三：有湖南省立高级农业学校可以作为合作对象；湖南作为重要产粮区，农业研究与推广可以结合；教

---

① 梅贻琦：《五年来清华发展之概况》，《清华周刊》向导专号，1936年6月27日，第6—7页。

育部鼓励。

除了上述三条具体原因外，还可从更大范围、更宽视野看选择长沙的决策。

选择长沙，除了长沙地处内地、生产粮食外，还有一个重要原因，那就是国民政府将长沙作为重要战略基地重点建设。1936年度的《国防计划》把湖南与鄂、赣、皖4省列为"警备区"，动工修筑湘川公路，勘察建造湘黔、湘桂两线，打通粤汉路的株衡段和衡广段。资源委员会派丁文江、翁文灏等来湘考察有色金属，派中央钢厂、中央电工器材厂、中央机器厂的筹委会主任来湘勘定厂址，并征地9000多亩。1936年初起，资源委员会开始在湖南兴建湘潭钢铁厂（年产10万吨）、茶陵铁矿（供钢铁厂用）、湖南飞机发动机厂（年产100具）、谭家山煤矿（年产煤30万吨）、湖南铅锌矿（年产铅锌5000吨）、湖南模范炼锑厂（年产锑4000吨）、湘潭电工器材厂（生产电线、电话、真空管、无线电等）。这些都为抗战爆发后沿海工厂迁湘落户、开工生产准备了条件。[1]

对于梅贻琦在长沙筹建分校的决策，湖南省教育厅长朱经农在给教育部汇报中指出：在江西和湖南均争取清华筹办分校时，梅贻琦"曾加缜密研究，以湖南为将来重工业之中心区，迁设湘省，研究较为便利，爰决定在湘建校"[2]。可见，梅贻琦综合各方意见，尤其结合国民政府对湖南定位和发展规划，决定在长沙建立分校。易言之，湖南分校设立，是基于对局势判断、国家规划和学校发展三方面结合做出的慎重决策。

---

① 范忠程：《湖南抗战述论》，《抗日战争研究》1996年第4期。
② 清华大学档案，1-2:1-209-022。

选址长沙，有一个插曲，可以一提。当听闻清华将在长沙筹建分校，1936年1月29日，广西南宁同学会、校友李运华致信梅贻琦，欢迎清华大学前往桂林办学。信中列出桂林四点优势：

> 迁校倘成事实，则择地衡山似不如桂林为善。盖桂林夙称大郡，位居腹地，国防无虞，此其一。湘桂公路现在业已通车，由梧直接至桂公路亦定于本年完成，将来交通日臻便利，此其二。如果迁校桂林，此间并可陈请当局让出良丰花园，俾作校址，及予以其他种种方便，此其三。至桂林气候适宜，风景甲于天下，犹其余事也。①

信后，还对良丰花园做了介绍。② 3月26日，梅贻琦回复李运华，对其及南宁同学会关心母校表示感谢，表示："兹校方与教部商定在长沙先稍布置作特种研究，并在江西亦暂作航空研究。惟学校现在决不迁移。"③

一旦做出在长沙建立分校决议，清华大学立即果断地决定停止在校内修建一所规模颇大的文、法学院大楼，把40万元基建款项转

---

① 清华大学档案，1-2:1-211-012，1-2:1-211-013。

② 信中介绍："良丰花园一名西林公园，乃前清两广总督岑西林先生之私业。距离桂林甚近，地面平坦，风景天然，山清水秀，不让清华。其开辟之始，人工布置，所费达数十万元。园中回廊曲榭比美颐和湖心亭阁，仿自三潭印月，环境如斯，辟为学府，诚绝无仅有之世外桃源福地也。且幅员广大，毗邻地方，堪以扩充者，更无限量。现拨为广西省立师范专门学校校址，计现有房舍尚足供应目前清华迁校之用。嗣后逐渐增加，当无困难也。"清华大学档案，1-2:1-211-013。

③ 清华大学档案，1-2:1-211-012。

投长沙岳麓山，筹建一套新校舍，以作为华北战事爆发的退路。[①]

二、积极推进长沙分校建设

梅贻琦对长沙分校的建设极为上心，抓得很紧。从 1935 年开始，梅贻琦便开始亲自或者委派他人考察长沙等地。1935 年 1 月 11 日，梅贻琦和冯友兰到南京。12 日，梅贻琦向教育部长王世杰汇报工作。然后，他又赴安庆、南昌、武汉、长沙等地考察。[②]

1936 年 1 月 31 日，顾毓琇作为梅贻琦代表，离平赴湘，梅贻琦与部分系主任到车站送行。"顾氏此次赴长沙，系代表该校校长梅贻琦接洽某项要公，二周后始可返平。"[③] 1936 年 5 月、10 月，1937 年 1—2 月、3 月，梅贻琦四赴长沙视察建筑进展。[④] 1937 年 6 月，因校务繁忙，梅贻琦又派物理学系教授萨本栋赴长沙检查理工研究所筹备情况。[⑤] 在日本帝国主义步步紧逼、华北形势日益恶化的情况下，梅贻琦抱着时不我待、枕戈待旦的急迫心情推进长沙

---

① 陈岱孙：《往事偶记》，庄丽君主编：《世纪清华》，光明日报出版社 1998 年版，第 126 页。冯友兰：《清华大学》，鲁静、史睿编：《清华旧影》，东方出版社 1998 年版，第 10 页。

② 《梅贻琦到京谒王世杰》，《时事新报》1935 年 1 月 13 日，第 2 版。《梅贻琦将赴皖赣考察》，《时事新报》1935 年 1 月 17 日，第 2 版。《梅先生出巡》，《清华同学会总会校友通讯》第 2 卷第 1、2 期，1935 年 2 月 1 日，第 8 页。

③ 《顾毓琇昨赴汉转湘》，《益世报》（天津）1936 年 2 月 1 日，第 8 版。

④ 《湖南大学邀请三位学者的讲演》，《大公报》（上海）1936 年 5 月 8 日，第 10 版。《梅贻琦抵湘视察农院工程》，《益世报》（天津）1936 年 10 月 21 日，第 6 版。《梅贻琦春节前可返平》，《益世报》（天津）1937 年 2 月 5 日，第 8 版。《梅贻琦赴湘视察清华分校工程》，《大公报》（天津）1937 年 3 月 8 日，第 4 版。

⑤ 《清华湘理工研究所新厦落成》，《益世报》（北平）1937 年 6 月 10 日，第 8 版。

分校建设。

1936 年 2 月，梅贻琦与工学院院长顾毓琇等赴湖南，与湖南省主席何健商洽。何健对清华在湘设分校表示欢迎，并希望首先筹设农学院。清华大学为稳妥起见，表示拟先设农业研究所，然后逐步改办农学院。

关于校址，清华大学拟购买圣经大学旧址，但教育部主张先租赁。[①]后由何健拨长沙岳麓山空地 100 余亩赠与清华作为建校之用。1936 年 2 月 8 日，何健与梅贻琦代表省校双方签订合作协议。

　　　湖南省政府　国立清华大学　为在湘举办高等教育及特种研究事业合定办法如左：

　　一、湖南省政府为便利国立清华大学拨用庚款在湘办学起见，愿以湖南省立高级农业职业学校左家垅新校址赠与国立清华大学（校址参看蓝图）。

　　二、湖南省政府依国立清华大学之需要允备价收买湖南省立高级农业职业学校新校址南部邓家湾王家坟坪一带及西部田亩一并赠与国立清华大学。

　　三、国立清华大学应国家之需要，愿在湘举办高等教育及特种研究事业。

　　四、国立清华大学拟与湖南省立高级农业职业学校合办农业研究及农业试验，并允担任该项研究与试验之建设经费，合作办法另定之（农校之经常费仍由省政府担任之）。

　　五、遇有必要时，湖南省政府得将旧四十九标房屋借与国

---

① 清华大学档案，1-2:1-198-011，1-2:1-214-011。

立清华大学暂用。

> 湖南省政府主席　何　健
> 国立清华大学校长　梅贻琦
> 中华民国二十五年二月八日[①]

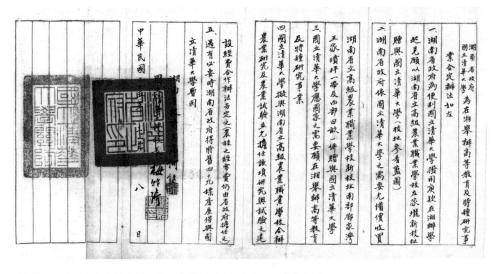

图 18-1　1936 年 2 月 8 日，清华大学与湖南省政府签署合作协议

　　这份协议是清华大学与湖南省政府在外患日亟背景下签订的，反映着双方共同抗日的决心和诚意，省校双方都很重视，积极推动落实协议。

　　依据省校合作办法第四条，1936 年 6 月，清华大学校长梅贻琦、湖南省教育厅厅长朱经农和湖南省立高级农业学校校长罗敦厚三人

---

① 清华大学档案，1-2:1-207-003。

签署《国立清华大学与湖南省立高级农校合作办法》，要点为：（一）农校提供左家垅校址及设备，作为清华大学办理农学院地址，此后地亩扩充由清华自行负责。（二）清华负责研究、试验工作，农校负责推广工作。（三）农校经费仍由湖南省政府照常支给，研究、试验经费均由清华负责。（四）农校范围内用人行政仍由农校自行主持，农校研究、试验等由清华主持，双方密切联络。①

合作过程中，为了厘清清华大学与湖南省立高级农业职业学校地址划分，细化双方的权责，梅贻琦与罗敦厚又商定办法七条：

一、国立清华大学愿以三万四千元在夏家冲附近地方，收买地皮作为省立农校各种试验场之用。

二、关于左家垅地皮，除省立农校所建筑之温室及花卉区，俟经清华与农校协商后由清华备价收用外，所有左家垅全部地皮，应归清华接管。

三、省立农校在左家垅所建筑之蚕室，本年内暂缓迁移。迁移时，拟请省府准予拨款建筑。

四、省立农校之畜产区、发电间、厨房、食堂、学生寝室、教职员住宅、工人住宅等，均须迁建于夏家冲，需用经费甚钜，除拟请省府拨给二万五千元以资建筑外，其不足之款，拟由省立农校变卖马厂地皮，以供建筑之用。

五、省立农校所办之左家垅小学，在清华尚未接办以前，暂由农校维持保管，以应地方需要，该小学经费，亦暂由农校担任。小学附近所植之无核橘数百株，在清华未接收地皮以前，

---

① 清华大学档案，1-2:1-201-001。

由农校移去。

六、本年内农校在清华暂未需用之地皮上所植之各种农作物，以本年收获为止，以后地皮，即归清华大学接收。

七、清华大学及农校地界，另制蓝图四份，分存教育部、省政府及清华、农业两校。[①]

但这个协议部分条款仍不明晰，导致两校在进行交接时出现问题。1936年12月，梅贻琦委派沈履、顾毓琇赴长沙，与湖南省教育厅长朱经农、财政厅长何浩若等商谈调整清华大学与省立高级农业学校合作事宜。[②]

清华大学与湖南省合作协议、湖南省立高级农业职业学校合作办法等经教育部批准后，清华定于1936年即正式动工兴建校舍。清华在岳麓山修建六所校舍。分别是甲所（理工馆）、乙所（文法馆）、丙所（教职员宿舍）、丁所（学生宿舍）、戊所（工场）、己所。根据清华大学计划，1936年10月中旬开工，[③]年底建筑完成后，清华大学农业研究所即全部迁往长沙。[④]但到12月，左家垅一带建筑仍未完工，农业研究所研究无法进行。[⑤]

为了尽量减轻分校建设的支出，并提高建设速度，在动工前，梅贻琦多方努力，请湖南省财政厅等给予协助。

1936年9月23日，梅贻琦致函清华校友、时任湖南省财政厅

---

① 清华大学档案，1-2:1-209-022。

② 清华大学档案，1-2:1-201-007。

③ 清华大学档案，1-2:1-213:2-051。

④《清华大学校长梅贻琦返平》，《益世报》（天津）1936年5月29日，第7版。

⑤ 清华大学档案，1-2:1-201-005。

长何浩若，以各项建筑材料多、事属科学研究，请财政厅免除湖南省应抽之产销税以减轻学校负担。10月2日，何浩若回信，同意豁免产销税。[①]

随着清华在湘办学计划扩大，11月3日，梅贻琦致信何浩若，谓主要建筑材料准备就绪，开工在即，请财政厅一律免除产销税，并附上文法馆、理工馆及男生宿舍三建筑第一批材料清单。6日，何浩若回信，婉拒豁免请求。同时，校内负责特种研究事业的叶企孙建议"本校不宜再受湘省之补助，以致将来发展计划不能自决"[②]。

12月，梅贻琦致函何健，请免费发给建筑执照。何健批转长沙市政府办理，长沙市政府以"查本市取缔建筑规程载明，凡请建筑许可证，无论公私，应照规定缴纳证费，并无对于学校或公益事业之建筑，免费发给许可证之规定。……对于清华大学，事同一律，似未便独异"[③]为由拒绝。

湖南省政府不予豁免，清华大学只好按照相关规定照章缴纳费用。

当清华南迁长沙与北大、南开合组长沙临时大学时，这些校舍尚未全部落成。可惜，1938年4月11日下午，日本27架飞机投下20余枚炸弹，这些校舍大部被毁。[④]

---

① 清华大学档案，1-2:1-213:2-050。
② 清华大学档案，1-2:1-213:2-053。
③ 清华大学档案，1-2:1-210-008。
④ 《清华长沙校舍被毁情况（1938年6月）》，清华大学校史研究室编：《清华大学史料选编》三（上），第349—350页。

三、扩大研究范围

按湖南省与清华大学协议，双方合作内容集中于农业。清华在湘分校建设得到蒋介石的注意和指示。1936 年 5 月 5 日，在长沙参加丁文江葬礼的梅贻琦致函沈履，转述湖南省教育厅长朱经农传达的蒋介石意见：

> 前蒋委长到湘时，询及清华计画，极注意。但谓北方局面自俄蒙协定发表后，敌方对于华北短期内当大致有[①]大举动。故清华可不必急于解决万一的准备问题。但希望对于特种研究除农业以外多所致力。[②]

蒋介石对清华大学的研究工作有所了解，并寄予厚望。对清华在南昌发展航空学科曾有明确指示，并手谕航空机械学校在资金、人才等方面予以襄助。鉴于清华以往良好的研究基础和成果，蒋介石指示清华大学在湘分校对农业以外的特种研究多所致力，为国服务。这是对清华过去工作的充分肯定，但这也直接突破了学校原先设定的原则。

对蒋介石意见，梅贻琦从为国家多做贡献的角度积极响应，表示："此说似颇合理，且某方既有此期望，我校亦可因势推行，以求为国家增些贡献。"[③] 为了贯彻蒋介石指示，经梅贻琦与资源委员

---

① 按：原文如此，但根据上下文，此处似表达"无"的意思。

② 清华大学档案，1-2:1-204-038。

③ 清华大学档案，1-2:1-198-006。

会商讨，除农业合作之外，清华大学在湘研究范围扩至理工方面。1936 年 12 月 9 日，清华大学第 117 次评议会通过决议，确定学校在湖南的特种研究计划。除了原来的农业研究外，新增金属学、应用化学、应用电学、粮食调查、农村调查等五项内容。[①]在长沙，清华大学成立了无线电、金属学两个特种研究所，与资源委员会合作，进行一些为政府的军事需要服务的科学研究。

抗战全面爆发，特种研究所主要工作于迁滇以后开展。金属学研究所，"民国二十五年，本校拟在长沙新建校舍，筹设特种研究所，意在对应用方面问题，特加注意。金属学研究所为该种研究计划中决定设立之一。当时资源委员会正在长沙附近筹建钢铁、机器及其他工厂，曾由该会与本校商议有关研究问题之合作方法，冀双方工作多有联系。同时资源委员会之冶金室工作性质与本所相类，为分工及工作便利计，曾拟定：资源委员会冶金室工作偏重于方法或制造冶金学问题，而本所则偏重于物理冶金学问题，俾双方进展可收合作之效。……本所之设立，在国内可称首创"[②]。无线电研究所进行包括军用无线电通讯器、军用秘密无线电话机等项目，也与航空委员会空军军官学校、军政部学兵队等合作。[③]

1937 年 1 月 6 日召开的第 120 次评议会上，清华大学进一步细化了在湘办学的原则和办法，明确"本校在湘以举办特种研究事业为原则，不设置任何学院学系或招收学生"，"研究项目以确能适应

---

① 清华大学档案，1-2:1-207-007。

② 《国立清华大学金属研究所工作报告（1938 年—1943 年）》，清华大学校史研究室编：《清华大学史料选编》三（上），第 119 页。

③ 《国立清华大学无线电研究所工作报告》，清华大学校史研究室编：《清华大学史料选编》三（上），第 128—138 页。

目前国家需要及能有适当研究人才者为原则"，"各项研究应尽量取得政府机关之联络并希望其补助"等原则。[①]并且，除了与湖南省内相关机关合作外，清华大学积极与中央观象台、实业部地质调查所、中央农业试验所、军事委员会资源委员会、中央研究院化学研究所等合作，设立气候测验所、地质调查分所，或联合研究。[②]

四、婉拒与湖南大学合作

在筹备长沙分校时，教育部一度热衷于促成清华大学与湖南大学合作。教育部长王世杰提出，清华可在湖南大学建造校舍，增加教员。如果局势恶化，可将湖南大学改为国立，由清华大学接办。这意味着，教育部希望清华大学合并湖南大学，至少朝着两校合并的方向筹建长沙分校。

对此，梅贻琦头脑极为清醒。在梅贻琦看来，清华大学在湘筹设分校，首先是应付未来抗战的应急举措，而非在长沙克隆出第二个清华大学。其次，合并要有利于学科完善和交叉，是增强而非变胖。清华大学愿意合并湘雅医学院发展医学，是从完善学校学科设置、填补医学学科空白、未来抗战预备着眼。对已有学科，要避免同质化合并。"并不是为那一种事业须与湖大合作，是为应变的布置。倘照部里意思，在湖大先造些房舍，分些教员，如清华须移动时，并不能应急，徒增加两校的纠纷。"[③]

按诸私立、省立等多所大学国立化过程，无不矛盾重重，充满

---

① 清华大学档案，1-2:1-207-008。

② 《清华长沙研究所下学年开始研究》，《益世报》（天津）1937 年 4 月 14 日，第 6 版。清华大学档案，X1-3:3-8:1-001。

③ 清华大学档案，1-2:1-198-011。

曲折困难。和平时期尚且如此，非常状态下省立大学又如何能"立即"改为国立呢？因此，教育部为推动两校合并而提出的所谓"合作办法"不啻画饼充饥，缺乏可行性。梅贻琦遵从教育规律，实事求是，旗帜鲜明地予以拒绝。

五、暗中备战与公开宣传

要指出的是，在华北危机日益加深背景下，清华大学的一举一动不但影响师生的心理，也影响社会的观瞻。从内心讲，梅贻琦多次对师生和社会强调要上至"最后一课"，不愿意南迁。但从形势发展考虑，他又坚持底线思维，做好战争爆发后南迁的最坏打算。因此，梅贻琦肩负双重压力，既要在风云诡谲、形势复杂情况下维持校务正常运行，又要积极审慎地推进分校建设以为未来备好退路，二者皆不能有丝毫闪失。梅贻琦殚精竭虑，宵衣旰食，走钢丝般努力保持二者平衡推进。

梅贻琦采取模糊策略，不直接承认学校南迁，以免动摇一般民众心理长城。对外，梅贻琦多次否认学校避难南迁。

1933 年 5 月 15 日，梅贻琦对学生会负责人谈话，对清华大学南迁长沙的传言，梅贻琦并未完全否认。"校长称此事尚未计及，即如所传，亦出于不得已而有之最后准备云。"[①] 1935 年毕业典礼后，梅贻琦对记者表示："外间谣传本校行将南迁之说，殊难凭信云。"[②] 11 月 19 日，由南京返回北平的梅贻琦对记者表示，教育部长王世

---

① 《北平各大学盛传南迁声中　梅校长否认本校迁移长沙之说》，《园内》第 3 号，1933 年 5 月 20 日，第 2 版。

② 《清华大学昨举行第七届毕业典礼》，《大公报》（天津）1935 年 6 月 23 日，第 4 版。

杰"面嘱本人力主镇静,积极努力","外传清华大学将南迁,并传将在南昌设立分校等项,均非事实。"[①]

1936年1月2日,南京教育界及马相伯等人听闻北平各大学有南迁之议,特发电反对。清华、北大、师大、平大等回电否认:"上海探投马相伯先生尊鉴:读报见尊电奉悉,辱承关注,勿任感佩。学校南迁,平中并未奉有部令。此间亦无此准备,特电奉复。蒋梦麟、徐诵明、梅贻琦、李蒸、王卓然叩冬。"[②] 3月26日,梅贻琦回复关心学校前途的校友甘介侯、李运华:"兹与教部商定在长沙先稍布置作特种研究,并在江西南昌亦暂作航空研究,惟学校现在决不迁移。"[③]

1936年4月,梅贻琦仍明确宣布:

> 本校对于应付时局之态度。此可以一言明之,即:"尽力维持,决不南迁"是也。夫国难维已至此,然吾人决不可自坏其心理上之长城;大局虽不可知,然而吾人自己之职责,决不可放弃。万一不幸,本校亦当在此"水木清华"园中,上其"最后之一课"。国家虽弱,正气不可不存。[④]

1936年5月3日,在参加完丁文江葬礼后,梅贻琦在湖南大学发表演说:

---

① 《梅贻琦谈片》,《大公报》(天津) 1935年11月20日,第4版。

② 《平各大学明日复课 蒋梦麟等电沪辟谣 否认各校准备南迁》,《大公报》(天津) 1936年1月3日,第4版。

③ 清华大学档案,1-2:1-211-008,1-2:1-211-012。

④ 梅贻琦:《致全体校友书》,《清华校友通讯》第3卷第1—5期,1936年4月,第6页。

本人虽然去年到过湖南，但是这次还是初次和诸位见面，本人初到湖南，即听者许多人说清华南迁及北方诸大学南迁，其实这是一种似是而非的消息，因为北方各大学并不南迁，就是清华也不南迁，不过看到湖南农产之丰富，想到湖南设立分校，先设农学院，以便改进湖南之农业。现在买了岳麓山后左家坨一些地皮，预备造房子，将来和贵校相邻，很愿意和贵校共同研究共同努力呢！①

1936 年 9 月 16 日，梅贻琦在开学典礼上说：

在原有校内工作之外，另在南方筹划特种研究的事业，如工程、农业的研究，已在积极筹备。农业研究所将在长沙设研究馆及试验场。此系就当地情形适应需要的一种工作，并非是设立"分校"。②

1937 年 4 月 13 日，梅贻琦又说：

本校长沙设施，并非分校，乃是研究实验机关，该处不拟招生，仅由平方师生前往实验研究。故目前该处建筑物之动工者，仅系农业试验场，理工研究所教职员学生宿舍等，暂敷应用即可。研究实验，约在下学年开学时开始工作，并不另行招

---

① 《湖南大学邀请三位学者的讲演》，《大公报》（上海）1936 年 5 月 8 日，第 10 版。

② 《二十五年度开学典礼纪事》，《清华同学会总会校友通讯》第 3 卷第 8—9 期，1936 年第 6 页。

生。先以四年级学生前往，经费已不成问题。开学后，将于农
业方面，使其大量生产，理工方面将制造各种应用仪器，供给
各校使用。[①]

梅贻琦积极推进长沙分校建设与反复强调学校"决不迁移"，反
映出他和学校在维持正常教学与秘密备战之间的困境。

"九一八"事变以来，中日局部冲突连绵不断。当"卢沟桥事
变"发生后，或许由于思维惯性，很多人仍认为这是一次局部冲突。
"当时一般推测，事件未必扩大。"[②]故当时很少有人意识到，此前大
家预想中的中日大战，已经开始。1937年7月8日，罗常培、张奚
若、陈之迈等人询问胡适对时局的意见。胡适"当时以为卢沟桥只
是局部事件，或者不至于扩大"[③]。外地实习的学生还抱有幻想："时
局一旦好转，还能回到慈母清华园的怀抱中。"[④]甚至清华准备南迁
时，仍有人认为这不过是短暂离开，暑假之后，便可回来重看西山
秋色。[⑤]当时正在庐山参加蒋介石召集的国是讨论会的北京大学校
长蒋梦麟对《中央日报》社长程沧波表示："以我对当地日军司令

---

① 《清华长沙研究所下学年开始研究》，《益世报》（天津）1937年4月14日，
第6版。

② 《图书馆工作报告（1940年3月）》，清华大学校史研究室编：《清华大学史
料选编》三（上），第52页。

③ 罗常培：《七七事变后的北大残局》，王世儒、闻笛编：《我与北大》，北京大
学出版社1998年版，第495页。

④ 吕元平：《终生难忘的一次测量实习》，《清华校友通讯》1982年复6期，第
42页。

⑤ 邓云乡：《清华记趣》，鲁静、史睿编：《清华旧影》，第54页。

官的印象以及他们的保守见解来判断，这次事变似乎仍旧是地方性事件。"[1]

梅贻琦性清正，寡言辞，专心致志办好清华大学。他又留心政事、关注时局，眼力所及不限校内，洽闻有远识，对形势发展有深刻思考和准确判断。面对日益恶化的华北局势，他集思广益，果断决策，在江西南昌、湖南长沙做必要准备。相对他校，清华大学未雨绸缪，先着一鞭，为抗战全面爆发后迁校办学做了极为宝贵的准备。就这一点言，老成持重所谋者远，梅贻琦足以当之而无愧。

---

[1] 《西潮》，蒋梦麟：《北大校长眼中的近代史》，九州出版社 2015 年版，第207 页。

领导清华进行抗日救亡

1931 年 9 月，日本制造震惊世界的"九一八"事变，标志着日本企图以武力征服中国的开始。两个多月后，梅贻琦就任清华大学校长。日益严重的政治形势、日本昭然若揭的侵略野心始终萦绕在梅贻琦心头，成为他处理校务必须考虑的外部因素之一。

1931 年 12 月 3 日，梅贻琦在就职典礼上明确表示：

> 中国现在的确是到了紧急关头，凡是国民一份子，不能不关心的。不过我们要知道救国的方法极多，救国又不是一天的事。我们只要看日本对于图谋中国的情形，就可以知道了。日本田中的奏策，诸位都看过了，你看他们那种处心积虑的处在，就该知道我们救国事业的困难了。我们现在，只要紧记住国家这种危急的情势，刻刻不忘了救国的重责，各人在自己的地位上，尽自己的力，则若干时期之后，自能达到救国的目的了。我们做教师做学生的，最好最切实的救国方法，就是致力学术，造成有用人材，将来为国家服务。[①]

梅贻琦对日本处心积虑侵华的野心和局势的严重性有深刻认识，

---

① 《梅校长到校视事》，《国立清华大学校刊》第 341 号，1931 年 12 月 4 日，第 2 版。

尤其提到震惊世人的《田中奏折》，认为覆巢之下大学不可能置身事外独善其身。他指出："外患的紧迫，敌兵侵入，日深一日，校址所在，几成前线地带。"[1] "在中国今日状况之下，除安心读书外，还要时时注意到国家的危难。吾们如果要像欧洲中世纪僧院的办法，是决绝做不到的。"[2]

梅贻琦训诫学生要担负起"雪国耻、兴国运的使命"。1934 年 1月，他在《清华同学会总会校友通讯》发刊词中特别指出：

> 清华与别些学校有两个不同之点：一则清华系美国退还庚款所设立，庚子之役是国家的奇耻大辱，庚款是民众之膏之脂。所以清华的同学是立在特别的地位，是负有雪国耻、兴国运的使命的。再则清华同学的环境比别人好，以前的留洋，现在的设备，都是得天独厚。自然饮水思源，吾们的贡献也得特大。清华自一九〇九年考选学生以来，到今年恰恰是二十五年了。这二十五年之中，清华的同学可以说并没有辜负社会。但是我们自觉受惠之厚、责任之重，自然更愿互相切磋、互相勉励，以求作更大的贡献的。[3]

随着日本帝国主义侵华步步紧逼，华北危机逐渐加深。梅贻琦

---

[1] 梅贻琦：《清华一年来之校务概况》，《清华副刊》第 39 卷第 7 期，1933 年 4月 29 日，第 3 页。

[2] 《举行廿一年度开学典礼志略》，《国立清华大学校刊》第 432 号，1932 年 9月 16 日，第 3 版。

[3] 梅贻琦：《敬致诸同学》，《清华同学会总会校友通讯》第 1 卷第 1 期，1934年 1 月 1 日，第 2 页。

顶住巨大压力，开展各种形式的抗日救亡活动。他公开呼吁积极备战，反对妥协反对分裂；反复训诫学生勿忘国难，主动组织抗日救亡科研；坚持进行学生军训，举行校庆阅兵鼓舞民气；等等。

一、呼吁政府积极抗日，坚决捍卫国家领土主权完整统一

作为北方教育界代表人物之一，梅贻琦不畏险恶的外部威胁，做好极端情况下玉碎的准备。他说："大局虽不可知，然而吾人自己之职责，绝不可放弃。万一不幸，本校亦当在此'水木清华'园中，上其'最后之一课'。国家虽弱，正气不可不存。"[①]

一方面，梅贻琦等清华教授针对国民政府备战不力提出批评和问责，也表达反对内战态度。

1932年"一·二八"事变后，上海民族资产阶级不满国民政府"攘外必先安内"的政策，呼吁停止内战，共同抵抗日本帝国主义侵略。1932年5月25日，吴鼎昌、张公权、刘湛恩等发出废止内战通电，征求社会各界参加此废止内战运动。7月26日，吴鼎昌、刘湛恩、张公权、陈光甫等致电梅贻琦等教育、文化各界知名人士，希望共同参加废止内战运动。[②]收到电报后，梅贻琦致函清华大学教职员公会会长叶企孙，征求意见。他说："内战之为害，国人皆所痛心。苟能以有效方法，使之废止，必为全国赞同。我校同人方面，应如何征集意见之处，拟请提交教职员公会讨论定夺。"梅贻琦表明自己鲜明立场："如能以全体名义加入赞同，以为天下倡，则

---

① 梅贻琦：《五年来清华发展之概况》，《清华周刊》向导专号，1936年6月27日，第6页。

② 《废止内战大同盟成立情况史料一组》，《档案与史料》1999年第6期。

甚善。"①

1932年9月18日上午10时，清华大学举行国难纪念日，纪念
"九一八"事变一周年。梅贻琦在会上讲话，表达了对不抵抗政策的
失望和不满：

> 本人尚在美京华盛顿。读九月十七日之晚报，即得日人在
> 东三省将有动作的消息。盖日人之侵略东北，蓄谋已久，非一
> 朝一夕之故。早惹世人注意。只要留心万宝山等次的惨案，处
> 处都可以观测出来。何待九一八事变之实现。当时对此消息异
> 常注意，以为我方总有一点相当对待办法。但过了两天，国内
> 毫无动静。或疑为一时之策略。不意始终未予抵抗。这是最令
> 人痛心的。以拥有重兵的国家，坐视敌人侵入，毫不抵抗，诚
> 然勇于内战，怯于对敌，何等令人失望。②

妥协和退让阻止不了日本帝国主义的侵略，相反，让日本更加
疯狂。1933年3月，热河失守，举国震动。冯友兰、燕树棠、萧蘧、
萨本栋、叶企孙等五位教授"认为热河失守事件，有对政府表示意
见之必要，爰照章联名提请教授会临时会议"。3月9日，在梅贻琦
主持下，通过教授会致国民政府电，③痛陈政府举措失当，要求负责

---

① 《关于废止内战大同盟之函电》，《国立清华大学校刊》第414号，1932年6
月6日，第2版。

② 《国难纪念会纪事》，《国立清华大学校刊》第434号，1932年9月21日，
第2版。

③ 《教授会临时会议记录》，《国立清华大学校刊》第489号，1933年3月13
日，第1版。

全国军、政的蒋介石、宋子文"深自引咎"。电文如下：

> 南京国民政府钧鉴：热河失守，薄海震惊。考其致败之由，尤为痛心。昔沈阳之失尚可诿为猝不及备，锦州之退或可藉口大计未决。今热河必守早为定计，行政院宋代院长、军事委员会北平分会张代委员长且曾躬往誓师，以全省天险俱未设防、前敌指挥并不统一、后方运输一无筹划、统兵长官弃城先遁，以致敌兵长驱境若无人。外交有利之局不复可用，前敌忠勇之士空作牺牲，人民输将之物委以资敌。今前热河省政府主席汤玉麟虽已明令查办，军事委员会北平分会张代委员长虽已由监察院弹劾，但此次失败，关系重大。中央地方均应负责，决非惩办一二人员即可敷衍了事。查军事委员会蒋委员长负责全国军事之责，如此大事疏忽至此，行政院宋代院长亲往视察不及早补救，似均应予以严重警戒以整纪纲而明责任。钧府诸公总览全局，亦应深自引咎，亟图挽回。否则人心一去，前途有更不堪设想者。书生愚直，罔识忌讳心。所谓危不敢不言。伏乞鉴察。国立清华大学教授会叩，青。[①]

另一方面，梅贻琦联合其他学校校长发表宣言、通电等，捍卫主权，鼓舞斗志，反对妥协和分裂。

梅贻琦深知日本侵华得陇望蜀，贪欲无厌，妥协退让无异于扬汤止沸、抱薪救火，甚至于饮鸩止渴。1933 年 9 月 18 日，在清华

---

① 《国立清华大学教授会致国民政府电》，《国立清华大学校刊》第 489 号，1933 年 3 月 13 日，第 1 版。

大学举行的"九一八"事变两周年纪念会上，梅贻琦讲话：

> 今日是国难纪念日，实在应该作吾们的共同悔过日。因为回想两年之间，失去东北四省，恢复何期，良深痛悼。不过敌人动作虽近在九一八，而蓄谋则远在数十年，处心积虑，早有朕兆。国人毫不注意，致造成今日局面。我们此时可不必再去埋怨守土长官之错误失机，我们要自己悔悟；要自己认清自己的责任；各个人要去努力奋斗，下大决心去作雪耻恢复的准备，将来亦许在二三十年后才有希望。[①]

梅贻琦曾用《西游记》里孙悟空紧箍咒形象的比喻，晓谕华北当局放弃对日媾和的幻想。据清华校友李鹤龄回忆，"卢沟桥事变"前，宋哲元曾邀请北平六所高校校长到"冀察政务委员会"开会，名义上听取各校长对时局的意见。各校长恳切陈词，敦促 29 军奋起抗战，并表示战争若打响，各校师生誓为后盾。梅贻琦还讲了一个孙行者戴紧箍帽的比喻，指出日军的条件万万不可接受，一旦接受了，就像孙行者戴上了紧箍帽一般，以后就要听从日军摆布。不听，他就念"紧箍咒"，你就像孙行者那样痛得满地打滚。[②]

正是看清日本侵略者的本质，梅贻琦才不为表象所蒙蔽，多次联合其他大学校长发表宣言、通电，反对妥协、反对分裂。

针对殷汝耕之流甘心附逆、倡言叛乱、破坏国家统一，1935 年

---

① 《九一八纪念会志略》，《国立清华大学校刊》第 520 号，1933 年 9 月 21 日，第 1—2 版。

② 李鹤龄：《逝者如斯夫》，《清华校友通讯》1980 年复 2 期，第 84 页。

11 月 24 日，梅贻琦与蒋梦麟、李蒸、徐诵明、陆志韦、傅斯年、任鸿隽、胡适、顾毓琇、张奚若、蒋廷黻、查良钊等 20 余名北平大学校长、教授发表宣言：

> 因为近来外界有伪造名义破坏国家统一的举动，我们北平教育界同人，郑重的宣言。我们坚决的反对一切脱离中央和组织特殊政治机构的阴谋的举动，我们要求政府用全国力量，维持国家的领土及行政的完整。[①]

12 月 2 日，梅贻琦、蒋梦麟等北平各大学校长、教授等再发通电，反对汉奸卖国，针对华北地方当局分离倾向，呼吁国民政府、平津冀地方当局"全力维持国家领土及行政完整"，电文如下：

> 近日平津报纸载有文电，公然宣称华北有要求自治或自决之舆情，殊足淆乱观听。吾辈亲见亲闻，除街头偶有少数受人雇用之奸人发传单捏造民意之外，各界民众毫无脱离中央另图自治之意，望政府及国人勿受其曚（蒙）蔽，尤盼中央及平津河北当局消除乱源，用全力维持国家领土及行政之完整。[②]

作为社会知名人士，梅贻琦不畏华北局势险恶与人身安危，坚持国家主权、领土完整统一。所发声明、通电立场坚定、旗帜鲜明，

---

① 《北平文化教育界昨发表宣言》，《大公报》（天津）1935 年 11 月 25 日，第 4 版。

② 《北平教育界通电》，《大公报》（天津）1935 年 12 月 3 日，第 3 版。

代表教育界、知识界发出响亮的声音，成为全国抗日救亡协奏曲中嘹亮的一曲。

二、学生军训

北伐胜利后，国民政府在全国大、中学推行军事训练。在大学，大一、大二两年开设必修的军训课程，共计六学分，四个学期、六个星期（暑假）修完。没有修满，或者不及格，不能毕业。[1]如果大一、大二期间未修，可在毕业前补修。相对于各院系基础课或专业课，军训挑战并不大，一般都能顺利结业，以至于1936年有学生以为军训没有学分。[2]

军训由学校军事训练部负责，校长直接监督军训部，军训部主任由校长任命，军训期间，学生奖惩均由军训部呈请校长进行签核。[3]因此，可以说，1933—1936年，梅贻琦是清华学生军训第一责任人。

梅贻琦关心学生军训，从修改《国立清华大学军事训练部暂行规则》可见一斑。1935年8月，军训部拟定了《暂行规则》，初稿第二条为："军事训练之目的在锻炼学生心身，涵养纪律、服从、负责、耐劳诸观念，并提高献身殉国之精神，以增进国防之能力。"9月7日，梅贻琦修改为："军事训练之目的在锻炼学生心身，涵养纪

---

① 李亚雄：《学校军事教育的意义与本校办理军训的概况》，《清华周刊》向导专号，第41卷第13、14期，1934年6月1日，第74页。

② 立：《军训在清华》，《清华周刊》向导专号，1936年6月27日，第40页。

③ 李亚雄：《学校军事教育的意义与本校办理军训的概况》，《清华周刊》向导专号，第41卷第13、14期，1934年6月1日，第74—76页。

律、服从、负责、耐劳诸观念，并提高献身救国之精神与准备。”[①]梅贻琦改“殉国”为“救国”，删除“以增进国防之能力”，修改后的表述更符合学校、学生实际，免除了陈义过高的空论。梅贻琦并批示：“公布并登校刊”。

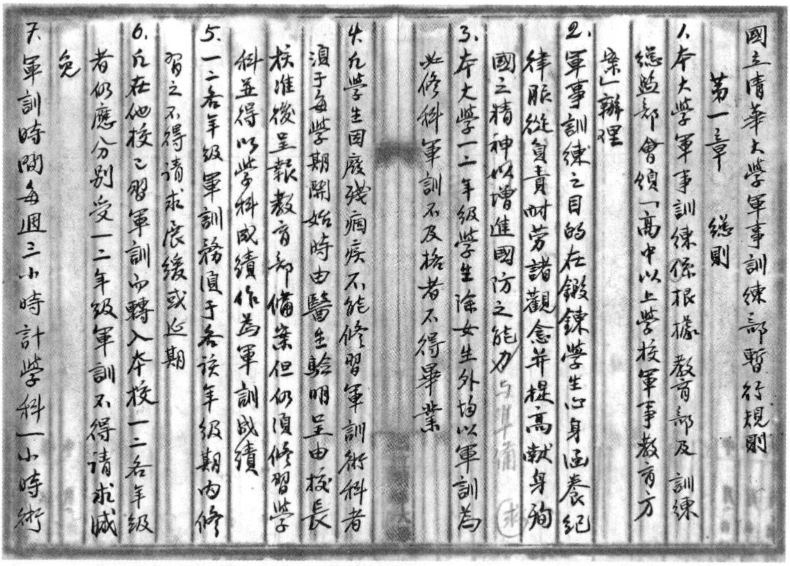

國立清華大學軍事訓練部暫行規則
第一章　總則
1. 本大學軍事訓練係根據教育部及訓練總監部會頒「高中以上學校軍事教育方案」辦理
2. 軍事訓練之目的在鍛鍊學生心身涵養紀律服從負責耐勞諸觀念并提高獻身殉國之精神以增進國防之能力
3. 本大學一二年級學生除女生外均以軍訓為必修科軍訓不及格者不得畢業
4. 凡學生因殘廢病疾不能修習軍訓術科者須于每學期開始時由醫生驗明呈由校長核准後呈報教育部備案但仍須修習學科並得以學科成績作為軍訓成績
5. 一二各年級軍訓務須于各該年級期內修習之不得請求展緩或延期
6. 凡在他校已習軍訓而轉入本校一二各年級者仍應分別受一二年級軍訓不得請求減免
7. 軍訓時間每週三小時計學科一小時術

图 19–1　1935 年 9 月，梅贻琦修改《国立清华大学军事训练部暂行规则》

1935 年 8 月，军训部主任萧健将主任津贴全部捐出用作奖学金，军训部拟定军训奖学金暂行简章。[②]8 月 31 日，梅贻琦批示：“用意甚善，办法大致似尚妥当，希核阅后再予公布。”[③]9月 7 日，梅贻琦

① 清华大学档案，1-2:1-218-018，1-2:1-218-019。
② 清华大学档案，1-2:1-218-023。
③ 清华大学档案，1-2:1-218-021。

批示："军训奖学金暂行简章可予公布。引言可说明经军训部主任自请以主任津贴捐作基金，用意甚善，可试予施行。"[1] 9月9日，学校以梅贻琦名义正式发布该简章。[2]

学生军训分为两年四学期的军训课程与暑期集中军训。军训课程"每星期是三小时，一小时的学科，两小时的术科，到冬天不能上操场的时候，就统统改为学科。有时因为到野外去演习，学科的时间也就停止"[3]。

军训科目有：

	学科课目	术科课目
一年级	德译步兵操，德译联合兵种指挥与战斗，简易测绘，德译设计教范，国防，通信勤务，地形学，其他军事讲语	徒手从各个教练至排连教练，持枪从各个教练至排连，射击预行演习，各种野外演习，旅次行军，测绘实施，手旗通信，距离测量及地形识别，减药射击，器械体操
二年级	各种兵器，设计学，战术，交通，地形，联合兵种战斗与指挥，战史，筑城，其他军事讲话	持枪班排连教练，劈刺，各种野外演习，射击预行演习，实弹射击，手榴弹投掷，排之攻防，连之攻防，露营，旅次行军

课外军事训练有：马术训练、射击竞赛、军乐队等。[4]

暑假集训为期三星期，全天训练，每天日程安排极为紧张。

① 清华大学档案，1-2:1-218-020。

② 清华大学档案，1-2:1-218-022。

③ 立：《军训在清华》，《清华周刊》向导专号，1936年6月27日，第40页。

④ 李亚雄：《学校军事教育的意义与本校办理军训的概况》，《清华周刊》向导专号，第41卷第13、14期，1934年6月1日，第72—73页。

1934年暑期军训日程：

上午		下午	
5:00	起床	15:00—16:00	学科
5:15	升旗	16:10—18:00	运动
5:30	点名	18:30	晚餐
6:00—7:00	早操	19:00	休息
7:10	早餐	20:00—21:00	自修
8:00—10:00	术科	21:00	点名
10:00—11:30	休息、诊断	21:30	就寝
12:00	午餐	23:00	熄灯

《清华年考已竣　军训今日开始》，《益世报》（天津）1934年6月15日，第8版。

可见军训时间安排极为紧凑，体现出军训严肃性。经梅贻琦批示同意，1935—1936学年度起，暑期集训取消。[①]

此外，还有马术训练班。[②] 马术训练班是经梅贻琦同意，学校在驻海淀部队支持下成立的。叶衍鑫（1937）回忆：

在清华大一大二，有军事训练课程，当时北方情势紧张，学校对于军训课程，极为认真。笔者曾向当时清华军训总教官李亚雄少将建议，大学生将来如至军中服务，皆为指挥人才，身为军官而不会骑马，似稍欠缺，请求增加马术训练。李总教

[①] 清华大学档案，1-2:1-218-014。

[②] 立：《军训在清华》，《清华周刊》向导专号，1936年6月27日，第41页。

官亟为赞同，经请示梅校长同意，设法向西苑马队借马，惟须有人前往西苑军营接洽，笔者乃自告奋勇，由学校备妥公函，至西苑军营（当时驻军将领好像是黄达云将军）交涉。经洽妥，每周六下午及星期日上午由马队派人各送马三十四匹至学校，供同学骑乘。当时练马场为化学馆前之空地，场地开阔，且可围绕气象台之小土山奔跑，参加者颇不乏人。……周六系在校内练习，至星期日早，则由学校出发骑马往野外，颐和园、西山，只要能去的地方都可以去，同学们既游览风景，又有马骑，可算一种享受。而且当时军中借给马匹，完全为义务帮忙，绝不要学校或同学出一文钱，及今思之，实在难得。①

1935 年华北事变后，马术训练班取消。②

1934 年 9 月起，专为对军训感兴趣的同学开设了干部训练班。③干部训练班"为提高军训程度，造就指挥干部人才，并奖励军训成绩优良者，给与贫苦学生服务机会而设"。招生对象为已完成军训课程、成绩优良的大学三、四年级学生。④训练班"是对于有兴趣于军训的人特别设立的，这许多同学们并没有甚么特别利益，除了要上平时的军训外，每天早上还有半个钟头的操练，有时像正式军队一样，合食，露营，行军或者战斗演习"⑤。为了鼓励学生参加干部训

① 叶衍鑫：《清华园的马队》，《清华校友通讯》1977 年新 59 期，第 15 页。

② 立：《军训在清华》，《清华周刊》向导专号，1936 年 6 月 27 日，第 41 页。

③ 李亚雄：《学校军事教育的意义与本校办理军训的概况》，《清华周刊》向导专号，第 41 卷第 13、14 期，1934 年 6 月 1 日，第 72 页。

④ 清华大学档案，1-2:1-44-013。

⑤ 立：《军训在清华》，《清华周刊》向导专号，1936 年 6 月 27 日，第 41 页。

练班，军训部还给每个学员津贴大洋若干元。[①]军训结束后，一般会举行检阅。根据规定，"受军训学生得受驻在地最高军事长官国民军事训练委员会暨训练总监部派员查阅之。"[②]

学校严格要求，教官认真负责，学生积极参加。1933 年 12 月，学生在《清华周刊》指出：

> 军训部本学期的成绩更斐然可观。服装一律，术科加严，虽寒风凛冽肌肤如割之时，仍努力地锻炼。难得教官们的好意，又向二十五师借马给我们骑，欲使同学确实练习，更实弹射击。李教官与戴教官的学识丰富，诲人不倦，又使我们永久感谢。……在当时虽有些痛苦，但获益实在匪浅。[③]

有学生还积极地对军训内容提出改进，认为："我们现在所受的军训是怎样的一种情形呢？一言以蔽之曰太着重于精神方面的训练。不错，精神训练在非常时期也占着极重要的地位，但这有非常时期的教育，及非常时期所特设的课程来担负，无需乎军训的代庖。军训与其说作精神上的陶冶，勿宁谓求技术的学习，与体格的锻炼。"因此，学生提议："第一，我们要求切实地传授技术上的知识。""第二，我们深感脆弱的体格之不胜于艰苦的斗争，因此希望在传授军事学上的知识之外，要注意作强健体格的训练。""除上

---

① 李亚雄：《学校军事教育的意义与本校办理军训的概况》，《清华周刊》向导专号，第 41 卷第 13、14 期，1934 年 6 月 1 日，第 72 页。

② 同上。

③ 马公：《"清华人"的作事精神 就医院图书馆与军训部而论》，《清华副刊》第 10 期，1933 年 12 月 25 日，第 3—4 页。

述两点之后，为着应付未来的抵敌战争，我们有注意国防战略的必要。"学生指出："抄袭些别国的操典，死板板的与实际需要相隔离的训练，只是浪费了我们宝贵的时间和精力，而对于将来的抗敌战争没有丝毫的补益。""我们所需要的是切合新战术的军训，我们要在这种军训中获得适用的知识和技能。我们不要形式的精神的训练，我们要切切实实的干！"[1]

1934 年 10 月 10 日，梅贻琦检阅了清华学生军。"八时许，该校全体学生军五连，约二百余人，齐集大操场，九时行升旗礼，升旗礼毕，即举行检阅式，由军训主任萧健任总指挥，学生分任连排长，全体学生精神严肃，步伐整齐，分列式完毕后即整队，由总检阅官梅贻琦致训词。"[2]

随着日本步步紧逼，国民政府为了缓和与日本关系，竟下令取消军训。1936 年 3 月初，冀察政务委员会训令：

> 查中等以上各学校军事训练之设，所以授予军事常识，锻炼学生体力。立法原意，未尝不善。惟施行以来，各学校多未能深明此义，既误学业之光阴，复多歧途之误入，影响身心，莫此为甚。近月以来，学潮未静，各校放假之后，本可逐渐平息，讵竟有利用军训之名，另图异动之计，聚集学生，藉词宣传，此举不慎，最易为共党所乘，关系教育前途，殊匪浅鲜。兹为维护教育起见，着将中等以上各学校军事训练即行停止，

---

① 延林：《我们需要怎样的军训？》，《清华副刊》第 44 卷第 1 期，1936 年 4 月 12 日，第 13 页。

② 雁：《清华校长梅贻琦检阅学生军》，《益世报》（北平）1934 年 10 月 11 日，第 9 版。

其军训人员，应即离校。此后各校行政人员，惟有切实督率学生，注意课业，庶几陶成真材，有裨实用。[①]

5月6日，冀察政委会通知北平各校停止军训。据《大公报》报道："冀察政委会因外交上之关系，昨日通知平市国立私立各大学、各专科以上学校，以及各中等学校，自即日起停止军事训练，并令各校军事教官，克日离境云。"[②] 5月7日，南京训练总监部电令北平各大学军训教官一律于10日前赴南京受训。[③] 对此种荒唐妥协，清华学生悲愤地表示：

> 学校的军事训练，与外交上有何关系？我们自己训练自己，只限于学校里的体格上的锻炼，与"亲善"的邻邦有何干涉？我们的军事教官，亦即如我们学校体育教员，这种举措，受日人的指使是一方面，直接干涉学校行政是另一方面。……现在新的事实又已经给我们证明，敌人如何步步吞灭华北，如何在开始其文化的侵略。也许不久，敌人会再示意我们的当局，转令某某校长或教授"克日离境"，对于每个热心抗日学生更不必这样斯文客气，自可由我们的敌人间接或直接的加以逮捕。除非我们甘心当亡国奴，并时时向敌人歌功颂德。……
>
> 敌人的进迫愈急，使我们认识愈深，同时会使我们的行动更加坚决。我们的军训被迫停止了，会使我们不能"军训"无

---

① 《冀教厅令各校停止军事训练》，《大公报》（天津）1936年3月7日，第4版。

② 《北平各校奉令停止军训》，《大公报》（天津）1936年5月7日，第4版。

③ 《北平各大学军训教官》，《大公报》（天津）1936年5月8日，第4版。

法"军训"了吗？不是的！我们可以自动的分队演习野战，可以到西山学习爬山去，磨炼我们坚强似铁的体魄，与敌人作持久的游击战。……凡有反日反汉奸的同胞同学，都应捐弃小怨，拉起手来，共同奋斗。自动学习野战是我们目前的工作之一。[①]

然后，——我们是何等悲愤！——中央规定的，我们所觉得急需而且富有兴味的军训已经是被剥夺了；在五月的开端被×××××取消了。为甚么在自己的国家内，就连这一点救亡的机能也不能获得呢？恐怕不久我们会连书本上的训练也要被剥夺去，我们对此有怎样的感觉呢？我不知要怎说？只觉得好像替惨死的家人写讣声，只是哀恸！[②]

学生表示，虽然军训课程停止，但也正是学生自我训练的开始：

军训在清华是一门必修的课程，……军训教官，随着军训的被取消，在二三日之内，竟在"克日出境"的命令上，和清华别离了，但是教官的离校，并不是清华军训的停止，反之，清华同学正在悲愤之余已经开始自己训练起自己来了。[③]

在梅贻琦坚持下，清华大学并未取消军训，在长沙临时大学、西南联合大学时期，仍有军训课程。

---

① 啸:《各校奉令停止军训》,《清华副刊》第44卷第6期，1936年5月16日，第7—8页。

② 立:《军训在清华》,《清华周刊》向导专号，1936年6月27日，第40页。

③ 按，这段文字为《清华周刊》编辑在《军训在清华》一文后写的评语。《清华周刊》向导专号，1936年6月27日，第41页。

三、校庆阅兵

学生军训结束后举行阅兵是惯例。从 1934 年起，清华大学校庆时也举行阅兵式。在梅贻琦看来，学校军训"非离开学校后，即参加战争，吾人之目的，系应付不测之变机"。在东北已经沦丧、日军重兵环伺、华北几成前线，并且国民政府妥协退让的情况下，梅贻琦作出校庆日阅兵的决策，有着重大的象征意义。它不仅激励全体师生以各种形式勇赴国难，也表明了清华大学对抗日救亡运动的坚定支持和必胜信心。

林公侠（1935）回忆 1934 年校庆阅兵式：

> 第九级同学背枪全副武装由教官戴坚少校指挥，戴教官骑骏马，威风凛凛。……梅校长和贵宾站在司令台上很庄重的检阅操过的队伍。军乐队由容启东指挥，领导前行，奏出雄壮悠扬的军乐。[①]

1935 年 4 月 28 日，清华举行 24 周年校庆纪念系列活动。再次举行阅兵式，梅贻琦"穿长袍，手持呢绒帽，庄严和穆的肃立检阅军训同学"。林公侠回忆：

> 中华民国廿四年，平津的局势表面稳定，长城外敌骑纵横，日军的威胁仍然很大。中日风云日紧，全国充满了抗日的呼

---

① 林公侠：《校庆 清华园前尘梦影之一》，《清华校友通讯》1970 年新 32 期，第 6 页。

声。北平接近伪满洲国，冀东有汉奸殷汝耕的伪自治政府，城内的东交民巷旧使馆区，又有日本帝国的驻防皇军。中日两国的邦交很不和谐，皆由日本军阀的侵华野性炽盛，引起国人的愤怒。……

内忧外患，政府为了应付危机，敷衍日本军阀，关于华北的事情，尽量容忍，争取时间备战。平津的局面，外弛内张。民国廿四年的校庆日，大家都怀着沉重的心情，举行校庆纪念。庆祝的节目也相当丰富，其中有抗敌意义的，例如梅故校长月涵师的检阅第九级军训学生。

罗斯福总统纪念体育馆前的阅兵台上，梅校长穿长袍，手持呢绒帽，庄严和穆的肃立检阅军训同学。队伍由陆军中校教官李亚雄主持，少校教官戴坚指挥。

军乐队前导，由容启东学长担任指挥。丘九们全副武装，操正步经过阅兵台前；精神焕发，步伐整齐；骑术组的同学乘军马缓骋而过，马蹄的的，振奋起杀敌报国雪耻和光复失地的雄心。在当年忍辱救亡的大环境下，这一次的阅兵仪式是历年庆祝校庆中，极有意义的一幕。鼓励了一部分同学于"七七事变"后投笔从戎，马革裹尸的爱国心：第七级同学中有祝新民、熊大缜、郭清寰；第九级有韩鸣和张卓华（广西人，柳桂会战时投笔从戎，殉难于滇桂边境）；第十级有居浩然。……①

1935 年阅兵式总指挥为萧谨，受阅者为参加军训的学生，骑兵

<hr>

① 林公侠：《校庆回忆　清华园前尘梦影之二》，《清华校友通讯》1971 年新 37、38 期，第 12 页。

一个连队，步兵两个连队，共计约 300 人。前导的军乐演奏队由大
一新生组成。阅兵式首先由马队举行技术表演，同学们马术均极娴
熟。接着鸣号整队，通过阅兵台，接受检阅，马队殿后。梅贻琦率
全校教职员及来宾等走下阅兵台，沿着操场检阅一圈，随即返回阅
兵台致词。他说：

> 今天得觇诸位同学之整肃精神，本人心中感触。不过诸位
> 仍要深刻体验目下国家情势，加紧锻炼，切勿以练操即已完成
> 责任。但吾人亦非离开学校后，即参加战争，吾人之目的，系
> 应付不测之变机。华北个个青年国民最低限度须有普通军训知
> 识，深望诸位仍继续努力。[1]

1936 年 4 月 26 日，清华举行建校 25 周年校庆。学校第三次举
行校庆阅兵式。一、二年级学生精神健壮，步伐整齐，除进行各项
术科表演外，并在气象台近旁作种种防御试验。[2]

1937 年 4 月 25 日，清华举行建校 26 周年校庆，举行第四次校
庆阅兵式。1937 年 7 月 1 日出版的《中华教育界》称赞：

> 国立清华大学，对于军事训练，素甚重视；前为某种原因，
> 虽一度停顿，但现仍继续进行，特别注意战时之技术等实际问
> 题。本年四月廿五日为该校廿六周年纪念，特于上午九时，在

---

[1] 《清大二十四周年纪念会盛况》，《大公报》（天津）1935 年 4 月 29 日，第
4 版。

[2] 《清华大学廿五周年》，《大公报》（天津）1936 年 4 月 27 日，第 4 版。

图 19-2　梅贻琦阅兵,《清华年刊（1937）》

图 19-3　梅贻琦在阅兵台讲话,《清华年刊（1937）》

图 19-4　清华大学学生军训（1），《中华教育界》第 25 卷第 1 期，1937 年 7 月 1 日

图 19-5 清华大学学生军训（2），《中华教育界》第 25 卷第 1 期，1937 年 7 月 1 日

该校大操场，举行全体学生军大检阅，并作遭遇战之表演。该校化学系及机械系，并备烟幕弹、毒瓦斯，及防毒面具等新式武器，以壮军威，并试验一年来研究之成绩。[①]

在日本侵略步步紧逼面前，国民政府、华北地方当局妥协退让，梅贻琦毅然在校庆日举行阅兵仪式，压力之大可想而知。梅贻琦勉励学生"深刻体验目下国家情势，加紧锻炼，切勿以练操即已完成责任"。在民族大义面前，梅贻琦保持了崇高人格和气节，为清华师生做出了爱国主义的光辉示范。

四、组织系列形势报告，揭露日本侵略面目

梅贻琦重视校内集会。他说，集会的意义，"不是奉行故事的一种举动，乃是全校师生很重要的一个集合。平日因课务甚忙，求抽出时间，使师生常常聚会，很不容易。……大家藉此机会晤面亲近，表现出团体生活精神。且集合唱歌听讲，于陶冶性情、增进知识两方面，同时可以得到。……须知此种集会，亦学校中共同工作、共同生活之一重要部分。若因少数人随便，影响大众，则使集会精神无从表现"[②]。在开学、毕业典礼，或其他重要纪念活动集会上，梅贻琦反复强调形势的危机，勉励学生们既要时时不忘民族和国家危机，也要时刻提醒自己努力学习，以备国家将来之用。

梅贻琦常亲自主持清华大学总理纪念周集会。据不完全统计，

---

① 《国立清华大学学生军》，《中华教育界》第 25 卷第 1 期，1937 年 7 月 1 日，插图。

② 《九月二十三日纪念周会纪事》，《国立清华大学校刊》第 685 号，1935 年 9 月 26 日，第 2 版。

1931年"九一八"事变后一年内，与日本有关的报告有15次：

时间	演讲者	演讲题目或主题
1931.9.22	蒋廷黻	日本侵略行动之经过与背景
1931.9.24	萧蘧	日本在东三省之经济势力
1931.11.23	陈启修	当作日本帝国主义承续了的东三省，当作中国经济因子看的东三省
1932.1.4	蒋廷黻	英美舆论界对于东北事件之态度
1932.1.4	钱稻孙	日本政党问题
1932.1.11	黄宪儒	抵制日货问题
1932.2.12	蒋廷黻	国难会议的使命
1932.2.26	郑振铎	我所见的上海战争
1932.2.29	刘文典	东邻野心侵略之计划
1932.3.18	阎宝航	义勇军在东北活动情形
1932.3.21	何海秋	沪战之影响及教训
1932.5.9	蒋廷黻	"二十一条"的始末
1932.5.9	王化成	满洲问题
1932.9.18	王化成	义勇军最近活动真实状况
1932.9.18	冯友兰	"九一八"事变

在正式演讲前，梅贻琦或报告校务，或介绍演讲者和演讲内容。例如，1932年1月4日，外文系钱稻孙演讲，梅贻琦致词：

这一月以来，吾们历次请人讲演，都是侧重于东北的问题。当此外患危急之际，敌国情形吾们亦应当特别注意，加以研究。钱稻孙先生对于日本语言文字，研究精深，对于该国政治，亦详细知道。今天特请钱先生讲演日本政党之变化。要知日本无论那一政党当权，在其政策看来，虽互有异同，但其侵略中国，想占便宜，差不多是一致的。[①]

2月26日，中文系郑振铎演讲，梅贻琦致词：

近来校内同学以及校外各方面，不时介绍各处学生来校借读或旁听。目前因时局关系，教育剧受影响。求学的问题，同时发生困难。即如淞沪各校，惨遭敌方炸毁摧残，已无开学之可能。在此情状之下，我们学校如能多收容几人，即可使失学青年多一求学机会，本校自无不尽力设法的。……最近这两天上海战事的消息，据报纸上看来，我方战绩很好。虽不能说已经得到如何的胜利，可是没有使敌方得志逞意。敌方横行无忌，那种骄恣的态度，凡有血气所不能忍受的。我们逼不得已，出而作相当的抵抗。这是为我中华民族争志气，在世界图生存，也使人家有点认识，这非寻常的战争可比。[②]

2月29日，中文系刘文典演讲，梅贻琦致词：

① 《二十一年一月四日总理纪念周演讲纪录》，《国立清华大学校刊》第355号，1932年1月8日，第1版。
② 《二月二十二日总理纪念周记事》，《国立清华大学校刊》第373号，1932年1月24日，第1—2版。

近来因正当国难紧迫时期，纪念周讲演，都是关于时局的问题。上次曾请郑振铎先生报告过上海战事的情形，又有两位新近从上海来平者，对于战地情况，知道的很清楚，最近拟请来校讲演。今天特请刘叔雅先生为吾们讲演。刘先生对于日本文字及其国情，很有研究。当甲午之役，刘先生之令伯从事海军，参加大战，曾经击沉日舰一艘，然不幸为国捐躯。刘先生二十几年以来，不断的研究日本的国情及其对外阴谋。今天他的讲题为"东邻野心侵略之计划"。日人的野心，不仅仅想吞并中国全部为已满足，尚欲扩而充之至于世界。这是非常可使人注意的。①

请对日本或中日关系有较深入研究的校内外学者或有影响的社会人士宣讲这些报告，有助于清华师生深入了解中日问题来龙去脉以及国内外形势发展变化。梅贻琦在主持发言中，或对讲演简约精到提要，或对学生语重心长勉励。他的发言与嘉宾的演讲内容互相补充，相得益彰，让学生更加明了自己肩负的历史责任，成为生动的抗日救亡思想教育。

除了总理纪念周，在其他一些重要日子，学校也会组织集会，梅贻琦主持并发言。1932年3月18日，既是"三一八"纪念日，又是"九一八"爆发半年的日子。学校举行纪念活动。梅贻琦讲话指出：

---

① 《二月廿九日总理纪念周纪事》，《国立清华大学校刊》第376号，1932年3月2日，第1版。

今天举行这个纪念式，含有两种意义。在民国十五年间政府受列强胁迫，北平市民拟为政府后援，于三月十八日集合赴执政府请愿，不意卫兵开枪轰击，结果伤亡数十人。本校同学韦君杰三，即为三一八之牺牲者。此外还有同学数人受伤，所以这一天在我们学校尤有特别要纪念之处。同时今天又洽（恰）为九一八东北事变经过半年的日期。这是我们更应当纪念的第二个意义。①

1932 年 9 月 18 日是"九一八"事变一周年纪念，学校举行国难纪念会。在纪念会上，梅贻琦沉痛指出：

今天此会是纪念东北九一八事变一周年的聚会。当此惨痛的纪念日，至少觉得不是个人说话空谈的时候，不过要大家集会起来，追想一想国难一周年之经过，使吾们憬觉警惕，不致淡忘。……今年的纪念会，人人充满悲惨沉痛之情怀。实与开追悼会同一意义，故此纪念会虽谓之为国难追悼会，亦无不可。近来满洲伪国已与日本签订密约，互相勾结利用，为我国根本大患。无论现时吾人对此事具有如何的态度，但东北地图已变颜色，已成不可讳言之事实。不过东北人民苦其横暴压迫，不甘沦为奴隶者极众，将群起而图之，则终有规复国土之一日。……盖日人之侵略东北，蓄谋已久，非一朝一夕之故，早惹世人注意，只要留心万宝山等次的惨案，处处都可以观测出

---

① 《举行三一八纪念式讲演纪略》，《国立清华大学校刊》第 384 号，1932 年 3 月 21 日，第 1 版。

来。何待九一八事变之实现！当时对此消息异常注意，以为我方总有一点相当对待办法。但过了两天，国内毫无动静，或疑为一时之策略，不意始终未予抵抗。这是最令人痛心的。以拥有重兵的国家，坐视敌人侵入，毫不抵抗，诚然勇于内战，怯于对敌，何等令人失望。是以沈阳既去，吉林、黑龙江、锦州随之而陷。大家不要以为目前尚可苟安。殊不知此时敌方时时可以再有动作，或另有阴险图谋。实则形势非常可危。吾们应当深刻纪念，时时注意准备才是。但是东三省虽亡，东北人心未死，前途尚有一线光明。给予吾人一点安慰者，就是东北义勇军随地进展活动，不时抵抗奋斗。使敌人时起恐怖，有此民族精神存在，则东北或将不致终亡。[①]

此外，在常规的开学典礼、毕业典礼上，梅贻琦始终不忘形势教育。

1932 年 9 月 14 日，在开学典礼上，梅贻琦指出：

> 本校在过去一年间，正值国难临头，风云紧急的时期，但国势虽如此危亟，本校校务、功课各方面，均尚能照常进行，未因时局关系，而致稍有停滞，此诚值得我们庆幸自慰的。至于本学年未来之一年中，能否仍照这样安安静静的读书，此时自不可知，此后惟有大家在校一天，各人本其职务上应当做的事，努力尽其责任而已。

---

① 《国难纪念会纪事》，《国立清华大学校刊》第 434 号，1932 年 9 月 21 日，第 2 版。

……

　　大家不要因自己环境之舒适，而忘怀园外的情形。在中国今日状况之下，除安心读书外，还要时时注意到国家的危难。[①]

1933 年 9 月，梅贻琦在开学典礼上指出：

　　今天是本校又一新学年的第一天，新旧师生得以集会一堂，这大概是数月前所未想到的。当外患迫急，北平附近势将发生变化的时候，无论当日身临其境，或远在外地者，恐都未想到本校今天还能照旧向前进，师生还能继续课业。现在我们既然仍得到这求学机会，就应善为利用，特别努力去工作。[②]

在 1934 年开学典礼上，梅贻琦指出：

　　三年前的明天，要算我国最严重一个国难开始的一天，从前常常虑到我们的工作，或要受外界影响，不能安静的渡过，现幸尚能照常。虽然华北的危机，是随时可以触发的，但是我们仍然要不畏首畏尾的领导大家去努力工作，要冷静耐心的干。[③]

---

　　① 《举行廿一年度开学典礼志略》，《国立清华大学校刊》第 432 号，1932 年 9 月 16 日，第 2—3 版。

　　② 《二十二年度开学典礼志略》，《国立清华大学校刊》第 518 号，1933 年 9 月 15 日，第 1 版。

　　③ 《二十三年度开学典礼纪事》，《国立清华大学校刊》第 598 号，1934 年 9 月 20 日，第 2 版。

1935 年 6 月 22 日，梅贻琦在毕业典礼上讲话，《大公报》报道：

今日乃我校举行第七届毕业典礼，同时为研究院举行第三届毕业典礼之期。现在国难日渐加紧，一年工作得以结束，殊堪庆幸。吾人于此国难严重期间，有一些时间，即应做一些事业，以冀有所成就。吾人应知大学毕业非为个人本身职业，而应以社会国家为目标。虽于一二日短期中不易收效，然则于数年之内，则必有所成就也。是余今日忧喜参半，所忧者乃负教育责任者能力有限，所给予诸君之学识不能充足，而社会情况则复杂难于应付；所喜者乃诸君课程终了，是为初步结束，将来服务社会国家，前程远大。尚望诸生本乎此旨，共策共进也。①

《益世报》报道梅贻琦讲话与《大公报》稍有不同：

今日本校举行大学部本科及研究院同学第七届毕业典礼。当此国难紧急之际，诸位同学能结束四年之工作，至少可以庆幸。个人觉得国难虽如此严重，我们之地位，在学术工作及学生训练上，能作一步即作一步，能作一天即作一天。诸位同学毕业后，但有机会，应继续作学术上之研究。本届毕业同学，共有一百四十余人，将来服务社会，定有相当之贡献，此为学校至少之希望。惟诸位同学出去作事，有大有小，成绩之表现，

---

① 《清华大学昨举行第七届毕业典礼》，《大公报》（天津）1935 年 6 月 23 日，第 4 版。

有多有少。吾人服务社会，不仅为解决个人之职业问题，为自己谋衣食，而是为国家社会谋安全谋福利，人人应抱定为公众为国家之宗旨，日久定有相当效验。反之，日久亦有效验，惟效验与效验不同耳。此种效验，即为目前已表现者。今日举行毕业典礼感觉忧喜交加，在喜的方面来说，诸君之学业已有初步之结果，前程远大；在忧的方面来说，负教育责任者无限，深恐过去所预备者，或不能满足，诸位贡献社会上之需要，实憾事也。[①]

1935 年 8 月，梅贻琦在致新生书中说：

诸君入大学之日，正是国难加紧的时期。尤其在北方处在大家认为更紧迫的局势之下，诸君仍肯来学，可见诸君认识国难不是可以避免的，是要为人坚忍的努力去解决的。现在政府当局忍辱负重的去应付。吾们在学校里的，应该各就所能，各尽其责，为国家做一点贡献。但是我们所处的局势既如此，吾们更要埋首去工作。大家对于个人的团体的言语行动，都要特别注意。古人说"危行言逊"，现在要适应国难的情势之下，望诸君三复之。[②]

这些演讲或谈话，针对时弊，语重心长，虽未尝厝意文翰，但

---

① 《清华昨盛大举行第七届毕业典礼》，《益世报》（北平）1935 年 6 月 23 日，第 9 版。

② 梅贻琦：《致新来的诸同学》，《清华暑期周刊》第 10 卷第 7、8 期，1935 年 8 月 24 日，第 2 页。

辞约旨畅、振聋发聩，成为鼓舞师生斗志、坚定师生信心的生动素材。

1933 年 5 月，徐雄飞从学生视角回顾"九一八"事变以来清华大学抗日工作：

> 沈变以还，忽忽廿月，三省既陷，热河弃守，河北失其半，平津亦入于釜底。回顾过去，国人所谓抗日工作，仍不外民气之表示而已。即论民气，初如万马之奔腾放发，既而踟躇踯躅，终于畏缩无为，事之推移如此，良可慨也！今就本校言之，藉以检点已往，策励未来。
>
> （一）沈变方起，全国震惊，青年之悲愤尤甚，于是南下请愿、四处宣传、实行军事训练，一时风气，□所底止。然而时未过，"境"已迁。凡此数者，本校有焉。
>
> （二）榆关既启，平津动摇，华北军队，至此始有抵抗。前线将士，既有浴血苦战，后方民众，岂甘束手坐视。青年处此，尤感煎迫。于是有慰劳、视察、救护，甚至投身义军之举。本学（校）同学，亦皆追随为之。
>
> （三）因感于抗日工作，太偏形式，于是利用假期，出发修路，藉予军队以实际鼓励。近有雨衣运动之发起，用以帮助前线将士，同时暗示社会走向较为积极之抗日途径。
>
> 回顾过去，吾人能力之表现如彼；远瞩将来，吾人责任之所在，决不止此。"长期抵抗"，倡自政府，而国人和之。然则"长期"者，若干年？"抵抗"者，又何法？十年二十年后，其将成为著书立说之名辞乎？抗日不限于军事，口号无补于救国。

然而来日大难，青年之责职，又岂得旁贷。学校为吾等修养训练之园地，社会乃吾等计划工作之范围。抗日所以救国，其决于吾人今日在校之修养，与夫他年社会之工作乎？

吾人今日之修养若何？（一）须有专门知识与技能，（二）须有组织与团结能力，（三）须有坚强意志与毅力，（四）保持良好习惯与完全人格，（五）朝夕不忘与日本一拼。此皆老生常谈，非寓有高深哲理，更不足以语于"大革命家"。惟望引为同情者，不以为迂，不视为轻，以此为出发至点。须知事之大小，惟人力为之。[1]

梅贻琦在"九一八"事变两个多月后出长清华，因此徐雄飞总结的这些抗日工作基本就是在梅贻琦在任期间发生。徐文提供了一个学生视角看梅贻琦领导下清华大学的抗日救亡运动。尽管有种种不足，但涵养激励民气，培养教育青年，积极参与抗日救亡，无疑是主要的。

从中共党史、革命史角度看，在1945年前中国大学的抗日救亡运动中，共产党无疑起了中流砥柱作用。与此形成对照的是，"校方""学校当局"的作用和影响甚为模糊，有些叙述中甚至将学校置于学生运动的对立面。随着时间推演，这种情况有所改观，不再完全把"校方""学校当局"作为学生运动的对立面，但其面目仍需进一步清晰。

考察1931—1937年清华大学应对时局的种种举措，可知梅贻

---

[1] 徐雄飞：《本校抗日工作之回顾》，《园内》第3号，1933年5月20日，第1版。

琦始终抱有强烈的爱国主义，领导清华大学进行各类抗日救亡活动。这类活动与共产党领导的抗日救亡活动表现形式不同，但爱国本质同一，二者一起构成了中国大学面对民族危机奋起自救的协奏曲。

联大之母（1937—1946）

有人以当兹抗战时期，大学生应赴前线杀敌，此未免误解，须知赴前线杀敌，固为急需，而后方准备工作，亦更重要。不过教育事业，为有永久性的、非一时的，故大学教育效力一时不易显现出来。吾人敢说，我国苟非过去有数十年之大学教育历史，则今日之抗战，也须不能如今日之坚强而持久。

——1938 年 9 月 18 日

我们面对着战争，我们在战争里生长，我们相信可以获得最后胜利，我们是临渊履薄，兢兢业业的谋，所以把握着胜利。

——1944 年 4 月

联大是勉强开始，也勉强结束。八年来许多困难承地方当局，及各界人士帮助，趁此机会致谢。八年相处，一旦离开，惜别意思大家都是一样，希望这离别只是暂时的，但不希望学校再迁来。只是个人的相会。八年来自从三校联合办联大，虽三校各有各的作风，而终能大家互相谅解，办了这八年。回忆八年来，深深感到了合作的意义，也感到了合作的需要。西南联大所以能成功，就是因为参加分子都能了解这一点，都能互相谅解。

——1946 年 5 月 5 日

筹备长沙临时大学

    1937 年 7 月 7 日，"卢沟桥事变"爆发，中国人民伟大的全面抗战开始。位于平、津的清华大学、北京大学、南开大学联合组建长沙临时大学。1938 年，长沙临时大学被迫迁往昆明，更名为西南联合大学。长沙临时大学与西南联合大学前后相继，与全面抗日战争相始终。三校师生和衷共济、弦歌不辍，创造了战时高等教育的奇迹，也铸就了教育史上不朽的丰碑。

    1937 年 8 月中旬，教育部决定三校联合筹建长沙临时大学。9 月中旬，梅贻琦赴长沙参与筹备，到 10 月下旬开学，只用了 40 多天。在信息不畅、交通不便、人员分散、资源缺乏等诸多不利的情况下，这一速度可谓惊人。"在长沙时间，虽然只有几个月，但在这几个月中创下了联大的精神，也奠定了联大这个战时学校的基础。"[①] 这其中，清华大学校长梅贻琦居功甚伟。

一、事变应急

    1937 年 7 月 9 日起，蒋介石分别邀请各界知名人士参加在庐山举行的关于国是问题的谈话会。清华大学校长梅贻琦与陈岱孙、浦薛凤、顾毓琇、庄前鼎等教授，北京大学校长蒋梦麟与北大部分教授，南开大学校长张伯苓与南开部分教授等应邀参加，离平、津南

---

    ① 吴纪:《八年来的联大》,《民主周刊》第 2 卷第 14 期,1945 年,第 12 页。

下。就在谈话会前夕，爆发了"卢沟桥事变"。

由于此前几年间，中日之间时有摩擦，所以"卢沟桥事变"后几天，各方均在评估此次事变的严重性，社会局面尚显镇静。学校"对于时局演变，严切注意，校内秩序，则力予维持。"[1] 7 月 10 日，清华大学教务长潘光旦、秘书长沈履联名致电南京国民政府教育部，请急转梅贻琦，称："连日市民、学校均镇静。各方安，乞释念。" 7 月 15 日，潘光旦、沈履及北平部分大学负责人密电蒋梦麟、胡适、梅贻琦等，"华北局面症结在地方最高当局对中央尚有疑虑，深恐地方对日决裂后中央反转妥协退，使地方进退失据。务请向介公进言，对地方作具体表示，俾祛除此种疑虑。"[2] 7 月 16 日，潘光旦、沈履及清华大学数学系教授郑之蕃等人联合北大等校教授密电在庐山与会的梅贻琦、胡适、蒋梦麟等人，希望他们劝谏蒋介石等国民党高层："务请一致主张贯彻守土抗敌之决心，在日军未退出以前绝对停止折冲，以维国权。"[3]

校长乃学校之重心所寄，留守的潘光旦等数次电请梅贻琦返平主持校务以应对瞬息万变的时局。7 月 14 日，局面日益恶化，潘、沈二人急电梅贻琦："和平望绝，战机已迫"，请梅贻琦设法绕道正

① 梅贻琦：《抗战期中之清华（1939 年 4 月）》，《清华校友通讯》第 5 卷第 3 期，1939 年 5 月 1 日，清华大学校史研究室编：《清华大学史料选编》三（上），第 17 页。

② 《北平各大学负责人密电蒋梦麟、胡适、梅贻琦（1937 年 7 月 15 日　北平—牯岭）》，清华大学校史研究室编：《清华大学史料选编》三（上），第 2 页。

③ 《潘光旦、沈履急电梅校长（1937 年 7 月 10 日　北平—南京）》《李书华等 21 教授密电庐山谈话会（1937 年 7 月 16 日　北平—牯岭）》，清华大学校史研究室编：《清华大学史料选编》三（上），第 1、2—3 页。

太路、平绥路返校，应付时变。[①] 22日，潘光旦、沈履电赵元任转梅贻琦，"学校大计盼在京与当局探商，时局若不过紧，希返校一行。"[②] 但战争爆发，不要说从赣返平，就是从赣返京也困难重重。实际上，梅贻琦也未返平，而直接赴汉筹备长沙临时大学。

17日，梅贻琦密电潘光旦：当日早晨当局召开重要会议，表示坚决抗日，并已开始布置。梅贻琦表示，与蒋梦麟商量后，不日即将返回。[③] 同日，蒋介石在庐山发表谈话，提出不得侵害中国主权与领土完整等解决卢沟桥事件的四个条件，并致电宋哲元、秦德纯："倭寇不重信义，一切条约皆不足为凭，勿受其欺为要。"同日，东京日本五相会议决定，动员40万日军侵华，华北局势急转直下。29日，北平沦陷。

当时，正值暑假，清华大学一、二、三年级学生在北平西郊妙峰山一带夏令营作军事演习，土木系大部分学生在山东济宁县实习，四年级毕业生有200余人留校或找工作，或准备研究生与留美公费生考试。教职员大部分都在校内。

8月，北平沦陷后，清华留校师生及家眷纷纷撤向城内。此时校内人心不稳，师生对局势议论纷纷。14日晚，沈履、潘光旦等在工字厅召集通气会，通报连日与北平市长秦德纯沟通情况，以及日军决意发动侵华战争吞并华北、大战在即、29军决意抗战等情况。

---

① 《潘光旦、沈履急电梅校长（1937年7月14日　北平—牯岭）》，清华大学校史研究室编：《清华大学史料选编》三（上），第2页。

② 《潘光旦、沈履电赵元任转梅校长（1937年7月22日　北平—南京）》，清华大学校史研究室编：《清华大学史料选编》三（上），第3页。

③ 《梅贻琦密电潘光旦（1937年7月17日　牯岭—北平）》，清华大学校史研究室编：《清华大学史料选编》三（上），第2—3页。

15 日，学校提前发给教职员七月份工资，以为预备。[1]

梅贻琦下庐山后，即刻北返。行至南京后，由于交通中断，无法北上。滞留南京期间，梅贻琦除了积极向各方探听消息外，只能依靠函电与学校保持联系。[2]梅贻琦始终放心不下学校与师生，肝肠"一回而九折"。1939 年 4 月，梅贻琦回忆：

> 斯时也，琦已由庐山到京，因平津交通中断，无法北上，除与校中同人函电询商外，日惟向京中各方探取消息，每闻及沙河激战，西苑被炸，念我介乎其间之清华校园，不知被破坏至何程度矣。某日报中载有清华学生二百余人在门头沟附近被敌人屠杀，更为焦急。凡兹传闻，虽事后幸未证实，然在当日闻之者，实肠一回而九折也。[3]

二、负责筹备

1937 年 8 月 14 日，教育部决定清华、北大、南开三校迁至长沙组建临时大学，致寒电告仍在庐山的梅贻琦，请其与顾毓琇出席 19 日在南京召开的筹备委员会预备会。[4]17 日，梅贻琦收到寒电。翌日，梅、顾致巧电给在南京的清华大学机械工程学系主任庄前鼎，请其代为出席预备会，并电示会议结果。同日，二人还回复教育部

---

[1] 《吴宓日记：1936—1938》，第 169 页。

[2] 梅贻琦：《抗战期中之清华（1939 年 4 月）》，清华大学校史研究室编：《清华大学史料选编》三（上），第 18 页。

[3] 同上。

[4] 《教育部密电梅贻琦、顾毓琇（1937 年 8 月 14 日 南京—牯岭）》，清华大学校史研究室编：《清华大学史料选编》三（上），第 4 页。

次长周炳琳解释原因。①

28 日，教育部密谕梅贻琦：

> 奉部长密谕："指定张委员伯苓、梅委员贻琦、蒋委员梦麟
> 为长沙临时大学筹备委员会常务委员。杨委员振声为长沙临时
> 大学筹备委员会秘书主任。"等因；奉此，除分函外，相应函达
> 查照，为荷。此致
> 梅委员贻琦
>
> 教育部高等教育司启
> 八月廿八日②

三校联合，异地办学，时间紧迫，校务纷繁。虽然成立了筹备委员会常务委员会，但领导大学创建，尤其在短期内创建一所联合大学，常务委员会集体决策显然缓不济急，必须要选择一位主事之人承担更大的责任。考虑到三校各有历史、传统，这位主事之人既要有资历、能力和影响，也要考虑其所在学校的历史、传统、实力等，还要与教育部有良好的互动，虽未必负"校长"之名，但必须有"校长"之实。主要领导人的选择是考验三校的大事。北京大学首先做出了反应，胡适、蒋梦麟、周炳琳等商议后，30 日，胡适致张伯苓、梅贻琦信：

---

① 《梅贻琦、顾毓琇急电庄前鼎（1937 年 8 月 18 日　牯岭—南京）》，清华大学校史研究室编：《清华大学史料选编》三（上），第 4—5 页。

② 清华大学档案，X1-3:1-1-001。

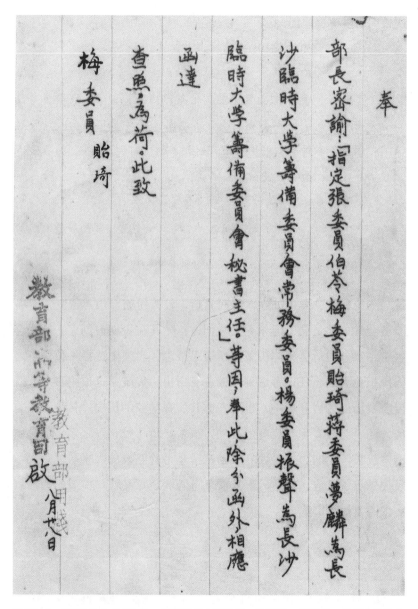

图 20-1　1937 年 8 月 28 日，教育部指令张伯苓、梅贻琦、蒋梦麟、杨振声等筹备长沙临时大学的秘谕

　　孟邻兄有信与枚荪兄和我。他说，临时大学实行时，"虽职务各有分配，而运用应有中心。伯苓先生老成持重，经验毅力为吾人所钦佩，应请主持一切"。孟邻兄此意出于十分诚意，我所深知。我们也都赞成此意。所以我把此意转达两公，付乞两公以大事为重，体恤孟邻兄此意，不要客气，决定推伯苓先生为对内对外负责的领袖，倘有伯苓先生不能亲到长沙之时，则由月涵兄代表。如此则责任有归，组织较易进行。千万请两公考虑。[①]

　　张伯苓是国内外公认的著名教育家。梅贻琦是南开中学第一届毕业生，是张伯苓的得意门生。北大推张伯苓主持，必要时梅贻琦代表，于公于私看似两便。

　　但换一角度看，三校之中，论学校实力、经费、影响力，南开均不能与清华、北大并肩。并且，南开是私立，清华、北大均为国立。因此，在战时极为困难的形势下，南开实际上不可能牵头筹备临时大学。这一任务事实上非清华大学莫属。因此，北大巧妙地将梅贻琦推到了实际负责人的位置。

　　北大的这个提议，除考虑经费、人员、设备等，还有一个重要因素，就是清华大学两年前已经开始在长沙筹建分校，兴修建筑，并秘密南运了一批图书、仪器与设备，这些都可以为临时大学提供支持。

　　揆诸实际，查长沙临时大学常务委员会57次会、58次会议记录（第14次出现两次会议记录），其中有7次没有出席者签名；在有出席者签名的51次会议记录中，梅贻琦出席46次，潘光旦代理

----

① 清华大学档案，X1-3:1-1-004。

出席 3 次；蒋梦麟出席 36 次，樊际昌代理 2 次；张伯苓出席 7 次，
黄钰生（子坚）代理 35 次。可见，在长沙临时大学筹备及开学期
间，梅贻琦与蒋梦麟起实际领导作用。

北京大学校长蒋梦麟回顾这段历史：

> 我到达长沙时，清华大学的梅贻琦校长已经先到那里。在
> 动乱时期主持一个大学本来就是头痛的事，在战时主持大学校
> 务自然更难，尤其是要三个个性不同历史各异的大学共同生
> 活，而且三校各有思想不同的教授们，各人有各人的意见。我
> 一面为战局担忧，一面又为战区里或沦陷区里的亲戚朋友担
> 心，我的身体就有点支持不住了。"头痛"不过是一种比喻的
> 说法，但是真正的胃病可使我的精神和体力大受影响。虽然胃
> 病时发，我仍勉强打起精神和梅校长共同负起责任来，幸靠同
> 人的和衷共济，我们才把这条由混杂水手操纵的危舟渡过惊涛
> 骇浪。[1]

三、创造奇迹

1937 年 9 月初，清华在长沙成立办事处。9 月 11 日，梅贻琦自
南京抵达长沙，参加筹备临时大学工作。[2] 9 月 13 日，第一次筹备
会举行，梅贻琦、杨振声、朱经农、顾毓琇、皮宗石、黄子坚（代
张伯苓）、樊际昌（代蒋梦麟）出席，梅贻琦主持。会议通过四项决
议，奠定了联合大学的基础：（一）联合大学经费由三校提供原有经

---

[1] 蒋梦麟：《激荡的中国》，九州出版社 2015 年版，第 212 页。

[2] 《梅贻琦抵湘　筹设临时大学》，《新闻报》1937 年 9 月 14 日，第 4 版。

费七成之三成五。（二）电令三校重要职员，克日南下。（三）通知三校师生在长沙复学。（四）斟酌三校过去情形，院系课程之分配。[①]

学校通过天津、南京、上海、汉口等四地清华同学会，办理通知清华师生职员到长沙开学等事宜。[②]

清华南迁的决策，固然是国民政府的决定，清华校内也早有共识。冯友兰回忆：

> 北京不守，本来早就在人们的意料之中。应变的计划，清华早已有了准备，几年之前，已经着手在长沙设立分校，并动工在长沙岳麓山建筑校舍，图书馆的图书，已经陆续运到长沙，已经决定在新校舍建成后，把几个研究所先行搬去。所以此时对于全校南迁没有多的讨论、争执就决定了。实际上是除此之外，也没有别的路可走。[③]

正是因为此前几年清华大学秘密预备，才能在"卢沟桥事变"后不到两个月时间内，长沙临时大学便筹备完毕，三校师生克服重重困难赶赴长沙。临时大学原定 1937 年 10 月 10 日开学，[④] 因时间过于促迫，遂迁延至 10 月 25 日开学，11 月 1 日上课。即使如此，

---

① 沈刚如：《校长在抗战期中——谨祝月涵校长服务本校廿五周年》，黄延复主编：《梅贻琦先生纪念集》，吉林文史出版社 1995 年版，第 27—28 页。

② 梅贻琦：《抗战期中之清华（1939 年 4 月）》，清华大学校史研究室编：《清华大学史料选编》三（上），第 19 页。

③ 冯友兰：《三松堂自序》，第 100 页。

④ 《长沙临时大学定双十节开学》，《国际言论》1937 年第 4 期，第 118 页。《抗战二年中教务处工作概况（1939 年 1 月）》，清华大学校史研究室编：《清华大学史料选编》三（上），第 48 页。

仍有很多师生未能按时赶到长沙。11 月 17 日，长沙临时大学筹备委员会向教育部工作报告书统计：临时大学理、法商、工学院租用长沙韭菜园圣经学校，文学院租用南岳圣经学院，同时分别租用四十九标、涵德女校作为男、女生宿舍。临时大学自始即用归并办法，三校共有院系、一校内性质相近院系均予以归并以节省开支，提高效率，归并后设 4 个学院 17 个学系。教员 148 人，其中清华 73人，北大 55 人，南开 20 人。截止到 11 月 20 日，三校原有学生到校 1120 人，其中清华 631 人，北大 342 人，南开 147 人；新招学生114 人、借读生 218 人；全校学生总计 1452 人。此外，经费、建筑设备、行政组织、教学设施也都初步到位。①

由于事起仓促，长沙临时大学虽粗具规模，但秩序还比较混乱，临时大学经济系三年级学生余道南回忆：

> 见到"临大"的启事后，立刻赶往长沙报到。这年各校都没有招收新生，三校原有学生约四五千人，由于地区沦陷，交通阻隔，及其他种种原因，来长报到者不足千人（据档案名册为 1200 余人），教师也多数未到。课程既不能开足，上课又无书籍讲义，更谈不上仪器设备，只凭教师凑合讲授。加以前线战事日紧，国土不断沦陷，师生情绪不佳，有些教师、同学来而复去，教学秩序无法保障。12 月中旬南京失守，不少教师携眷不辞而去，同学也多离校他往，全校限于半瘫痪状态。②

---

① 《长沙临时大学筹备委员会工作报告书（1937 年 11 月 17 日）》，北京大学、清华大学、南开大学、云南师范大学编：《国立西南联合大学史料》（一），第 3—4 页。

② 余道南：《三校西迁日记》，张寄谦编：《中国教育史上的一次创举——西南联合大学湘黔滇旅行团纪实》，北京大学出版社 1999 年版，第 376 页。

由于师资、设备等缺乏，有些课还要学生去在湘高校借读。例如机械系三年级"被分配到湖南大学借读，借读了半年。一部分课程去旁听，一部分课程由清华教师去上课"[①]。

需要指出的是，临时大学创建初期，情况复杂多变。总体而言，由于信息不畅、交通阻塞、地区沦陷等，教师和学生陆续赶到长沙，长沙师生数目总在变化之中。因此，梅贻琦根据实际需要协调教师来长沙。

1937年9月及10月，在浙江省象山县的机械工程学系助教陈公硕两次致函学校，询问教师是否必须到长沙。11月5日，梅贻琦批示："函告暂时长沙需人不多，南昌方面已可应付将来。如有任务，再当通知。"根据梅贻琦批示，清华大学长沙办事处于11月7日拟信回复了陈公硕。[②]

梅贻琦曾说："自北平沦陷，战祸延长，我政府教育当局，爰于八月中命本校与北大、南开合组临时大学于湖南省会之长沙，琦于八月底赴湘筹备……烽火连天，弦歌未辍，虽校舍局促，设备缺乏，然仓卒得此，亦属幸事。"[③]实际上，从开始筹备到开学不足两月，这已不仅是"幸事"，而是奇迹了。正如陈雪屏评价：

> 长沙临大真是名副其实的"临时"大学，一切都是草创急就，由于中央和地方教育当局的指导和协助，再加上三大学负

---

① 《清华琐忆——白家祉口述》，郑小惠、童庆钧、高瑄编著：《清华记忆：清华大学老校友口述历史》，清华大学出版社2011年版，第62页。

② 清华大学档案，X1-3:3-38:1-002。

③ 梅贻琦：《抗战期中之清华（1939年4月）》，清华大学校史研究室编：《清华大学史料选编》三（上），第19页。

责人的努力，竟能在一个月的短时间内，创立规模，奠定基础，像其他尚未直接罹难的学校一样，按照通例，准时开学上课。简直可说是一个"奇迹"。其间经历的困苦和艰辛，是难以文字叙述的。[①]

抗战胜利后，复员北上前，梅贻琦提议、冯友兰主持修建了西南联大纪念碑。冯友兰撰写的碑文中写到："稽之往史，我民族若不能立足于中原，偏安江表，称曰南渡。南渡之人，未有能北返者。晋人南渡，其例一也；宋人南渡，其例二也；明人南渡，其例三也。风景不殊，晋人之深悲；还我河山，宋人之虚愿。"立碑之时，"虚愿"已还。但九年前南迁时，事起仓促之间，很多师生来不及"深悲"。闻一多回忆："最初，师生们陆续由北平跑出，到长沙聚集，住在圣经学校里，大家的情绪只是兴奋而已"，"大体上说，那时教授们和一般人一样，只有着战争刚爆发时的紧张和愤慨，没有人想到战争是否可以胜利"，"即使是最悲观的也没有考虑到最后战事如何结局的问题"[②]。

筹备过程中，既有梅贻琦等领导殚精竭虑、高效筹备创造奇迹于前，也有三校能否联合、能维持多久等疑虑存在于后。疑虑首先来自内部，很多人对历史、传统均不相同的三校能真正合作没有信心。陈序经回忆：

---

① 陈雪屏：《国立西南联合大学简介——抗战期间北大清华南开三校之联合》，《学府纪闻：国立西南联合大学》，第1—2页。

② 闻一多：《八年的回忆与感想》，西南联大校友会编：《笳吹弦诵在春城——回忆西南联大》，第142页。

　　我到长沙的时候，因为筹备"临大"的负责人还尚未到长沙，我因为在旅馆住的不便，乃到湖南教育厅问朱经农先生，我能否搬入长沙圣经学校居住。朱先生告诉我道："圣经学校虽已商定为'临大'校址，可是'临大'能否成立，还是一个问题。"我得到这个回答之后，只好先迁到青年会居住。

　　我要指出，在那个时候，不只朱先生不能预料临大能否成立，就是一般的教育界的人士，以至北京、清华与南开这三个大学的同人，也很怀疑"临大"的能够成立。因为这三个大学，不只因为历史、环境、学风都有不同之处，而且因为经费上的支配，课程上的分配，以及其他的好多问题，并不容易解决。……

　　南京失守以后，长沙人心恐惶，这个时候，教育部的主管当局也有更动。外间传说"临大"就要解散，然而事实上，所谓临时大学的"临时"性质，反而改为比较永久的学府。我们从湖南迁到云南，我们的长沙临时大学，遂改为西南联合大学。①

　　稍后于 10 月 4 日到达长沙的朱自清也在当天日记中担忧："联合大学太复杂，很难取得成功。"②

　　其次是对分校建在长沙的疑虑。早在清华筹备在长沙设立分校时，政治学系教授浦薛凤即表示反对，力主设在川滇。③待抗战全面爆发，清华、北大、南开筹组长沙临时大学，政治学系教授萧公权

---

　　①　陈序经：《联大六周年纪念感言——谈联大的精神》，《大公报》（重庆）1943年 11 月 1 日，第 3 版。

　　②　《朱自清全集》第 9 卷，第 488 页。

　　③　浦薛凤：《长沙鸿爪》，《学府纪闻：国立西南联合大学》，第 2、55 页。

也认为长沙不妥，成都更为合适。他对陈岱孙说："长沙自古是兵战必争之地。日本侵华，其目的恐怕不只在占据沿海各省，而有深入内地的企图。万一不幸，长沙撤守，学校不免再度播迁，损失必更重大。似乎可以考虑迁往成都。远在西边，敌人不易攻达。四川人士向来看重文人，当地的军阀也非例外。不妨与省政府一洽，我想他们会表示欢迎。"经济学系教授赵守愚和萧公权意见一致，他对萧公权说："杭立武也约过我。我对于长沙之行也不感兴趣，我们一同去成都罢。"[①]

长沙临时大学成立后，浦薛凤仍持前议。"临时大学地址，过近车站，实不妥当。予力主设法迁移，唱高调者或背后加以讥笑。然予对于滥唱高调，只顾面子不负责任，一任局势之自然推移，而宁准备鸟兽散而不愿事前未雨绸缪，或有此意而因怕人讥笑，而不敢作声之人，殊报鄙夷心理。予与人言，亦不留情面。予曾与桐荪先生等倡言早日决定迁滇，停课一二月，学生则予以相当津贴。"[②]浦薛凤、郑之蕃、萧公权等人代表了一部分人的意见。

再次，社会上对教育政策有种种争论，依违摇摆于"读书"与"救国"之间，让学生矛盾、彷徨。临时大学化学系二年级学生董奋在 1938 年 1 月 19 日的日记中写道：

> 我们现在都彷徨歧路。我们一点不知道我们该怎样走对。
> 有二条路，即
> "读书"与"救国"

[①] 萧公权：《问学谏往录》，第 103、104 页。

[②] 浦薛凤：《长沙鸿爪》，《学府纪闻：国立西南联合大学》，第 62 页。

我们的当局给我们的

陈诚：你们应当好好读书，为未来的复兴。

张治中：你们这种不生不死的生活，多国家一点用处都没有。应当放下书本。

舆论所给我们的

大公报：应当实施战时非常教育。

中央日报（19日）：欧洲战时各国都以能上到"最后一课"为光荣，我们的教育（中等）不能废止（注：本日报载十八日中央严令中等学校不得停止课）。

教师所给与我们的

蒋梦麟：到云南去！

高崇熙：你们还来上课干吗？

不论从什么地方得来的，都是矛盾，矛盾，矛盾！

有些人判定救国对，于是大批的同学都上了战场（现在占全体5/12）。

还有许多觉得读书吧，于是决定了到云南去。

但是，一般昏昏噩噩的呢，他们和我一样，这一类的差不多很难确定主见的，在听某一人说话以后，觉得救国对，然而当与另一个人辩论以后，立刻改变了主见，于是觉得读书对了。他们比救国者好像多念了些书，然而却一点没心思在书本上，他们整日在彷徨着。

彷徨派多极了。[1]

---

[1] 董奋：《董奋日记》，张寄谦编：《中国教育史上的一次创举——西南联合大学湘黔滇旅行团纪实》，第357页。

最后，战争的形势时刻影响着师生的情绪。数学系教授郑之蕃当时已经50岁，对局势非常悲观。"郑先生初到长沙，精神颇好，盖与园内仝人会晤，总期可以苟安一时，孰料竟有十一月廿四日无警有炸之空袭。此后局面日紧，遂萌去思。"[1]

在学生方面，"同学们的心境，不用说是很激荡的，因为战事节节失利，很多同学们的家乡都沦陷了，因此经济接济断绝，不得不把已经很紧缩的生活，再加节约。有一部分同学中途去投军报国，环境的不安很影响留在校内同学的情绪。"[2]

尽管学校校务、教务等存在慌乱，师生中和社会上也存在疑虑和彷徨，但梅贻琦知道，作为清华大学校长，在国难之际筹备联合大学，已经不只是一所学校的迁移，而关乎国家教育命脉延续，关乎文化、教育抗战，他只能往前，不能有丝毫犹疑和踌躇。他说："吾人做事，手已把犁，义无反顾，在今日只有奋勉前进，成败听之将来可也。"[3]

梅贻琦始终抱定教育不能中辍的信念。1938年4月15日，梅贻琦自长沙抵达昆明的当天晚上，他对记者说："所谓战时教育，本不易概说，不过就现在之教育而论，吾人一方面应注重基本训练，同时照顾到临时训练，以应急需，而在大学尤应注重基本训练。"[4]

---

[1] 浦薛凤：《长沙鸿爪》，《学府纪闻：国立西南联合大学》，第67页。

[2] 郁振镛：《长沙临时大学一段古》，《学府纪闻：国立西南联合大学》，第2、194—195页。

[3] 梅贻琦：《抗战期中之清华（续）（1940年4月）》，清华大学校史研究室编：《清华大学史料选编》三（上），第25页。

[4] 《云南日报》1938年4月15日，第4版。刘兴育主编：《旧闻新编：民国时期云南高校记忆》（上），第118页。

1938 年 9 月 17 日，梅贻琦在纪念北京大学建校 40 周年大会上讲话："有人以当兹抗战时期，大学生应赴前线杀敌，此未免误解，须知赴前线杀敌，固为急需，而后方准备工作，亦更重要。不过教育事业，为有永久性的、非一时的，故大学教育效力，一时不易显现出来。吾人敢说，我国苟非过去有数十年之大学教育历史，则今日之抗战，也许不能如今日之坚强而持久。"他还指出："吾人须准备四十年做雪耻工作，大学所负责任重大。"①

1940 年 4 月，他说："吾人固知抗战期间经济之困难，吾人尤知建国事业需才之迫切，不及今储才备将来建国之用，后将有才难之感。"② 1941 年，他又说：在敌人进占安南，滇境紧张之日，敌机更番来袭，校舍被炸之下，弦诵之声，未尝一日或辍，此皆因师生怵于非常时期教学事业即所以树建国之基，故对于个人职守不容稍懈也。③

对学生，梅贻琦一如既往地严格要求。他说，学校"绝不希望变成一个难民营。我们诚心地欢迎那些能够证明他自身值得在此国难当头受国家培植的学生。不过，要是谁当学校不过是一个有膳有宿的逆旅，要是谁老是在轻佻的行动里暴弃时间与精力，那么他可体会错了学校的主意了。我们准得把他摒诸门外"④。

---

① 《云南日报》1938 年 9 月 18 日，第 4 版。刘兴育主编：《旧闻新编：民国时期云南高校记忆》（上），第 191 页。

② 梅贻琦：《抗战期中之清华（续）（1940 年 4 月）》，清华大学校史研究室编：《清华大学史料选编》三（上），第 24 页。

③ 梅贻琦：《抗战期中之清华（二续）（1941 年 4 月）》，清华大学校史研究室编：《清华大学史料选编》三（上），第 26 页。

④ 莫德昌：《国立西南联合大学的长征与鸟瞰》，龙美光编：《绝徼移栽桢干质——西南联大文学拉杂谭》，云南出版集团、云南人民出版社 2018 年版，第 12—13 页。

在三校精诚合作下，长沙临时大学、西南联合大学与抗战相始终，打消各方疑虑，创造了战时高等教育的奇迹。

临时大学初期，清华计划利用原来在长沙岳麓山南为特种研究所修的建筑，做暂时驻扎的打算。讵料 1937 年 12 月 13 日南京即沦陷。武汉危急，战火逼近长沙。学校何去何从，成为临时大学领导必须回答的问题。经过艰难决策，长沙临时大学被迫再度迁校至昆明。[①]正如西南联大校歌中吟唱的"万里长征，辞却了五朝宫阙。暂驻足衡山湘水，又成离别"。

在长沙，三校合组大学名称中有"临时"二字，反映了抗战爆发初期对日本估计不足。陈岱孙指出：

> 开始时，我们对胜利有过高的估计，对敌人的强大有过低的估计。这就可以解释为什么在长沙时叫"临时大学"，不叫"联合大学"。这个名字是在南京确定的。三位校长在庐山开会后，来不及北上，在南京，由国民党教育部长召开会议定的名字。当时他们心里认为战争不会太久，也许三个月，一年半载。到了长沙半年之后，感到有信心是好的，但对情况低估了，对战争的长久性低估了，因此到了昆明改换校名叫"联合大学"。这有一个意思是，认为战争是长期的，大家在思想上有了准备，但信心仍是一样，师生对这一点毫不犹豫：胜利必属我们，但

① 《梅贻琦、黄子坚、胡适在联大校庆九周年纪念会上的讲话摘要》，西南联大校友会编：《笳吹弦诵在春城——回忆西南联大》，第 512 页。梅贻琦：《复员后之清华（1947 年 3 月）》，清华大学校史研究室编：《清华大学史料选编》三（上），第 30 页。张起钧：《西南联大纪要》，《学府纪闻：国立西南联合大学》，第 32—33 页。

时间得长。[①]

到昆明后，1938年4月2日，教育部以命令转知：奉行政院命令，并经国防最高会议通过，国立长沙临时大学更名为国立西南联合大学。6月8日，"国立西南联合大学关防"到校，7月1日正式启用。校名中不再出现"临时"，这表明政府意识到了抗战的长期性。

1938年12月21日，西南联大第98次常务委员会会议明确规定："自本学年起，本校常务委员［会］主席任期定为一年，由清华、北大、南开三校校长按年轮值。本学年本会主席应请由梅贻琦先生担任。"[②]但实际上并没有轮流主持，三校和衷共济，蒋梦麟、张伯苓谦逊克己，联大校务始终由梅贻琦主持。陈岱孙指出：

> 　　张、蒋二校长间似有一种默契，让三人中年龄最轻，为人谦仲（冲）、诚笃、公正的梅校长统管全部学校行政工作。他们公推梅校长为联大常委会主席。所以梅先生在昆明实际上既是清华大学校长又是联大校长。而梅先生确不负众望地把三校的兼容并包、坚韧自强、严格朴素的学风熔为一体。[③]

陈雪屏指出，长沙临时大学时期，"前线军情紧急，后方日夜

　　[①]《陈岱孙在北京庆祝西南联大校庆五十周年集会上的讲话》，《清华校友通讯》1988年复17期，第65页。

　　[②]《第九十八次会议（1938年12月21日）》，北京大学、清华大学、南开大学、云南师范大学编：《国立西南联合大学史料》（二），第79页。

　　[③]《陈序》，黄延复主编：《梅贻琦先生纪念集》，第4页。

空袭，然后临大的师生艰苦卓绝，固守岗位，仍然是'弦歌之声不绝'。对于镇定人心，增强'抗战必胜，建国必成'的信念，起了极大的作用。这种不屈不挠的精神，充分表现了中国学人的德性，更象征着中华民族的伟大。"[1] 这种精神，一直贯穿于西南联大始终。"在长沙时间，虽然只有几个月，但在这几个月中创下了联大的精神，也奠定了联大这个战时学校的基础。"[2]

1938年3月底，梅贻琦离开长沙赴昆明。在三校校长中，他是第一个到长沙、也是最后一个离开的。

浦薛凤指出，长沙临时大学与西南联合大学"此一段非常时期之教育工作，最为艰苦，最费心力"[3]。在最艰苦、最费心力的时期和岗位上，梅贻琦继续其在清华谦逊、民主、务实的领导风范，深得西南联大师生衷心拥戴。他与蒋梦麟、张伯苓等一起带领西南联大走过风雨如晦的艰难岁月，迎来了抗日战争的伟大胜利。

① 陈雪屏：《国立西南联合大学简介——抗战期间北大清华南开三校之联合》，《学府纪闻：国立西南联合大学》，第2页。
② 吴纪：《八年来的联大》，《民主周刊》第2卷第14期，1945年，第12页。
③ 《梅故校长精神用在》，浦薛凤：《音容宛在》，第70页。

对何炳棣建言信的处理

1941 年 8 月，清华大学历史学系毕业后留系任助教的何炳棣致函梅贻琦，委婉建议学校不要聘请历史学系教授陈寅恪担任留美公费生考试中国通史的命题人。作为陈寅恪学生的何炳棣缘何向梅贻琦提出这种要求呢？梅贻琦又是如何处理这封建言信呢？

一、何炳棣上书梅贻琦

1933 年起，清华大学设立留美公费生制度，面向全国招收优秀人才资送留学，是当时国内最重要的留学生选拔考试之一。留美公费生考试在总结以往各类留学生选拔制度的基础上，进行了很多制度创新，使其既适应国家、社会、学术发展需求，又在客观公正基础上选拔了一批优秀人才。[1]

何炳棣（1917—2012），浙江金华人。1934 年考入清华大学历史学系，1938 年毕业后留系任助教。1940 年，何炳棣参加了第五届留美公费生考试。在 20 个门类中，[2] 文科仅有工商管理和经济史两个方向。何炳棣报考了经济史，考试科目包括经济学原理、西洋史、经济史、经济思想史和经济地理等五门专业课。

---

[1] 金富军：《清华大学留学管理研究 1909—1949》，第 264—336 页。

[2] 何炳棣在回忆中误忆为 22 个科门，见何炳棣《读史阅世六十年》，广西师范大学出版社 2005 年版，第 129 页。

在备考时，何炳棣在陈岱孙教授指点下学习经济学原理与经济思想史两门专业课，着重于供、求、价值等内容。但考题却与此无关，经济学原理仅得 17 分，导致此次考试失败。[1]何炳棣并不气馁，总结经验教训，投入第六届考试的准备中。

1941 年 4 月 10 日，清华大学评议会通过第六届留美公费生招考科目，共 24 门。其中文科有英文（文字学）、西洋史（注重十六、十七、十八世纪）、哲学（注重西洋哲学史）、人口问题、政治制度、刑法学、会计学、工业经济等八个方向，占总数三分之一。[2]

在清华与教育部协商过程中，传出教育部要取消西洋史方向的流言。为此，何炳棣致函曾任清华大学历史学系主任、时任行政院政务处处长的蒋廷黻，请其在行政院例会讨论时据理力争，保留这个方向。果然，在蒋廷黻争取下，保留了西洋史方向。[3]教育部最终批准的招考方案中，招考人数仍为 24 名，但文科科目变为西洋史（注重十六、十七、十八世纪史）、社会学（注重社会保险）、会计学、师范教育等四个方向，取消了英文（文字学）、哲学（注重西洋哲学史）、人口问题、政治制度、刑法学、工业经济等六个方向，增加了社会学（注重社会保险）和师范教育两个方向。[4]这样，文科有六个方向，占总数的四分之一。相对第五届两个（占总数 10%），占比有

---

① 何炳棣：《读史阅世六十年》，第 129—130 页。

② 《第十三次评议会关于第六届留美公费生考试的议决事项（1941 年 4 月 10 日）》，清华大学校史研究室编：《清华大学史料选编》三（上），第 238 页。

③ 何炳棣：《读史阅世六十年》，第 132、309 页。

④ 《国立清华大学考选第六届留美公费生规程（1943 年夏）》，清华大学校史研究室编：《清华大学史料选编》三（上），第 240—241 页。何炳棣在回忆中误记为 22 个科门，见何炳棣《读史阅世六十年》，第 135 页。

较大提高。

何炳棣准备投考西洋史方向。在专业课科目未公布之前，何炳棣预判：

> 我臆测西洋史方面可能有两个科目：西洋通史和一个注重近古（16、17、18世纪）的大断代史。西史一切有客观标准，事先不必作杞人之忧。可能有一门世界地理，亦无大问题。

何炳棣担心的是中国通史，尤其担心由陈寅恪出题。在他看来，陈寅恪出题偏且怪，不能考查学生的基础。他说：

> 国史方面最可忧者在中国通史，而且我的忧虑不是完全没有事实根据的。事缘两年前（1939年春）在燕京为研究生时，一天下午陈鋆来访。……陈鋆面容戚戚，对我说："炳棣，对不起，今天要你破费请我吃晚饭，让我喝几杯闷酒，因中英庚款考试揭晓，我没考取。"随即告我中国通史命题之"奇"为其致败主因。命题者事后知道是陈寅恪师。通史三题为（措辞不失其意）：(1) 评估近人对中国上古研究之成绩。(2) 评估近人对中国近代史研究之成绩。(3) 解释下列名词：白直；白籍；白贼。
> 乍看之下，第一、二题至公至允。但事实上当时全国资望之可为中国通史命题者除陈师外，有傅斯年、柳诒徵、钱穆、邓之诚、雷海宗、缪凤林、吕思勉等七八家之多。由于命题人学术修养和观点之不同，同一答卷结果可能有数十分的差距。至于魏晋南北朝隋唐六七百年间政治、军事、民族、社会、经

济、宗教、哲学等方面之荦荦大端，陈师试题几全未涉及，仅
以至奇至俏之"三白"衡量试子高下，甚至影响他们的前程和
命运，其偏颇失衡实极明显。正在思虑中国通史可能命题人选
的一两天内，在文林街上遇见陈岱孙先生，即以陈銮的不幸经
验面告。岱孙先生叫我几天之内上书清华评议会，请求慎选中
国通史命题人。①

何炳棣极有个性，由此担忧并不埋在心里消极接受，为前途计，
他听从陈岱孙先生建议，给学校写了一封信，坦陈自己的意见。不
过，何炳棣直接上书梅贻琦校长，而非评议会。

月涵校长钧鉴：

比年以来，国家遭难，暴敌凭陵，政府学校，值此时艰，
犹不忘作育人才，提倡实学，筹款举办留美考试，迄今派遣，
虽仅五届，将来国家受惠，奚止万千。

校长居中主持，勤劳宵肝（旰），尤为青年学子所钦敬。历
届清华留美考试，筹备周详，规章允当，成绩卓著，早已蜚声
海内。今岁续办第六届，科门业经披露，内有西洋史一门，系
学生主修科目，不揣固陋，颇思一试。按以往中英中美考试，
凡有历史一门，中国通史类皆列为必考课目之一。晚近国史研
究方面，虽不乏有价值之专门论述，然于通史范畴，迄无规定。
考试命题，内容程度，几至完全不可捉摸。如某届中英试题，
注释王静安先生咏史诗一首，内容多系殷商典古，虽亦可认为

---

① 何炳棣：《读史阅世六十年》，第134—135页。

一种史实，但非专攻甲骨金文者不为功；另届考及北宋之考古学，此虽亦可勉强认为史学枝节之一，然无关一代制度兴废之大段，即专治宋史者，亦恐未必研究及此；民廿七年则注释"白直，白籍，白贼"三名词，诚恐一般史学专家，亦未必能尽答。类此之例尚多，不必一一赘举。诸先生皆学识淹贯，学生何人，焉敢妄论学术，月旦彦硕，其所以不畏冒昧，喋喋进言者，诚以内中机会幸运之成分多，而甄别学识程度之作用少，且专科所占百分比率甚高，往往由此决定取舍，故颇不乏勤学者落第，傲幸者登科之例也。虽然考试寨幸，何时无之，但各科内容，大体固定，不至有特殊伸缩，独中国通史，范围内容，漫无标准，发问命题，易趋偏宕，此诚留学考试中之一特殊问题也。窃念国家年耗钜万，遴选真才，其于吾辈青年，不为不厚，吾辈青年感奋之余，亦靡不思刻苦攻读，报效国家。深望校长斟酌裁处，能否将此番款款之诚转达考试委员会，俾考试细节，命题人选，益臻合理。不胜引领翘盼之至。肃此，

　　敬请

　　道安

学生　何炳棣　谨上

八月廿五日 [①]

何炳棣主张在受万千学子关注、影响其前程命运的留美公费生考试中，应注重考察学生的基础，而非"偏颇失衡"的偏题怪题。他希望"命题人选，益臻合理"，暗示此前陈寅恪作为命题人不尽合理。

---

① 清华大学档案，X1-3:3-107:2-055。

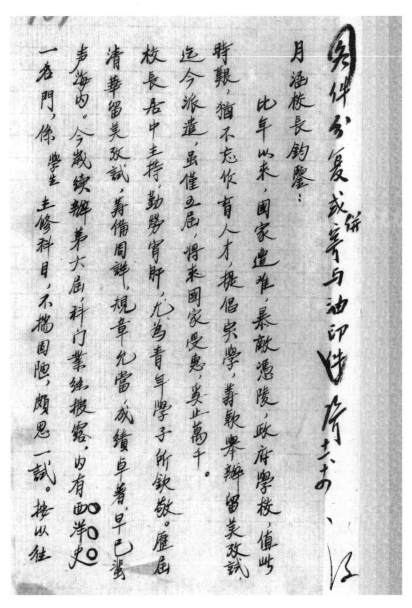

图21-1　1941年8月25日，何炳棣致梅贻琦函，提出对"中国通史"命题人选的意见

何炳棣写信后约半月，清华大学正式公布考试规程，西洋史方向专业课为西洋通史、西洋近代史、明清史、史学方法、世界地理等五门。其中没有何炳棣深为忧虑的中国通史，而代之以明清史。何炳棣看到以后，"以明清史代替了中国通史完全出我意料，但三思之后觉得非常合理，心中一大隐忧总算解除了。"[①]但随之而来的问题是，新增的史学方法不在何炳棣预判之内，这给他带来了新的忧虑。何炳棣通过与同时备考的丁则良和姚从吾交流以及自己推想，猜测命题人为陈寅恪先生。但何炳棣并不特别担心。他回忆：

> 当时我心中在想，陈寅恪师命题是无法猜中的；但这样也好，因为这门就不需要多准备，要靠平日所读所见所领悟的第一流考证文章。至于所谓的"纯方法"方面，如版本、校雠、史料评价等一般原则，在陈师眼里都极浅显，不会受到他的重视。即使他题中涉及这方面，我从第十一版《大英百科全书》相关几篇专文的卡片摘录似较章学诚《文史通义》、《校雠通义》以及近人集中目录学、伪书考诸书所论要更周详、系统、科学。再则答卷时多以陈师考证结果为例总不致有大偏差。无论是何科目，陈师命题总有一定比例的"不可知数"，但史学方法的"不可知数"总比中国通史要少得多。
>
> 五项专门科目之中竟无中国通史，而有明清史，是我意想不到的，似乎可认为是我"再尽人事"的报酬。[②]

---

① 何炳棣：《读史阅世六十年》，第 135 页。
② 同上书，第 135—136 页。

实际上，在第六届考试中，西洋通史命题人为皮名举先生，西洋近代史命题人为王绳祖先生，明清史命题人为郑天挺先生，史学方法命题人为雷海宗先生。[1]

先前何炳棣与丁则良猜想史学方法命题人为陈寅恪先生，但当看到试卷，何炳棣惊喜地忖度命题人是雷海宗先生。何炳棣认为史学方法"试题真可谓是极公允之能事。四题涵盖中西古今，重本弃末，从人人皆有所知的基本课题中，甄别答卷中所表现的知识的深浅和洞悉能力的强弱——与第六届中英庚款考试陈寅恪师中国通史'三白'命题之偏颇，适成一有趣的对照"[2]。

最终，何炳棣以总平均78.5分成绩被录取，是第六届22名考生中最高的。多年以后，何炳棣认为，当年向蒋廷黻、梅贻琦写信，并成功考取第六届留美公费生，应该归功于"尽人事、听天命"的华夏古训。

考取后，清华大学聘请雷海宗、刘崇鋐为何炳棣导师。[3]何炳棣在雷海宗、刘崇鋐、伍启元等指导下，从哈佛、哥伦比亚、芝加哥和伯克利四校中选定哥伦比亚大学作为最终留学地。[4]

何炳棣等人考取第六届留美公费生时，中国仍处于抗战时期，虽然梅贻琦积极协调教育部、外交部、中央银行等各部门办理各种手续，但出国日期仍一拖再拖，令何炳棣等人异常焦灼。1945年6

---

① 《第六届留美公费生考试科目及命题人一览表（1943年夏）》，清华大学校史研究室编：《清华大学史料选编》三（上），第247页。

② 何炳棣：《读史阅世六十年》，第139页。

③ 《第六届留美公费生拟入美校及研究计划一览（1944年10月6日）》，清华大学校史研究室编：《清华大学史料选编》三（上），第257页。

④ 何炳棣：《读史阅世六十年》，第199—201页。

月 12 日，何炳棣与杨振宁、洪朝生、曹建猷等 16 人联名向梅贻琦写信，希望学校能关心他们的出国，建议学校指定专门人员与教育部对接办理出国手续以提高效率，在护照下来之前提前预定船位，请学校出面解决外汇问题等。6 月 25 日，梅贻琦在呈请信上批示："诸君如愿举代表一人赴渝接洽，本校可资助来往飞机票价，即二万二千元。"[①] 依据呈请书中建议，6 月 18 日，学校向外交部驻云南特派员公署发函，派清华大学职员施汝勤前往办理何炳棣等人护照、留学证书等。[②] 6 月 20 日、26 日，学校又以梅贻琦名义两次向中央银行业务局外汇管理处发函请求帮助。[③] 学校的这些举措，积极回应了学生的合理诉求，解决了学生的困难。

留美公费生规定学生已经选定投考科目，则不得再行更改，但实际中并未严格执行。一般来说，理工类专业执行较严，文法类较宽。何炳棣到美国后，研究方向有所调整。

> 第一个待决的问题是主修哪个西史领域。清华留美考试委员会事先特别注明西洋史门注重 16、17、18 世纪史，可是我对 16 世纪的宗教革命、17 世纪的宗教战争及其后果从来不感兴趣。哥大 16、17 世纪史的教授专长是西班牙史，似乎不合我的需要。如果专攻这段时期历史的博士学位，势必事倍功半。再则清华公费只有两年，一般仅能延长半年，而我开学前已"浪费"了两整月。我不得不置清华原议于不顾。事实上，理工（尤其是

---

① 清华大学档案，X1-3:3-108:1-039。

② 清华大学档案，X1-3:3-108:1-035。

③ 清华大学档案，X1-3:3-108:1-035，X1-3:3-108:1-039。

工）各方面的公费生大都专攻清华原拟的科目，文法方面，一经出国，公费生有很大的选择自由。最显著的例子是我们同届的李志伟，本是清华十一级外语系毕业考取社会学（注重社会保险）的，而他一到美国即决定去芝加哥大学攻读经济。我内心已倾向主修 1500 年以后英国及英帝国史，将来论文只好搞比较熟悉的 19 世纪尚有发掘余地的较重要的题目。[1]

留学期间，何炳棣还申请并经清华大学审议延长公费时间一年。

在获得博士学位前，何炳棣已于 1948 年前往加拿大英属哥伦比亚大学任教。在加拿大期间，何炳棣关心国内政治，曾发表批评国民党的言论。1948 年 11 月 3 日，清华大学收到教育部国际文化教育事业处 10 月 30 日的函，"奉交下外交部本年十月七日函，以何炳棣在加发表言论诋毁政府，请查照等由。该员是否为贵校留美公费生，其出国经过及赴美后情形若何，相应函请查照，迅予详复为荷。"外交部、教育部此函，调查何炳棣情形，可能有不利于何炳棣的后果。

11 月 4 日，沈履在教育部来函上拟定处理意见："拟覆何炳棣君留美公费期限已满，其一年以来在国外情形不知，请核。"当日，梅贻琦批复"照复"。[2] 据此，学校拟定正式回函："接准贵处卅七年十月卅日大函询问何炳棣是否本校留美公费生，并其出国经过及赴美后情形若何，嘱为查复。查何炳棣确为本校第六届考取留美公费生，于卅四年冬出国，赴美入哥伦比亚大学研究院攻读西洋史，其

---

① 何炳棣：《读史阅世六十年》，第 215—216 页。

② 清华大学档案，1-4:2-212-019。

公费期限定为两年，至卅六年冬业已届满。其一年以来在国外情形，因与本校近少联系，故不得知。"① 这个回复保护了何炳棣，使他免受国民政府不利的影响。

1952 年何炳棣获得美国哥伦比亚大学英国史博士学位，逐渐成长为享有盛誉的历史学家。可以说，在何炳棣成长过程中，梅贻琦起了重要的助推作用。

二、不要盲从，不要躁进

梅贻琦对何炳棣并不陌生。早在 1936 年 12 月 27 日，校长办公处发布第 264 号通告，以校长梅贻琦名义，对 12 月 25 日何炳棣等人与学生自治会救国委员会冲突并闯入学生宿舍擅自翻动他人物品违反校规记大过两次。② 何炳棣毕业留校后，梅贻琦对他的工作有多次批示。当他考取留美公费生，办理出国手续遇到诸多困难时，梅贻琦积极协助解决。这表明梅贻琦虽曾依据校章处分何炳棣，但心里并无芥蒂。

质疑自己誉满学界的老师陈寅恪，并提出更换，这在一般人看来有违师道。何炳棣不避嫌疑、敢于向梅贻琦上书直陈己见，固然有个性的原因，也体现了经梅贻琦等人提倡并已经形成的思想、人格独立的传统。

1921 年，吴景超在总结清华校风时，将"批评学校的精神"作为清华良好校风的组成部分，认为"学生这一种批评学校的精神，是使学校达于完美地位的保障。因为他的力量，可以使庸懦无能的

---

① 清华大学档案，1-4:2-212-018。

② 清华大学档案，1-2:1-219-029。

当局，不安其位；恶弊百出的组织，根基动摇"①。

梅贻琦任教务长、校长后，多次强调学生要独立思考，敢于怀疑，勇于提出自己的观点。

1927年5月，梅贻琦对毕业生说："我们应保持科学家的态度，不存先见，不存意气，安安静静的去研究，才是正当的办法，才可以免除将来冒险的试验，无谓的牺牲。"②

1933年9月，梅贻琦在开学典礼上强调："无论入那一系，习那一科，经教授指导途径后，真实的工夫，要自己努力去作。而在自己一方面，尤其是思想上，要具有自动的力量，要用自己脑筋去判别索求。不然教授虽热心灌输，恐亦不能灌入。况且现在吾们耳目所接的各种学说各种理论不知多少，在学术的立场上，或都有研究的价值，学者思想尤贵自由。但是青年意志容易浮动，最应在起始时注意，不可操切，不可盲从。总要平心静气去研求，才能真得益处。"③

1934年9月，梅贻琦对包括何炳棣在内的新入学大一学生强调："思想要独立，态度要谦虚，不要盲从，不要躁进。"④

1937年2月10日，梅贻琦在开学典礼上指出：

---

① 吴景超：《清华学校的校风》，《清华周刊》第225期，1921年11月11日，第8页。

② 梅贻琦：《赠别大一诸级君》，《清华周刊暑期增刊》，1927年5月28日，第5页。

③ 《二十二年度开学典礼志略》，《国立清华大学校刊》第518号，1933年9月15日，第1版。

④ 梅贻琦：《欢迎新同学的几句话》，《清华暑期周刊》第9卷第8期，1934年9月7日，第392页。

近来同学中，有人在行动上有失当之处，根本原因即在对事实有观察而不清，有思想而不彻底，以致见解每失之偏，态度则流于激。故坚持自己之意见，对于别的方面之事不加考虑。过去者不必再讲，以后望诸生保持学者之态度，用理智而观察事实，努力学业。吾人办学，不仅使诸生得知识、长技能，而对诸生为人之训练上亦切在注意。[①]

1943 年 10 月 4 日，梅贻琦在西南联大国民月会上严正地告诫学生要对自己负责。记者报道：

梅先生谈到有些新同学进联大的动机是"因为联大比较自由"，认为这种观念亟须加以辩证。他严正地告诉大家："自由两字在今天是不能随便说的"，然后特别强调"自由并不是随便"，而是"自己对自己负责"——"不论思想行动，首要自己对自己负责。各人都能依照科学的认识和逻辑的方法来判断什么是应该的，什么不是应该的，这么绝对比强迫着做这样或不准做那样要好些。"[②]

清华有着鼓励学生独立思考的氛围。很多清华学生勤于思考、勇于坚持，不迷信权威、不折节权势亦不曲学阿世。

何炳棣入校时，梅贻琦对他们提出"思想要独立，态度要谦虚，

① 《本校开学礼中之校长报告》，《清华同学会总会校友通讯》第 4 卷第 1—3 期，1937 年 3 月 1 日，第 3 页。

② 《学府风光——西南联大之一页》，《云南日报》1943 年 10 月 5 日，第 3 版，刘兴育主编：《旧闻新编：民国时期云南高校记忆》（中），第 176 页。

不要盲从，不要躁进"。何炳棣向梅贻琦写信勇敢地提出自己的意见，正体现了梅贻琦强调的"思想要独立，态度要谦虚"。囿于材料，无法准确、完整地还原梅贻琦看到何炳棣信后的反应。根据后来事实，无论是明清史取代中国通史，还是史学方法出题人聘请雷海宗，都接近于何炳棣所想。由此推测，梅贻琦接受了何炳棣的意见。

清华大学实行民主管理，教师能参与到学校管理中。年轻助教何炳棣就清华大学留美公费生考试专业课命题人提出建议，陈岱孙鼓励何炳棣向学校写信陈述意见，都体现了在梅贻琦领导下清华大学浓厚的民主氛围。而梅贻琦收信后不以为忤，还采纳合理建议，也正是他谦逊民主管理风格的生动体现。

对西南联大教务会议向教育部陈请信的处理

1938—1940 年，为加强对各大学的管理，并促进大学间互相学习借鉴，教育部数次下发指令，审核各大学课程设置、统一教材与学生考核办法。虽然教育部用意良美，但不顾大学差别、过于强调整齐划一，引起了西南联大教授们对其官僚作风的不满与抗议。1940 年 6 月 10 日，受西南联大教务会议委托，冯友兰起草了向教育部陈请信，提出反对意见，并通过梅贻琦转呈教育部。

梅贻琦作为学校领导夹在教授与教育部之间，对双方均负重责。如何安抚教授情绪以维持校务正常运行，如何向教育部反映教授意见又不致公开对抗，如何接受教育部管理又不违反教育规律，这都是梅贻琦要考虑和处理的棘手难题。梅贻琦以高超的领导艺术妥善地处理了这个事件。

一、陈请信的出台

1938 年 9 月 22 日，教育部颁发文、理、法三学院一年级学生共同必修科目。1939 年 8 月 12 日教育部颁布高壹 3 字第 18892 号令，颁发文、理、法、工各学院分系必修、选修科目表及施行要点。1939 年 10 月 12 日，教育部颁发第 25038 号令，称：

> 查大学文、理、法、师范、农、工、商各学院分院必修科目表，及各学院分系必修选修科目表，均经本部先后制定，颁

发各院校施行在案。兹以分院共同必修科目业经施行一年，分系必修及选修科目，本年各系二年级亦将遵照实施。本部现为明了各院校实施各该项科目实际情形，藉谋互相参考及改进起见，特征集各院校业经实施之各科目教材纲要及即将实施之各科目教授细目，以凭汇核。除分令外，合亟令仰该校遵照呈报为要。此令。[①]

1938 年 9 月 22 日、1939 年 8 月 12 日两项部令与此前 1938 年 7 月 22 日西南联大系主任会议议决的一年级必修部分课程设置存在矛盾。收到 25038 号令后，西南联大于 1939 年 10 月 31 日将部令抄示各系，要求两周内照部令报送以便汇总呈报；并要求各系对 1938 年 9 月 22 日、1939 年 8 月 12 日两次部令以及西南联大系主任会议决事项与部令矛盾之处签注意见，汇总后呈报教育部。

可见，西南联大尊重教育部，对各项部令尽量遵照执行。

1940 年 5 月 4 日，教育部又颁发高壹 1 字第 13471 号训令，联系此前教育部频繁发令，横加干涉大学教务，加剧了西南联大教授们的反感。闻一多在《八年的回忆与感想》中说：

> 大学里的课程，甚至教材都要规定，这是陈立夫做了教育部长后才有的现象。这些花样引起了教授中普遍的反感。有一次教育部要重新"审定"教授们的"资格"，教授会中讨论到这问题，许多先生，发言非常愤激，但，这并不意味着反对国民党的情绪。[②]

---

① 清华大学档案，X1-3:2-120:1-006。

② 闻一多：《八年的回忆与感想》，西南联大校友会编：《笳吹弦诵在春城——回忆西南联大》，第 146 页。

很快，西南联大教授的不满便表达出来，他们以教务会议名义向学校常委会提交呈请信，请转呈教育部，申请变更办法。

1940 年 6 月 10 日，受教务会议委托，冯友兰起草了陈请信。这封信措辞典雅、软中带硬、铿锵有力、掷地有声，何炳棣称赞其"措词说理俱臻至妙"①。全文如下：

> 敬启者：屡承示教育部廿八年十月十二日第二五〇三八号、廿八年八月十二日高壹 3 字第一八八九二号、廿九年五月四日高壹 1 字第一三四七一号训令，敬悉部中对于大学应设课程以及考核学生成绩方法均有详细规定，其各课程教材亦须呈部候核。部中重视高等教育，故指示不厌求详，但准此以往则大学将直等于教育部高等教育司中之一科，同人不敏，窃有未喻。夫大学为最高学府，包罗万象，要当同归而殊途，一致而百虑，岂可以刻板文章，勒令从同。世界各著名大学之课程表，未有千篇一律者；即同一课程，各大学所授之内容亦未有一成不变者。惟其如是，所以能推陈出新，而学术乃可日臻进步也。如牛津、剑桥即在同一大学之中，其各学院之内容亦大不相同，彼岂不能令其整齐划一？知其不可亦不必也。今教部对于各大学束缚驰骤，有见于齐无见于畸，此同人所未喻者一也。教部为最高教育行政机关，大学为最高教育学术机关，教部可视大学研究教学之成绩，以为赏罚殿最。但如何研究教学，则宜予大学以回旋之自由。律以孙中山先生权、能分立之说，则教育部为有权者，大学为有能者，权、能分职，事乃以治。今教育部之设

---

① 何炳棣：《忆先师冯友兰》，《炎黄春秋》2005 年第 7 期。

施，将使权能不分，责任不明，此同人所未喻者二也。教育部
为政府机关，当局时有进退；大学百年树人，政策设施宜常不
宜变。若大学内部甚至一课程之兴废亦须听命于教部，则必将
受部中当局进退之影响，朝令夕改，其何以策研究之进行、肃
学生之视听，而坚其心志？此同人所未喻者三也。师严而后道
尊，亦可谓道尊而后师严。今教授所授之课程，必经教部之指
定，其课程之内容亦须经教部之核准，使教授在学生心目中曾
教育部之一科员之不若。在教授固已不能自展其才；在学生尤
启轻视教授之念，与部中提倡导师制之意适为相反，此同人所
未喻者四也。教部今日之员司多为昨日之教授，在学校则一筹
不准其自展，在部中则忽然智周于万物。人非至圣，何能如此，
此同人所未喻者五也。然全国公私立大学程度不齐，教部训令
或系专为比较落后之大学而发，欲为之树一标准，以便策其上
进，别有苦心，亦可共谅。若果如此，可否由校呈请将本校作
为廿八年十月十二日第二五〇三八号、廿年八月十二日高壹3
字第一八八九二号、廿九年五月四日高壹1字第一三四七一号
等训令之例外。盖本校承北大、清华、南开三校之旧，一切设
施均有成规，行之多年，纵不敢谓为极有成绩，亦可谓为尚无
流弊，似不必轻易更张。若何之处，仍祈卓裁。此致

　　常务委员会。

教务会议谨启
廿九.六.十。①

---

① 清华大学档案，X1-3:2-120:1-003。

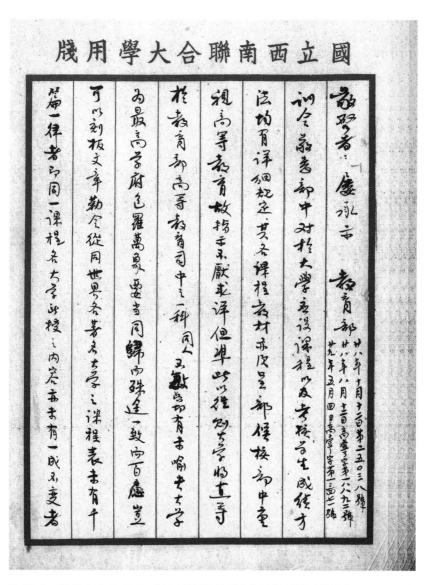

图 22-1　1940 年 6 月 10 日，冯友兰代表西南联大教授会议起草的陈请信

西南联大教授着眼点在大学包罗万象、探索未知的特点，反对"刻板文章，勒令从同"；虽然教授们理解教育部出台文件的初衷，"然全国公私立大学程度不齐，教部训令或系专为比较落后之大学而发，欲为之树一标准，以便策其上进，别有苦心，亦可共谅。"信中所引例证为世界著名、历史悠久的牛津大学与剑桥大学，反映教授们对西南联大办学质量的自信和自期。可见，西南联大教授既愤于教育部不加区别要求整齐划一的颠顸懒政，又不满"国家政令，贵在统一"体现的将大学视为政府机关的错误认识。

为了更好了解这一点，再看看陈请信起草者冯友兰数年后对于大学的理解。

1945 年，教育部召集全国教育善后复员会议。会前，冯友兰曾撰文要求"把现有的几个有成绩的大学，加以充分的扩充，使之成为一个大大学"。"大学一方面是教育机关，一方面是研究机关。它不但要传授已有的知识，而且要产生新的知识。"大学"应该是一个专家集团，里面应该是什么专家都有。这一种专家集团，是国家的智囊，教育学生也是这些专家的职务，但不是他们的惟一的职务"。"大大学既然是包罗万象，成为一代知识的宝库。"国家"对于大大学不可有急功近利的要求"。"对于大大学，国家社会要持不干涉的态度。"①

1948 年 6 月 10 日，在清华大学学生自治会举办的教育系统演讲中，冯友兰作了题为《论大学教育》的讲演。演讲一开始，冯友兰指出：

---

① 《大学与学术独立（三十四年九月）》，冯友兰：《南渡集》，东方出版中心 2017 年版，第 266—270 页。

就常理说，大学的性质是什么呢？大学不是教育部高等教育司的一科。现在政府的人站在官场上，常常说大学是属于教育部高等教育司的，实在不合理。大学不仅只是一个比高中高一级的学校，它有双重作用：一方面它是教育机关，一方面它又是研究机关；教育的任务是传授人类已有的知识，研究的任务则在求新知识——当然研究也须要先传授已有的知识。

一个大学什么书都应当有，不管它是那一方面的。因为这种性质，所以一个大学不能是教育部高等教育司的一科。严格说，一个大学应该是独立的，不受任何干涉。现在世界的学问越进步，分工越精细，对于任何一种学问，只有研究那一种学问的人有发言权，别人实在说来不能对专门知识发言，因为他没有资格。每一部分的专家如何去研究？研究什么？他不能叫别人了解，也不必叫别人了解；他们研究的成绩的好坏，只有他们的同行可以了解，可以批评，别人不能干涉。所以国家应该给他们研究的自由。因此，一个大学也可说是独立的，"自行继续"的团体。所谓"自行"就是一个大学内部的新陈代谢，应该由它自己决定、支配，也就是由它自己谈论、批评，别人不能管。所以说大学不仅只是一个比高中高一级的学校。

……

大学既是专家集团、自行继续的团体，所以一个真正的大学都有它自己的特点、特性。……教育部的人特别不了解这一点，认为大学是属于高等教育司的一科，彼此没有分别，不管什么事就立一个规章令所有的大学照办。譬如一个学校应有的组织，有什么职员，全是一样。所有的大学硬要用一个模型造出来，这就是不了解大学是一个自行继续的专家的团体，有其传统习惯，日久而形成一种精神特点。①

这个报告，因专题论述"大学"，因而内容比 1940 年呈文丰富很多，但"大学是专家集团、自治集团"的核心思想则一以贯之。1940 年、1945 年和 1948 年三篇文章的继承和延续显而易见。这有助于我们理解冯友兰等西南联大教授在 1940 年陈请教育部变通处理的思想背景。

二、梅贻琦的态度与处理

作为主持西南联大的负责人，梅贻琦自然知道教授们诉求的合理性。作为教育部所属高校负责人，他对部令又不能置之不理。如何在尊重教育规律和维护教育部领导之间取得平衡，需要梅贻琦思量权衡。

经过反复斟酌，梅贻琦将信上从"教部今日之员司多为昨日之教授"的"教"字开始到信末"仍祈卓裁"的"裁"为止两头做标记，批示"此段不抄入呈部文中"。因此，西南联大呈教育部文并非教务会议陈请信全部，而是陈请信五点中的前四点，省去了第五点以及对西南联大例外对待的内容。

梅贻琦划掉"教部今日之员司多为昨日之教授"这部分内容，将西南联大教授的意见集中于教育学术而避免人身攻击；划掉"然全国公私立大学程度不齐……似不必轻易更张"，是考虑到此时教育部长为曾长期主管国民党党务的陈立夫，避免西南联大在陈立夫眼中托大而成为异数，给学校发展带来不利。同时，"这里暗指教育部

---

① 冯友兰:《论大学教育》,《展望》第 2 卷第 9 期, 1948 年, 第 2—3 页。

高等教育司司长吴俊升和教育部次长顾毓琇。吴俊升原是北京大学教授，在长沙临大时任文学院院务会议召集人，顾毓琇原是清华大学教授，在长沙临大时任电机系教授会主席，都是老同事，不宜伤及感情"[①]。由上可见，梅贻琦内外兼顾、考虑周详，表现了高超的领导艺术。

除去作为西南联大领导的领导艺术和技巧外，梅贻琦本人对教育部的机关作风、西南联大教授会陈请信持什么态度呢？

在抗战胜利之初，1945 年 8 月 27 日，梅贻琦在云南省教师节大会上讲话，呼吁政府、社会要破除形式主义，学校要脱除机关化的倾向：

今日之所谓"尊师"问题，实为此种教育之职业化与学校机关化之故，有人常把教师笼统地归入"公教人员"，这是不妥当的。这样一来，会使人把教育事业当做一种普通的职业看待，意义便贬低了。随此而产生的恶劣倾向则为商业化，此种情形不仅政府有责任，教师本身似亦不能卸责，社会所谓"尊师重道"，其"尊"者，非仅每年此日"被尊"，而应有其恒久性，其"重道"者，非指他也，乃系"师道"之谓，其外，如今学校机关化之趋势亦甚显明，公文往返，表册报造，不胜烦渎，此不仅中小学如此，大学亦然，此为最痛苦之事。而那些认为公文办得好的就是好学校之错误，战后的教育希望能把公

① 西南联合大学北京校友会编：《国立西南联合大学校史》(修订版)，北京大学出版社 2006 年版，第 35—36 页。

文简单化，脱除这种机关化的倾向。[①]

可以说，这是梅贻琦数年后对教授会陈请信的公开支持，是对教育部机关化趋势的直接批评。

西南联大与教育部这次折冲结果到底如何呢？《西南联大校史》以及一些文章认为西南联大顶住了教育部压力，此事不了了之。有人甚至认为这封陈请信代表了与"'专制（独裁、党化）教育思想'的公开决裂"[②]。但事实并未如此。

实际上，教育部没有一触而退，也没有应允教授会的陈请而对西南联大另眼相待例外处理。1940 年 9 月 12 日，西南联大收到教育部长陈立夫回函。

> 二十九年六月二十日呈一件——为奉令施行规定课程考核、学生成绩呈报、教材各案，本校教务会议拟请变更办法、仰祈鉴核示遵由。
>
> 呈悉。查我国自清末创设大学以来，即以法令规定课程。民国十一年学制改革，课程始由各校自订。但行之未久，流弊滋多。各校所定科目既不一致，即同一科目，名称亦复互异，内容分量，更不相同；甚或因人设课，巧立名目，以致偏于专门而忽于基本，于学生之转学、毕业及应用上均多窒碍。自十八年起，本部即有整理大学课程之计划，近年颁布之大学科目

---

① 《云南日报》1945 年 8 月 28 日，第 3 版。刘兴育主编：《旧闻新编：民国时期云南高校记忆》（中），第 389 页。

② 黄延复、钟秀斌：《一个时代的斯文：清华校长梅贻琦》，第 200 页。

表，系根据各优良大学教授所发表之意见，及临时全国代表大会暨第三次全国教育会议之决议，以最基本之科目列为必修，正所以使优良之学校循以发展，其余之学校有所企及。又查考试院屡经催请施行大学毕业考试，由政府主持办理，以谋人材作育与登庸之联系。在课程方面，自不能不首谋最低限度之统一标准。

本部征集各校课程纲要或教授细目，旨在使各校彼此参考，互补短长，并无限制课程内容之意。若各教授之教材，在各科基本学术上能日新月异，自为本部所厚望，更何止启学生轻视之心。

至若学业成绩之考核及毕业总考制之推行，系采二十一年国立专科以上学校校长会议及历次全国教育会议之决议而规定，所以策励学生努力学业俾提高其程度，对于各教授之教学，亦并无所限制。

以上各项措施，均博采教育界之意见，适应事实上之要求，施行以来，尚未发见若何不便之处。该校遵令呈报之各院系必修及选修科目表，亦经指令备案在案。据所转陈教务会议之意见，自亦有其见地，惟国家政令，贵在统一。为求一致推行，未便准有例外。该校各教授对于课程及考试办法，如有具体改善意见，可随时由校转陈，本部本斟酌采纳，以备修订之参考。仰即知照。此令。

部长　陈立夫[①]

---

① 清华大学档案，X1-3:2-120:1-006。

陈氏回信，客气其表，硬气其里。始以大学参差、流弊滋多，次则援引临时全国代表大会、国立专科以上学校校长会议及历次全国教育会议、考试院等决议，再则祭出"惟国家政令，贵在统一"，显得义正词严、理直气壮，明确拒绝西南联大的陈请。

应该说，由于出发点和角度不同，双方各有道理。作为国立大学，西南联大受教育部领导因而遵从部令理所当然。更重要的是，教育部着眼于整齐全国大学教学基本水平，针对的是一些大学水平低下、科目混乱、名不副实、"偏于专门而忽于基本"等问题。当然，对办学成绩好的大学，"若各教授之教材，在各科基本学术上能日新月异，自为本部所厚望。"教育部的这番说辞不无道理。揆诸中国近代高等教育发展史，的确存在良莠不齐的情况。因此，教育部加强管理，提高办学质量，显然是合理的。

教育部加强管理固有必要，但以"国家政令，贵在统一"为由划一管理，不啻为懒政；让办学成绩较好的大学以高就低，本身也违背其提倡大学之间截长补短、互相学习的初衷。

1940 年 9 月 25 日，西南联大第 156 次常委会上，梅贻琦报告"教育部为本校教务会议拟请关于施行规定课程、考核学生成绩及教材等变更办法，仰知照指令。"[1] 梅贻琦在常委会上转达教育部"仰知照指令"，至少说明学校依照指令办理。

1941 年 5 月 7 日，西南联大第三届第四次校务会议梅贻琦报告，教务会议议决本学年毕业考试遵照教育部令每系加考主要科目三门。[2]

---

[1] 《第一五六次会议（1940 年 9 月 25 日）》，北京大学、清华大学、南开大学、云南师范大学编：《国立西南联合大学史料》（二），第 152 页。

[2] 《第三届第四次会议（1941 年 5 月 7 日）》，北京大学、清华大学、南开大学、云南师范大学编：《国立西南联合大学史料》（二），第 474 页。

1941 年 7 月 4 日，西南联大第三届第五次校务会议蒋梦麟报告教育部令：（一）要求严格实施教育部关于专科以上学生学业成绩考核办法。（二）专科以上学校毕业试验改订办法，自本学期起实施。专科以上学校毕业试验改为总考制等。[①]

1942 年、1945 年，西南联大都组织各系进行课程设置讨论和修改。

哲学社会学心理学系教授陈达在 1942 年 7 月 27 日的日记中写道：

> 教育部于民国二十七年颁布大学科目表，内分公共必修，及各系必修科目。今年毕业级正值该法令实行期。去年十月二十二日，毕业生成绩审查委员会曾与系主任开联席会议，详讨此事。惜余是时在重庆，致未接洽。本系毕业生向来未发生若何问题。抗战以前，每届毕业人数较少，对于每人又严格审查。抗战以后余鉴于学生求学之艰难，稍事宽容，但每届毕业时，亦无问题，因尚未严格施行部颁章程。今年校方因首次施行部章，本系两人恐难照章毕业。[②]

以上材料都说明，西南联大对教育部绝非直接排拒、不了了之那么简单，更无所谓"公开决裂"。事实上，西南联大也不可能对教育部训令完全置之不理。西南联大教授反对的是教育部将教育、学术与行政混为一谈，并非反对教育部。正如闻一多回忆："教授会中

① 《第三届第五次会议（1941 年 7 月 4 日）》，北京大学、清华大学、南开大学、云南师范大学编：《国立西南联合大学史料》（二），第 474 页。

② 陈达：《浪迹十年之联大琐记》，商务印书馆 2018 年版，第 62—63 页。

讨论到这个问题，许多先生，发言非常愤激，但这并不意味着反对国民党的情绪。"[1]

三、灵活变通地执行

虽然西南联大遵照部令进行课程、教材等调整，并及时上报，但在实际执行中存在弹性空间。从西南联大校友回忆中仍可感受到浓厚的学术自由氛围、老师们切合实际的考核方式和因地制宜的多样教材。很多西南联大师生对此都有回忆。西南联大教授陈雪屏回忆：

> 三大学在平津时代，各有其学风和传统，它们是不同的，但其相合相同之处，又如此之多！正因为这种"和而不同"的精神，更孕育助长了联大的优良校风，"自由教学"是它的最显著的特点。这里所谓"自由"，并不是错综复杂和散漫紊乱的代名词。这是一种有组织的，负责的，尊重人性和学术独立的自由。不合理的自由，为联大所不取，合理的不自由，同为联大所尊重。[2]

西南联大学生何兆武回忆：

> 相形之下，联大老师讲课绝对自由，讲什么、怎么讲全由

---

① 闻一多：《八年的回忆与感想》，西南联大校友会编：《笳吹弦诵在春城——回忆西南联大》，第146页。

② 陈雪屏：《国立西南联合大学简介——抗战期间北大清华南开三校之联合》，《学府纪闻：国立西南联合大学》，第5页。

老师自己掌握。……学术自由非常重要，或者说，学术的生命力就在于它的自由。不然每人发一本标准教科书，自己去看就是了。老师成了播音员，而且还没有播音员抑扬顿挫有味道，学生也不会得到真正的启发。……老师的作用正在于提出自己的见解，启发学生，与学生交流。[1]

在自由氛围浸染下，学生多样成长。张起钧指出：

> 有其师必有其徒，联大的领导人物和教授们可敬，学生也更值得表扬。许多同学从日军占领下，冒险犯难，千辛万苦的逃到后方就学，他们一无所有，只有一腔热血，生活全赖政府的贷金过活。起初尚足以维持，后来物价上涨，连温饱二字都谈不到……然而他们不仅能"贫而乐"，还士气高涨，充分表现了爱国的精神，只看联大中五花八门，各式各色的壁报，便清清楚楚反映了他们的心声；他们的态度或许不尽正确，他们的言辞，也许不尽成熟，但他们那种不计忧患，关心国事的精神，却正为中华儿女的正气所在，而不愧其所处的时代。[2]

何兆武回忆当年求学的自由风气：

> 那几年生活最美好的就是自由，无论干什么都凭自己的兴

---

① 何兆武口述，文靖执笔：《上学记》，人民文学出版社 2016 年版，第 113—114 页。

② 张起钧：《西南联大纪要》，《学府纪闻：国立西南联合大学》，第 46 页。

趣，看什么、听什么、怎么想都没有人干涉，更没有思想教育。
……

学生的素质当然也重要，联大学生水平的确不错，但更重
要的还是学术气氛。"江山代有人才出"，人才永远都有，每个
时代、每个国家不会相差太多，问题是给不给他们自由发展的
条件。我以为，一个所谓好的体制应该是最大限度地允许人的
自由。没有求知的自由，没有思想的自由，没有个性的发展，
就没有个人的创造力，而个人的独创能力实际上才是真正的第
一生产力。如果大家只会念经、背经，开口都说一样的话，那
是不可能出任何成果的。当然，绝对自由是不可能的，自己想
干什么就干什么，那会侵犯到别人。但是在这个范围之内，个
人的自由越大越好。①

即如陈达所说社会学系"恐难照章毕业"的两名学生，后经陈
达与兼任教务长的梅贻琦说明情况，亦准予毕业。②

梅贻琦领导的一个重要特点是"稳"，不苟且、不躁进、不极
端。他经常对学生说："青年人做事要有正确的判断和考虑，盲从
是可悲的。徒凭血气之勇，是不能担当大任的。尤其做事要有责任
心。"③ 这与他性格有关，也与他教育经历有关。他曾数次说到科学
训练和科学家态度影响了他老成持重的处事风格。他说："我受的

---

① 何兆武口述，文靖执笔：《上学记》，第100—102页。
② 陈达：《浪迹十年之联大琐记》，第63页。
③ 徐贤修：《怀念梅校长——月涵先生逝世二十周年纪念》，王云五、罗家伦
等：《民国三大校长》，第179页。

是科学训练，教的也是科学，有时处理事情拘谨一点，慢一点，也许就因为我的科学观念，叫我不肯随便。"[1]"我们应保持科学家的态度，不存先见，不存意气，安安静静的去研究，才是正当的办法，才可以免除将来冒险的试验，无谓的牺牲。"[2]

西南联大能创造战时高等教育的奇迹，在中国教育史上树立不朽的丰碑，原因固然不少，梅贻琦似"骆驼"一般任劳任怨地领导、持重灵活地协调是重要原因之一。

梅贻琦熟悉并坚守现代大学理念，尊重教育规律。他谦逊民主，尊重教授，善于察纳雅言、咨诹善道。浦薛凤回忆说：清华大学"当时所谓教授治校，绝非教授干预学校行政，更非校长推诿责任，而是环境、传统、作风、需要，交织形成。……在校长方面，因虚怀若谷，尽量听取同仁意见，在教授方面，正因校长谦虚诚挚，故对其所持意见特别尊重"[3]。清华如此，西南联大亦如此。1939年，一篇文章写道，在西南联大，"自教职员到学生，都知道一件事情，就是：三个校长缺一个也不方便。梅贻琦先生是一个书生。办事方面也不脱书生本色，少说话，而很认真。他有一副和蔼可亲的面貌，一口调协沉着的国语。言词不大流利，但很能把握住要点，他慈善的心肠，感化得学生教授心悦意服。三个历史不同，性质不同的学校，能够快快乐乐的合在一起，可以说完全是梅校长内里的工夫。他轻易不笑，但也轻易不发脾气。长的面孔永远是冷静和蔼的

---

① 刘崇鋐：《梅校长与母校》，《清华校友通讯》新1期，1962年4月29日，第8页。

② 梅贻琦：《赠别大一级诸君》，《清华周刊暑期增刊》，1927年5月28日，第5页。

③ 《梅故校长精神永在》，浦薛凤：《音容宛在》，第69页。

表情"[①]。

　　作为学校负责人，梅贻琦面临着校内教授和校外教育部双重压力。他认同教授们意见，深思熟虑、谋定后动，舍其细、先其急、后其缓，采取不对抗、变通的方式化解矛盾。既符合教育规律，又符合学校实际情况；既安抚教授情绪，又不违背教育部令，可谓一举数得，显示出他高超的领导艺术。

---

　　① 伍生：《西南联大在昆明》，《学生杂志》第 19 卷第 2 号，1939 年。龙美光编：《绝徽移栽桢干质——西南联大问学拉杂谭》，第 181—182 页。

宣布西南联大结束

1945 年 8 月 15 日，日本宣布投降。9 月 20 日，教育部召开全国教育善后复员会议，商讨高等教育所亟待解决的主要问题。会上，教育部长朱家骅指出："教育上的复员并非就是还原。"[①] "我人对于战后专科以上学校之分布暨其院系科别之增减，必须先有通盘计划，方足谋日后之合理发展。"[②] 蒋介石也指示：各校不要匆忙搬移，"准备愈充足愈好，归去愈迟愈好。政府不亟亟于迁都，学校也不应亟亟于回去"[③]。根据这些意见，各内迁大学有条不紊地进行复员准备。10 月 13 日，梅贻琦在校务会议报告中，传达了蒋介石的这一指示。[④]

在西南联大，作为实际校长，梅贻琦兢兢业业地站好最后一班岗。他一方面稳定联大师生情绪，维持迁移之前正常的教学秩序；一方面协调三校及与政府相关部门、相关地区有关联大师生复员日期、行程、交通工具等。此外，还要领导做好清华的复员准备，如

---

① 朱家骅：《教育的复员与善后——在全国教育善后复员会议致词全文》，《教育部公报》1945 年第 17 卷第 9 期，第 5 页。

② 朱家骅：《教育复员工作检讨》，《教育通讯》复刊第 2 卷第 11 期，1947 年 2 月 1 日，第 2 页。

③ 《第二次中国教育年鉴》第二编"教育行政"，总页一〇三。转引自金以林《近代中国大学研究》，中央文献出版社 2000 年版，第 300 页。

④ 《梅贻琦手拟 1945 年 10 月 13 日校务会议报告提纲（1945 年 10 月）》，清华大学校史研究室编：《清华大学史料选编》三（下），第 15 页。

原校舍的接收修缮、师生迁移、物资输送、校产处理、复员费用的申领、交通工具的组织等。经过 10 个月准备，到 1946 年 5 月前后，清华、北大、南开三校开始复员。

一、强调学生应以学业为重

1945 年 8 月 23 日，西南联大第 343 次常委会议决成立联合迁移委员会，开始筹划复员事宜。[①] 1946 年 3 月 20 日，西南联大第 369 次常委会通过，联大将于 5 月 10 日开始迁移，所有大学各部分应结束事项须于 5 月底之前办理完毕。[②] 联大并据此决议发布复员通知。[③]

当时的情形是，"抗日胜利以后，在西南大后方的各单位的人，都是抢先回到他们原来的地方。"[④] 联大师生也不例外。日本宣布投降，让师生对复员满怀期待；复员日期确定，让师生觉得复员近在咫尺唾手可得。但始料未及的是，抗战虽然胜利，但国家百废待兴，交通运输能力极为短绌。像西南联大这样几千人的学校，复员迁移更是困难重重，各种不利消息接踵而来。1946 年 4 月 8 日，梅贻琦召集清华大学评议会评议员及霍秉权等集议，"大家鉴于交通问题之困难，皆赞成联大继续一学期，至九月以后再移动，待与他校讨论

---

① 《第三四三次会议（1945 年 8 月 23 日）》北京大学、清华大学、南开大学、云南师范大学编：《国立西南联合大学史料》（二），第 388 页。

② 《第三六九次会议（1946 年 3 月 20 日）》，北京大学、清华大学、南开大学、云南师范大学编：《国立西南联合大学史料》（二），第 427 页。

③ 《西南联人关于复员日期的通知（1946 年 3 月）》，清华大学校史研究室编：《清华大学史料选编》三（下），第 16 页。

④ 冯友兰：《三松堂自序》，第 124 页。

后再定"。同时，梅贻琦也意识到"此中麻烦问题亦尚不少耳"[1]。

4月10日，西南联大常委会举行第371次会议。会议"鉴于陆海空交通工具在最近三四个月内之无可设法，应暂缓结束，并应将下学年第一学期提前上课自六月起至九月中止。在此期内，仍由学校加紧准备迁移工作"[2]。显然，常委会接受了清华评议会延期复员的意见，并将清华评议会"联大继续一学期，至九月以后再移动"具体化为"下学年第一学期提前上课自六月起至九月中止"。根据常委会决议，4月底期末考试完毕即放暑假，下学期自6月3日至9月7日，9月7日至14日期末考试，9月15日起才能放寒假。如果条件允许，寒假期间复原迁校。

可见，对于复员，梅贻琦贯彻"准备愈充足愈好"的指示，持审慎态度，宁可慢一些晚一些，也要好一些。这一意见为西南联大常委会接受，从而对三校复员计划提出调整。但这一调整与师生普遍急于复员的心理形成冲突。

4月12日下午召开的西南联大教授会上，梅贻琦报告了4月10日常委会关于延缓复员及相应的校务、教务等安排，[3]会上多数教授反对延期迁校。[4]教授反对理由各异，但梅贻琦心知肚明："发言者八九人，多不赞成夏间开课者，甚（其）动机殊不同，说话亦多无

---

[1] 《梅贻琦西南联大日记》，第249页。

[2] 《第三七一次会议（1946年4月10日）》，北京大学、清华大学、南开大学、云南师范大学编：《国立西南联合大学史料》（二），第430页。

[3] 《三十四年度第十一次会议（1946年4月12日）》，北京大学、清华大学、南开大学、云南师范大学编：《国立西南联合大学史料》（二），第565页。

[4] 昆明《中央日报》1946年4月13日，第2版，刘兴育主编：《旧闻新编：民国时期云南高校记忆》（中），第455页。

大意味；但彼等欲早走之心情则了然也。"①

学生方面，则以上书和请愿的形式，向梅贻琦表达早日复员的意见。

4月10日，第371次常委会前，学生自治会理事会上书梅贻琦，请学校当局克服一切困难，坚决北上复员。呈文为：

梅常委转常委会诸位教授：

近周来本校迁校问题，传说纷纭，同学们为着这件事情互相探询消息，思归的心情，完全代替了学习的兴趣。这种现象不只发生在同学当中，即使教授们也莫不急于离开这暴雨欲来的高原，而转回到阔别八年的故乡。

今晚，趁着常委会讨论迁校问题的时候，我们谨将全体同学的意见，提献在诸位先生的面前，诚恳地盼望你们能够加以注意。

自迁校消息传出以来，教授们同学们都兴高采烈地准备着自己的归计，不惜将仅有的日用什物和书籍在低廉的价钱下忍痛出售，其他公私事务等，也多在办理结束中。我们真不愿意在这时听到有关于不能立即迁校的谣传。因为这种谣传对于教与学双方都将发生不良的影响。

八年来，联大三校的密切合作，真是一种团结的良好示范。但这多少是因为在战时的情况下，大家多方面能够相忍为援的缘故。现在战争结束了，也正是我们联大分家的最好时候。所以我们愿意不避任何困难，坚决主张北上，回到我们文化的故

---

① 《梅贻琦西南联大日记》，第250页。

都，重建三校当年的精神。这就是我们今晚要向诸位先生提供的一点意见。[1]

学生的呈请本意在影响常委会成员充分考虑学生意见，但会议决议恰恰是学生所担心的延缓复员。这一决议令全校学生哗然。[2]在4月12日西南联大教授会行将结束时，200多名学生前来请愿，将4月10日上书的意见再次报告，然后散会。[3]自4月12日起，西南联大各壁报社、各团体纷纷贴布告，敦促自治会向学校力争暑假迁校，并希望在蒋介石来昆时上请愿书。[4]

鉴于多数师生反对延期，4月17日，西南联大校务会议议决，建议常委会仍照原定日期结束，尽速设法迁移。[5]在4月24日常委会上，校务会议建议获得通过。[6]

梅贻琦也知道"一般人'归心似箭'"[7]。学生的陈请信、壁报，

① 《国立西南联合大学学生自治会理事会关于主张不避困难回归北平致梅贻琦转常委会诸教授的函（1946年4月10日）》，云南省档案局编：《云南省档案馆藏国立西南联合大学档案汇编》，中华书局2021年版，第35—36页。

② 《云南日报》1946年4月12日，第2版，刘兴育主编：《旧闻新编：民国时期云南高校记忆》（中），第454页。

③ 《梅贻琦西南联大日记》，第250页。

④ 《云南日报》1946年4月13日，第2版，刘兴育主编：《旧闻新编：民国时期云南高校记忆》（中），第455页。

⑤ 《第八届第十次会议（1946年4月17日）》，北京大学、清华大学、南开大学、云南师范大学编：《国立西南联合大学史料》（二），第514页。

⑥ 《第三七二次会议（1946年4月24日）》，北京大学、清华大学、南开大学、云南师范大学编：《国立西南联合大学史料》（二），第433页。

⑦ 《梅贻琦、黄子坚、胡适在联大校庆九周年纪念会上的讲话摘要》，西南联大校友会编：《笳吹弦诵在春城——回忆西南联大》，第513页。

以及教授们的意见，充分反映了师生急于复员的迫切心情，信中流露出的学生"思归的心情，完全代替了学习的兴趣"情绪，都引起了梅贻琦的重视。他觉得有必要与学生见面，稳定师生情绪，纠正学生中放松学习的错误认识，强调学生仍要以学业为重。4月23日上午10时，梅贻琦在图书馆前大草坪召集学生训话，宣布了学校复员计划与安排。梅贻琦明确强调：

1. 本校仍照原定于五月初结束，办法各点尚须待常委会规定。

2. 本月初夏间上课之议系为目前交通困难，利用等待时间作有计划的工作。

一、无心读书非正当理由。

……

7. 平津情形可能让大家更易分心，则应了解在学校即应以学业为重。吾们要争取学术自由，吾们即应善用此学术自由。[①]

对于复员安排，梅贻琦宣布：联大将于本学期结束后开始迁移；教职员每人发旅费25万元，学生每人15万元，交通工具由学校接洽，但车费由个人负担；教职员和学生将分批出发，学生根据志愿分别入北大、清华或南开；三校将于10月10日分别举行复校典礼；西南联大师范学院将留在昆明办学等。[②]

梅贻琦的讲话稳定了学生情绪，给学生吃下定心丸。他强调任

① 清华大学档案，1-4:4-4-004。

② 昆明《云南日报》1946年4月23日，第2版，刘兴育主编：《旧闻新编：民国时期云南高校记忆》（中），第461—462页。

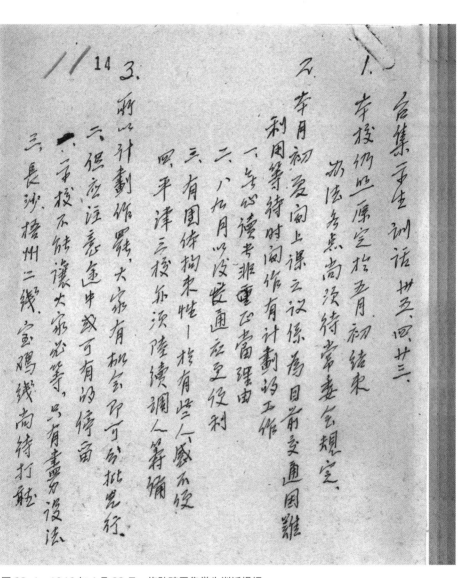

图 23-1　1946 年 4 月 23 日，梅贻琦召集学生训话提纲

何时候学生都要以学业为重，强调既要争取、还要善用学术自由，再次体现了教育家的坚守、为人师者对学生的关爱。

事实上，在风雨如晦的岁月里，梅贻琦始终抱有胜利信心，始终坚守复校信念。他更渴望返回故园，完成作为清华船长的千钧重任。他必须面对交通短绌、经费缺乏等困难，同时又要面对师生急盼复员的期望，无疑承受着校内外双重压力。1945 年 9 月，面对记者问及清华复校，他平静但又坚定地说："联大的三个学校是和政府彼此都有谅解的。到抗战胜利，三校自仍将各自恢复。"[1] 这番看似平静克制的话，背后蕴含的隐忍、牺牲、刚毅、坚守，不啻为无声惊雷。

二、宣布西南联大结束

4 月 23 日，教育部电令西南联大三校恢复原校。5 月 1 日，西南联大期考完毕。5 月 2 日，西南联大首批学生离昆。[2] 5 月 4 日，西南联大举行结业典礼，并举行西南联大纪念碑揭幕仪式。

作为这次重要典礼的预演，也是复员系列活动之一，4 月 27 日下午三时，梅贻琦、傅斯年、张伯苓等西南联大常委与多位教授，在青云路清华大学办事处招待云南省参议员。梅贻琦发言表达了对云南省长期支持办学的感谢，临近复员的依依惜别，以及以后继续合作的愿望。

《云南日报》报道梅贻琦致词：

---

① 戚观光：《清华大学与梅贻琦》，《中华人报》第 11 期，1945 年 9 月 16 日，第 15 页。

② 《正义报》1946 年 5 月 2 日，第 4 版，刘兴育主编：《旧闻新编：民国时期云南高校记忆》（中），第 464 页。

联大自迁滇以来，多承地方政府及全省父老帮助，不胜感激，该校北迁之后，对此种帮助及在滇认识之朋友，将作永远之怀念。云南矿产丰富，颇有研究开采之价值，以后如有机会，当作旧地重游。[1]

《正义报》报道梅贻琦致词：

联大来云南已八年，承各地士绅热心协助学校获得种种便利，实深感激，当今抗战胜利结束，学校将行北迁，吾人与云南父老相处甚为融洽，不无依依之感，但云南宝藏甚丰，工矿农林均极有学术上研究之价值，而种族、语言、材料更为丰富，今后学校虽迁，亦当不时前来，仍望多方协助。[2]

《云南日报》报道云南省参议长龚仲钧致答辞：

云南之教育文化，自联大迁滇后，获益良多，尤以本市各中学学校所得帮助最大，盖本市之中等学校均有联大师生任教也。又联大师范学院自在滇成立后，对本省师资之培养，实有莫大帮助，去年重庆开教育复原（员）会议时教部并准将该院留滇，改名国立昆明师院，此实系联大在精神及物质上留滇之良好基础。此次联大北迁，皆有依依不舍之意。联大系国内外有名之三大学

---

① 《云南日报》1946 年 4 月 28 日，第 2 版，刘兴育主编：《旧闻新编：民国时期云南高校记忆》（中），第 462 页。

② 《正义报》1946 年 4 月 28 日，第 4 版，刘兴育主编：《旧闻新编：民国时期云南高校记忆》（中），第 463 页。

组成，此次联大复原（员）后，预料前途更必光明。[①]

末了，龚仲钧引用《一曲难忘》，说：

> 大音乐家萧邦虽留有一曲令人难忘，但联大在云南更留有一极辉煌璀璨伟大的史绩，令云南人民永恒不能忘怀，云南志书应将此曲大书特书。[②]

对即将到来的分别，双方都表现出了惜别之意。最后的高潮就是 5 月 4 日的结业典礼。这是在已经启动复员北返工作情况下召开的结业典礼，既是抗战胜利后第一次、也是最后一次结业典礼，并且在校址立碑作永久纪念；典礼既弥漫着胜利的喜悦，也夹杂着离别的感伤，还掺有能否顺利复员的疑惧。因此这次典礼具有特殊的纪念意义。

西南联大邀请云南省各界代表参加典礼仪式，表示惜别之情，并借典礼和揭幕，向几年来支持西南联大办学的云南各界表示感谢。[③]5 月 4 日，西南联大发布启事：

> 兹谨定于五月四日（星期六）上午九时在本校北区图书馆举行本校结业典礼，除另柬邀请本市各机关首长届时莅临指导

---

① 《云南日报》1946 年 4 月 28 日，第 2 版，刘兴育主编：《旧闻新编：民国时期云南高校记忆》（中），第 462—463 页。

② 《正义报》1946 年 4 月 28 日，第 4 版，刘兴育主编：《旧闻新编：民国时期云南高校记忆》（中），第 462—463 页。

③ 《联大今举行结业典礼》，《正义报》1946 年 5 月 4 日，第 4 版。

外，特此通告。凡本校及三校校友暨各界人士届时务希莅临，
毋任企幸。①

5月4日上午9点，西南联大结业典礼在图书馆隆重举行。作
为实际主持西南联大校务的常委，梅贻琦首先代表西南联大致辞。
他对云南省地方当局和各界人士的大力支持表示感谢，同时称赞北
大、清华与南开三校和衷共济精诚团结。

图 23-2　1946 年 5 月 4 日，梅贻琦在西南联大结业典礼上讲话

---

① 《国立西南联合大学举行结业典礼启事》，昆明《中央日报》1946 年 5 月 3
日，第 2 版，刘兴育主编：《旧闻新编：民国时期云南高校记忆》（中），第 467 页。

联大是勉强开始，也勉强结束。八年来许多困难承地方当局，及各界人士帮助，趁此机会致谢。八年相处，一旦离开，惜别意思大家都是一样，希望这离别只是暂时的，但不希望学校再迁来。只是个人的相会。八年来自从三校联合办联大，虽三校各有各的作风，而终能大家互相谅解，办了这八年。回忆八年来，深深感到了合作的意义，也感到了合作的需要。西南联大所以能成功，就是因为参加分子都能了解这一点，都能互相谅解。①

梅贻琦的讲话，一如其为人，没有华丽辞藻，没有煽情语言，简洁平实，诚挚恳切。梅贻琦宣告抗战胜利，三校联合办学结束。

半年后，11 月 1 日上午，在北大四院礼堂举行的西南联大九周年校庆纪念会上，梅贻琦再次表示：

想起九年的工夫，在长沙，在昆明，三校联合的结果很好，同仁都认为满意。今后三校联合精神还要保持并继续。前几年，教育当局说抗战中好多学校联而不合，只有联大是唯一联合到底的。……

让我们八、九年来在昆明同事的人想一想：在勉强的情形下，有勉强的结果，主要是依仗了三校合作的精神，今后精神依然存在。为了以后的成就，本着原有的精神，互相合作，每

---

① 《联大完成历史使命，八年合作意义深长，昨日行结业礼三校开始北返，地方父老依依惜别互道离衷》，《云南日报》1946 年 5 月 5 日，第 2 版。

个学校都可以对国家有贡献。[①]

梅贻琦是西南联大的定海神针和观瞻所系，在结业典礼上始终保持着雍容的气度，有一种"沉默的毅力"。记者观察到：

> 梅常委看上去也不过五十岁，无论出席甚么会，总是穿着他那套中国式的长袍马褂，眼上驾着一副深度近视眼镜，头发整齐而光亮，嘴总是向外张着。身材虽然很高，但是瘦的程度，那是尽人皆知的。不过精神总是富有活力，而且有一种沉默的毅力。[②]

梅贻琦讲毕，汤用彤、叶企孙、蔡维藩分别代表北京大学、清华大学、南开大学在结业典礼上致辞。汤用彤发言指出：

> 联大开课是五月四日，刚好结业又是五月四日，这正是联大精神，不要忘记这个节日。中国文人相轻，不但三个学校联合不会成功，一个学校还要分裂。但联大是联合了八年，这正是小型民治精神的表现。民治精神就先要新生各方意见，希望三校精神上以后继续合作，更紧要联合。

叶企孙发言指出：

---

① 《梅贻琦、黄子坚、胡适在联大校庆九周年纪念会上的讲话摘要》，西南联大校友会编：《笳吹弦诵在春城——回忆西南联大》，第512、513页。

② 时平：《梅贻琦与联大》，《和平日报》1946年5月5日。龙美光编：《五色交辉聚人杰——西南联大人物风采录》，第12—13页。

联大在昆明几年，不论地质，矿业调查，人类语言，民族调查，国事普查，农业研究，小型水利调查，对昆明都多少有点帮助。以后三校仍要求学者独立，每年三校当有一次讨论会，讨论研究结果及方针，这种联合精神对我国学者亦定有大帮忙。

蔡维藩发言指出：

从今天起三校要分校北上，今天开始分家，今天开始向云南告别。有下列几点感想：（一）三校联合八年如一日，望将来在北平的两个大哥哥，不要忘记天津的小弟弟（南开）。（二）联大同学不要忘记南开亦是一个母校。（三）昆明各界同联大的合作友谊是一段不能忘掉的历史。（四）提议每年联大校庆三校在一块庆祝一次，三校轮次做东。（五）联大由五四开始，五四的精神是重科学，重民主，重美术，联大北上，带头重科学，重民主，重美术的精神北上。

三校代表发言角度不同，但都表达了继续合作的愿望。讲毕，马伯安、严燮成、熊庆来等来宾代表云南各方致辞。马伯安指出，我国抗战胜利，建设国家需要一二十年。他勉励联大学生能肩负起这个伟大责任。严燮成代表昆明各界，谦逊地表示对西南联大未尽到地主之责而表示歉意，希望滇籍学生赴平求学时各校能给予照顾。[①]

---

① 《联大完成历史使命，八年合作意义深长，昨日行结业礼三校开始北返，地方父老依依惜别互道离衷》，《云南日报》1946 年 5 月 5 日，第 2 版。

来宾致辞完毕，西南联大附中合唱《西南联大进行曲》。由于抗战已经胜利，所以这次演唱前面加了"引子"，后面加了"凯歌"。① "引"词为："八年辛苦备尝，喜日月重光，愿同心同德而歌唱。""引"后是校歌词，然后是冯友兰作的"勉词"和"凯歌词"。"勉词"为：

> 西山苍苍，滇水茫茫，这已不是渤海太行，这已不是衡山潇湘。同学们，莫忘记失掉的家乡，莫辜负伟大的时代，莫耽误宝贵的辰光。赶紧学习，赶紧准备，抗战建国，都要我们担当，都要我们担当。同学们要利用宝贵的时光，要创造伟大的时代，要恢复失掉的家乡。

"凯歌词"为：

> 千秋耻终已雪，见仇寇如烟灭，大一统，无倾折，中兴业，继往烈。维三校如胶结，同艰难，共欢悦，使命彻，神京复，还燕碣。

引、勉词、凯歌词均为冯友兰所作。②

在场师生和来宾都充满了喜悦心情，在"《联大进行曲》合唱起来时二十几分钟歌唱里，有困苦，有抑郁，有哀痛，终于最后激昂

---

① 张清常：《忆联大的音乐活动——兼忆西南联大校歌的创作》，北京大学校友联络处编：《箫吹弦诵情弥切——国立西南联合大学五十周年纪念文集》，第 352 页。

② 时平：《梅贻琦与联大》，《和平日报》1946 年 5 月 5 日，龙美光编：《五色交辉聚人杰——西南联大人物风采录》，第 11—12 页。

图 23-3　1946 年 5 月 4 日，西南联大结业典礼合影

的唱出'同艰难，共欢悦，使命彻，神京复，还燕碣。'""两旁拥挤的联大同学，同那些八年来没离开这些学生寸步的教授们，他们都笑了。"[1]

最后，冯友兰宣读其起草的西南联大纪念碑碑文。读毕，结业典礼结束。

按照议程，典礼结束后众人为西南联大纪念碑揭幕，然后再到图书馆前拍照。拍照时，下起了小雨。好在雨势不大，参会的师生留下了一张珍贵的合影。待拍完合影，雨势才忽然增大。

西南联大纪念碑的建立，源于梅贻琦的提议。冯友兰指出："严格地说，西南联大纪念碑并不是联大常委会正式决议建立的，而是作为在联大中的人为了纪念联大而建立的。"这个"联大中的人"首先就是梅贻琦。冯友兰回忆："1946 年上半年，三校忙于分家和准备北归的事，在有一次清华的校务会议上，梅贻琦说，我们在昆明呆

① 田堃：《珍重，联大》，《云南日报》1946 年 5 月 5 日，龙美光编：《刚毅坚卓未央歌——西南联大精神漫笔集》，第 95 页。

了七八年，临走的时候总要留下一个纪念品吧。会上我就提议，留下一个有古典形式的纪念品。大家都说好，就推我筹备这件事情。我就筹备立一个完全合乎传统形式的纪念碑。"[1]可见，立纪念碑是梅贻琦提议、冯友兰具体负责落实的。

典礼这天也是抗战胜利后第一个"五四日"。应该说，五月四日举行结业典礼，很有象征意义。结业典礼上汤用彤、蔡维藩的发言都提到"五四"纪念。当天，昆明《中央日报》发表《五四献言》社论，将纪念"五四"与西南联大结业结合起来。社论指出：

> 今日逢巧的是西南联合大学举行典礼之期，使我们此时此地纪念五四，更有深的意义。联大及其他的学术机关使昆明成为后方的重要文化中心之一，现在骤将离去，凡属市民，都有依依不舍之感。但转过来想，联大师生大多数所要迁返的目的地，就是五四发祥之地北平。组成联大的北京、清华、南开三

---

[1] 冯友兰：《三松堂自序》，第363页。

大学，在五四时代也都处在领导的地位，现在他们重返富有历史联想的旧地，当更易于完成五四的未完之业，我们在惜别之余，又不禁为三校前途庆。谨祝诸君旅途顺利，前程光明！[①]

三、复员善后

从 5 月 2 日开始到 8 月，清华、北大与南开三校学生分批北返，三校教职工亦自 6 月起分陆路或航运经湖南、上海或重庆北返。一部分教职工需等西南联大事务全部结束及三校物品迁运结束，9 月底才全部离开昆明。从 5 月开始复员，至 10 月三校开学，三校师生及眷属共四五千人迁回平津，其中清华大学约 2000 人。[②]

西南联大自 6 月 1 日起停止办公，所有校内外一切事宜，联大不再负责，由三校各自办理。对于三校均未聘请的教职员，发三个月薪水作为遣散费。对于无学籍及本学年成绩超过二分之一不及格的同学，勒令退学。[③]联大常委会自 6 月 30 日结束，此后三校组成委员会联合处理复员事宜。[④]学校各项事务如 5 月底之前尚未结束，则延期至 6 月 30 日联大结束之日。[⑤]

7 月 31 日，梅贻琦主持召开了西南联大常委会第 385 次会议。

---

① 《"五四"献言》，《中央日报》（昆明）1946 年 5 月 4 日，第 2 版。

② 梅贻琦：《复员后之清华（1947 年 3 月）》，清华大学校史研究室编：《清华大学史料选编》四，第 34 页。

③ 《正义报》1946 年 6 月 1 日，第 4 版，刘兴育主编：《旧闻新编：民国时期云南高校记忆》（中），第 478 页。

④ 《第三七四次会议（1946 年 5 月 15 日）》，北京大学、清华大学、南开大学、云南师范大学编：《国立西南联合大学史料》（二），第 438 页。

⑤ 《第三七六次会议（1946 年 5 月 29 日）》，北京大学、清华大学、南开大学、云南师范大学编：《国立西南联合大学史料》（二），第 441 页。

会上梅贻琦报告四项事情：（一）教育部为本大学会报电讯专修科交代清册，准予备案。（二）本大学闻一多教授丧葬抚恤委员会为闻一多教授丧葬追悼诸事已办理完竣，并请校方酌拨抚恤金，并转呈教育部从优抚恤来函。（三）本届昆明、重庆、汉口、上海、广州等地区报考三校学生人数。（四）三校请领复员补助费名册已呈教育部。会议议决：（一）本大学结束后所有总务处文卷及应办事宜，应请由清华大学代行经管办理。（二）本大学结束后所有训导处文卷及应办事宜，应请由昆明师范学院代行经管办理。（三）本大学历年各项经临费余款及利息收入等款，除呈部请准流用抵补本年度经常费超支外，余款应扫数拨作印刷本大学校志之用。交由北京大学暂行保管。其中，上述第（一）（二）项发通知。[①]

第385次会议是常委会最后一次会议，梅贻琦在当日日记中写道："上午十时联大常委会，此为最后之一次矣。饭后清理文卷，修整西红柿枝苗，遂未午睡。"[②]

8月1日，三校成立联合办事处，8月10日，办事处结束。与联大财务有关事宜由北大负责办理，与联大教务及文书相关事宜由清华负责。9月10日以后，外地寄昆有关联大文件由昆明师院负责收转。[③]

这一时期梅贻琦做好复员善后工作，站好最后一班岗，处理联大在昆后续事宜。例如，转达教育部期望，敦请查良钊出任留滇的昆明师院院长一职以及各系教授留昆讲学；为加强昆明师院力量，

---

① 《第三八五次会议（1946年7月31日）》，北京大学、清华大学、南开大学、云南师范大学编：《国立西南联合大学史料》（二），第452—453页。

② 《梅贻琦西南联大日记》，第280页。

③ 昆明《中央报》1946年8月5日，第2版，刘兴育主编：《旧闻新编：民国时期云南高校记忆》（中），第520页。

主持通过昆明师院与清华、北京、南开三大学合作办法等。①

正在学校忙于复员的时节，发生闻一多被暗杀事件。梅贻琦对闻一多之死极为痛心，1947 年 4 月，他在介绍中国文学系时写道：

> 八年中本系最不幸者，厥惟去年闻一多先生在昆明惨遭杀害一事。闻先生研究中国语文，工力深，造诣高，又能运用人类学等新知识，其贡献于中国神话及文学史者甚大，壮年被难，不特本校本系之损失，抑亦中国学术界之损失也。②

悲愤之余，梅贻琦花了相当时间和精力处理这一突发事件。7月 30 日，在代表蒋介石来昆处理李、闻案的顾祝同召集的云南党政军教、机关团体首长、地方士绅茶话会上，梅贻琦觉得对国民党倒行逆施"不能不说"③，严正指出：

> 李、闻案是一件很荒唐毒辣的事，本人想不出他们为什么而死，现此案已非李、闻两先生的问题，而是一个重大的案件。我们从这方面着想，希望此案早日解决。在座的许多先生，当闻案发生后，纷致慰问。本人负责学校行政，特在此向各位致谢。④

---

① 《正义报》1946 年 7 月 12 日，第 4 版，刘兴育主编：《旧闻新编：民国时期云南高校记忆》(中)，第 496—497 页。

② 梅贻琦：《复员期中之清华（续）（1947 年 4 月）》，清华大学校史研究室编：《清华大学史料选编》四，第 36 页。

③ 《梅贻琦西南联大日记》，第 279 页。

④ 《云南报》1946 年 7 月 31 日，第 2 版，刘兴育主编：《旧闻新编：民国时期云南高校记忆》(中)，第 504 页。

在 10 月 10 日清华大学复员后开学典礼上，梅贻琦代表学校
庄重表示："已故教授闻一多之子女教育及其家庭赡养，学校决负
全责。"①

梅贻琦原定 9 月 9 日飞沪转平，后因要办理联大滞留重庆教授
北返事宜，于 9 月 6 日离昆飞渝，11 日到达北平。由于清华园尚在
加紧维修，梅贻琦暂时住在骑河楼清华同学会内。10 月 10 日上午
10 点，复员后的清华大学在大礼堂举行开学典礼。②自此，远离故
园八年后，梅贻琦终于将清华这艘大船在惊涛骇浪中重新驶回清华
园，并在他的领导下开始了一个新的阶段。

从长沙临时大学筹建，到西南联合大学结束，在梅贻琦、蒋梦
麟、张伯苓等领导下，清华、北大、南开三校师生和衷共济，共济
时艰，善始克终，创造战时高等教育奇迹。梅贻琦宣布西南联大结
束，代表着三校历史新阶段的开始。他提议在校园树立的西南联大
纪念碑，无疑将联大的光荣历史永远定格在这块石头史书上。

郑天挺评价梅贻琦"对事有主张，对人有礼貌"③。话虽平实却
切中肯綮。梅贻琦居敬行简，对政府，他事之以信；对友校，他待
之以诚；对师生，他安之以和。在风雨如晦的岁月里，他贞志不休，
苦撑危局。他说："敌机更番来袭，校舍被炸之下，弦诵之声，未尝

①《闻一多遗族生活　清华大学负全责》，《大公报》（天津）1946 年 10 月 12
日，第 3 版。

②《国立清华大学关于开学典礼的布告（1946 年 10 月 7 日）》，清华大学校史
研究室编：《清华大学史料选编》四，第 2 页。

③ 郑天挺：《梅贻琦先生和西南联大》，西南联大校友会编：《笳吹弦诵在春
城——回忆西南联大》，第 69 页。

一日或辍，此皆因师生忧于非常时期教学事业即所以树建国之基，故对于个人职守不容稍懈也。"[①]"在这风雨飘摇之秋，清华正好像一个船，飘流在惊涛骇浪之中，有人正赶上负驾驶它的责任，此人必不应退却，必不应畏缩，只有鼓起勇气，坚忍前进，虽然此时使人有长夜漫漫之感，但我们相信不久就要天明风定，到那时我们把这船好好地开回清华园，到那时他才能向清华的同人校友说一句'幸告无罪'。"[②]

正是对教育、对师生的责任感，支撑着梅贻琦像骆驼[③]一样，孜孜矻矻，负重前行。他不但成功地扮演了清华大学船长的角色，也成功地扮演了西南联大船长的角色。张起钧指出："在烽火滔天，颠沛流离中办教育本就是一件不可想象的事，何况三校拼在一起，人多嘴杂，其难还用说吗？而梅校长却本着他那坚忍不拔，只作不说的精神，孜孜矻矻的作下去……正唯有这样的人物，任劳任怨的作，联大才能有那样卓越的成就，今天我们若称梅贻琦先生为'联大之母'，恐怕没有人会有异议吧。"[④]

① 梅贻琦：《抗战期中之清华（二续）（1941年4月）》，清华大学校史研究室编：《清华大学史料选编》三（上），第26页。

② 梅贻琦：《抗战期中之清华（五续）（1945年4月）》，清华大学校史研究室编：《清华大学史料选编》三（上），第47页。

③ 抗战期间，北京大学校长蒋梦麟在重庆一次谈话中，将梅贻琦比喻为骆驼，整日在校中负着重责。天籁：《西南联大拉杂谭》，《抗战周刊》第56期，1941年，龙美光编：《绝徼移栽桢干质——西南联大问学拉杂谭》，第190页。

④ 张起钧：《西南联大纪要》，《学府纪闻 国立西南联合大学》，第46页。

复员后第一次开学日

1946 年 5 月，清华、北大、南开开始复员。三校复员，既分别进行，又互相支持。梅贻琦指出：

> 今年五月初，西南联合大学之战时使命完成，三校之复员随即开始，在联大之学生，依其志愿，分发于北大，清华，南开三校。但北迁之举，三校师生仍联合发动，一因大家路线相同，联合自多便利，一亦以表现八年来通力合作之精神，彻始彻终，互助互让，固非欲以标示国人，抑吾三校同人所同感之快慰，或亦非局外人所能领略者耳。[①]

在复员前后，梅贻琦积极谋划学校恢复重建。1946 年 4 月 4 日，在清华大学评议会上，梅贻琦报告清华定于本年 10 月 1 日起学生报到，10 月 10 日在北平举行复校及开学典礼，10 月 21 日起上课。[②]选择 10 月 10 日中华民国国庆日这天开学，显然也是纪念抗战取得胜利、宣誓国家主权、向刚毅坚卓的奋斗历史表达敬意。

4 月 17 日，西南联大校务会议第八届第十次会议议决：建议

---

① 梅贻琦：《复员期中之清华（1946 年 4 月）》，清华大学校史研究室编：《清华大学史料选编》四，第 29 页。

② 清华大学档案，X1-3:3-4:1-037。

常委会转函三校，下学期请定于 10 月 1 日起学生开始报到，10 月 10 日开学。[①] 4 月 24 日，西南联大常委会第 372 次会议通过校务会提案。[②] 这样，三校约定于 10 月 10 日共同开学，"国庆校庆同资纪念。"[③]

三校确定同日举行复员后第一次开学典礼，很可能是清华大学继续贯彻"八年来通力合作之精神，彻始彻终"而向西南联大校务会议的提议。10 月 10 日具有高度的象征意义，使得这一提议为北大和南开认可。从而清华大学拟定的开学日期一变而为三校共同的开学日期。

三校同时开学，再次表现了西南联大纪念碑文中所说的"罗三校，兄弟列。为一体，如胶结"的精神，从而使得西南联大的意义在复员北返、分开独立办学的三校延续下去。同时，开学与国庆"同资纪念"，也象征着校史与国运息息相关。正如西南联大纪念碑文中写到的、西南联大第一点值得纪念的就是：

> 我国家以世界之古国，居东亚之天府，本应绍汉唐之遗烈，作益世之先进，将来建国完成，必于世界历史居独特之地位。盖并世列强虽新而不古，希腊、罗马有古而无今，惟我国家自古至今，亦新亦旧，斯所谓"周虽旧邦，其命维新"者也。旷

---

① 《第八届第十次会议（1946 年 4 月 17 日）》，北京大学、清华大学、南开大学、云南师范大学编：《国立西南联合大学史料》（二），第 515 页。

② 《第三七二次会议（1946 年 4 月 24 日）》，北京大学、清华大学、南开大学、云南师范大学编：《国立西南联合大学史料》（二），第 433 页。

③ 梅贻琦：《复员期中之清华（1946 年 4 月）》，清华大学校史研究室编：《清华大学史料选编》四，第 29 页。

代之伟业，八年之抗战，已开其规模，立其基础、今日之胜利，于我国家有旋转坤之功，而联合大学之使命，与抗战相终始，此其可纪念者一也。

4月23日，教育部电令西南联大三校恢复原校。5月4日，梅贻琦在昆明宣布西南联合大学结束。梅贻琦本人则于9月11日到达北平，紧锣密鼓地投入学校恢复和新学期开学准备各项工作中去。

10月7日，梅贻琦手拟了开学布告内容要点：

　　布告并通知

　　本校定于十月十日上午十时在大礼堂举行开学典礼，务希全体师生莅场参加。此布

　　　　　　　　　　　琦

　　　　　　　十、七

当日，学校以复员后第一号布告发表。

　　国立清华大学布告

　　清复布字第零零壹号

　　为布告事：本校兹定于十月十日（星期四）上午十时在大礼堂举行开学典礼，届时希全体师

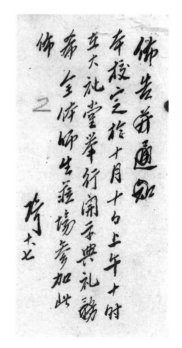

图 24-1　1946 年 10 月 7 日，梅贻琦拟定开学布告

生莅场参加。此布

中华民国卅五年十月七日 [①]

　　10 日这天，天气晴朗。上午 9 点半，住在城里骑河楼同学会的梅贻琦赶到学校。当时，由于清华学堂内部还在装修，梅贻琦暂时在工字厅后厅办公。10 点，梅贻琦到工字厅偕部分教授到大礼堂，参加复员后第一次开学典礼。由于部分师生还未到校，因此这次典礼并不是全体师生参加。

　　复员后的第一次开学典礼意义重大，但典礼议程较为简单。

　　首先由陈岱孙代表保管委员会报告复校工作的情况，接着由梅贻琦致辞。

　　梅贻琦勉励清华师生必须共同奋斗，且应在精神方面早做准备。清华作为有 35 年历史的大学，成立以来环境未有如在抗战时期之恶劣者，但昆明苦难并未过去，今后艰苦或更过于昆明时期。他表示这并非故作惊人之语，展望环境不能不有这种感觉。最后，他指出，清华一向能用精神克服物质，清华园在八年中遭受破坏，等同于马厩，现在虽经过各方努力，至今仍未完工，但学校负担极为沉重几至不能维持，债台高筑，责任艰巨。清华大学能在各方热望下，终于在纪念日复校，以后应该继续用精神的力量克服一切困难。[②]

　　上述讲话与梅贻琦对局势的观察有关。一方面，北平沦陷期间，日军常驻清华园，对学校破坏严重，恢复需要极大代价。另一方面，

---

　　① 清华大学档案，1-4:2-18:1-001。

　　② 《清华昨日开学》，《大公报》（天津）1946 年 10 月 11 日，第 3 版。

国内局势并不乐观。实际上，日本宣布投降，先前作为主要矛盾的中日民族矛盾不复存在，国共两党之争凸显上升为国内主要矛盾。所以，梅贻琦的心情可说是喜忧参半。开学典礼上这段话，自是他对局势判断的自然流露。

在讲话中，梅贻琦还提到闻一多先生，表示"已故教授闻一多之子女教育及其家庭赡养，学校决负全责"①。

梅贻琦讲毕，1945 年 10 月下旬代表清华、会同教育部特派员接收清华园的外文系教授陈福田献日本医官呈献的军剑，清华校友孙立人的代表潘申庆参谋赠送日本军旗一面、军刀一把，熊祖同代表辛酉级捐赠钟亭修建费 150 万元。

经历艰苦抗战岁月、迎来胜利的师生在故园复员开学，开学典礼隆重热烈，梅贻琦在日记中写道"会场中人大感兴奋矣"②。常言道人逢喜事精神爽，据记者观察，梅贻琦校长"长袍马褂，精神殊健壮"③。

开学典礼结束后，学校在工字厅准备 10 桌饭菜，招待校友及教授便餐。由于要参加北平行辕主任李宗仁在中南海勤政殿举行的庆祝酒会，梅贻琦缺席了学校的便餐会。

梅贻琦不只是参加庆祝酒会，而是带着问题有备而去。1946 年北平入冬早、气温低，④供暖成为急迫问题。北平各院校长开会讨论

---

① 《闻一多遗族生活　清华大学负全责》，《大公报》（天津）1946 年 10 月 12 日，第 3 版。

② 《梅贻琦西南联大日记》，第 296—297 页。

③ 《清华昨日开学》，《大公报》（天津）1946 年 10 月 11 日，第 3 版。

④ 1946 年 10 月 27 日，清华园降霜，已入初冬。《清华两年》，《1948 级年刊》，第 1 页。

煤炭供应问题，并推举梅贻琦、胡适、袁复礼、金问泗等四人为代表拜访李宗仁，得到李宗仁积极回应，"李主任对此事表示不成问题，二三日内可予圆满答覆。"[①]

梅贻琦时刻惦记着学校的恢复和维持，千方百计解决各种问题。为使师生免受寒冬之苦，10日下午一点，中南海勤政殿酒会结束后，梅贻琦与袁志仁、陈荩民乘机与李宗仁谈供煤问题，请其"务代设法"帮忙。下午四点，梅贻琦又参加北平市长熊斌的招待茶会。[②]

在北平城里，梅贻琦对记者介绍了清华开学情况：

> 清华已正式开学，教授大部亦已到平，定二十八日上课，联大分发清华学生共千一百余人，刻已有五百余人到平，新生尚有七百余人，将开始注册，如人数到齐连先修班在内，将达两千余人。就目前学校设备恐尚不能容纳。清华园附近治安尚好，学生可安心读书，学校所感困难者，仍为钱不足用，教授学生均须由学校供给膳宿，在目前困难情况下，筹划两千人之吃住问题，已非易事。[③]

虽然举行了开学仪式，但复员工作并未结束。梅贻琦指出：

> 时我校派在北平负责接收修理之保管委员会已经数月之赶

---

① 《平各院校用煤问题　李主任允代为设法》，《大公报》（天津）1946年10月13日，第3版。

② 《梅贻琦西南联大日记》，第297页。

③ 《北大清华　昨日开学》，《新闻报》1946年10月11日，第1版。

工，校舍各部逐渐修妥，本校乃于三十五年十月十日在清华园故址开学，十一月五日第一学期始业。学生由昆明随来者九百余人，北平临时大学初习班分发者三百七十余人，夏间招考录取者，一年级及转学生、研究生共九百余人，外加先修班二百余人，共二千三百余人，人数实超出战前一倍。教职员初有五百余人，以后数月，则因需要，陆续添聘。复员阶段至此，可算初步完成。[①]

实际上，艰苦卓绝的抗日战争取得了胜利，但医治战争创伤，尤其是谋划和推进战后学校的发展是梅贻琦更为重要的任务。1947年，梅贻琦在告校友书中写到，清华"内在之创痕，固深且钜，则非以数年之人力财力不易恢复矣"[②]。这也正是梅贻琦在典礼中指出的"告大家今后之艰难，勉以共同努力"。

开学意味着学校工作进入正轨，10月27日，学校撤销"国立清华大学保管委员会"，其经管职务移转学校各行政部门。学校将此通知张贴在校内外办公处和宿舍，并抄送各报。[③]

抗战胜利后，梅贻琦对复校有长远宏大的规划，不仅仅满足于恢复到1937年前的水平，还力图更上层楼。梅贻琦说："吾人之希望则又不应以恢复旧观为满足，必使其更发扬而广大，俾能负起清华应负之使命，是则我校同人在复校工作大致就绪之今日，犹日夜

---

① 梅贻琦：《复员后之清华（1947年3月）》，清华大学校史研究室编：《清华大学史料选编》四，第30页。

② 同上。

③ 清华大学档案，1-4:2-18:1-002。

孜孜不敢不努力以赴者也。"[①]清华"复员不是'复原',而是要从原来的地位上向前不断地迈进,它有积极的新生,改进的意义。清华的复员工作,不只是使她的外表恢复旧观,更重要的是她有新生的改进的内容"[②]。

这是基于对清华大学自身发展的责任感,着眼于国家未来的使命感,继承了天下兴亡、匹夫有责的传统。正如 1948 年《清华校庆纪念刊》上有人写的那样:

> 一个由个性很强的人们所组成的集团,经过战争流亡的物质痛苦,而不散伙。经过十年长期的经济压迫,而志向不移。历尽四千英里的跋涉之后,还要在破瓦残砾中重建工作室同住宅,不但如此,并且在一年半以后的今日,居然几乎每个人家窗外,都有几株丁香和紫荆花开着。这一群人的集合,决不是偶然的,也决不是被物质享受所吸引的。他们定然有一个精神上的共同信念。这样一群人,是能克服一切环境的困难,而不是容易消散的。假如我们相信命运的话,一个经大乱而犹能继续生存的人,他的"命"一定"大",同样,一个团体若能平安渡过许多折磨,仍旧能继续存在,那么这个团体,也一定有他存在的价值。他是值得我们爱护,同永久保卫的。[③]

---

① 梅贻琦:《复员后之清华(1947 年 3 月)》,《清华大学史料选编》四,第 33 页。

② 《清华纵横》,《清华 1948 年刊》,第 10 页。

③ 《我为什么还在清华——一个清华人的自白》,《清华大学三十七周年校庆纪念特刊》,1948 年 4 月,第 35 页。

因此，1946 年 10 月 10 日的开学典礼，既有承前的象征意义，在梅贻琦心目中更是开启未来清华发展的新起点。

在艰苦的抗战岁月，梅贻琦苦撑危局，他说："在这风雨飘摇之秋，清华正好像一个船，飘流在惊涛骇浪之中，有人正赶上负驾驶它的责任，此人必不应退却，必不应畏缩，只有鼓起勇气，坚忍前进，虽然此时使人有长夜漫漫之感，但我们相信不久就要天明风定，到那时我们把这船好好地开回清华园，到那时他才能向清华的同人校友说一句'幸告无罪'……"①这是他对清华大学的责任感和使命感。复员后开学，也意味着他终于将清华大学这艘大船重新开回到了清华园，并开始了新的奋斗历程。

---

① 《抗战期中之清华（五续）》，清华大学校史研究室编：《清华大学史料选编》三（上），第 47 页。

复员初对清华大学恢复发展的擘画

1945 年 8 月，抗日战争胜利后，清华大学的发展进入了一个新的阶段。梅贻琦根据全国教育善后复员会议精神，结合国际学术、教育发展趋势，对战后学校恢复与发展作出了一系列计划和安排。

一、"复员并非就是还原"

1945 年 8 月 15 日，日本宣布投降。全国人民欢欣鼓舞迎接这个伟大的胜利，内迁高校也都盼望着早日返回故园。正如蒋介石所说的："说到教育复员问题，差不多人人都想回老家去，此亦人情。"[①] 冯友兰回忆："抗日胜利以后，在西南大后方的各单位的人，都是抢先回到他们原来的地方，当时的交通工具远远不敷应用。像联大这样的几千人的单位，移动更是困难。"[②] 在学生心中，"复员！多么动人心弦，多么令人神往！""我们期待已久的长途跋涉、丰富多彩的北上生活就要来到了！"[③]

与师生急迫心情不同，当政者对复员态度审慎。

8 月 27 日，教育部教育复员计划委员会决定召开全国教育善后

---

① 《建国时期教育第一——主席召宴全国教育善后复员会议会员席上训词》，《教育部公报》第 17 卷第 9 期，1945 年 9 月 30 日，第 3 页。

② 冯友兰：《三松堂自序》，第 124 页。

③ 李国鼎：《北还凯声》，贺美英、王浠主编：《峥嵘岁月：解放战争时期清华校友足迹》，清华大学出版社 2008 年版，第 5—6 页。

复员会议。9月11日，教育部长朱家骅致函梅贻琦："敬恳吾兄届时拨冗亲临，并祈将有关教育复员卓见先期惠下，俾使汇编提案。"[1]

9月20日，会议在重庆中央图书馆会场举行，教育部长、会议议长朱家骅主持，戴季陶、翁文灏、陈立夫等各界人士300余人出席。在当天下午预备会议上，清华大学校长梅贻琦被选为副议长，并与陈立夫、傅斯年、吴有训、周鲠生等为讨论内迁教育机关复员问题的第一组的召集人。[2]

朱家骅在开幕词中指出："我们今天谈百年树人大计，要求普及教育，也要求高等教育。我们要着重实用，也要特别加强纯粹科学的研究。""教育上的复员并非就是还原。站在国家民族教育文化均衡发展的立场上，我们对所有学校及文化机关应当常注意到地域上相当合理的平均分布，以改变过去的畸形状态。"[3]"我人对于战后专科以上学校之分布暨其院系科别之增减，必须先有通盘计划，方足谋日后之合理发展。"[4]

9月25日晚，蒋介石在军委大礼堂宴请会议代表，强调："今后建国时期，教育问题，便是全国的基本问题。……教育建设不好，那就决不能负起建国的责任。""当务之急，五年之内必需改进农业，发展轻工业。""今后国家建设西北和西南，极为重要，在这广大地区教文化，必须发展提高，至少须有三四个极充实的大学，且必须优先充实，除确有历史关系应迁者外，我们必须注意西北的文化建

---

[1]　清华大学档案，X1-3:2-219-003。

[2]　《全国教育善后复员会议报告》，第2、13页。

[3]　朱家骅：《教育的复员与善后——在全国教育善后复员会议致词全文》，《教育部公报》第17卷第9期，1945年9月30日，第5页。

[4]　朱家骅：《教育复员工作检讨》，《教育通讯》复刊第2卷第11期，第2页。

设，战时已建设之文化基础，不能因战胜复员一概带走，而使此重要地区，复归荒凉寂寞。"① 晚宴时，梅贻琦被安排坐在蒋介石左侧，得与蒋介石单独谈话。梅贻琦在当天的日记中简要记载：

> 饭罢主席致词，大旨为：1. 迁移应在明年课业结束之后；2. 西北西南各校除少数外，宜留设原处；3. 战后建设应农、工并重；4. 学校应质、量并重。②

根据全国教育善后复员会议精神，各内迁大学有条不紊地工作着。一方面稳定师生情绪，继续教学上课；一方面积极做好迁移准备，如原校舍的接收修缮、师生迁移、物资输送、校产处理、复员费用的申领、交通工具的组织等工作。

返昆后，梅贻琦及时传达并贯彻了会议精神。10 月 13 日，梅贻琦在校务会议报告中，传达了在渝参加全国教育善后复员会议、蒋介石指示及与各方接洽情形。③ 10 月 18 日，梅贻琦在 1945 年度第二次教授会上传达了善后复员会议精神。11 月，在西南联大八周年纪念会上，梅贻琦强调："勿急于迁移，眼前工作应先做好。"④

根据善后复员会议精神，结合清华大学实际情况和长期工作思

---

① 《建国时期教育第一——主席召宴全国教育善后复员会议会员席上训词》，《教育部公报》第 17 卷第 9 期，1945 年 9 月 30 日，第 2—3 页。

② 《梅贻琦西南联大日记》，第 206 页。

③ 《梅贻琦手拟 1945 年 10 月 13 日校务会议报告提纲（1945 年 10 月）》，清华大学校史研究室编：《清华大学史料选编》三（下），第 15 页。《梅贻琦西南联大日记》，第 211 页。

④ 清华大学档案，1-4:4-4-006。

考，梅贻琦积极筹划清华大学战后的恢复与发展。

二、"一复水木清华之旧观"

北平沦陷期间，清华园沦为日本伤病医院，校内精良的设备、丰富的藏书、优美的建筑等，均遭严重破坏。对此，梅贻琦早有心理准备。1945 年 4 月，梅贻琦说："故园情形，渺无消息者，已数年矣。昨岁曾于中华图书馆协会会报见到关于本校书库中图书被掠夺经过，至仪器设备，则久已荡然无存。时至今日，揣想园中景况，恐更将兴'无复旧池台'之感，他日胜利归来，总须逐一补充修理。"[①]但实际的损失，比梅贻琦想象的严重得多。

据复员后学校调查统计：

建筑物：校内图书馆、各院系馆、教授住宅以及学生宿舍均受严重毁坏。图书馆书库做了外科手术室，阅览室做了病房，钢书架被拆，图书被洗劫一空。前体育馆被用作马厩和食物储藏室，嵌木地板全被拆毁。更有甚者，新南院竟成了日军随军妓馆。据统计，图书馆、体育馆、大礼堂、化学馆、生物学馆、气象台、电机工程馆、土木工程馆、机械工程馆、水利工程馆、航空工程研究所、第一院、第二院、工字厅、古月堂、医院等建筑损失 40%，第三院损失 75%，甲乙丙三所、北院、南院（西式住宅）、新南院、新西院损失 50%，南院（中式住宅）、西院、新职员住宅损失 80%，春润庐一处更是损失殆尽。

---

① 《抗战期中之清华（五续）（1945 年 4 月）》，清华大学校史研究室编：《清华大学史料选编》三（上），第 42—43 页。

图书：在戴志骞、袁同礼、洪有丰、王文山、朱自清等著名学者主持下，清华大学藏书至 1937 年已达 36 万余册，其中有名人专著、中外文图书、中外文期刊等，不少为各大学图书馆中所仅见。清华大学图书馆成为国内高等学校中馆舍较大、藏书丰富、管理较为健全的图书馆之一。[①] 1937 年后，学校被迫南迁。清华图书馆运抵昆明书刊 23,000 余册。在运抵过程中，暂存重庆北碚的 1 万余册图书遭日军轰炸，损失惨重，仅烬余 3 千余册。1946 年复员时，图书馆已面目全非。抗战期间，日军以图书馆为外科病房，书库为手术室及药库。抗战期间，清华图书馆馆藏损失达 17 万 5 千余册，这还不包括 1937 年后自海外运来中国途中的损失。[②] 后在伪北大及其他机关搜求，找回图书约为原数一半。[③] 即是收回书刊，也往往残缺，配补困难，因此，实际损失在一半以上。[④]

教学设备：日军将各系馆全部改为伤病住房，馆内器物或被占用，或挟出变卖，或肆意摧毁，或付之一炬，各实验室之设备全部被拆除，机械设备被运至南口修理厂供日军修理军械之用。复员后，未来得及运出的仪器全部荡然无存。战前生物学系从各地采集的真菌标本 4000 余种也不翼而飞。[⑤]

---

① 《百年清华图书馆》，清华大学出版社 2012 年版，第 47 页。

② 《清华大学图书损失简报（1945 年 12 月 19 日）》，朱育和、陈兆玲主编：《日军铁蹄下的清华园》，清华大学出版社 1995 年版，第 90 页。

③ 梅贻琦：《复原期中之清华（1946 年 4 月）》，清华大学校史研究室编：《清华大学史料选编》四，第 28 页。

④ 梅贻琦：《复员后之清华》，清华大学校史研究室编：《清华大学史料选编》四，第 31 页。

⑤ 《清华大学图书损失简报（1945 年 12 月 19 日）》，朱育和、陈兆玲主编：《日军铁蹄下的清华园》，第 90 页。

图 25-1　清华园遭日军严重损毁，机械工程系馆内机器荡然无存

图 25-2　清华园遭日军严重损毁，精美教授住宅成了马厩

日本宣布投降前后，梅贻琦一方面积极筹划在昆师生员工复员北返计划，一方面牵挂清华园的接收。在日本败局已定、还未宣布投降的时候，清华大学校务会议已经开始讨论复校计划。1945年8月7日，第49次校务会议讨论了清华大学复校计划。[①]日本宣布投降后，8月19日，梅贻琦主持第57次校务会议讨论通过：校长偕同一二人员先往北平视察校址，以便了解情况后制定可行的修整计划。[②]

西南联大校务繁重，梅贻琦不克分身北返视察清华园，于是他和教育部沟通，指定张子高、陈福田作为清华大学代表，前往北平接收清华园。[③]由于当时交通不便，学校一时无法派人北上检查清华园。无奈之下，梅贻琦与一直留平的张子高联系，请他代表清华大学接管清华园。

8月23日，梅贻琦致函张子高："今幸战事终了，重聚当为期不远，快慰奚如。此间虽赶作复校计划，但因交通困难，一时难言迁移。……关于清华校产接收事，请即代表接办，盖接收之后，守卫尤为重要，则最好请觅旧日校警，……免予敌兵退出后再受损失。"[④]

---

① 《第四十九次校务会议关于战后复校计划的决议（1945年8月7日）》，清华大学校史研究室编：《清华大学史料选编》三（上），第398页。

② 《第五十七次校务会议关于复校计划的讨论（1945年8月19日）》，清华大学校史研究室编：《清华大学史料选编》三（上），第398页。

③ 《教育部申俭电（1945年10月19日）》，清华大学校史研究室编：《清华大学史料选编》四，第97页。

④ 《梅贻琦函张子高（1945年8月23日）》，清华大学校史研究室编：《清华大学史料选编》三（上），第401页。

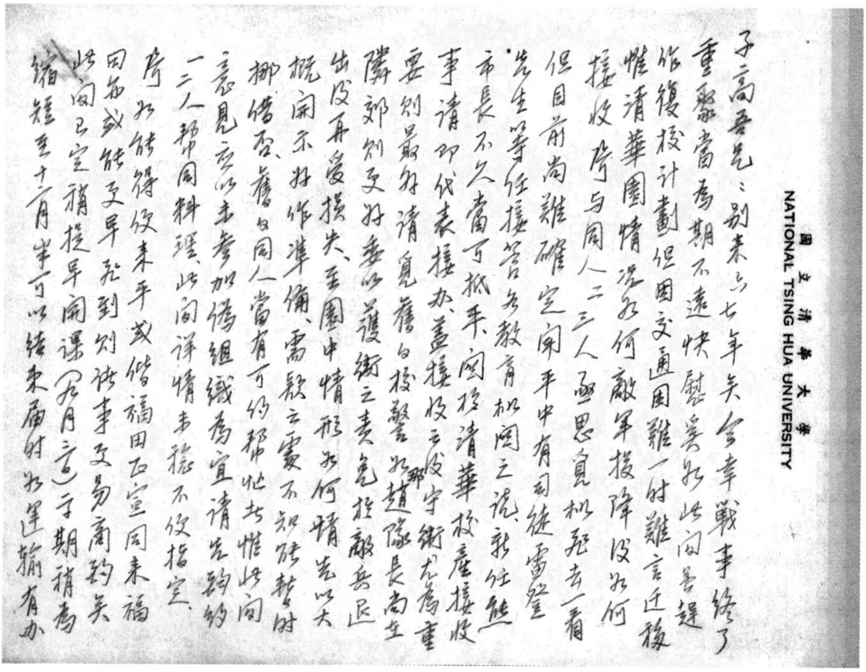
國立清華大學
NATIONAL TSING HUA UNIVERSITY

子高吾兄：別來六七年矣。今幸戰事終了，
重聚當為期不遠，快慰奚如。此間已擬
作復校計劃，但因交通困難，一時難言遷移。
惟清華園情況如何？敵軍投降後如何
接收？兄與同人二三人亟思覓機赴去一看，
但目前尚難確定。聞平中有司徒雷登
先生等任接管各教育機關之說，新任熊
市長不久當可抵平，關於清華校產接收
事，請即代表接辦，蓋接收之後守衛尤為重
要，則最好請覓舊日校警如趙隊長、高在
隣、鄭則文者，委以護衛之責，免於敵兵退
出後再受損失。至園中情形如何，請兄以大
概開示，好作準備。需款之處不知能暫時
挪借否？舊日同人當有可約幫忙者，惟此間
意見亦以未參加偽組織為宜，請兄約約
一二人幫同料理。此間詳情未能不候指定，
兄如能得使來平，或偕福田兄宣同來，福
田兄或能更早先到，則許事更易商酌矣。
此間已定稍提早開課（九月），學期稍為
縮短，至十月半可以結束，屆時如運輸有辦

图 25–3　1945 年 8 月 23 日，梅贻琦致张子高函，请其代表清华接收清华园

9 月 1 日，梅贻琦与司徒雷登会面，了解到北平情况复杂，并不如先前估计乐观。于是当天再次致函张子高，请其与北返的陈福田一起负责接收。[①] 9 月 8 日，梅贻琦拍加急电给张子高，再次请其代表清华大学相机接收清华园，组派警工看管。[②]

---

① 《梅贻琦再函张子高（1945 年 9 月 1 日）》，清华大学校史研究室编：《清华大学史料选编》三（上），第 402—403 页。

② 《梅贻琦致张子高加急电（1945 年 9 月 8 日）》，清华大学校史研究室编：《清华大学史料选编》四，第 97 页。

上述会议、函件、电报等都在教育部召开善后复员会议之前举行或发出,可见梅贻琦对于复员的急迫心情。

1945年9月召开的全国教育善后复员会议,确定了各地区、各类学校复员方针政策。根据会议精神,各内迁学校在不得耽误学生学业前提下有序回迁。西南联大决定在昆延后一年北返。在此期间,西南联大保证教学以避免耽误学生学业。同时,清华、北大、南开等分别派人北上接收校产。清华大学指定陈岱孙(主席)、陈福田、张子高、邓以蛰、毕正宣等组成保管委员会,[①]全权负责接管清华园,进行校园环境修复整治,为学校北返做准备。

保管委员会的工作卓有成效,并克服接收过程中种种困难,终于保证了清华大学在1946年10月10日重新开学。

1947年3月,梅贻琦曾言,遭受创伤的清华园经整理后,"冀于初春花发之际,园林整洁,溪池清澈,一复水木清华之旧观,我校友一时重返校园,第一印象,将有风景无殊之感,然而内在之创痕,固深且钜,则非以数年之人力财力不易恢复矣。"[②]但无论如何,比起经济损失、环境破坏,梅贻琦决策及时、指挥有方,使得清华园最终完整回到清华大学,从而"一复水木清华之旧观",意义无疑更为重大。

---

① 《国立清华大学保管委员会公函(1945年12月6日)》,清华大学校史研究室编:《清华大学史料选编》四,第1—2页。

② 梅贻琦:《复员后之清华(1947年3月)》,《清华大学史料选编》四,第33页。

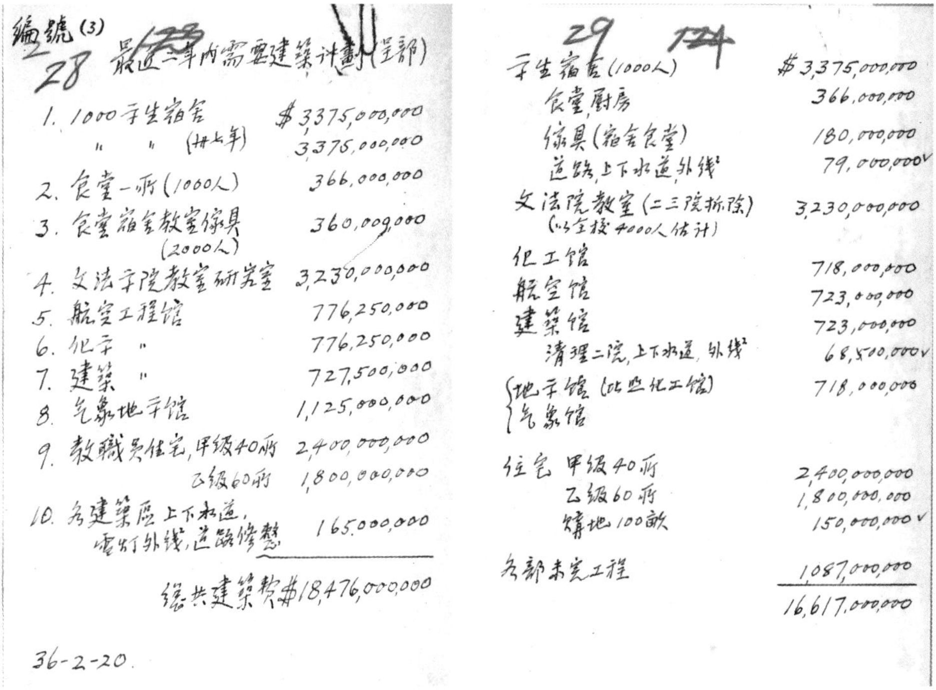

编號(3)
28 最近二年内需要建築計劃(呈部)

1. 1000学生宿舍	$3375,000,000
" " (卅七年)	3,375,000,000
2. 食堂一所(1000人)	366,000,000
3. 食堂宿舍教室傢具(2000人)	360,000,000
4. 文法学院教室研究室	3,230,000,000
5. 航空工程館	776,250,000
6. 化学 "	776,250,000
7. 建築 "	727,500,000
8. 气象地学館	1,125,000,000
9. 教職员住宅,甲级40所	2,400,000,000
乙级60所	1,800,000,000
10. 各建築底上下水道,電灯外线,道路修整	165,000,000
總共建築費	$18,476,000,000

36-2-20

29 124

学生宿舍(1000人)	$3,375,000,000
食堂厨房	366,000,000
傢具(宿舍食堂)	180,000,000
道路,上下水道外线	79,000,000
文法院教室(二三院拆除)(以全校4000人估计)	3,230,000,000
化工館	718,000,000
航空館	723,000,000
建築館	723,000,000
清理二院,上下水道,外线	68,500,000
地学館(比照化工館) 气象館	718,000,000
住宅 甲级40所	2,400,000,000
乙级60所	1,800,000,000
購地100畝	150,000,000
各部未完工程	1,087,000,000
	16,617,000,000

图 25–4　1947 年，梅贻琦拟定两年建筑计划

三、追随“兼容并包之态度，克尽学术自由之使命”

在梅贻琦的领导下，清华大学素有民主传统，大体上有三个方面。

一是教授治校管理体制，起源于曹云祥校长时期，发扬光大在梅贻琦校长时期。

浦薛凤说：

当时所谓教授治校，绝非教授干预学校行政，更非校长推诿责任，而是环境、传统、作风、需要交织形成。举凡校中施教方针、年度预算、规章细则、建筑设计，以及类似重要事项，或则由教授会议决，或则由评议会商定。教授会每年只开两三次，而评议会则至少每周一次。在校长方面，因虚怀若谷，尽量听取同仁意见，在教授方面，正因校长谦虚诚挚，故对其所持意见特别尊重。往往会议中争论甚久，梅师一言不发，及最后归纳结论，片言立决。评议会系由校长主持，由教务长、各院长、秘书长及由教授会选出并有一定任期之若干位教授参加。最难能可贵者，评议会中尽可因公而争得面红耳赤，但绝不影响私交。此种民主作风，此种对事不对人之雅量，值得大书特书者。正因如此，清华园内，一切协和安定。当时一般学风动荡，华北局势紧张，清华之所以能宁静如恒，自非偶然。①

朱自清称赞：

我们虽生在一个民主的国家里，可是真正建立在民主精神上的组织，似乎还只是极少数。在这极少数当中，清华大约可以算得上一个。在清华服务的同仁，感觉着一种自由的氛围气；每人都有权利有机会对学校的事情说话。这是并不易得的。……梅月涵先生便是难得的这样一位同情的校长。他和清华关系之深，是大家知道的；他爱护清华之切，也是大家知道的。但难得的是他知道怎样爱护清华；他使清华在这七八年里发展成一个比较健全的民主组织，在这个比较健全的民主组织

---

① 《梅故校长精神永在》，浦薛凤：《音容宛在》，第69—70页。

里，同仁都能安心工作，乐意工作。他使同仁觉着学校是我们
大家的，谁都有一份儿。……这个民主的机构，由大家的力量
建成，还得大家同心协力来支持；梅先生和校务会议诸先生虽
然领导有方，但单靠校长和少数人还是不成。——只要同仁都
能像梅先生一样爱护清华，并且知道怎样去爱护，一切顺其
自然，不去揠苗助长，清华的民主制度，前途一定是光明灿
烂的。①

二是鼓励学术自由。

大学是追求真理之所，正如陈寅恪在王国维纪念碑碑文中写道：
"士之读书治学，盖将以脱心志于俗谛之桎梏，真理因得以发扬。"
而追求并发扬真理，前提是独立思考。梅贻琦一贯主张学术自由，
让学生们对社会、人生持中平衡而免偏激。梅贻琦在不同场合、针
对不同对象多次重申这一理念。1927 年 5 月，梅贻琦对毕业生强调：
"在这种急剧变化之中，最要紧的，是要守住了个人意志的平衡。"②
1932 年 5 月 30 日，梅贻琦对学生讲："学问范围务广，不宜过狭，
这样才可以使吾们对于所谓人生观，得到一种平衡不偏的观念。对
于世界大势、文化变迁，亦有一种相当了解。"③ 1933 年开学典礼上，
梅贻琦强调："无论入那一系，习那一科，经教授指导途径后，真
实的工夫，要自己努力去做。而在自己一方面，尤其是思想上，要

---

① 《清华的民主制度》，《朱自清全集》第 4 卷，第 414—415 页。

② 梅贻琦：《赠别大一级诸君》，《清华周刊暑期增刊》，1927 年 5 月 28 日，第
3 页。

③ 《五月三十日总理纪念周记事》，《国立清华大学校刊》第 412 期，1932 年 6
月 1 日，第 1 版。

具有自动的力量，要用自己脑筋去判别索求。"[①]1934年，梅贻琦对大一学生强调"思想要独立，态度要谦虚，不要盲从，不要躁进"[②]。

三是对学生参加政治活动不过多干涉。

对于共产党在校内活动，梅贻琦并不过多干涉。如果政府逮捕迫害地下党员或者进步学生，梅贻琦则尽可能予以保护。他曾说："学校是教学场所，个人的政治信仰，学校不想过问。"[③]1936年，发生著名的"二二九"大逮捕，北平当局逼迫梅贻琦交出蒋南翔等八个学生，梅贻琦对学生说："我保护不了你们了，你们自想办法吧。"蒋南翔在离开清华时说："'二二九'的行动，是群众性行动。不管赞成我们的反对我们的都参加了，才打退了几千军警。之所以能做到这一点是因为清华有民主传统。梅校长不把我们交出去，也是出于民主传统。"[④]

日本宣布投降后，先前作为主要矛盾的中日民族矛盾不复存在，国共两党矛盾凸显。梅贻琦清醒地意识到这一点。

1945年8月15日晚，在云南财政厅长家做客的梅贻琦和冯友兰听到这个消息，都觉得惊喜；同时又有内战爆发的预感，因而又相顾无言。冯友兰回忆："1945年8月15日的晚上，我同梅贻琦在

---

① 《二十二年度开学典礼志略》，《国立清华大学校刊》第519号，1933年9月15日，第1版。

② 梅贻琦：《欢迎新同学的几句话》，《清华暑期周刊》第9卷第8期，1934年9月7日，第392页。

③ 陶瀛孙：《1930年至1934年清华地下党的组织及活动情况回忆》，清华大学校史研究室藏。

④ 王作民：《忆南翔》，《蒋南翔纪念文集》，清华大学出版社1990年版，第39页。

云南财政厅厅长家里吃晚饭，正在吃饭的时候，这位厅长的秘书来对他说有电话，他去接了电话回来说，日本投降了。在座的人都觉得惊喜，可是没有应该有的那种狂欢之情。吃饭以后，在客厅谈话，大家相对无言，这是因为大家都有一种预感，觉得内战要爆发了。出来走到街上，才知道群众确实狂欢了一阵。在主要的街道上，鞭炮的纸屑铺满了一地。"[1] 这种喜忧参半的心情不仅在梅贻琦和冯友兰身上，其他人也有。例如，听到日本投降喜讯与群众狂欢后的朱自清对妻子说："胜利了，可是千万不能起内战。不起内战，国家的经济可以恢复得快一些，老百姓可以少受些罪。"[2]

梅贻琦清醒地认识到，复员后的学校必将迎来更为复杂的形势。面对国民党日益加强的控制，梅贻琦反复思考如何应对。他在 1945 年 10 月 28 日日记中写道："倘国共问题不得解决，则校内师生意见更将分歧，而负责者欲于此情况中维持局面，实大难事。民主自由果将如何解释？学术自由又将如何保持？使人忧惶！深盼短期内得有解决，否则匪但数月之内，数年之内将无真正教育可言也！"在 11 月 5 日日记中写道："对于校局则以为应追随蔡孑民先生兼容并包之态度，以克尽学术自由之使命。昔日之所谓新旧，今日之所谓左右，其在学校应均予以自由探讨之机会，情况正同。此昔日北大之所以为北大，而将来清华之为清华，正应于此注意也。"[3] 1946 年 4 月 23 日，梅贻琦对召集学生训话，指出"吾们要争取学术自由，吾

① 冯友兰：《三松堂自序》，第 123 页。

② 陈竹隐：《追忆朱自清》，西南联大北京校友会编：《我心中的西南联大——西南联大建校 70 周年纪念文集》，清华大学出版社 2008 年版，第 67 页。

③ 《梅贻琦西南联大日记》，第 214、216 页。

们即应善用此学术自由"[1]。

梅贻琦努力营造民主的校园氛围。1946年6月7日，梅贻琦与竺可桢、茅以升、吴有训、臧启芳、罗宗洛、赵太侔等大学校长在教育部午饭，席间梅贻琦提出：（一）大学可否不设训导长？（二）青年团可否不在校内设分团？6月14日，梅贻琦在教育部，回答蒋介石关于清华复校后如何整顿学风、恢复学术研究风气等问题的征询，梅贻琦表示应注意两件事：生活安定、研究设备充实，然后学术风气自必恢复。因在昆明困难状况下，研究仍为大多数所努力也。[2]

6月25日，在朱家骅陪同下，梅贻琦向蒋介石汇报清华大学工作。梅贻琦表示：校务"仍当注重学术研究风气之恢复，倘使教授们生活得安定，研究设备得充实，则研究工作定更有进展，随即提清华教授中近有少数言论行动实有不当，但多数同人深不以为然，将来由同人自相规劝纠正，谅不致有多大（不好）影响"。期间，朱家骅提出将部分教授、院系主任换为稳健分子，梅贻琦表示：

> 此数人以往在学术上颇有成绩，最近之举动当系一时之冲动，故极希望能于规劝之中使其自行觉悟，则其后来结果必更好。……此数人之如此或尚有一原因，即其家属众多或时有病人，生活特困难，而彼等又不欲效他人所为在外兼差事，于是愁闷积于胸中，一旦发泄，火气更大。[3]

1947年5月，针对学生运动，梅贻琦对记者表示："学生因生

---

① 清华大学档案，1-4:4-4-004。

② 《梅贻琦西南联大日记》，第264、266页。

③ 《梅贻琦西南联大日记》，第270页。

活陷于困苦，对政治有不满意的表示，本极自然。一种运动，最初发生时，其动机往往极为纯洁，但到了后来，竟演变到使人难于同情。"①6月5日，梅贻琦回复教育部长朱家骅来电，谈到学生运动时说："目前北平情势约可无大问题，青年之行动往往失之过激，但大多数动机单简，只须耐心开导，终必彻悟就范。其间小波折自当以宽大视之耳。"②

可见，梅贻琦力图在学术自由的框架下处理部分教授思想激进问题，将原因归结于经济困窘；将学生运动归于认识问题，并肯定学运的动机；对教育部长朱家骅更换部分院系主任意见也不置可否，拒绝政治权力过度进入校园影响教授工作和生活，对师生进行保护。梅贻琦甚至提出取消训导长、将青年团撤出校园。这些都反映了他对思想独立、学术自由的衷心拥护。

对学生运动，梅贻琦在每个人都有表达意见的权利层面表示支持。但他也认为：

> 政治不良，成因绝非起于一日，亦非一日所能改善。故学生罢课绝不会使政治立刻改善，也不会因学生罢课而内战就立刻停止。因为打仗是双方面的，非双方住手，不能和平。……学生时代，求学第一，学生应该认清学校是个什么地方。……否则三日一停，五日一停，实是无谓的牺牲。……③

因此，他认为学生运动应该适可而止，不能影响学业，做无谓

---

① 清华大学档案，1-4:3-16-013。
② 清华大学档案，1-4:3-16-011。
③ 清华大学档案，1-4:3-16-013。

牺牲。随着国民党对进步师生迫害日益加剧，梅贻琦想方设法予以多方保护。

首先，梅贻琦反对并尽可能阻止军警进校。1948年8月，梅贻琦与北京大学校长胡适给教育部长朱家骅发电，劝说勿派军警入校，"行之必致学校陷入长期纷乱，无法收拾，政府威信扫地，国内则平日支持政府者必转而反对政府，国外舆论亦必一致攻击政府。……国家所蒙有形无形损失固不可胜记，而全校学生骚动，教员解体，适、琦等亦决无法维持善后。"[①]

其次，对列入国民党黑名单的师生，提早通知离校以策安全。1946年8月10日，教育部密电梅贻琦，请严密注意吴晗活动。[②] 1947年8月，梅贻琦提醒吴晗："你要当心，千万别进城，一进去被他们逮住，就没有救了。在学校里，多少还有个照应。"[③] 1948年8月，在梅贻琦、胡适等反对下，国民党采取不入校拘捕、代之以法庭传讯的方式逮捕进步学生。8月20日，梅贻琦手拟教育会议发言提纲，表示："应请协力劝告学生者：勿抗拒，不到庭者只好设法离校。"[④] 同时，对法庭传票虚与委蛇。1948年8月18、19日，北平高等特种刑事法庭两次致函清华，称"行政院令肃清奸匪职业学生自应遵办。查贵校学生□□等□□名，犯罪嫌疑重大，且有逃亡之虞，

---

① 《胡适、梅贻琦关于拒捕学生事给朱家骅电文（1948年8月）》，清华大学校史研究室编：《清华大学史料选编》四，第590页。

② 《教育部关于密切注意吴晗的代电（1946年8月10日）》，清华大学校史研究室编：《清华大学史料选编》四，第632页。

③ 《清华杂忆——在黑暗的岁月里》，苏双碧主编：《吴晗自传书信文集》，中国人事出版社1993年版，第36页。

④ 《梅贻琦手拟在教务会议报告大纲（1948年8月20日）》，清华大学校史研究室编：《清华大学史料选编》四，第591页。

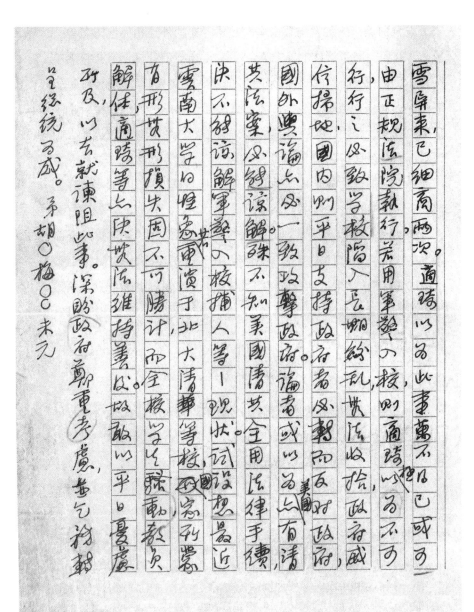

图 25-5　1948 年 8 月，梅贻琦、胡适关于禁止军警入校拘捕学生给教育部长朱家骅电文

依法应予拘提，除签发拘票由军警宪执行逮捕外，相应检附名单一份函请查照，即希将该生等交案，以凭讯办为荷"。随函有拘传名单共计26人。20日，再来一份27名拘传学生名单。[①] 梅贻琦回复，或称查无此人，或称学生已离校，或称学生休学，或称学生行止不定无法查找。总之，"贵庭传票，惟均不在，未能送达。""已布告各该生于返校后即行领票到案。"[②] 实际上，当时不少人就在学校，由于受到了保护，没有被捕。[③] 同时，将拘捕名单公告，无异于公开提醒学生离校避难。

梅贻琦长校以后，从"九一八"到"一二·九"，到抗战全面爆发后大后方的"民主堡垒"，再到"国统区的小解放区""第二条战线的先锋"，学生运动能取得巨大成绩，除了共产党领导这个关键因素外，梅贻琦对学生运动不过度干涉、乃至在一定程度上的保护，也是重要因素。

四、追踪、了解国际教育、科研动态

自1931年回国出任校长直到1949年离开大陆，梅贻琦没有再出国。在抗战期间，他的母校伍斯特理工学院授予他名誉博士学位，也因为中国陷于战乱，梅贻琦无暇赴美参加授予仪式。

虽身处国内，但他始终追踪、了解国际教育、科技发展趋势，

---

① 《北平高等特种刑事法庭关于拘捕学生公函（1948年8月18日）》，清华大学校史研究室编：《清华大学史料选编》四，第633—634页。

② 《学校关于拘捕学生事致北平特刑庭公函（1948年8月20日）》，清华大学校史研究室编：《清华大学史料选编》四，第635页。

③ 徐应潮：《党的教导——记1948年清华的"八一九"事件》，贺美英、王浒主编：《峥嵘岁月：解放战争时期清华校友足迹》，第95页。

以此来指导清华大学的发展。梅贻琦了解教育、科技前沿动态的一个重要渠道是各个院系教授们的分析、考察报告等。

1943 年，赵九章针对清华选派第六批公费留美生气象学考试致函梅贻琦，梳理世界气象学发展历史和趋势。他指出，现代气象学发展经历了四个阶段。十九世纪末，气象学与气候学不分彼此，并为一科。气象学为地理学一个分支，侧重气象记录、统计，未尝以物理学观点从事天气现象研究。1900—1920 年，奥地利、德国学派运用热力学、动力学理论研究天气现象，成就虽多，但不系统，稍嫌零星。第一次世界大战后，挪威奥斯陆大学威廉·皮叶克尼斯（V. Bjerknes）教授用流体力学中波动原理改进天气预报，奠定近二十年来理论气象学基础。当下，麻省理工学院、加州理工学院、芝加哥大学等校出名的气象学家皆为皮叶克尼斯教授的学生，数理根基极好。加州理工则在冯·卡门领导下，对数理基础更为注重。他建议：

> 综上所述，近代气象学进展之趋势已完全移重于数理，而我国过去气象界同仁，大都皆出源于地理系。此者只能为中国气候学之整理与夫气象材料之统计。欲追踪欧美，以与世界气象学者相争衡，则恐未能。九章窃以为我国此时派选学生必需注重数理，庶在美国求学期内可即得名师之教益，将来归国后，亦可继续研究，继世界研究趋势而迈进也。[①]

由此，赵九章建议气象门应考科目为：大学普通物理、微积分

---

① 清华大学档案，X1-3:3-107:2-057。

及微分方程、热学及力学、普通气象学、理论气象学。他的建议不仅针对留美公费生考试，更是清华大学发展气象学的建议和指导。

抗战期间和战后，部分教师赴美访学。通过他们，梅贻琦了解了美国高等教育、科技等最新的发展信息。

1946 年 5 月 18 日，赴美考察、访学的任之恭致信梅贻琦、叶企孙，汇报在美考察所见所思。任之恭用"惊心动魄、学不胜学"形容看到美国科学之进步时的震撼。"由西岸渐趋东岸，参观各大学之实验室及工厂等，适值战后各处大部开放，得亲睹数年来科学猛进之情况，令人惊心动魄，学不胜学。"

任之恭介绍了参观加州理工学院、斯坦福大学、伯克利、芝加哥大学、哥伦比亚大学、普林斯顿大学高等研究院以及旧金山 Litton 真空仪器厂等工厂的情形，从代表性科学家到实验室设备，从大科学装置到大研究工程，从人员聘任形式到研究氛围，他都有介绍。尤其值得注意的是，他还列出在这些大学工作、访学的中国学者，如在伯克利的张景钺、李卓皓，在标准局的王守竞，在普林斯顿高等研究院的饶毓泰、张文裕、程毓淮、马仕骏、段学复等。任之恭总结指出：

综结上述三个月之物理学考察，专注意原子学及微波学（Radar 为其应用）方面，所得感想甚多，可略述如下：（1）研究风气热烈：此间潮流，认研究为学府之最要职务。各大学及各机关皆争先成立新研究所，大学之研究部份多为独立之性质，人员与经费远皆超过教育部份。M. I. T. 之 Radiation Lab 现改为 Electronics Lab。研究人员有二百余人，Harvard 之 Research Project 亦上百人。人人争先到研究部份工作，行政部份雇用许多办事人员，以减轻研究人员之杂务担负。（2）经费富裕：MIT Electronics Lab 每年经费为 500,000 美金，为我校电研所全年经费之 5000 倍。Harvard 现时经费尤超过之。有了经费，就有设备。近代研究必须极精确之设备。设备稍差，尚可以人力补之，差的过甚，即无希望。（3）战时科学进步，已使战前科学为古董，看法不一样，名辞亦不一样。战时工作文献档案，有如整个二十年科学专刊之质量。我国因战事可说对自己落后十年，对别人至少三十年。再加上科学根基由来的差别，至少有五十年之分。①

任之恭此信对美国科学进展、科研体制的分析总结，对相关大学中中国学者的统计，都为梅贻琦领导清华大学发展、有针对性聘请人才提供了重要信息。

1947 年 2 月，陶葆楷致信梅贻琦，转述赴美访学的梁思成意见"建筑系应向都市计划方面发展"。陶葆楷对梁思成的意见"甚为赞同，惟建筑系向都市计划方面发展，其所需市政及卫生工程方面之训练，亦必增加，故受业意土木工程系在市政及卫生工程方面之教授将来必须增加一人"。陶葆楷还提道："思成来信提到建筑系须有五年之训练，此与受业之意见相同。受业意工学院各系均应改为五年。"②

1947 年 4 月 25 日，在美国访学的周培源致信梅贻琦，报告在美国参加海军部项目，以及美国进行鱼雷研究、火箭制造等项目。他在信中表示："至于工作内容，受业返国后再面呈。"③

---

① 清华大学档案，1-4:2-122-013。
② 清华大学档案，1-4:2-57-001。
③ 清华大学档案，1-4:2-122-022。

正是通过包括上述渠道在内的各种信息来源，梅贻琦得以及时了解国际上教育、科技等发展动态，从而在擘画清华大学发展蓝图时有所借鉴。

五、"不应以恢复旧观为满足，必使其更发扬而光大"

1945 年 8 月 12 日，杨西孟对陈岱孙说："战事结束，研究计划须加速进行。"13 日，陈岱孙即致函梅贻琦，转达杨西孟观点。[1] 可见，随着抗日战争胜利结束，教师们普遍存有抢回失去光阴的急迫心态。

复员初，梅贻琦表示清华"不应以恢复旧观为满足，必使其更发扬而光大，俾能负起清华应负之使命"[2]。1948 年刊上有人回顾清华复员工作指出，清华"复员不是'复原'，而是要从原来的地位上向前不断地迈进，它有积极的新生，改进的意义。清华的复员工作，不只是使她的外表恢复旧观，更重要的是她有新生的改进的内容"[3]。

清华"新生的改进的内容"是什么？"不应以恢复旧观为满足"意味着什么？揆诸实际，主要有两个方面：增加部分学科、改进教育模式。

一、适应发展趋势，增设部分院系。

1945 年 9 月，梅贻琦赴渝参加全国教育善后复员会议。会后，梅贻琦继续留在重庆。根据自己对蒋介石宴请会议代表讲话精神的

---

① 清华大学档案，X1-3:3-33-014。

② 梅贻琦：《复员后之清华（1947 年 3 月）》，清华大学校史研究室编：《清华大学史料选编》四，第 33 页。

③ 《清华纵横》，《清华 1948 年刊》，第 10 页。

理解和社会发展观察，结合全国教育善后复员会议精神，梅贻琦认为战后中国出现四个趋势：

> 1.区域上的支配，特顾及边区、内地，如西北、西南。
> 2.建设事业需要大量的建设人才。
> 3.工业化（农），尤需要大量工程人才。
> 4.科学研究之发展——大小工业之基础。

梅贻琦还强调"大学应设法适应这趋势，但不可忽略本身重要的任务"[1]。

对于战后清华大学发展，梅贻琦已有长期思考。10月6日上午，善后复员会议后继续留在重庆的梅贻琦写出清华大学院系扩充计划，并于当日11点半赴教育部向朱家骅汇报，即：

> 此后将于人才训练与学术研究并加注重。院系方面，则拟添办农学院；工学院中增化工系、建筑系；理学院中改气象组为气象系；文学院中增语言人类学系等。[2]

具体而言，即：

> 秋间复校后，为应国家社会之需要及本校学科顺序之发展，就院系言之，将成立农学院，即以农业研究所之基础，设置四

---

① 清华大学档案，1-4:4-4-007。

② 《梅校长关于复员迁校问题在1945年度第二次教授会议上的报告（1945年10月18日）》，清华大学校史研究室编：《清华大学史料选编》三（上），第405页。

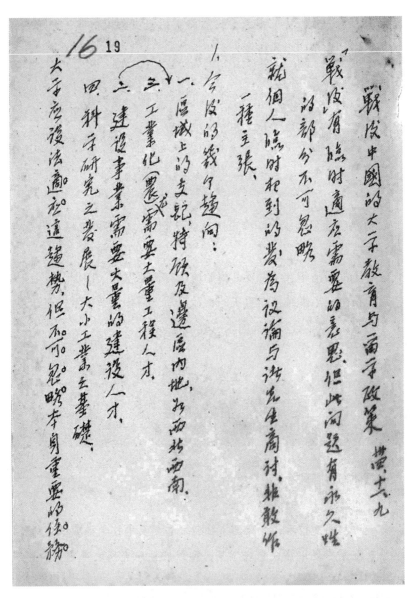

图 25-6　1945 年 11 月 9 日，梅贻琦《战后中国的大学教育与留学政策》报告提纲

五学系。文学院增设语言人类学系，以注重边疆民族语言文化之研究；理学院地学系原有气象组，今另成一系，以提倡高空气象之探讨。法学院将添设法律系，以实现十年前原拟之计划。工学院添设之化工系在今日之重要，固无待赘言，而建筑系则目前欲应社会之急迫需要，解决人民居室问题，城市设计问题，于人才训练上，于学术研究上，皆当另辟蹊径，以期更有贡献于社会者也。下年学生名额，约必有相当加增，但现有宿舍及设备，尽量容纳，不能超过二千人。师资方面，当亦须增聘，除随校南来各教师，夏间当设法妥送返校外，其休假或请假在国内或国外者，已敦促务于秋间返校任教，另再增聘若干位，务使新旧院系，即设备尚多次缺，而师资必蔚然可观，则他日诸校友重返故园时，勿徒注视大树又高几许，大楼又添几座，应致其仰慕于吾校大师更多几人，此大学之所以为大学，而吾清华所最应致力者也。[①]

分析新增院系与学科调整，可见这一时期梅贻琦比较注重以下三点。

（一）新增院系注重现实需要

复员后，清华大学陆续添设了人类学系、气象学系、法律学系、化学工程学系、建筑工程学系，航空工程研究所改为航空工程学系，以及农业研究所升为农学院（下设农艺学、植物病理学、昆虫学系和农业化学 4 个系），这样规模上全校设有 5 个学院，26 个学系。

---

① 梅贻琦：《复员期中之清华（1946 年 4 月）》，清华大学校史研究室编：《清华大学史料选编》四，第 28 页。

清华大学在申请增设院系的报告中写道：

> 我国在东亚已居领导地位，对于东亚诸弱小民族，应先研究其文化、语言，俾能辅助其发展。缅、藏诸语言与我国语言为同一系统，研究我国语言亦非与缅、藏诸语言作比较研究不为功，此为人类学及语言学之职务，大学中应先注重此项研究，并训练此项人才。[①]

> 抗战以还，边疆民族之问题顿形重要，其民族之语言、文化皆待研究。校中同人八年在昆，颇多致力，师资设备亦较有基础。
>
> 本校鉴于今后航空事业之发展有赖于气象研究者至巨，拟将气象组改设为系，以示注重。
>
> 尚有法律系，本校系于廿三年奉部令暂行停办。目前社会情形对于法律训练似更需要，本校拟俟将来师资罗致稍有把握，再请设置。
>
> 拟将化学系原有之化工组改为化学工程系，属于工学院，以更注重工业化学之训练。
>
> 本校鉴于我国复兴事业中城市之设计、改良与夫现代建筑适应环境之研究为今后重要问题之一，故拟一面与中国营造学社合作，一面由土木系分任课程，于下学年设置建筑学系。
>
> 本校前于廿三年……暂先成立农业研究所。……拟于复校

[①] 《清华文学院发展计划（1945年11月）》，《清华大学史料选编》三（上），第408页。

之后，就此基础成立农学院，该院除设植物生理、植物病理，及昆虫三系外，其他如园艺学，如土壤学，如畜牧学，皆为华北农业建设切要之部门。拟就本校人力物力所及先设一、二系，期于二、三年内，布置就序，六系完成，以副政府农工并重之倡导。[①]

建筑系则目前欲应社会之急迫需要，解决人民居室问题，城市设计问题，于人才训练上，于学术研究上，皆当另辟蹊径，以期更有贡献于社会者也。[②]

可见，新增各院系，有学术研究需要、有人才培养需要、有社会服务需要、有服务政治需要等，理由各不相同，但在"应国家建设之需要"这点上则毫无二致。

各院系在加强教学、科研的同时，重视社会服务，适应社会需要。以1946年新成立的气象系为例，仇永炎校友回忆"当时在华北地区，清华大学气象系的资料是最完整、最准确、最全面、最可靠的。北京、天津、太原等地的营造建设单位常到清华气象系收集资料，咨询问题，特别有意义的是：唯独清华气象台才有的深达12米的地温观测资料，对于农林发展、国防建设都有重要用途"[③]。

---

① 《梅贻琦函教育部关于清华大学复员后院系充实计划（1946年2月）》，《清华大学史料选编》三（上），第412—413页。

② 梅贻琦：《复员期中之清华（1946年4月）》，清华大学校史研究室编：《清华大学史料选编》四，第28页。

③ 仇永炎（1947气象）：《回忆清华气象台及李宪之师二三事》，《清华校友文稿资料选编》第九辑，清华大学出版社2004年版，第36页。

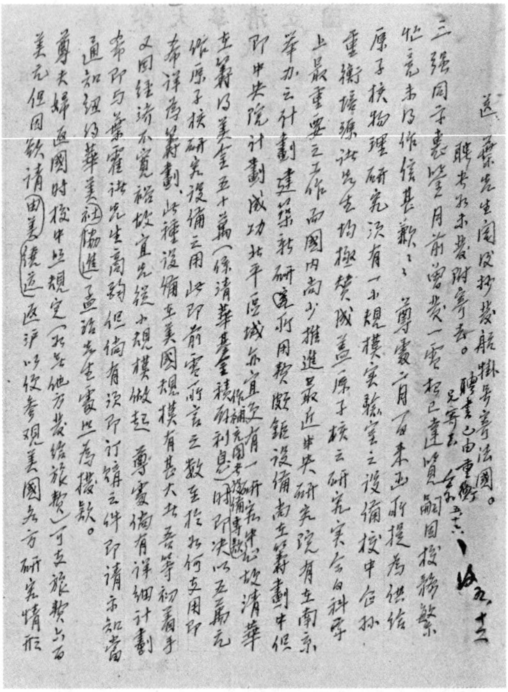

图 25-7　1947 年 5 月 15 日，梅贻琦复函钱三强，谈关于建设小规模原子核物理实验室计划并希望钱三强回清华任教

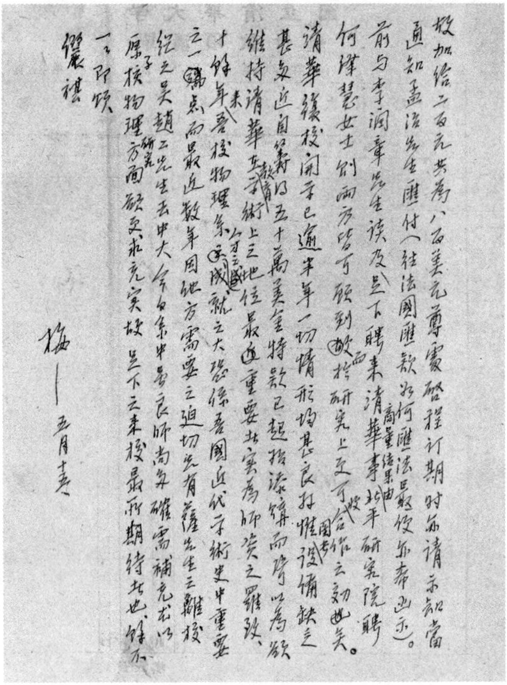

还有值得一提的是发展原子能，梅贻琦注意到原子弹的威力，以及发展原子能的广阔前景，特敦请钱三强返回母校任教。正当钱三强、何泽慧夫妇带尚在襁褓中的女儿踌躇满志地回国准备大展拳脚大干一场时，美国出面干涉，清华大学发展原子能计划夭折。由于事关外交，梅贻琦不便对钱三强明言。"钱三强1992年逝世前，未能见到也不曾听说过一直尘封在清华大学档案馆的那些函电"，导致钱三强对梅贻琦产生终生误会和不满。[①]

需要指出的是，梅贻琦注意到理论与应用结合并进是科学发展的趋势。因此，不仅新增院系，已有院系也要朝着理论与应用结合的方向发展。例如，1947年，梅贻琦多次致函在美华罗庚，促其尽快返校主持数学系，并提出了数学系的发展方向。在1947年6月24日的促驾函中，梅贻琦写道：

> 其急欲促驾返校者，实以清华数学系年来甚感空虚，必须力谋振作以固根基。故尤盼吾兄早日返校主持系务。盖今后吾校数学系于理论与应用方面，皆应画量推展以期与近代科学相辅并进。[②]

可见，梅贻琦对二战后科技发展趋势有准确的把握。在此基础上，他对院系的发展有了准确的定向。

（二）院系设置"多重质而少重量，舍其广而求其深"

1945年9月，文学院院长冯友兰撰文，呼吁"把现有的几个有

---

① 葛能全：《钱三强和早期中国原子能科学》，《中国科技史料》2004年第25卷第3期。

② 清华大学档案，1-4:2-122-027。

成绩的大学，加以充分的扩充，使之成为一个大大学"。大学"应该是一个专家集团，里面应该是什么专家都有。这一种专家集团，是国家的智囊，教育学生也是这些专家的职务，但不是他们的惟一的职务"。"大大学既然是包罗万象，成为一代知识的宝库。"国家"对于大大学不可有急功近利的要求"[①]。

冯友兰的这个意见，在1945年11月提交学校的文学院复员后发展计划中有所体现。计划中，除了增设人类语言学系外，还要增设古文化研究室和俄罗斯文化研究室。

增设古文化研究室：

> 理由　查我国研究西洋文化之人才太少，而大学分系过于板滞，对于古文化亦不易有综合之研究，应添设此项研究室，对古中国（先秦）、希腊、罗马、古埃及、巴比伦、古波斯、古印度（□教以前）之历史、社会制度、文字、文学、学术思想、宗教、艺术作综合之研究，并训练此项人才。
>
> 办法　由文学院中之中国文学系、外国语文学系、哲学系、历史学系、社会学系合作，每系添聘专研究古代之教授一员至二员，开设课程并联合组织委员会作综合研究。[②]

增设俄罗斯文化研究室：

> 理由　查我国最近之邻国中，以苏联为最强大，而吾国对

① 《大学与学术独立（1945年9月）》，冯友兰：《南渡集》，第266—270页。
② 《清华文学院发展计划（1945年11月）》，《清华大学史料选编》三（上），第408页。

于世界强国之知识，反以对于苏联为最少。战后吾国与苏联之交涉必更频繁，需要研究苏联之人才必更迫切，应设此项研究室，俾对于苏联作综合研究，并训练此项人才。

办法　由文学院之外语、哲学、历史三系合作，每系添聘专研究苏联之教授一员至二员，开设课程，并联合组织委员会作综合研究。[①]

无论从学科发展还是现实需要看，增设这两个研究室都很有必要。尤其从当时及此后很长一段时间内，中苏关系大起大落，更凸显了加强对苏联和俄罗斯文化做综合研究的极端重要性。

但在梅贻琦看来，"中国的大学不必太多，不必太大"[②]。应"多重质而少重量，舍其广而求其深"[③]。与冯友兰"包罗万象"的大大学不全相合。在复员后系科设置上，清华大学只增设语言人类学系，并未增设古文化与俄罗斯文化两个研究室。

梅贻琦与冯友兰的分歧，主要不在于教育理念，而在于现实的考虑。

1.经济能力。冯友兰作为文学院院长，主要着眼于学科发展，而梅贻琦作为校长，除了学科发展，还要兼顾学校办学资源。实际上，清华大学是在财政极为困难的情况下进行抗战复员的。1947年3月，梅贻琦感叹："经济上之困难，目前仅能达到勉可工作之阶段，

---

① 《清华文学院发展计划（1945 年 11 月）》，《清华大学史料选编》三（上），第 408 页。

② 清华大学档案，1-4:4-4-007。

③ 《复员后之清华（1947 年 3 月）》，清华大学校史研究室编：《清华大学史料选编》四，第 34 页。

至于补充恢复，盖非以数年之人力财力不易完成。"[1] 在修整满目疮痍的校园、购置必要图书设备、改善师生生活、扩充部分院系等情况下，自然做不到大而又大、包罗万象。

2. 教育部对大学院系扩充采取严格审批。抗战胜利后，教育部对各校扩充都采取了偏严的管理政策。对于清华的发展计划，教育部长朱家骅表示："在此民穷财尽之秋，教育部应付现状尚极困难之际，断难谈到增设院系。"清华大学农学院各系是与教育部多次往返确定，艺术系则为教育部否决。

（三）重视发展职业教育

抗战胜利，国家工业化建设急需大量人才。梅贻琦认为，要区分工业化建设所需人才的层级，找到适当的培养途径。对于低级、中级技术人才，宜由专门职业学校培养。而高级人才，则由大学负责培养。三者之间应明确分工而不是混淆。

经过战争摧残，据教育部统计，除沦陷区外，到 1945 年 1 月，全国仅有 424 所职业学校，全国职业学校学生为 76,010 人，[2] 远不敷使用。

1944 年 1 月，梅贻琦就呼吁："为了技术人才的训练，我认为应当广设专科学校或高级工业学校和艺徒学校。高级的技术人才由前者供给，低级的由后者供给。"并且艺徒学校"最好由工厂设立，或设在工厂附近，与工厂取得合作"。大学工学院则要致力于培养通才，"确乎是不在养成一批一批限于一种专门学术的专家或高等匠

---

① 《复员后之清华（1947 年 3 月）》，清华大学校史研究室编：《清华大学史料选编》四，第 34 页。

② 野：《全国中等学校最近统计》，《教育通讯》复刊第 1 卷第 5 期，1946 年，第 22 页。

人"。在培养数量上，"工科大学的教育，虽如是其关系重要，在绝对的人数上，则无须比高初级工业学校毕业的技术人才为多，是不待赘言的。工业人才，和其他人才一样，好比一座金字塔，越向上越不能太多，越向下便越多越好。因此我以为大学工学院不宜无限制的添设，无限制的扩展，重要的还是在质的方面加以充实"[①]。

1945 年 11 月，梅贻琦指出："中国的大学不必太多，不必太大。宜多设专科学校及高级职业学校、工厂补习班。全国大学无法使每年毕业数万工程学生，勉强做去将使一大学成一大工科学院，失去平衡。"显然，这完全是 1944 年初观点的重复。

梅贻琦长期执掌清华大学，人才培养定位显然在"通才"，并且清华作为综合性大学，与中等职业教育素来无牵涉。但在国家战后恢复急需大力发展职业教育、培养大量技术人才之际，梅贻琦表现出了灵活与积极的态度。1945 年 11 月 6 日，梅贻琦在拟定致教育部朱经农、杭立武函中表示，如果需要，清华可以托管平大工学院，办成高级工业职业学校：

> 至于平大之工学院，闻设备、房舍皆颇单简，如北大不欲接办，似宜改作高级工业职业学校，以造就中下级技术人才。如部中欲由一大学兼管，或较易收效，但其预算应另为规定，以免牵混。[②]

---

① 梅贻琦：《工业化运动中的人才问题》，《当代评论》第 4 卷第 4 期，1944 年 1 月 1 日，第 7、8、9 页。

② 《梅贻琦手拟致朱经农、杭立武关于清华复员后院系、校舍等问题之信稿（1945 年 11 月 6 日）》，《清华大学史料选编》三（上），第 406—407 页。

可见，虽然职业教育及中级技术人才培养与梅贻琦关于大学人才培养定位完全不符，但为人才培养需要，清华大学仍愿意托管高级工业职业学校。不过，此事后来并未继续推进而不了了之。

二、学习国际先进经验，改进教育模式

世界一流大学，尤其是研究型大学，在严抓教学同时，极为重视科学研究，并且教学与科研相互促进。梅贻琦在 1931 年 12 月在就职典礼上表示："我希望清华在学术研究方面应向高深专精的方面去做。办学校，特别是办大学，应有两种目的：一是研究学术，二是造就人材。"[①]

在具体办学过程中，梅贻琦时刻关注世界教育、科技发展趋势，学习国外大学好的经验和做法，对学校机构、制度等做出调整。

（一）改所、系相对分离为所系合一

从 1934 年开始，清华大学陆续增设农业、航空等五个研究所。这个五个研究所与院系相对独立，专注研究，而无教学。

西南联合大学时期，清华、北大、南开三校相同相似院系合并成立西南联大相应院系，三校仍自设办事处、研究院及部分独立研究所。五个特种研究所属清华大学单独办理，不属于西南联大，但研究所师资与西南联大相应学系互有交叉，如航空工程研究所与航空工程学系，农业研究所与生物学系，无线电研究所与物理学系，金属学研究所与物理学系，国情普查研究所与社会学系。系重教学，所重研究，分工明确。并且各研究所经费由清华大学支付，人员与设备等与西南联大各院系相对分离，有助于减轻西南联大负担。在

---

① 《梅校长到校视事》，《国立清华大学校刊》第 341 号，1931 年 12 月 4 日，第 2 版。

极为困难的战争时期，这种所、系分离体制对于坚持教育与研究、处理好联大内部关系，有其合理性。但客观地讲，所、系分离，并不符合大学教学、科研并重要求，也难收二者互补之效。

此外，一个现实问题是，研究所中有在学系中承担教学的，也有不承担教学的，存在劳逸差别。航空工程学系初创时，规模较小，事务较少，这种差别不很明显。随着时间推移，学生增多、年级增高，教学工作量增加，这种劳逸差别日趋明显。在航空委员会工作的校友、经常与航空工程学系和航空工程研究所有业务往来的王士倬观察到："我觉得母校航研所的人，有完全不教课者，未免劳逸太不平均，以致教员不够分配。"[①]

因此，如何让教学、科研互补，又要消除岗位职责差别带来的不平衡，是梅贻琦与叶企孙等人思考的问题。在抗战后期，梅贻琦与叶企孙即有撤所入系意向。1943 年 1 月 16 日，梅贻琦在日记中写道："午饭后与企孙久谈：……4.特种研究所将来并入各系；……"[②] 1944 年 9、10 月间，校内即有撤所并系传言。[③] 但在西南联大这个特殊时期，清华大学不便于调整合并。

1945 年 8 月，日本宣布投降，抗日战争取得胜利。三校北上复员近在咫尺。从战时体制转入平时体制，各院系回归各学校后，调整科研体制有了现实可能性。

1945 年 8 月 19 日，在清华大学第 57 次校务会议关于复校计划的讨论中，议决事项中即有"本校特种研究所宜于复校后改组，

---

① 清华大学档案，X1-3:3-41:2-013。

② 《梅贻琦西南联大日记》，第 142 页。

③ 清华大学档案，X1-3:3-98-052。

除因得有特别补助另行设置外，其研究工作以并入相关学系为原
则"①。可见，梅贻琦与叶企孙谋划复员后系、所合一方案已成定案，
日本甫一投降、学校还未复员，即提出并被学校采纳。

就目前材料所见，只有航空工程研究所所长庄前鼎对此体制调
整表示反对。8月19日校务会议参加者为梅贻琦、叶企孙、沈履、
潘光旦、陈岱孙、吴有训、冯友兰。工学院院长施嘉炀没有参加。
五个特种研究所负责人非校务会议成员，均未参加。航空工程系主
任、航空工程研究所所长庄前鼎对此决议强烈反对，向学校力争挽
回此决议。

1946年4月26日，梅贻琦主持召开各研究所、组主任会议，
讨论并所入系。会上，庄前鼎与叶企孙大吵。梅贻琦在日记中记载：
"庄复因与叶旧怨，更大吵，余不耐，先离去。"②梅贻琦先行离开显
然表示对庄前鼎的不满，同时也表明改革的决心，不愿在此事上继
续纠缠。

5月12日，庄前鼎给梅贻琦校长写信，希望继续办理航空工程
研究所，部分人员维持现状，坚持一至两个月。"航空研究所从国家
立场、过去历史及未来使命上着想，并为中国航空学术届留一线生
机期间，皆有独立存在之必要。已呈请委员长设法维持并拨款修建
南昌风洞。除助教王德英，练习生吕明音、袁延年，助理方养善已
结束，遣散自行返乡外，其余一切请暂维现状一二个月。"5月15
日，梅贻琦批复："航所倘有工作必要，可延至六月底结束。如能得

① 《第五十七次校务会议关于复校计划的讨论（1945年8月19日）》，清华大
学校史研究室编：《清华大学史料选编》三（上），第399页。

② 《梅贻琦西南联大日记》，第253页。

政府资助研究固甚好，将来仍须由校中酌定计划。吾校对于各部分仍极注重，但做法应与本校政策相调和，各所皆应如是也。"① 5月20日，庄前鼎再次致函梅贻琦，对学校决定撤销航空研究所和特种研究委员会主席叶企孙表示强烈不满，批评"学校竟虎头蛇尾，毫无诚意，对国家急切需要扩充发展之事业，竟轻描淡写玩弄戏法宣告其寿终正寝"②。

由于所系合并是梅贻琦与叶企孙讨论、并经校务会议通过的既定决议。故虽有庄前鼎强烈反对，但最终还是照此执行。战后清华在农业研究所基础上成立农学院，航空工程研究所合并入航空工程学系，其他三个特种研究所相应合并到物理、社会学等相关学系。

第二次世界大战中，麻省理工学院、斯坦福大学、加州理工大学等大学出于服务于军事需要、优化调整学科机构和科研体制，学科交叉与综合也已成为明显趋势，从而促进自身快速发展。战后美国大学、尤其是研究型大学改变了以前大学的"象牙塔"模式，积极服务国家需要，将社会需求与大学发展更加紧密地联系在一起。与此同时，科学技术的快速发展，学科交叉与融合成为主流。这些最新变化趋势，都在深刻地影响着中国大学的发展。

梅贻琦、叶企孙深刻地洞察到了美国大学的这种变化趋势，借鉴、学习这种先进理念与模式，推动科研体制的创新，希望超越抗战全面爆发前的清华大学，在尽快医治好战争创伤的同时有进一步发展。

客观地说，航空工程研究所的发展凝结了庄前鼎巨大的心血，正如他所说"航研所自成立至今，为时将及十载。其间艰难辛苦绝

---

① 清华大学档案，X1-3:3-98-048。

② 清华大学档案，X1-3:3-98-052。

非局外人所能洞悉。能不于抗战期间瓦解崩溃者，实已煞费苦心。鼎个人牺牲亦属不堪回首，任何优裕机会皆经谢绝"[①]。但在当时资源极其有限的情况下，撤所入系有必要性，能促进教学与科研的深度融合。从这一点看，梅贻琦、叶企孙眼光更为长远。

（二）更新教育观念、内容和模式，注意学科交叉

在管理体制调整之外，更重要的是教育理念与内容的更新。新设院系都跟踪、借鉴国际最近教育、科研理念并运用在清华大学办学实践中。这在新成立的农学院、建筑学系表现得极为明显。

清华大学成立农学院，固然是响应蒋介石"战后建设应农、工并重"[②]的号召。但清华大学农学院的办院主旨及研究中心却在研究，并且是跨学科研究，以补当时农学教育不足。

> 科学进步端赖研究，农业科学亦然。吾国现施农业教育偏重技术训练，缺乏研究倡导，而各农学院之研究工作概凭个人兴趣分别发展，既少连系，尤无同力研究某种共同问题之举。吾国农业发展滞缓恐受此影响非浅。为补救是项缺点，吾校设立农学院性质应与他校稍有不同，即在教授一般农学课程之外应以造就农业科学研究人才为主旨，研究则以少数重要问题为中心，除由各系在互相合作进行研究外，并力求与理工学院取得联系。[③]

---

① 清华大学档案，X1-3:3-98-052。

② 《梅贻琦西南联大日记》，第 206 页。

③ 《汤佩松关于筹设农学院给梅校长的信（1946 年 4 月 25 日）》，清华大学校史研究室编：《清华大学史料选编》四，第 179 页。

农学院院长汤佩松希望将农学院建设成为"既是一个高级的教学机构，又是一个致力于生物科学研究的基地"。并且，还要与理工学院交叉。这种模式，是当时美国刚兴起、此后在欧洲也陆续出现的最为先进的生命科学、农业科学及实验科学合一的"生命科学中心"或"生物科学学习计划"（Life Science School, or Biological Science Program），再加上一个"高级农学院"（如医学界的约翰·霍普金斯医学院）。[1] 汤佩松敏锐地捕捉到这个最新趋势，希望办成一所新型的高水平的农学院：

> 我的目标是办一个学术水平很高的农业生物学教学和研究场所，类似我的母校约翰·霍普金斯大学或后来在 40 年代的普林斯顿高等研究院（Princeton Institute for Advanced Study）一样。至少像我当时经常表示的那样，清华大学农学院应当办成中国农学界的 PUMC（当时的北京协和医学院）。[2]

梅贻琦大力支持汤佩松的办院计划。汤佩松指出：

> 这个学院在梅校长领导和支持下，办成一个在全国很有影响、起了很大作用的实验生物科学的研究和教学机构。解放以后，划分出去成立了北京农业大学。现在看起来，实验生物科学成立一个学院，在国外也是战后近代才开始兴起的，而那时

---

① 汤佩松：《为接朝霞顾夕阳——一位生理学科学家的回忆录》，化学工业出版社 2021 年版，第 167 页。

② 同上书，第 166 页。

清华已经走在世界上英美这些国家的前面，我认为这是梅校长和清华几位老教授做出的业绩。[1]

再比如建筑学系的教育，同样具有前沿特点。

抗日战争进入后期，梁思成预见到战后重建对建筑人才的紧迫需要。1945 年 3 月 9 日，梁思成从李庄致信梅贻琦，建议清华大学成立建筑系。

> 最近十年间，欧美生活方式又臻更高度之专门化、组织化、机械化。今后之居室将来为一种居住用之机械，整个城市将来为一个有组织之 working mechanism，此将来营建方面不可避免之趋向也。我国虽为落后国家，一般人民生活方式虽尚在中古阶段，然而战后之迅速工业化，殆为必由之径，生活程度随之提高，亦为必然之结果，不可不预为准备，以适应此新时代之需要也。
>
> ……
>
> 在课程方面，生以为国内数大学现在所用教学方法（即英美曾沿用数十年之法国 Ecole des Beaux-Arts 式之教学法），颇嫌陈旧，过于着重派别型式，不近实际。今后，课程宜参照德国 Prof. Walter Gropius 所创之 Bauhaus 方法，着重于实际方面，以工程地为实习场，设计与实施并重，以养成富有创造力之实用人才……为现代美国建筑教育之最前进者，良足供我借鉴。[2]

---

[1] 《汤佩松教授的讲话》，《清华校友通讯》1989 年复 20 期，第 87 页。

[2] 清华大学档案，1-4:2-57-023。

现代建筑的发展带来建筑教育的变革，促使梁思成反思学院派教育传统，关注新的教育模式。通过此信可见，梁思成建筑教育思想，受到现代主义建筑思潮影响，已经开始放弃最初办东北大学建筑系"悉仿美国费城本雪文尼亚大学建筑科"的体系，转而参照德国格罗皮乌斯教授所创之包豪斯方法。[1]他跳出了宾夕法尼亚大学的古典主义训练，在承认布扎教学体系与现代教学体系之差别的同时，呼吁将西方的结构理性主义与中国传统建筑风格和建构相结合。他的这一设想反映出他在建筑教育方面与时俱进的国际视野。[2]

清华成立建筑学系，同时与营造学社签署协议，合办"建筑研究所"，研究范围从中国传统建筑扩展到"民居及市镇""建筑有关艺术"，并设立"服务门"，业务范围为"公私建筑之修葺及新建筑之设计工程"，开创了大学和研究机构承担工程设计的先河。

与农学院强调"各系在互相合作进行研究外，并力求与理工学院取得联系"一样，梁思成建议建筑学系设在工学院，"其中若干课门，如基本理、化及数学、力学等，固无须另行添设课程，即关于土木工程方面者，亦可与土木系共同上课。"这固然有创系之初节约经费原因，也隐含与理工学院合作意图。因此，梁思成开辟的清华大学建筑教育之路，"既有别于 Beaux Arts 学院派，又不抄袭'现代主义建筑'的教育体系，具有艺术和科学结合，技术、艺术与人文结合的特色。"[3]

---

① 秦佑国：《从宾大到清华——梁思成建筑教育思想（1928—1949）》，《建筑史》2012 年第 1 期。

② 庄惟敏：《中国语境下梁思成建筑教育思想的国际范式——"体形环境"建筑思想与清华建筑学院的发展》，《建筑学报》2021 年第 9 期。

③ 秦佑国：《从宾大到清华——梁思成建筑教育思想（1928—1949）》，《建筑史》2012 年第 1 期。

梅贻琦强调教育学术要服务国家发展。1932 年后陆续成立工学院以及五个特种研究所，都有服务国家需要的目的。1933 年 2 月，他指出："近来国人提倡科学运动的日多，实因我国对日作战，非忠勇之气不能过人，徒以科学逊色，武器不及，为未能克敌致胜之主因。我们要从速研究实用科学，以供国家需要。"[①] 抗战胜利后增设新学科，既体现了时代需要和时代特点，也体现了对传统的继承。

同时，梅贻琦始终坚持通识教育，反对实用主义和功利主义。他说："理工为实用科学，固宜重视。但同时文法课程，亦不宜过于偏废。"[②]"学术界可以有'不合时宜'的理论及'不切实用'的研究。"[③] 他还强调学科综合、平衡发展，兼顾眼前与长远发展，一定程度上坚持了学术的独立性。也正是这种综合、平衡政策，使得清华大学发展行稳致远。

梅贻琦强调学术自由与独立，绝不意味着将大学置于国家对立面。恰恰相反，他较好地处理了二者的关系，达到一种平衡。复员初期，他对学科调整，强调服务国家发展，也强调不能忽视大学本身重要的任务。显然，这暗合了善后复员会议上教育部长朱家骅"着重实用，也要特别加强纯粹科学的研究"的要求。

近代以来，世界日益成为一个紧密联系的整体，任何民族、国家、文明不可能自外于这个整体而独立发展，只有互相学习交流，取长补短，在共存、融合中共同前进。蔡元培曾说："世界的大势

---

① 《二月廿七日总理纪念周纪事》，《国立清华大学校刊》第 486 号，1933 年 3 月 2 日，第 1 版。

② 《二十二年度开学典礼志略》，《国立清华大学校刊》第 518 号，1933 年 9 月 15 日，第 1 版。

③ 《梅贻琦西南联大日记》，第 99 页。

已到这个程度，我们决不能逃在这个世界以外，"只能"随大势而趋"。[①]梅贻琦指出：清华大学"不仅为国内最高学府之一个，同时亦当努力负起与国外学术界沟通之使命"[②]。因此，梅贻琦的办学思想与眼光，绝不局限于校内和国内，而与国际上、尤其是美国大学的发展趋势有密切联系。

梅贻琦虽身在国内，但通过自己的观察以及国内外同事介绍，他洞察到了美国大学的这种变化趋势，他借鉴、学习这种大学发展理念与模式，并运用到清华大学的办学实践中。在他支持下，一些新的院系成立、科研体制得到改革等，引进世界最新的科学技术、教育理念、办学模式，希望超越抗战全面爆发前的清华大学，在尽快医治好战争创伤时，有进一步发展。

但让梅贻琦始料未及的是，从接收清华园、北上复员开始，直至内战爆发，学校发展遇到一系列困难和挫折。他在内外交困中领导清华大学勉力维持，直到 1948 年底离开清华大学。

① 《蔡元培全集》(3)，第 218 页。

② 梅贻琦：《五年来清华发展之概况》，《清华周刊》向导专刊，1936 年 6 月 27 日，第 5 页。

各奔前程（1948）

　　在这风雨飘摇之秋，清华正好像一个船，飘流在惊涛骇浪之中，有人正赶上负驾驶它的责任，此人必不应退却，必不应畏缩，只有鼓起勇气，坚忍前进，虽然此时使人有长夜漫漫之感，但我们相信不久就要天明风定，到那时我们把这船好好地开回清华园，到那时他才能向清华的同人校友说一句"幸告无罪"。

——1945 年 4 月

　　敢言程雪与春风，困学微忱今昔同。廿载切磋心有愧，五年漂泊泪由衷。

　　英才自是骅骝种，佳果非缘老圃功。最忆故园清绝处，堂前古月伴孤松。

——1941 年 1 月

离开清华大学与教授会敦请返校

梅贻琦长期在清华工作，念兹在兹，始终心系清华园。1941 年 4 月，梅贻琦动情地写道：

> 琦自一九〇九年（宣统元年），应母校第一次留美考试，被派赴美，自此即与清华发生关系，即受清华之多方培植。三十二年来，从未间断，以谓"生斯长斯，吾爱吾庐"之喻，琦于清华，正复如之。今日清华园沦陷在敌骑之下，举校同人流离于西南边隅，勉强工作，北返无期，偶一回思，心伤靡已。[①]

爱校之情，溢于言表。

1931 年 12 月，梅贻琦在就职典礼上说：

> 我希望清华今后仍然保持它的特殊地位，不使坠落。我所谓特殊地位，并不是说清华要享受什么特殊的权利，我的意思是要清华在学术的研究上，应该有特殊的成就，我希望清华在学术研究方面应向高深专精的方面去做。办学校，特别是办大学，应有两种目的：一是研究学术，二是造就人材。清华的

---

① 梅贻琦：《抗战期中之清华（1941 年 4 月）》，清华大学校史研究室编：《清华大学史料选编》三（上），第 29 页。

经济和环境，很可以实现这两种目的，所以我们要向这方面努力。[①]

他还说："清华既拥有别所大学不具备的庚款基金来提供科研设备，又拥有一支优秀的教学队伍，我们理应把它办成一所世界上著名的学府。我们有责任这样做。"[②]

在艰苦的抗战岁月，梅贻琦苦撑危局，他说："在这风雨飘摇之秋，清华正好像一个船，飘流在惊涛骇浪之中，有人正赶上负驾驶它的责任，此人必不应退却，必不应畏缩，只有鼓起勇气，坚忍前进，虽然此时使人有长夜漫漫之感，但我们相信不久就要天明风定，到那时我们把这船好好地开回清华园，到那时他才能向清华的同人校友说一句'幸告无罪'。"[③]

上述种种，充分表明他对清华大学的深厚感情和强烈的责任感、使命感。梅贻琦与清华大学已经形成水乳交融的深情，他将全部心血投入清华，广大师生和社会也充分认可和尊重他。

临近清华园解放时，教授会中有人建议迁校，有人建议全体留下。梅贻琦反对迁校，认为各人情况不同，不能勉强。[④]但他本人则离开清华。

---

① 《梅校长到校视事》，《国立清华大学校刊》第 341 号，1931 年 12 月 4 日，第 2 版。

② 吴泽霖：《记教育家梅月涵先生》，《清华校友通讯》1989 年复 19 期，第 92 页。

③ 梅贻琦：《抗战期中之清华（五续）（1945 年 4 月）》，清华大学校史研究室编：《清华大学史料选编》三（上），第 47 页。

④ 《李辑祥访谈录（1962 年 6 月 29 日）》，清华大学校史研究室藏。

一、离开清华

1948 年 10 月，在人民解放军胜利进军的形势下，国民政府计划把北平的一些大学迁往南方，还下达了"国立院校应变计划"，要求各大学拟定应变举措，选定迁校地址，呈教育部备案。在中共地下党组织和进步师生的争取下，国民政府南迁北平高校的计划破产。之后，国民政府又制定"抢救平津学术教育界知名人士"计划，对象包括各院校行政负责人、中央研究院院士、知名学者教授等。这些知名人士既是国民政府极力争取的对象，也是共产党重要的统战和挽留对象。

作为清华大学校长，梅贻琦无疑是共产党、国民党都在积极争取的重要人物。他的行止成为社会各界关心的焦点。

清华师生、校友深知"奉命于危难之间"接长清华的梅贻琦"辛苦经营，使清华能在国家民族大动荡的十七年中保存元气"。[①]他们希盼梅贻琦留下来，继续领导清华。怀着对梅贻琦的深厚感情，师生们以各种形式挽留梅贻琦。

马约翰回忆："临解放时，陈福田来动员我同他一起乘飞机走，我没有理他。我也知道梅贻琦要走，想去说服他留下来，但正当我四处找他时，他已经□了。"[②]

12 月 29 日是梅贻琦生日，清华师生早在一个月前就积极筹备祝寿会，建筑学系教师李宗津还创作一幅油画像献给梅贻琦，[③]并有

① 《清华纵横》，《1948 级年刊》，第 7 页。
② 《马约翰访谈录（1965 年 5 月 20 日）》，清华大学校史研究室藏。
③ 《梅贻琦诞辰　清华师生祝寿》，《益世报》（天津）1948 年 11 月 30 日，第 3 版。《清华师生筹备祝贺梅贻琦六十大庆》，《和平日报》1948 年 12 月 13 日，第 2 版。

冯友兰作祝寿词、张子高作油画像题词装成册，校内同人签名。即使梅贻琦离平南下后，小册子仍在传观，浦江清等人补签于后。[1]学生自治会也出面，推动学校筹备为梅贻琦祝寿，以争取梅贻琦留下来。[2]清华大学民主墙上也出现过挽留梅校长的壁报。清华学生会一致挽留，认为南京政府将倒，不应使名流为之"殉葬"。[3]

1949届土木系学生沈学元还专程去梅贻琦家里，代表全校学生，诚挚地挽留梅贻琦：

> 我们在学校里就听说，梅校长在几天前就到北平城里去了，我们商量到梅校长在城里的住处去探望一下梅校长的动静。钟安度和梅家熟识，我们就约定第二天上午到梅校长家去，看看梅校长有什么打算，会不会离开北平。……
>
> 12月18日我和王克弟到米市大街（即现在的华北大街）梅校长在城里的住处去，那是一栋两层楼的小洋房，据说是协和医院的房子。我们进去，钟安度已经先到了。梅校长坐在客厅中间的一把扶手椅上，神情有点疲惫，见我们进去，就示意我们坐下。我们向梅校长请安后，就简单地说了一下学校的情况，然后说，学校往后不知道会怎样，校长不在群龙无首，校长的威望很高，要是能在学校有了掌舵人，大家心里也就踏实了。梅校长听了我们的话以后，声音很低沉地说："学校里的情

---

① 浦江清：《清华园日记　西行日记》，第247—248页。

② 李维统：《迎接解放》，贺美英、王浒主编：《峥嵘岁月：解放战争时期清华校友足迹》，第350页。

③ 浦江清：《清华园日记　西行日记》，第243页。

况，我都知道，我一定会和学校共存亡的。"我们后来又说了些什么，现在记不清了，最后我们说，校长不走的话，我们就放心了。我们待的时间不长，看到梅校长精神不是太好，就告辞出来了。[①]

在解放区的吴晗等清华校友联名写信给梅贻琦，向他祝寿，并告诉他："春暖花开的时候，我们就要回清华园来了，希望他做几件事：学校不要动，人不要散，设备不要搬，争取解放时保留一所完整的清华。"[②]

共产党挽留梅贻琦，希望他继续担任清华大学校长。北平地下党学工委负责人崔月犁亲自上门，请求梅贻琦留下，参加新中国的建设。[③] 即使在梅贻琦离开后，周恩来仍在京津各大学负责人集会上公开表示："梅贻琦先生可以回来嘛！他没有做过对我们不利的事。"[④]

国民党也全力争取梅贻琦。1948 年 11 月 22、23 日，国民党中宣部副部长陶希圣奉蒋介石之命赴平，分别到北大、清华，动员胡适、梅贻琦二人南下。[⑤] 12 月 7 日，青年部长陈雪屏赴北平，[⑥] 亦分别到北大、清华等学校，劝说胡、梅等南下，并说国民政府派专机

---

① 沈学元：《最后一次会见梅校长》，贺美英、王浒主编：《峥嵘岁月：解放战争时期清华校友足迹》，第 428—429 页。

② 《吴晗访谈录（1964 年 4 月 20 日）》，清华大学校史研究室藏。

③ 周进：《为了新中国：北平教授的抉择与斗争》，《北京党史》2009 年第 1 期。

④ 吴泽霖：《记教育家梅月涵先生》，《清华校友通讯》1989 年复 19 期，第 92 页。尚传道：《尚序》，黄延复主编：《梅贻琦先生纪念集》，第 7 页。

⑤ 《陶希圣访胡适、梅贻琦》，《大公报》（天津）1948 年 11 月 24 日，第 3 版。

⑥ 《陈雪屏到平》，《大公报》（天津）1948 年 12 月 8 日，第 3 版。

来接。梅贻琦与作陪的清华教授"都相顾无言，不置可否"[1]。

梅贻琦进行了激烈的思想斗争，他在清华园解放的前一天、即12月14日下午才进城。12月18日，他仍对外表示"暂不离平"[2]。尽管他对学生说"我一定会和学校共存亡的"，甚至乘机离平时还表示："我去了就回来的，我是一定回来的。"[3] 但最终，梅贻琦还是离开了北平，并没有再回来。[4]

离开清华前，梅贻琦向冯友兰告别。冯友兰回忆："到了中旬，有一天晚上，校务会议在梅家开例会。散会后，别人都走了，只剩梅贻琦和我两个人。梅贻琦说：'我是属牛的，有一点牛性，就是不能改。以后我们就各奔前程了。'他已经知道我是坚决不走的，所以说了这一番告别的话。"[5] 对前来挽留的唐统一，梅贻琦也答以"我跟你们不一样"[6]。面对与自己长期共事、倚为股肱的冯友兰，以及故人之子、年轻教师唐统一[7]，梅贻琦这番话应该是心迹表露。

---

① 冯友兰：《三松堂自序》，第131页。

② 《政府派机飞平》，《大公报》（重庆）1948年12月20日，第2版。

③ 徐盈：《北平围城两月记》，北京出版社1993年版，第25页。

④ 1948年12月13日，张奚若对前来拜访的学生说："梅校长已离校去南京了。他是中央执行委员。他说过他是国民党的人，表明他要出走，国民党会派飞机来把他接走。"张奚若建议同学找代行校务的冯友兰。冯友兰对学生说："梅校长还在城里，还没有去南京了，我正在让骑河楼那边去寻找。"毛毓珏：《有关解放前夕交涉撤去校内蒋军炮位情况》，贺美英、王浒主编：《峥嵘岁月：解放战争时期清华校友足迹》，第367页。

⑤ 冯友兰：《三松堂自序》，第131页。

⑥ 《我与清华——唐统一口述》，郑小惠、童庆钧、高瑄编著：《清华记忆：清华大学老校友口述历史》，第70页。

⑦ 唐统一父亲唐悦良，与梅贻琦同为1909年游美学务处考送第一批直接留美生。

在 12 月 14 日离校之前，梅贻琦通过电话将沈刚如叫到家里，交给他一包股票和契纸（这是与清华合办数学研究所的卢木斋后人交来用作基金的），让他整理好抄一清单。另外，让沈刚如把一枚金元和一根金条交给出纳组妥为收存。交代完毕，梅贻琦乘车只身进城。①

12 月 21 日，梅贻琦飞离北平，抵达南京。

清华师生迫切希望梅贻琦返回北平主持校务。在梅贻琦离校进城、尚未南下时，部分学生还从学校陆续进城探寻梅贻琦的消息。②听闻国民政府任命梅贻琦为教育部长，"清华学生自治会用大字报书写全体同学挽留校长公开函，贴在校门墙上，语至恳挚。"③12 月 24 日，清华大学教授会通过决议，恳请梅贻琦返校。当天晚上，浦江清到冯友兰家，参加挽留函的起草讨论。浦江清"觉措辞颇困难"。显然，浦江清等人知道，梅贻琦离平南下，意味着他决心已定。教授会发函挽留，已无法改变这个事实，仅是表达一种态度而已，也即浦江清所谓"挽留已为形式上之事矣"④。教授会通过的挽留函内容为：

月涵校长先生大鉴：

此次西郊战事变起仓卒，先生因公赴城，遂致内外阻隔，

---

① 沈刚如：《献身大学教育的梅贻琦先生——记济南联大始末及其成就》，黄延复主编：《梅贻琦先生纪念集》，第 305 页。

② 《学府屹立烽烟中》，《大公报》（香港）1948 年 12 月 30 日，第 1 版。

③ 沈刚如：《献身大学教育的梅贻琦先生——记济南联大始末及其成就》，黄延复主编：《梅贻琦先生纪念集》，第 306 页。

④ 浦江清：《清华园日记 西行日记》，第 243、244 页。

消息断绝。学校十九日遭轰炸，幸人员、房舍俱无损伤，现仍由全体师生员工合力维持秩序，一切尚称安堵。顷闻先生另膺新命，全校师生益深群龙无首之惧。先生领导群伦多历年所，值此艰难时期，谅亦不忍怒然他去。务请继续主持校务，俾全校上下有所遵循。事经本会同人一致议决。

专肃奉闻，不胜迫切之致。此请

大安

教授会敬启

十二月廿四日 [1]

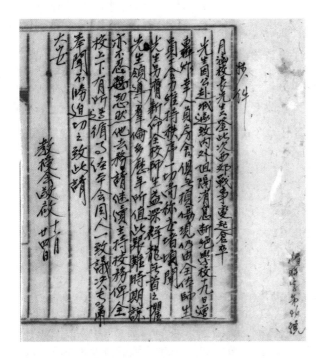

图 26-1　1948 年 12 月 24 日，教授会通过挽留梅贻琦函

这份决议，首先向梅贻琦通报了学校现状，告知学校虽遭轰炸，但人员、房舍无损。接着，恳切地表达了盼望梅贻琦返校主持校务的心情："顷闻先生另膺新命，全校师生益深群龙无首之懼……"并强调这是教授会"同人一致议决"，"不胜迫切之至"。

当时在长沙办理清华中学的校友旷壁成给梅贻琦写信，劝他"一是千万不要做教育部长，而是欢迎他西来长沙清华中学"。不久，梅贻琦回信，说他"决不会担任部长，但西行也少可能"。旷壁成仔细研读梅贻琦回信，觉得字里行间，坚决中似寓彷徨情绪。[①]

国民党抢救名单上的教授绝大多数都选择了留守。走与留，不仅仅是梅贻琦个人的选择，无形之中也有与他人的对比。对于离开清华大学，梅贻琦在不同的场合有所说明和表白。

1948年12月29日，在上海同学会为他举行的59岁祝寿宴会上，梅贻琦说：

> 承蒙中央费尽气力把我接来，其实我要应付学校紧急应变，胡适先生半月前起飞，我还没有走意，后来因为南边朋友听到说邯郸广播，谓我可以联任校长，所以考虑再三，还是在廿一日午后五时飞到了南京，翌晨吴铁城先生即携孙院长函来约我出长教部，想不到我到南京会做官，这又足以使北方朋友不了解我了！[②]

---

① 旷壁城：《故梅贻琦校长与长沙清华中学》，《清华校友通讯》1984年复9期，第70页。

② 《梅贻琦左右为难》，《海涛》1949年第1期，第12页。王义俊：《上海清华同学昨为梅贻琦暖寿》，《新闻报》1949年12月29日，第9版。

梅贻琦坚辞教育部长任命:"我不来南边,恐怕南边的朋友要不了解我,可是到了南边接着就做官,恐怕北平的朋友又要不了解我了。"① "甫到南京,便做高官似乎对不起留在北方的朋友。"②

梅贻琦的这种复杂矛盾心情,同期南下的北京大学校长胡适也有。1948 年 12 月 17 日是北京大学 50 周年校庆日,也是胡适的 58 岁生日。这天下午三时在南京中央研究院举行纪念北京大学成立 50 周年大会,朱家骅、蒋梦麟、陈雪屏、傅斯年等出席。胡适首先致词,讵料胡适一开口便泣不成声。他说:"我绝对没有梦想到今天会在这里和诸位见面。我是一个弃职的逃员,实在没有面子再在这里说话。"③ 让在场人士唏嘘不已,"会场空气极为沉重"④。

二、各方反应

梅贻琦南下,引起社会广泛关注,各类媒体马上做出反应。

梅贻琦抵达南京第二天,即 12 月 22 日,吴铁城即携行政院长孙科函,敦请梅贻琦出任教育部长。23 日晚,蒋介石设晚宴招待自北平南来的梅贻琦、李书华、袁同礼等人。⑤ 27 日下午,上海市专科以上学校校长聚会欢迎梅贻琦。⑥ 清华校友会也举行宴会,欢迎并

---

① 《清华校友昨盛会 欢迎梅贻琦校长》,《大公报》(上海) 1948 年 12 月 29 日,第 4 版。

② 高风:《梅贻琦为什么不当教育部长?》,《时事观察》1949 年第 1 期,第 8 页。

③ 《北大五十周年在炮声中度过》,《大公报》(上海) 1948 年 12 月 18 日,第 1 版。

④ 《北大南京校友集会》,《大公报》(天津) 1948 年 12 月 18 日,第 3 版。

⑤ 《总统宴梅贻琦》,《新闻报》1948 年 12 月 23 日,第 10 版。

⑥ 《本市各大学校长昨欢迎梅贻琦》,《新闻报》1948 年 12 月 28 日,第 9 版。

祝贺梅贻琦寿辰。

国民政府在军事、政治等节节败退的情况下，希望借重梅贻琦的名望苦撑教育危局。孙科力邀梅贻琦入阁出长教育部，蒋介石、李宗仁等先后敦促梅贻琦就职，但梅贻琦看清形势，不愿为国民党站台，坚辞不就。时人曾分析国民政府力邀梅贻琦出长教育部的三点原因：

> 第一，由于梅贻琦的入阁，可以证明自由主义者已经积极的与政府合作，正面的和共党展开行动上的斗争；第二，因为梅贻琦是天津人，他不但在北方的学术界具有相当的地位，即在政治上，也有其不可忽视的号召力量，所以梅氏的入阁，足以证明政府并不忽视北方，相反的，是较前格外的重视北方，这在今日北方风云日急的时候，对于加强北方对中央的向心力，是很有帮助的；第三，梅氏不但是北方的名教授，也是全国的著名学者，假使梅氏入阁，足以证明政府对于全国的名流学者是怎样的推诚相与，而且更可以因此而加强全国智识分子对中央的向心力。[1]

对于梅贻琦离开清华南下，有人表示谅解。如浦江清就认为"谅梅公亦有难处"。[2] 也有人批评。针对梅贻琦在 1948 年 12 月 29 日祝寿宴会上关于南北两边朋友"了解"的剖白，1949 年 1 月 11 日，《时事新报》发文：

[1] 司徒敏：《梅贻琦为什么不做官？》，《新政治家》第 1 卷第 7 期，1949 年 1 月 5 日，第 15 页。
[2] 浦江清：《清华园日记 西行日记》，第 244 页。

可是不幸的很，这回梅先生希望南北两边朋友都了解他的苦衷，恐怕会全部落空了。因为两边朋友固然可以了解他不作官，但是却不会了解他何以南下？君不见："北平文教界对坐镇贝公楼的陆志韦感表钦佩"（十二月十九日大公报）么？一位大学校长，既然负有教育的使命，就应该把教育放在第一位。试问坐镇学校，不南下，又如何会不获得了解？□校不愿，南下又怎么会获得了解？①

4月1日，一位不具名的西南联大校友在《大公报》发表《优等逃兵梅贻琦》，从标题不难想见其火药味十足的批评：

梅先生，你为甚南来？当共军围攻北平正紧，清华园被解放前夕，你就跟"胡适之先生"乘机南下，当时我一看到这个消息，就真为你扼腕，为什在当时此刻，竟离开了光明而走进黑暗去呢？当时你在上海对朋友说："留在北平，南方的朋友不谅解我；今天南下，北方的朋友又会不了解我了。"（大意是如此）梅先生，无论谁所交的朋友，都有"正""邪"两面的，你底"南方"或"北方"的朋友，在我愚蠢的看法，也许不能相提并论，如果我是你，我会不加思索的留在北平，情愿让南方朋友不了解我。胡适之、傅斯年你这批朋友交情虽深，但古人大义灭亲的做法，我想，梅先生不会不知道的。……

梅先生，当我有时整理皮箱，偶尔翻出我那张西南联大毕

① 《梅贻琦要求"瞭解"》，《时事新报》1949 年 1 月 11 日，第 2 版。

业证书时，你们三位校委的盖章签字，常引起我莫名的感慨。张伯苓先生当考试院长去了，蒋梦麟先生猛搞美国援助下的中国农村复兴工作，时东时西，有人说他已成为 TV 宋的家仆了。留下的是你一人，独处北方，继续你底教育工作，卓绝坚贞，跟数千清华同学束紧肚子捱下去。当时我想，如果我那张联大毕业证书还有多少价值的话，就在你底身上了。

  ……

  你这回南来，怕是由于思想意识和阶级观念间的包袱负得太重，一时无从摆脱。梅先生，你为甚南来？既来了！就希望好好向人民学习吧。[①]

这位校友指出梅贻琦"由于思想意识和阶级观念间的包袱负得太重，一时无从摆脱"，而选择南下，不可谓不深刻。

对梅贻琦的批评，不止离开学校一端，还有人批评讽刺梅贻琦不就教育部长是为明哲保身。

  梅贻琦刚从北平飞京不二天，就被抽中了，真是一个大好机会，在今日国家多难存亡关头，正是英雄用武之时，有钱出钱有力出力之际，相反的，这位校长先生，竟抱着"明哲保身"的学理，拂袖而不就，逍遥于海上，可说是一个优等的逃兵了。[②]

---

  ① 新舍旧人：《给梅贻琦先生的公开信》，《大公报》（香港）1949 年 4 月 1 日，第 8 版。

  ② 厂：《优等逃兵梅贻琦》，《导报》（无锡）1949 年 1 月 5 日，第 2 版。

作为北方教育另一位代表性的校长，胡适也遇到了同样的批评。

北大学生罗荣渠在 1948 年 12 月 15 日的日记中写道："听说胡校长已在今日南飞了，临阵脱逃，连熬过校庆的勇气也没有。"在 12 月 18 日的日记写道："今天报上说，胡适在南京举行的北大校庆会上哭起来了。真是不害臊，是独效包胥之哭呢？还是猫哭老鼠呢？又听说他以擅离职守故向教育部自请处分，果真如此的话，那真亏他做得出来了。大人物们多是沐猴而冠，善于演戏者也！"季羡林也表示："胡适临阵脱逃，应该明正典刑。"[1]

梅贻琦被批评为"优等逃兵"，胡适则被冠以"北大罪人"：

> "我的朋友胡适之"呢？正当在炮火之中，他丢了北大的学生，他不再顾问北大五十周年的校庆，在枪林弹雨之中走（逃）了。虽然名义上是应总统之召，虽然他在南京挤出眼泪，虽然他以自称"逃兵"而冀人与以原谅。然而，他对于北大，不能不说是一个罪人。
>
> 胡适之在枪林弹雨之中离开了北大，把所有北大的学生完全丢在炮火之中而置之不理，校长教师之与学生，犹慈母之与子女。要是一位母亲丢掉子女去找她的爱人了，这位母亲是否够得上"慈"的资格？[2]

如果说罗荣渠日记当时不为人所知，那么报纸上公开的批评、

---

① 罗荣渠：《北大岁月》，商务印书馆 2006 年版，第 419、422、429 页。

② 莫问：《北大罪人胡适之》，《纵横》第 2 期，1948 年 12 月 28 日，第 20—21 页。

讥讽，梅贻琦、胡适当能看到或听到。两人同病相怜，个中滋味，冷暖自知。

梅贻琦、胡适之于清华、北大，在时人心中，可说是一而二、二而一，是可以互相指代的整体。对于离开，无论是"优等逃兵"的讥讽，还是"北大罪人"的批评，梅、胡二人都有心理准备。不待别人出口，两人分别在同学会和校庆会上的表现，充分说明了这一点。

三、老圃心态

梅贻琦坚辞教育部长，当时有报道分析这不止是因为梅贻琦担心南北朋友讥诮，也是他合多种原因慎重考虑的结果，其中一个原因是：

> 今天的政治，"无道"已极，虽然不少"忧时爱国"之士极愿意奋袂而起，来从事伟大的革新运动，但是像梅贻琦那样有着深湛修养的学者，对于那种"革新"是不会抱有任何过份乐观的希望的。[1]

这可能比较符合历来只重教育、无意仕途的梅贻琦当时的心境。

应该说，梅贻琦有着传统士人"达则兼济天下、穷则独善其身"的思想。在艰苦的抗战岁月，梅贻琦诚忧诚恐，兢惕之至，苦撑危局。1931 年 12 月，"九一八"事变后两个多月，梅贻琦在就职演讲

---

[1] 司徒敏：《梅贻琦为什么不做官？》，《新政治家》第 1 卷第 7 期，1949 年，第 16 页。

中自明心志：

> 本人能够回到清华，当然是极高兴，极快慰的事。可是想到责任之重大，诚恐不能胜任，所以一再请辞，无奈政府方面，不能邀准，而且本人与清华已有十余年的关系，又享受过清华留学的利益，则为清华服务，乃是应尽的义务，所以只得勉力去做，但求能够尽自己的心力，为清华谋相当的发展，将来可告无罪于清华足矣。①

"九一八"事变后两个多月梅贻琦出长清华，复杂环境让他心力交瘁。1936年校庆，他对校友说：

> 琦以民国二十年秋，奉教部之召，自美返国，继翁前校长之后，勉承其乏。光阴荏苒，瞬及五载。自维德薄能鲜，无多建树。且此五年之中，国难日趋严重，因而校外事务之因应，至为频繁，尤令琦生时力不继之感。②

抗战全面爆发后，清华、北大、南开三校合组西南联大。自始至终，联大在校务进行中存在各种矛盾和冲突，现存档案及梅贻琦、朱自清、吴宓、郑天挺、陈岱孙、钱穆等人日记或回忆多有记载。梅贻琦虽然兢兢业业如履薄冰，处事正而不谲，示以大公、持以大

---

① 《梅校长到校视事》，《国立清华大学校刊》第341号，1931年12月4日，第1版。

② 梅贻琦：《致全体校友书》，《清华同学会总会校友通讯》第3卷第1—5期，1936年4月，第1页。

信，但身处矛盾旋涡之中，压力之大、烦恼之多，可以想象。

例如，1940 年夏，德军侵占法国，越南形势紧张。国民政府密令西南联大迁往四川。此事在讨论时校内意见不一，且运输费用极大，部分教授对学校行政效率不满。北大郑华炽、饶毓泰、罗常培，南开杨石先、陈序经等人对梅贻琦有所指摘。郑华炽并提出设立校务长，被郑天挺认为有"倒梅之嫌"。傅斯年又想乘学校迁川之际，谋北大之独立。梅贻琦身心俱疲，"提不起精神"，提出辞常委会主席。在蒋梦麟、郑天挺等挽劝下，几天后梅贻琦又抖擞精神，披挂上阵，继续认真处理校务。[1]

半年后，1941 年 3 月 26 日，仍就是否设立分校，校务会议分歧甚大，请常委会做最后决定，梅贻琦觉得"一时似难即定"。在与北京大学校长蒋梦麟讨论研究问题时，蒋梦麟主张三校预算独立，"宜由三校分头推进"。梅贻琦赞同，"并言最好请教部不再以联大勉强拉在一起；分开之后可请政府多予北大、南开以研究补助，清华可自行筹措，如此则分办合作更易进展矣。"[2] 后北大主张三校每所学校整个经费预算都独立而非仅研究经费预算独立。5 月 19 日，梅贻琦赴教育部向教育部长陈立夫汇报工作。陈立夫明确表示：三校研究经费可以独立，但整个经费独立不可行。"联大已维持三年有余，结果甚好，最好继续至抗战终了，圆满结束，然后各校回北边去。且委员长有主张联合之表示，未必肯令分开（教育合办事业多未成功，西南联大为仅有之佳果)，而物质上（指预算）如分开则精神上自将趋于分散，久之必将分裂，反为可惜，故不若在研究工作

---

① 《郑天挺西南联大日记》上册，中华书局 2018 年版，第 302、314、308 页。

② 《梅贻琦西南联大日记》，第 21 页。

各校自办为是。"①

从梅贻琦夫人韩咏华、弟弟梅贻宝、儿子梅祖彦等人回忆中可知，②梅贻琦为人孝敬兼极，温恭在躬。但山河破碎、风雨飘摇，亲人星散，聚少离多。

1943 年 1 月 5 日，梅贻琦母亲去世。直到 3 月 4 日梅贻琦才从八弟处得到确切消息。他极为悲痛，但毅然拒绝十弟登报发讣告的提议，认为：

> 当兹乱离之世，人多救生之不暇，何暇哀死者，故近亲至友之外，皆不必通知。况处今日之境况，难言礼制，故吾于校事亦不拟请假，惟冀以工作之努力邀吾亲之灵鉴，而以告慰耳。

当日下午五点开联大常委会，会前参会人员上楼致唁，有人提议休会。但梅贻琦不以私害公，考虑有要事待商，坚持下楼主持会议，"不敢以吾之戚戚，影响众人问题也"③。

各类矛盾激化、校务困难，或亲人离散、家愁羁绊之际，也是梅贻琦疲惫不堪、萌生倦意之时。但他最终都能克服，以牺牲和忍耐精神，负重前行。蒋梦麟称赞梅贻琦为负重前行的骆驼，的确切中肯綮。

---

① 《梅贻琦西南联大日记》，第 38—39 页。

② 参见韩咏华《同甘共苦四十年——记我所了解的梅贻琦》，《清华校友通讯》1987 年复 15 期，第 45—54 页；梅祖彦《怀念先父梅贻琦校长》，〔美〕梅贻宝：《五月十九念"五哥"》，《清华校友通讯》1988 年复 19 期，第 76—77、78—82 页。

③ 《梅贻琦西南联大日记》，第 151 页。

1945 年 4 月，抗日战争胜利前夕，梅贻琦又说：

> 在这风雨飘摇之秋，清华正好像一个船，飘流在惊涛骇浪之中，有人正赶上负驾驶它的责任，此人必不应退却，必不应畏缩，只有鼓起勇气，坚忍前进，虽然此时使人有长夜漫漫之感，但我们相信不久就要天明风定，到那时我们把这船好好地开回清华园，到那时他才能向清华的同人校友说一句"幸告无罪"……①

梅贻琦逢世乱而不避其难，努力扮好不苟且、敢担当的"船长"角色。但时移世易，累年羁旅天南，日暮途远，他常怀家国之恨、乡关之思乃至身世之悲，念兹在兹，狗吠鹤唳、猿鸣楚音不免萦绕心怀。1939 年 4 月，梅贻琦写道：

> 前年夏间，琦因事赴京，七七变作，即未能再返清华园，关于园内经过情形，皆同人事后南来或通信相告者……虽其间详略不齐，或近琐屑，然皆目睹心伤，垂涕而道者也。……每闻及沙河激战，西苑被炸，念我介乎其间之清华校园，不知被破坏至何程度矣。某日报中载有清华学生二百余人在门头沟附近被敌人屠杀，更为焦急。凡兹传闻，虽事后幸未证实，然在当日闻之者，实肠一回而九折也。②

---

① 《抗战期中之清华（1945 年 4 月）（五续）》，清华大学校史研究室编：《清华大学史料选编》三（上），第 47 页。

② 《抗战期中之清华（1939 年 4 月）》，清华大学校史研究室编：《清华大学史料选编》三（上），第 17—18 页。

1942 年，梅贻琦写道：

　　抗战军兴，我校避地南迁。……我军收复燕京之日，当亦即使我校重返故园之时，然则明年此日，此跄跄跻跻者安知不重见于水木清华之工字厅耶？言念及此，已不禁"漫卷诗书喜欲狂"！[①]

1945 年 4 月，梅贻琦写道："故园情形，渺无消息者，已数年矣。……时至今日，揣想园中景况，恐更将兴'无复旧池台'之感，他日胜利归来，总须逐一补充修理。"[②] 故梅贻琦固然有船长当仁不让的责任感，同时亦具"老圃"情节，自认是在清华园耕耘的"老圃"。

1941 年 1 月 5 日，顾毓琇献诗，自题"辛巳腊八寿月涵师"。

　　天南天北坐春风，设帐清华教大同。淡泊高明宁静志，雍容肃穆蔼和衷。诲人自有宗师乐，格物原参造化功。立雪门墙终未足，昆池为酒寿高松。

梅贻琦和顾毓琇诗：

　　敢言程雪与春风，困学微忱今昔同。廿载切磋心有愧，五

––––––––––––

　　① 《抗战期中之清华（1942 年 4 月）（三续）》，清华大学校史研究室编：《清华大学史料选编》三（上），第 30 页。

　　② 《抗战期中之清华（1945 年 4 月）（五续）》，清华大学校史研究室编：《清华大学史料选编》三（上），第 42—43 页。

年飘泊泪由衷。英才自是骅骝种，佳果非缘老圃功。回忆园中好风景，堂前古月照孤松。①

1946 年 3 月 11 日，梅贻琦在日记中写道："下午再整理花草，甚感兴趣，惜对于园艺无多研究。以后有暇当更努力。从事教育逾卅载，近来颇感失望。他日倘能如愿，吾其为老圃乎！"②

在美国，梅贻琦也曾和张充和诗："浪迹天涯那是家，春来闲看雨中花。筵前有酒共君醉，月下无人细煮茶。"③这里流露出对闲看落雨、月下煮茶的怡然自得生活的向往，无疑又是"老圃"思想的流露。

梅贻琦曾以"才力不用即意志颓废，精神愈用则愈奋发。……从大处远处着眼，做一番事业。这样人生才有收获"④，勉励西南联大学生。这是对学生的勉励，也是自勉。尽管梅贻琦时有终老田园的想法，但他并无圣人韬光、贤者遁世的明达，更无"生意尽矣"的消沉。在时代大潮的裹挟之下，梅贻琦退为"老圃"、终老田园而闲看雨中花、月下细煮茶的愿望始终没能实现。

---

① 清华大学档案，1-4:4-5-003。

② 《梅贻琦西南联大日记》，第 244 页。

③ 苏景泉：《梅校长亦曾作诗》，《清华校友通讯》1965 年新 14 期，第 20—21 页。

④ 1945 年 1 月 25 日，梅贻琦在西南联大欢送学生从军师生大会上讲："现时社会有货物之囤积，亦有才力之囤积，这都是很危险的。须知才力不用即意志颓废，精神愈用则愈奋发，许多终生一事不作至老年徒自悲伤者，即囤积才力的错误。诸位行将入营，受训后将东征，收复失土。希望利用受训时机，锻炼强健之身体与意志，从大处远处着眼，做一番事业。这样人生才有收获。"《中央日报》(昆明) 1945 年 1 月 26 日，第 3 版，刘兴育主编：《旧闻新编：民国时期云南高校记忆》(中)，第 341 页。

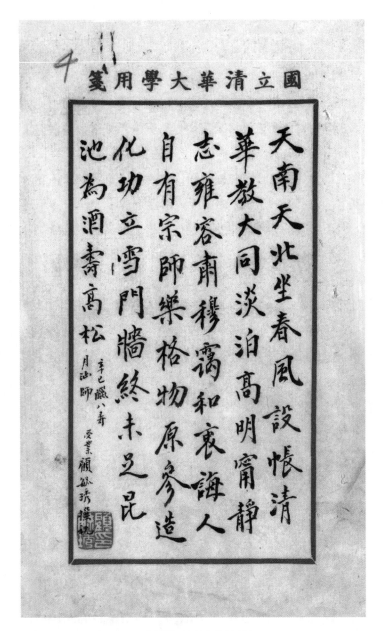

图 26-2　1941 年 1 月，顾毓琇祝贺梅贻琦寿诞诗

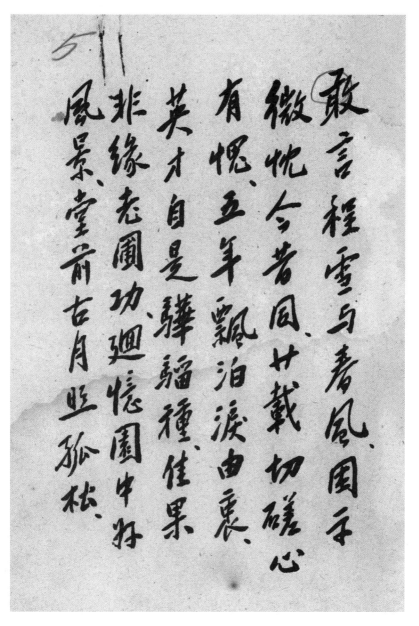

图 26-3　1941 年 1 月，梅贻琦和顾毓琇诗

离平南下的梅贻琦与胡适，深居简出。1949 年 2 月 14 日，《诚报》报道：

> 北大校长胡适，清华大学校长梅贻琦，自被当局由北平请到南京后，即深居简出，不问世事。前一时南京局势紧张，两氏即来沪滨寄居于友人之家，胡适之博士终日闭门读书，谢绝宾客，所读者闻为《老子》、《庄子》这一类，亦足以见其心情。胡博士太太，远在台湾。梅博士夫人，寄居广州。两氏精神的孤独，与内心的烦恼，均难言矣。[①]

在上海，曾传梅贻琦计划返回北平。但最终，他还是做出了选择，1949 年 3 月 20 日，梅贻琦由南京飞广州转香港。[②] 6 月，梅贻琦代表国民政府出席联合国教科文组织在巴黎召开的科学会议。会后，梅贻琦迁至伦敦暂居。12 月，梅贻琦飞抵纽约。

四、二十年代的影子

清华大学有一个很重要的传统，就是凝聚力强。吴晗指出：

> 清华有个传统，就是对清华人总是团结得紧紧的，在对外时，总是庇护清华的人。在联大有所谓"五世同堂"，叶企孙、陈岱孙是第一代，到联大已有了第五代的人当教授了。当时清

---

① 《胡适、梅贻琦深居沪市烦恼多》，《诚报》1949 年 2 月 14 日，第 1 版。
② 《梅贻琦冒雨登机　昨晨飞穗转港》，《新闻报》1949 年 3 月 21 日，第 5 版。

华的人对这种封建性的关系是很看重的。清华毕业生的最终愿望，都是想在清华工作。清华的元老派集团对内虽然是控制一切，但对外时，还是庇护清华人的，尽管你和他政见不同。解放前我之所以没有被他们交出去，交给国民党去，甚至有时还给我挡挡风，就是因为清华有这么一种封建性的传统。①

抗战期间及复员后，"五世同堂"现象的出现，说明教师队伍年龄的多样性。在校内各种矛盾中，除了梅贻琦日记中提到的"左右之争"，梅贻琦、叶企孙、冯友兰等已经由1920年代的少壮派教授转变成元老派，随着一些年轻的新的教授陆续入职，新的少壮派教授逐渐出现。少、长教授之间不可避免地存在矛盾。这有点类似20年前梅贻琦等与曹云祥的矛盾。

前揭吴晗就批评梅贻琦等元老派对内控制一切。他还回忆：

清华有资产阶级民主形式的教授会、评议会。评议会由教授会选出，但所选的，历来都是1923、1924年前后留美毕业回来的清华同学，如潘光旦、吴景超、叶企孙等等。有所谓清华的元老之称，如陈岱孙、叶企孙、金岳霖等。年青的，即所谓少壮派选不上。记得有一次选举，梅贻琦作主席，提名时"元老"和"少壮派"的人都被提出来不少。表决时梅先念"元老"的名字，"元老"表决后，他就不再继续往下念了，嘴里说"完了，完了"。可见，资产阶级的形式民主，在斗争尖锐时也

① 《吴晗访谈录（1964年4月20日）》，清华大学校史研究室藏。

不敢拿出来使用了。只能来绝对的"专断"，这实际是"学阀"统治。

从生活条件看，大教授——"元老们"住新林院，小教授住西院，对小教授是另眼相看的。复员后设了十几个委员会，无论那一个委员会都没有我的名字。其中有个历史方面的委员会，不学历史的人都可以参加，我这个学历史的都不能参加。他们的办法是"以万变应万变，保持一切旧的不动"。[①]

1946年10月3日，梅贻琦在日记中提到钱伟长：

晚饭李剑秋备馔，仍在何家，马约翰偕其二女已搬住校内，相见甚欢。钱伟长似颇能饮，但稍嫌少年气盛耳。[②]

资历深、但不属于梅贻琦"内圈"的机械工程学系教授李辑祥回忆：

"改大"以后，清华大学的领导有所谓内圈与外圈之别。内圈的人，指与梅贻琦接近的，是领导核心；外圈的人，大体是指评议会的范围，我即属于外圈。内外圈之外，尚有不属圈的。……

关于"教授治校"，北大在清华之先。清华是到了梅贻琦做校长时期，才有这个所谓"教授治校"。它在与军阀政客的斗争

---

① 《吴晗访谈录（1964年4月20日）》，清华大学校史研究室藏。
② 《梅贻琦西南联大日记》，第294页。

中，起过一些作用，后来梅贻琦以此来标榜清华民主，实则并没有什么民主。名义上是教授治校，实际上是把头控制。西南联大以后，除了全校的教授，也有了副教授能参加教授会；讲师助教则无权参加，后来他们为了维护自己的利益，就成立了自己的组织。昆明联大时期，年青的教授在一次评议会选举之前，组织了起来，只选青年教师；结果那一届评议会的评议员，老的除周培源一人之外，余皆为青年教师。梅贻琦深为不满，他想了一个抵制的办法，就是不开评议会，开会也只提些无关重要的问题讨论。[①]

教授中发生派别斗争，只有过两次。一次是在昆明联大时期，教授中出现了"少壮派"。这是一些年青教授、副教授，他们感到教授会中是由元老派操纵，年青教授几乎无发言权。于是他们在一次选举评议员之前，事先召集年轻教授开会，商量好了候选人名单。他们的评议员候选人中，除周培源外，均为少壮派。教授会正式开会时，他们都按此名单投票，结果全部当选。梅贻琦大为不满，就采取抵制的办法。这一年中一直不召开评议会，开也只谈小问题，使评议会形成虚设。少壮派一看没办法，以后下一年选举又恢复原状，还是元老内圈中人当选。另一次斗争是复员后教授中的"华社"（这是一个反动的秘密组织，是陈立夫搞的）想抓权，操纵评议会，但因他们人少

---

① 《李辑祥访谈录（1962 年 3 月 7 日）》，清华大学校史研究室藏。

没能选上。[①]

梅贻琦南下后，浦江清在1948年12月27日日记中写道：某位老教授批评清华有三种坏势力：1.校务会议把持校政，保守而无能；2.党团势力；3.留美人士但知细节、不识大体。他认为这个批评"得当"，唯第二点党团势力有所夸大。显然，浦江清更认同第1、3点对校务会议、留美人士的批评。

1949年1月10日，浦江清在日记中写道："清华大学被解放后，梅校长既已南行，校务由校务会议诸公维持。各方颇多责难，一度在教授会中提出总辞职，教授会不讨论辞职案。"1月17日，他又写道："下午，出席教授会。教授会中有数事可记：（1）钱伟长提出责询学校美金账目。此美金账目原由职员李天朴君经管，李君于战事发生前数星期离校南去，战事发动时学校及会计室账目请示梅校长运进城中，今竟无人知道清楚。校务会议主席冯先生答应请接替李君经管之职员及出纳组主任姚君出席报告，并未实行。至是钱氏又起责询，词锋犀利，冯公大窘。（2）前费孝通提议由教授会领导联合各团体代表组成校制商讨委员会，提改进方案，今印成校制商讨大纲，展开讨论。……"[②]可见，钱伟长、费孝通等人对冯友兰等不满，并通过责询账目、组织校制商讨委员会等表达。

抛去吴、李等人回忆中具有时代特色的政治批判色彩，就反映问题而言，这意味着二十年前校内元老、少壮两方矛盾的再次爆发。

---

① 《李辑祥访谈录（1962年6月29日）》，清华大学校史研究室藏。

② 浦江清：《清华园日记　西行日记》，第246、256、258—259页。

时过境迁，昔日少壮派已变为元老派，不得不面对来自新的少壮派的挑战。外部环境的急剧变化，往往为内部矛盾的激化提供温床，甚至成为内部矛盾的催化剂。共产党领导的解放战争势如破竹、摧枯拉朽，外部形势变化太快，校内矛盾未及充分酝酿，更未及大爆发，梅贻琦便离开清华园。这一离开，让他避免了代际权争的伤害，更远离了频繁的政治运动。

梅贻琦到美国后，仍惦记清华大学发展。他曾托回国的肖家魁（1939级）带亲笔信转交清华大学，表示如果清华需要国外的图书仪器，他可以设法购寄。[①] 1950年4月，梅贻琦鼓励前来纽约华美协进社晋谒的李赋宁回国，他自己"还不太清楚共产党的教育政策，还要再等等"[②]。1954年，对于唯一的儿子梅祖彦回国，梅贻琦也没有阻止。

梅贻琦离开北平但又不去台湾，数年后只身去台湾而将家眷留在美国，这都是他的选择，个中意味耐人寻味。

黄延复认为：梅贻琦的出走"是主动，不是被动的；是自觉，不是盲目的；是坚定，不是犹疑的"。从整个过程看，无疑是"主动""自觉"，但并非没有"犹疑"。否则他不会迟至1948年12月14日才进城，并对外一再声称"暂不离平""一定会和学校共存亡的"。更不会有12月29日他在上海祝寿宴上的一番剖白。这些看似

---

① 肖家魁：《身在国外依然怀念清华》，《清华校友通讯》1982年复6期，第110页。

② 李赋宁：《我的英语人生：从清华到北大》，商务印书馆2022年版，第148页。

言行不一的矛盾，不正说明梅贻琦内心的"犹疑"吗？反之，如果真是毫不"犹疑"地离开清华，那还是深受师生、校友爱戴的"寡言君子"梅校长吗？

1948 年底，梅贻琦离开清华园，对他本人、对清华大学，都是遗憾。

专心去造成中国自己的高等教育
——张彭春在清华学校（1923—1926）

张彭春（1892—1957），字仲述，天津人，教育家、戏剧活动家和外交家，是中国现代话剧的主要创始人之一，被誉为"北方现代话剧的奠基人"，首倡召开世界卫生大会，参与起草《世界人权宣言》，是世界人权体系的重要设计师，为联合国事业做出了重要贡献。

长期以来，学术界对张彭春戏剧、外交等方面的思想与实践等关注较多，对其教育思想与实践研究相对不足。实际上，张彭春对中华教育改进社、南开中学和清华学校的发展都有重要贡献。其中，对推动清华从留美预备学校转变到大学，起了极为重要的作用。

清华建校后不久，胡敦复、周诒春等人即有办完全大学构想。1916年起，清华学校正式筹备改办大学。经周诒春、张煜全等几任校长努力，到1922年，大学筹备已经具备一定条件。[①] 1922年，曹云祥出长清华。当时正值新学制颁布后升格大学热时期，曹云祥积极推动清华改办大学。

1923年5月，曹云祥以张彭春"学问渊博，热心教育"[②]邀请其任清华学校教务长，负责课程设计等工作。7月4日，张彭春到校视

---

① 金富军：《清华学校改办大学过程述评》，《教育史研究》2006年第4期。
② 清华大学档案，1-1-9:1-040。

事。[①] 1926 年 2 月，张彭春辞职离校，在清华担任教务长两年有半。

在清华期间，张彭春积极推进师生交流、改进过渡期内原有留美预备部[②]课程方案、设计新成立大学部培养方案、推动向全国公开留学生选拔等。在这一系列举措中，张彭春反对模仿、照搬西方教育模式，强调要融会中西教育之长"专心去造成中国自己的高等教育"。他的理念和实践对推动清华由学校向大学过渡起了重要作用，也对以后清华大学发展产生了重要影响。

本文梳理张彭春在清华事功之荦荦大者，谨以纪念这位著名的教育家。

一、促进师生交流

张彭春曾说："吾人所认为教育者，即一师一生间互相发生影响之谓。故清华大学重在人不在制度。"[③]他认为"与学生常有接洽，是最好改革的工夫！影响他们亦是教育切实的工作"。一方面，他"确信造现代应用人才是非学校方法不成功的"，但同时也指出学校生活不只是学习知识，而是师生共同生活。他说："生活是人与人接触，不是书本知识能教的。书本知识莫好于个人进步，不限班级。生活是应当合作的，有组织的，能移用到社会上的。""现在大家还都想学校是只于读书的地方，没有注意到学校共同生活，所以各处

---

① 清华大学档案，1-1-9:1-054。

② "留美预备部" 1925 年 3 月下旬由学生会提出。"本校下半年添办研究院大学（部），旧有高等科中等科诸名称，均不适宜。上礼拜学生会呈请校长将旧有高等科中等科改称留美预备部。校长覆函深加奖许，想不久当正式公布更换名称也。"《留美预备部》，《清华周刊》第 339 期，1925 年 3 月 30 日，第 21 页。

③ 《张仲述先生与新生谈话记要》，《清华周刊》第 351 期，1925 年 9 月 18 日，第 28 页。

学校恐怕因为有不合宜学校生活，学生不只无益，反到有害。"归根结底，"教育的目的在学生——不在某科的进步；——办教育的也不在某事的办法，某科的教法——还是在人。"①

清华自建校起，教学严谨、考试频繁、淘汰率高。1911—1924年，清华共招生约 1500 人。其中，毕业 636 人，占 42.4%；在校肄业 383 人，占 25.5%；退学（等于除名）135 人，占 9%；开除 301 人，占 20.1%。开除和退学两项占到 29.1%。②在繁重学业压力下，学生疲于奔命：

> 清华学生，一年三百六十日，除放假外，均似在教习命令下讨生活。今天预备这个范围，明天复习前面几节，这周有小考，下周有月考，一科如是，科科如是，而学生之几许时光，已被支配殆尽矣！一日出此堂，入彼堂，忙忙碌碌，疲于奔命。其间兴味葱浓，不感劳苦者，固不乏人；而畏教员之报告，怕三次一小过者，亦大有人在。及名人演讲，题目新颖，讲者谆谆，听者寥寥；无他，此厌于讲室强迫生活，一闻演讲自由往听，则学生如鱼得水，四散逍遥，不复问闻他事矣！③

一方面，学生学业紧、压力大，需要课堂讲授之外，老师给予

---

① 《张彭春清华日记（1923—1924）》，开源书局出版有限公司 2020 年版，第 207、10—11、13 页。

② 曹云祥：《改良清华学校之办法》，《清华周刊》十周年纪念增刊，1924 年 3 月 1 日，第 72 页。

③ 联忠：《个人观察中清华教育之一点缺点》，《清华周刊》十周年纪念增刊，1924 年 3 月 1 日，第 58 页。

更多关心与指导。另一方面，师生交流不足与不便。学生抱怨：

> 近来各处学校，生活状况枯燥极了！师生分成两个阶级，不发生感情。在教室里聚会，好像"萍水相逢"，下课后就相待如陌路人了。这种机械式的生活，如在沙漠里一样。人类生活的价值在那里？我的心灵受着师生隔膜的痛苦郁闷已久，乃作此细微的呼声，要求师长同学的同情。
>
> ……
>
> 照我个人的观察看来，则清华师生交际现状，诚令人不满意。除少数平常往来的教员和学生外，大部分都有下列几种现象：（甲）教员除在课堂里教书外，似乎与学生无关系。（乙）学生在课堂里对付教员外，平时怕见教员。（丙）师生俱乐会连合的太少。①

对此问题，张彭春到校不久就敏锐地观察到并进行了思考。1923 年 9 月 27 日，张彭春在教员会议上阐述了他的思考：

> 本校现用学科制，好处固也不少，但是结果容易把教育看成分散的，不是统一的，所以教员和学生毫无联络。在教员方面，以为教完功课，就算责任已尽。在学生也以为读完功课，只要各学科分数及格，就称心满意。其实所谓真正的教育，岂止学科而已哉？本会议的目的：在使各科教员，互相联络，某

---

① 李崇伸：《清华师生交际问题商榷》，《清华周刊》第 293 期，1923 年 11 月 9 日，第 3、5 页。

生英文程度何如？国文程度何如？算学程度何如？再调查各生
对于作业之兴趣，然后定实地指导的方法。每星期聚会三四次，
想成绩必有可观也。[①]

1923 年 12 月 10 日，张彭春在日记中写道：

> 最要紧的是多与学生接洽。
> 定出一定接洽的时间和地点。
> 我的志向：是帮助青年将来改造中国，在此地如果有机会
> 就在此地作，没有机会就到别处去。
> 与学生常有接洽，是最好改革的功夫！
> 影响他们亦是教育切实的工作。不想收速效，能让学生
> 心服！[②]

认识到加强师生交流的重要性，张彭春立即付诸实施。1923 年
秋季学期开始，张彭春排定教员分组会议下分国文、英文、数学、
自然科学、社会科学、德法文、体育等七个组。每个组定期开会，
且开会前先期通知张彭春。教员会议主要讨论教材、教学法、教学
进度、设备、新书、新著作、报告、专家演讲等。张彭春之所以如
此设定此种分级会议，目的很明确，"在使同级教员有所连络；对于
一学生能知其各科学业之状况，而便于引导。"[③]

---

① 章：《教员会议》，《清华周刊》第 288 期，1923 年 10 月 5 日，第 9 页。
② 《张彭春清华日记（1923—1924）》，第 207—208 页。
③ 铭：《教员会议》，《清华周刊》第 286 期，1923 年 9 月 20 日，第 19 页。

张彭春加强师生交流的第二件事情，就是借鉴美国大学通常设置的"开放交流时间"制度，要求每位教师每周都要定出固定的时间和地点接见学生。这个建议得到了教员的积极响应，48位教员每周安排固定时间、固定地点和学生见面。一般而言，教师每周安排两次见面，每次一小时。部分老师每周一次，但时间为2小时。也有部分教师每周两次，但时间延长，比如梅贻琦每周两次，每次1.5小时，总计3小时；徐尚每周两次，每次3小时，总计达6小时。[①]对这一新规，清华学生热烈欢迎。"今年诸位教员，每礼拜都有一定接见学生的时间，这是一个极好的机会了。"[②]

1923年9月起，清华设立道德指导，"乃求德智体三育并进之意"，由余日宣负责。[③]余日宣提出了周密详细的计划，"其中最要的一项，是使学生与教员多接触的机会。西洋有一句格言说'品格是熏染出来的，不是教出来的'。使师生多些接触的机会便是使他们多些熏染的时候。"[④]实际上，在日常交流中，教师行不言之教，予学生以品格熏染，是古今中外教育家均极为注重的教育方法。1941年，梅贻琦在著名的《大学一解》中，继承历史上"从游"思想，结合自己的教育实践，提出："学校犹水也，师生犹鱼也，其行动犹游泳也，大鱼前导，小鱼尾随，是从游也，从游既久，其濡染观摩之效，自不求而至，不为而成。"[⑤]

---

① 楷：《接见学生》，《清华周刊》第287期，1923年9月28日，第16—20页。

② 李崇伸：《清华师生交际问题商榷》，《清华周刊》第292期，1923年11月2日，第6页。

③ 侃：《本校秋季开学志事》，《清华周刊》第286期，1923年9月20日，第16—17页。

④ 琦：《道德教育》，《清华周刊》第287期，1923年9月28日，第5页。

⑤ 梅贻琦：《大学一解》，《清华学报》1941年第13卷第1期，第4页。

在张彭春任教务长时期，"开放交流时间"制度一直实行。[①] 这个制度让师生面对面交流，谈现实与理想、现状与未来、困惑与思考、个人与社会等多个话题，拉近了师生距离，增进了师生感情，潜移默化之中影响和教育了学生。2017 年，清华大学再次启动"开放交流时间"计划，营造有温度的校园。抚今思昔，不能不追慕张彭春的先行之功。

二、订立清华人才培养目标

建校初期，清华以"培植全才、增进国力"为宗旨，以"进德修业、自强不息"为方针。[②] 到 1913 年后，清华以"培植全才、增进国力为宗旨，以造成能考入美国大学与彼都人士受同等之教育为范围"[③]。这种表述与清华作为留美预备学校的性质相适应。但从长远看，仅满足于培养合格留美人才显然不够。1923 年秋，曹云祥坦陈："清华之弱点，则为缺乏久远之教育方针，以为设施标准。"[④]

1923 年 11 月 15 日，张彭春在教职员会议上宣读课程委员会报告，明确提出"清华希望成一造就中国领袖人才之试验学校"。第一

---

① 《教员接见学生时间及地点表》，《清华周刊》第 320 期，1924 年 9 月 26 日，第 7—10 页。《教员接见学生时间及地点表》，《清华周刊》第 321 期，1924 年 10 月 10 日，第 19—20 页。《各教师接见学生时间表》，《清华周刊》第 362 期，1925 年 12 月 4 日，第 18—21 页。

② 《清华学堂章程（宣统三年正月 1911 年 2 月）》，《清华学堂章程（宣统三年七月十四日，1911 年 9 月 6 日）》，清华大学校史研究室编：《清华大学史料选编》一，第 146、152 页。

③ 《北京清华学校近章》，《神州》第 1 卷第 2 册，1914 年，第 3 页。

④ 曹云祥：《改良清华学校之办法》，《清华周刊》十周年纪念增刊，1924 年 3 月 1 日，第 70 页。

次明确了清华人才培养的目标。张彭春解释：

> "领袖人才"四个字，尤其容易教人误解，以为作领袖是一
> 种权利，是要自居高位去驱使别人的。但我们所谓领袖却不是
> 这样。我们所希望造成的领袖，乃是比寻常人能作多而且好的
> 工作的。他们的工作，是要特别的有效率。然而他们并不是超
> 人，也不是混来一个洋翰林的头衔便偻然自足的。
>
> "试验学校"四个字也很容易惹起疑问。但我们要知道现
> 在中国的高等教育完全是模仿外国。以为能办到与外国高等教
> 育同样的地步方算高等教育。但是中国人不是没有文化的民族。
> 外国的高等教育，若不经一番改造，断不会在中国适用的。我
> 们应当根本反对这种模仿的思想，专心去造成中国自己的高等
> 教育。清华在今日教育界占有特别的地位。第一，清华不是完
> 全的国立学校。制度上、办事上，很有自由伸缩之余地。第二，
> 清华的经费比较别校略为丰富。所以这改造中国高等教育的试
> 验，当然非清华担任不可。
>
> 这就是我们要清华作一个试验学校的意义。我们去担任这
> 领路的试验的责任，必须有两个根本的观念：一、我们的方法
> 不必与中国或外国已有的方法相同；二、我们的办法又不可与
> 国内的情形相去太远。否则我们试验的结果别人不能采取，那
> 就太不经济了。[①]

[①] 《清华新课程的编制》，《清华周刊》第 295 期，1923 年 11 月 23 日，第 23 页。

张彭春将"不应作无意识的摹仿（依傍）"作为自己"根本治学方法"。教育理念上强调"实地观察的，以开辟的魄力，用精密的计划，能发生实效的。给研究人推广的机会"[①]。反映到清华的教育实践上，他反对照搬西方教育模式，特别强调全面看待中西方教育的优缺点，扬长避短。他说：

> 清华大学教育的目的是有两个方面。一方面是注重"创造学力和个人研究"，这是为补救中国固有的缺欠，一方面是注重"应付中国实际问题的能力"，这是为补救在外国读书的缺欠。有人说，清华如果要办大学，必须强迫学生留在中国，方能成功。我以为不然。如果我们的学生真有觉悟，真有远见，便可知道不通中国情形，将来一定站不住脚。所以清华如办成真正的大学，学生一定要求多在本国作切实的调查研究，而不急急的要往外国混一个头衔。但是我们的大学如果完全是模仿外国，那样我们敢说清华大学不如不办。因为同是一个外国式的，念外国书，到外国去念，岂不强些？[②]

对清华明确提出办学目标，大受学生欢迎。有学生高度评价这给清华发展指明了方向：

> 清华学校自从开办以来，虽然总隐有"为国储才"的意思，

---

① 《张彭春清华日记（1923—1924）》，第 2 页。

② 《清华新课程的编制》，《清华周刊》第 295 期，1923 年 11 月 23 日，第 24 页。

然而那纯是隐藏的，总未能明白宣布出来（以前就无所谓教育方针），不能指示学生都向着这条路走，却是一件憾事。本学期自从张教务长任事以来，对于本校学制、教育方针与计画诸点，均力求有具体的确定，所组织的课程委员会又能积极进行，所以结果在上星期四日教职员会议中，对于新课程的讨论，第一件竟能将教育方针确定为"造就领袖人才"（参观本期新闻），这是一件何等可贺的事情！从此清华学校犹如造了一个大指南针一样，无论教职员学生都知道向那一条道前进了！①

"造就中国领袖人才之试验学校"的办学目标成为校内师生的共识，1925 年 4 月，校长曹云祥发表《领袖人才之养成》，指出："有社会团体，即须有领袖；无领袖则不成其为社会团体矣。"他从态度、言语、礼仪、机变、乐观、公正、纲纪、义务、团体、爱国、知人等 11 个方面对领袖人才所具备的资格进行分析，认为"今吾国国事之俶扰，国势之阽危，军阀争权，兵匪充斥，士不得安于学，农不得安于耕，工商不得安于市，以无领袖人才之故也。彼欧美列强，国家富强，人民安乐者，是有领袖人才之故也。可知领袖人才，有之则国治，无之则乱。其重要有如此者！吾校岌岌变更学制，提高程度，添设大学部、研究院，实亦亡羊补牢之计；盖欲培养青年学子，成就领袖人才，以供我国之需求，而期挽此狂澜，使政治统一，百废俱兴，人民得以安居乐业，共享和平之福也！"②

---

① 胡竟铭：《领袖人才与清华学校》，《清华周刊》第 293 期，1923 年 11 月 9 日，第 10 页。

② 曹庆五：《领袖人才之养成》，《清华周刊》第 343 期，1925 年 4 月 17 日，第 5 页。

同时，全绍文也指出："领袖人才的清华，这不单是近来校中当局所认定的宗旨，也是校中施教与受教的人绝不能避免的天职。不为清华教职员则已，为，则必须鞠躬尽瘁的进行这种国家亟需的事工。不作清华学生则已，作，则当尽心尽力的养成领袖的学识与人格。成，则不负清华种种的特别优遇。败，则无以对国人并国人的血汗金钱。""希望实行领袖的使命，除必须先有学识道德充分上的预备之外，尤须早养成一种不忧、不惧，荣辱无关，百折不回，见义勇为的精神。有了这种积极进取的精神，人的学识，人的道德，才能成为与社会、与国家、与人群，有益的供献。缺少这种精神，学识与道德也无非是独善其身的材料，尔尔我我的食粮。"[①]

1926 年 2 月，张彭春辞职离校的时候，清华学生从五个方面高度评价张彭春的贡献，其中第二条即"建立新大学，完全以在中国造就本国领袖人才为目的，立清华永久之基"[②]。

1927 年，邱椿回顾清华 16 年发展，从 1911—1916 年留美预备阶段刻意模仿美国中小学，到 1916—1921 年筹备建立美国化大学，再到 1921 年以后建设中国式大学的努力，高度称赞"清华的教育政策，就慢慢的从模仿时期，而达到创造的时期了。这真是清华的再生！清华的政策，是要建设纯粹中国式大学。清华教育目标，是要养成中国式的领袖人才。这是何等事业！这是何等精神！"[③]

---

① 全绍文：《清华的使命》，《清华周刊》第 343 期，1925 年 4 月 17 日，第 5 页。

② 《张仲述先生致董事会书》，《清华周刊》第 368 期，1926 年 2 月 27 日，第 32 页。

③ 邱椿：《清华教育政策的进步》，《清华年刊》，1927 年，清华大学校史研究室编：《清华大学史料选编》一，第 272 页。

但随着张彭春离开清华，尽管有邱椿的鼓与呼，"清华希望成一造就中国领袖人才之试验学校"这一办学目标便不再被提起。1927年12月，曹云祥指出："清华教育之目标，重在大学教育之建设，专门人才之养成。"[①] 同期，接替张彭春任教务长的梅贻琦也指出："清华大学之教育方针，概括言之，可谓为造就专门人材，以供社会建设之用。此目的约无以异于他大学，但各校因处境之不同，或主张有别，则其所取途径亦自各异。"[②]

虽然新表述不易引起误解与争议，但培养优秀人才、把清华建设成为世界著名大学的目标没有变化。1927年12月，曹云祥指出：未来清华"冀与欧美各著名大学，并驾齐驱"[③]。梅贻琦也说："清华既拥有别所大学不具备的庚款基金来提供科研设备，又拥有一支优秀的教学队伍，我们理应把它办成一所世界上著名的学府。我们有责任这样做。"[④]

三、负责过渡期内课程改革

1923年7月，张彭春到校。暑期过后，9月，学校组织了"课程委员会"，由张彭春、庄泽宣、陈福田、梅贻琦、余日宣、戴梦

---

① 曹云祥：《清华大学将来之发展》，《清华周刊》第426期，1927年12月23日，第667页。

② 梅贻琦：《清华学校的教育方针》，《清华周刊》第426期，1927年12月23日，第667页。

③ 曹云祥：《清华大学将来之发展》，《清华周刊》第426期，1927年12月23日，第667页。

④ 吴泽霖：《记教育家梅月涵先生》，《清华校友通讯》1989年复19期，第92页。

松、谭唐、史密斯、海晏士等组成，^①筹划改办大学的一切具体步骤与措施，既包括对即将成立的大学部的课程方案，也包括已有留美预备部过渡期课程方案。

清华在 1925 年成立大学部之前，实行八年的长学制。"学文科的，到美国可以插大三，或大四；学实科的，有时可以插大二，有时还要进大一。"^②1921 年之前，清华学生大多数进入美国大学一、二年级。1921 年开始，进入三、四年级的学生开始增加，尤其是三年级人数增加尤快，说明清华毕业生程度也在整体提升，也意味着清华的教育质量得到了美国教育界的广泛认可。^③

清华借鉴美国学制虽然在总体上适应了学生求学的需要，但也因此陷入"清华学校，以学制言，不中不外；以课程言，非牛非马"^④；"大学不是大学，中学不是中学"^⑤；"学生程度，能插美校何级，尚不能知"的窘境。^⑥

与学制相连的是课程程度问题。学生到美国插班时的程度与在清华课程水平直接相关。由于某些美国大学并不了解清华课程实际程度，High School 的毕业文凭又不能反映学生的实际水平。曾有美

---

① 铭：《讨论课程》，《清华周刊》第 286 期，1923 年 9 月 20 日，第 19 页。

② 吴景超：《清的历史》，《清华生活：清华十二周年纪念号》，《清华周刊》社 1923 年 4 月 28 日出版，第 8 页。

③ 《"中等程度学校"≠"中学"》，金富军：《老照片背后的清华历史》，第 6—10 页。

④ 念：《谈谈清华的英文》，《清华周刊》第 328 期，1924 年 11 月 28 日，第 1 页。

⑤ 费培杰：《学程标准问题　大学问题》，《清华周刊》第 267 期，1923 年 1 月 13 日，第 62 页。

⑥ 《本校秋季开学誌事》，《清华周刊》第 286 期，1923 年 9 月 20 日，第 16 页。

国大学教务人员发出"清华高等科程度能否与美国 High School 相敌，尚系问题"的疑问。①因此，清华学生联系插班时候，或者出示清华英文章程等反复恳切说明，或找在读中国学生协助解释说明。②如果某校此前没有清华学生就读而又对清华学生程度有所疑问，那么第一个联系该校的学生就会遇到诸多障碍。对于不能插入高年级的学生，只能从低年级开始，重复学习在清华已经学过的内容，造成时间紧张。而对于不能出国同学，由于在校所受教育不是完全的大学教育，走向社会后，就业发生问题。③有学生反映：

> 本年来者均幸插入二年级。苟弟在清华时得习 Calculus 及 Survey 两科，在此五学期即可毕业矣。依弟愚见，清华算学程度，应当早日提高。中等科即须学完几何，高一学三角及立体几何，高二习大代数、解析几何，高三习微积分。如是则大一学生即可学 Machines。现今来美之同学不能直接入三年级者（指工程科而言）缺少 Machines 一科故也。④

> 欲实际提高清华实科之程度，俾学生赴美习工程者，直接插入三年级，则大一必添设力学一科。但习力学之先必习微积

---

① 邓耀冠、黄宪儒、费培杰：《通信》，《清华周刊》第 268 期，1923 年 2 月 9 日，第 51 页。
② 王天优：《为今夏来美诸同学进一言（续）》，《清华周刊》第 79 期，1916 年 5 月 31 日，第 7 页。
③ 费培杰：《学程标准问题　大学问题》，《清华周刊》第 267 期，1923 年 1 月 13 日，第 65 页。
④ 徐仁铣：《康奈耳大学情形》，《清华周刊》第 298 期，1923 年 12 月 14 日，第 17—18 页。

分，则高三应习微积分矣。推而下之，则高二应习大代数及解
析几何，高一应习三角矣。今高一已有中高物理，则至大一时
大学物理，应已习过，本可有习力学之时间。但高一不习三角，
则大一万无习力学之可能。否则三角、大代数与解析几何，应
均在高二习之，恐时间匆促，兼习三科，不能毕业也。①

通过中美教育比较，有学生建议：

盖以清华英文科课程，有数项徒费时日，无大功用。如中
等科习三年之文法，高等科习二年之修辞学，紧凑教之，二年
足矣。今费五年，冤哉冤哉！来美时只求看书顺利，写作通顺，
言语清亮，足矣。诸君试思，清华英文科课程，有多少为徒费
时日者？以英文课一科文法而论，以所省三年，用之学数理，
学经济，学方言、历史种种，不其愈乎？（数学门亦然。中等科
学小代数二年，高等科学中等大代数一年，苟紧凑习之，一年
足矣。今以一年之课，习之三年，冤哉冤哉！）以此二年而习
大物理、大化学（新造名词），不其愈乎？②

张彭春负责设计全新的大学部课程方案的同时，也统筹设计过
渡期内留美预备部的课程设计。针对这些实际问题，结合大学部成
立需要增聘教师，他采取的措施是增加教师人数，在与原有课程衔

---

① 孟威：《来年课程之特点》，《清华周刊》第 331 期，1924 年 12 月 19 日，第
7 页。

② 陈念宗：《清华改良之具体商榷》，《清华周刊》第 283 期，1923 年 5 月 25
日，第 8 页。

接同时，提高自然科学程度。

1924 年 9 月，张彭春谈本年教务方面改革："本年最重要之改革即中文部之刷新。校长特聘比较多通新学之教师，庶几足以引起学生之兴趣。""社会科学方面亦已增聘教授。清华正逐渐改为大学，故诸教授均知前程远大，遂能潜心研究，无五日京兆之心，是亦清华之福也。"[①]

有学生比较张彭春主持制定的 1925—1926 年度课程与 1924—1925 年度课程，"其内容与今年课程无甚差别；惟钟点减少，科学提前，与国学各科稍微变动耳。"[②]"来年之课程表，……其内容与去年大致相同，然有二特点，为以往课程所不及者。""一、第二外国之添加日本文也。""二、自然科学之又提高也。以往清华自然科学之肤浅，为中外所共认。高一始习平面几何，高三始习初级物理化学，此种课程，既非取法乎英美。更不合中国部定之程度。……近来课程大加改革，最显者即科学程度之提高。去年高三习化学、物理、生物，今年则高二已习之矣。明年则更进一步，高一亦有高中化学、物理、生物三科。进步之速，一日千里，此诚可为现在低级同学所庆贺者。"[③]

张彭春对留美预备部课程的调整，客观上有利于课程难度提高，有利于毕业后插入美国大学较高年级。统计留美预备部学生进入美国大学年级信息：

---

① 《教务新猷》，《清华周刊》第 320 期，1924 年 9 月 26 日，第 5、6 页。

② 《来年课程》，《清华周刊》第 330 期，1924 年 12 月 12 日，第 9—13、14 页。

③ 孟威：《来年课程之特点》，《清华周刊》1924 年第 331 期，第 6、7 页。

年份	已知插班年级总人数	插入三、四年级人数（%）
1912	13	7.7
1913	29	3.4
1914	18	22.2
1915	24	12.5
1916	29	37.9
1917	24	29.2
1918	37	59.5
1919	55	45.5
1920	78	48.7
1921	64	71.9
1922	54	63
1923	75	69.3
1924	61	78.7
1925	45	68.9
1926	38	55.3
1927	37	75.7
1928	43	79.1
1929	30	80.0

此表根据沈希珍统计制作留美预备部学生毕业进入美国大学年级统计表，取每年已知插班年级人数，排除插班年级不详的人数。沈希珍:《清华留美学生之研究——以留美预备部学生为对象》，中兴大学历史研究所硕士学位论文，1994年，第119页。

可见，课程改革以后，毕业生插入美国大学高年级的比例相对此前保持了较高比例。

四、负责设定大学部培养框架

1924 年 10 月，清华学校"大学筹备委员会"（Council for University Development）成立，改办大学加速进行。具体程序是："大学筹备委员会"下设召开联席会议与分组会议。其中，分组会议包括课程及计划组、教职员待遇组、招考新生组、派美游学官费组等四组。分组会议的决议，提交联席会议，通过后，再提交大学筹备顾问，并呈报学校董事会，最后呈报外交部，批准后实施。各分组会议平均每周开会一次，每次三小时。教职员待遇组除开会外，曾召集公开讨论两次。联席会议，曾开非正式会议一次。课程及计划组与教职员待遇组，曾开联合会一次。以上各项会议外，最重要的是联席会议正式开会。[1]

在联席会议下设的四个专项组中，张彭春负责课程及计划组。可以说，这个组是改办大学一揽子方案中最核心的内容，讨论事项有：（一）教育方针宜造就何种人才，（二）应设科目，（三）大学课程，（四）校舍与设备。[2]

1925 年 4 月，外交部批准了大学筹备委员会提出的《清华大学工作及组织纲要（草案）》。[3]学校随即按照纲要成立了"临时校务委员会"，曹云祥、张彭春等 10 人为委员。临时校务委员会负责将清华学校改组为大学部、留美预备部和研究院三部分，并决定到 1929 年旧制生全部毕业后，留美预备部停办。

---

[1] 蔡竞平：《筹备大学略史》，《清华周刊》第 339 期，1925 年 3 月 13 日，第 1 页。

[2] 《大学委员会》，《清华周刊》第 321 期，1924 年 10 月 10 日，第 11—13 页。

[3] 《大学组织批准》，《清华周刊》第 346 期，1925 年 5 月 8 日，第 20 页。

1925 年 5 月，大学部正式成立，开始招生。大学部"纯以在国内造就今日需用之人材为目的，不为出洋游学之预备"[①]。张彭春设计的大学部分为普通与专门两科。张彭春任留美预备部主任兼普通科主任，负责制定普通科课程方案。专门科具体课程则在专门科主任庄泽宣领导下制定。

张彭春留学美国，对美国高等教育有较深了解。但在教育理念上，他主张中西融合，不迷信美国"制度"，注意吸取中国传统教育中有益的内容。在设计大学部培养方案时，他注意贯彻通识教育理念，同时借鉴中国传统学徒制／书院制。普通科重在基础，专门科重在精深之研究。

1925 年 9 月 7 日上午，张彭春对大学部普通科全体新生谈了培养理念。

（一）分班办法

分班办法，不以从前在学校之资格为准。前二、三星期之课，系甄别性质。第一年内之课，系试读性质。

（二）清华大学之教育方针

（1）现今高等教育之弊，为迷信"制度"。为学分制及自由选科制所缚束。其害约有数端：

一、师生隔膜，完全失去教育之真义。

二、性质机械——甚至按学分收学费，等于买卖。

三、不知学问之统系及联络，只得其片段。

---

① 《大学部组织及课程》，清华大学校史研究室编：《清华大学史料选编》一，第 293 页。

四、虽有所谓 Major System，然而不能专精，亦不能养成学者之创造能力。

（2）吾人所认为教育者，即一师一生间互相发生影响之谓。故清华大学重在人不在制度。

清华大学普通训练之期望：一、令学生有广阔坚实的基本知识，能了解现代之中国及其环境。二、逐渐养成学生自行研究之能力。三、令学生注意职业之选择，为适当预备之计划。

清华大学之专门训练，则完全采取个人指导制，令学生各就所选之门类，为自动的、专精的研究。同时要能知该门类全部之大意。专门训练之终，将有一最后试验，以试其知识及研究之能力。

清华之环境，在国内各校中，比较地实为良善。吾人若不及此暇豫，互相淬厉，以期有所成就，是太辜负此良机矣。[①]

对张彭春的理念，国文部教师陆懋德甚为赞同：

最近其组织纲要已于上月由大学课程委员会拟定，并于上星期由大学筹备委员会通过。至其特异之点，则为采用“学徒制”或“书院制”之精神。张仲述先生所谓学徒制，余则谓之书院制。盖西国之学徒制，与中国之书院制，其实一也。现在既取旧日之书院制，以代现时之教室制，谓之学制改良亦可，谓之复古运动亦可。

---

① 《张仲述先生与新生谈话记要》，《清华周刊》第 351 期，1925 年 9 月 18 日，第 28—29 页。

吾国近时各处采用之教室制，原自欧美各国输入。然欧美各国之所以成为教室制者，亦由于近数十年习惯上相沿如此，并非理论上应当如此（Has been so, not should be so）。吾国之历史习惯，与西国不同，亦何必墨守西国之教室制而不敢更张也。[①]

陆懋德比较了教室制与书院制不同：

	教室制	书院制
习惯	教师开口演讲，学生操笔记录。	教师指示方法，学生自由研究。
时间	无论学生知与不知懂与不懂，教师比作若干时之普通演讲，学生比作若干时之普通预备；此其所废时间之不少，可断言也。	教师于定期指导外，只可作不定期之特别演讲，学生于定期自修外，只可作不定期之临时询问。所余时间，均可作为自修之用亦。
个性	聚数十人于一室，难乎其为个性教育矣。	就学生个人之所适，为之指导；学生个人之所缺，为之补助。教师或为个人之谈话，或为小团体之讲论。学生亦可就个人之所好，为充分的研究；就个人之所疑，为详细的询问；其受益比过于教室多矣。

---

① 陆懋德:《未来清华大学之新精神》,《清华周刊》第 327 期, 1924 年 11 月 21 日, 第 1 页。

（续表）

	教室制	书院制
训练	学生入一学校，即信仰此学校；从一教师，即信仰此教师。凡人有教授之头衔者，青年学子即奉之为学术之权威。此亦数十年之学校训练使然，非一朝一夕之故也。	中国学生素无服从领袖之训练，亦无信仰他人之观念。故其上班听讲，获益甚少，不如自己研究之为得也。
效率	其学科有定程，其课本有定著，教师以是教，学生以是学，既无所用于高深探讨（Research），不易于学术有所发明也。	学生受教员之指导，可以为特别之研究。教师有特别之演讲，必须为高深之探讨。此不但促进学生之程度，亦可以增高教师之学力也。
精神	教师按时到堂，学生按时听讲，此纯为形式，机械的，无甚精神可言也。	学生可以自修者，任其自修；其必须指导者，然后教师为之指导；其必须讲论者，然后教师为之讲论。

陆懋德指出，书院制"此实为一种自助的训练；而教师与学生之间，亦发生一种精神的结合及精神的教化矣"。"书院制之精神，在教员居于'先生'（Master）地位，学生居于'徒弟'（Apprentice）地位。为教师者，不但负学生技能上知识上之责任，且须负学生道德上行为上之责任；此其优于教室制之异点也。至于教员之必须得人，图书馆、实验室之必须完善，当然为书院制之最要条件。"①

---

① 陆懋德：《未来清华大学之新精神》，《清华周刊》第327期，1924年11月21日，第1—3页。

应该说，西方教育制度有它先进的地方，西方近代以来的崛起和快速发展依赖于教育提供的强大人力资源，这是无可讳言的事实。但不盲从、不迷信西方，而注意挖掘中国传统教育有价值的部分并自觉传承，也是张彭春、陆懋德等人文化自觉的体现。

在学校通过的大学部培养方案，"普通科为大学之前二年或三年，以使学生知中国之以往与世界之现状，藉以明了中国在此过渡时代之意义，并鼓励学生使为择业之考虑为宗旨。"专门科为"已选就终身职业或学科之学生，作专精之预备"[①]。

在大学部培养方案中，"普通训练为期两年或三年；专门训练之期限视其门类之性质而定，亦约为两年或两年以上。"普通科不分系，教学上"重综合的观察"，即学习一些普通的基础课程，学习期满后由学校发给修业证书与成绩单，"学生或入本校所设之各项专门训练，或转学他校，或出外就事，一听其便。"[②]专门科基础与理论、研究与实践并重，分三类：文理类；应用社会科学类，如商业、新闻业、教育及法政等；应用自然科学类，如农业、工程等。学生成绩合格后，发给毕业证书与学位证书。普通科学生如愿意继续升入本校专门科，需要经过一次入学考试。

张彭春强调人才培养重在教而不在测。他说："领袖人才的教育，升学不升学不管他。受相当领袖人才教育的必须能'素位而行'，一方面是'新'（科学的、求进的，不是贪利的、为物质的），一方面可以继续旧有的人文化。这就是我所期望的人才。这不是用

① 《北京清华学校大学部暂行章程》，《清华周刊》第 358 期，1925 年 11 月 6 日，第 302 页。

② 《大学部组织及课程》，清华大学校史研究室编：《清华大学史料选编》一，第 293、294 页。

测验可以定的——测验只能量现有的，表于外的，不能量未来的，而有人看到认为应有的。教育教的不是中数或平均数，教的是各人！"[1] 他设计的大学部分阶段培养计划，充分体现了他通识教育和领袖人才教育的理念。但这也存在一个大的不足，那就是普通科培养目标不明确，与国内一般大学不相衔接，学生反映普通科"不文不理"，年限又太长，学了没用又无兴趣。同时，普通科不能直升研究科，相当于大学期间还有一次淘汰，这与其他大学迥异。因此，张彭春辞职后，清华取消了普通科，而将"普通训练"的时间缩短为一年，并提早设立17个学系，规定"大学部本科修业期至少四年，学生毕业后给予学士学位"[2]。1926年起规定学制四年，大学部改成四年一贯制正规大学。

虽然张彭春设计这种培养方案遭遇重大挫折，但重视通识教育仍有其价值。正如当时的图书馆主任戴志骞评价："张先生很忠实，有主见，有才能，其大学计画于事实上虽未必尽善，但颇合教育原理。"[3]

张彭春设计的方案也对清华大学以后的培养方案设定开辟了先声。1931年梅贻琦任校长后，坚持"通识为本、专识为末"的理念，1933年秋季以后，大一新生不再分系，规定大一学生需经过数、理、化等课程的甄别考试，并在及格后，方准选习微积分、普通物理和普通化学。同时，到第二年选系时，学生又受到入系的特

---

[1] 《张彭春清华日记（1923—1924）》，第113页。

[2] 《清华学校组织大纲》，清华大学校史研究室编：《清华大学史料选编》一，第297页。

[3] 《张仲述先生致董事会书》，《清华周刊》第368期，1926年2月27日，第31页。

殊限制。这表明，有相当多的系对学生做了二次挑选。这样做保证了学生的业务质量，也使得部分系只有少量学生。可以说，国立清华大学的教学方案吸收了张彭春当初设计的方案的合理因素。

五、聘请大学筹备顾问

在大学筹备过程中，为集思广益，吸收校外有识之士对清华改办大学的意见和建议，学校决定聘请顾问。经张彭春提议，清华聘请范源廉、胡适、张福运、周诒春、丁文江、张伯苓等六人为大学筹备顾问。

1924 年 2 月 22 日，清华学校以曹云祥校长名义向范源廉等六人发出邀请，请其担任清华大学筹备顾问。信件底稿内容如下：

先生大鉴，敬启者，清华学校向为留美预备机关，比年以来，先觉之士鉴于国内高等教育之幼稚与依赖留学制度之非计，均认自办大学为当务之急，而对于清华之改办大学，期望尤切。因之，清华当事者已屡为改革之计，顾形格势禁，迄未有就是，可憾也。○○近与校内教职员详细研究，采取众议，决定对于现有学生仍依旧制办理，而将程度渐为提高。至于此后招入新生，则一律归入新大学制度。将入校与留学划为两事。惟是造端伊始，举措至应审慎。凤仰执事教育大家、社会领袖、学界泰斗，嘉言懿行，中外同钦，对于改造清华，必有宏猷硕画。敬请先生担任清华大学筹备顾问，对于清华大学教育应取之方针与应有之计画，不吝指导，实为厚幸。清华已往之历史，于全国教育界已不无影响，其将来如何，所关尤巨。此诚全国教育界之问题，谅先生必不辞其劳也。如蒙慨允，当俟拟定会期地点，再行奉阅。[①]

由信可知，聘请顾问主要考虑教育大家、社会领袖和学界泰斗三类人。范源廉、胡适、丁文江、张伯苓、周诒春、张福运等六人自然当之无愧。最终，除周诒春外，其余五人欣然允任。

细考名单，张彭春的提议显然是经过深思熟虑的。范源廉、张伯苓分别担任过清华学堂副监督、教务长，均为著名教育家。周诒春曾任清华学校校长，与张伯苓、张彭春私交甚笃，在教育、政治、经济等领域等有一定社会影响力。胡适与张彭春同为1910年第二批直接留美生，张福运为1911年第三批直接留美生，三人同属清华最早三批校友，胡、张二人均为社会著名人士。丁文江是学术界知名人士，与北大的蔡元培、胡适，南开的梁启超、张伯苓等来往密切，且与张彭春私交甚笃。

除私交外，这个人员名单也反映出张彭春联合北大、南开反对黄炎培、陶行知等人对清华染指。1924年2月26日，张彭春在日记中写道："我想的几个清华大学筹备顾问，他们必有说我私的，只同南开和北大接近。"2月26日，张彭春在日记中写道："我也免不了有党见，想联合北大、南开来同鄏战。我早看到清华这块肥肉，大家要抢的。毕业生，特别是近两三年回国的，合力来要占地盘。"[②]可见还有派系争夺教育权的因素在内。

大学筹备顾问对学校改办大学工作有重要影响。按照工作程序，学校最重要机构是大学筹备委员会，"凡由联席会议通过之案，须商

---

① 清华大学档案，1-1-3-033。
② 《张彭春清华日记（1923—1924）》，第257、258页。

酌大学顾问，呈报清华学校董事会，呈报外交部，批准施行之。"[1]
可见，从学校通过到最后实行，大学筹备顾问是非常重要、必不可少的一环。

各位顾问以高度责任心，积极建言献策，帮助清华学校改办大学稳步推进。在学系设置上，胡适曾建议"清华至少应办成文科和理科"[2]。在清华任教、与胡适关系密切的钱端升也提出"清华一时经费亦有限，与其开科甚多，各科均有支绌之虞，不如先办文理科，以全副精神，全副财力，为完善之设备，且招致国内硕学充教授，为国家造士"[3]。大学部成立后开出课程的11个系中，属于文理学系的有8个，并且"商业系附于经济系"[4]，以文理为主的大学框架初步形成。这是清华历史发展的一个转折点，清华的教育和学术独立向前跨了一大步。

六、推动公开留学生选拔

伴随着清华学校向改办大学不断推进，一个现实的问题随之而来。留美预备部不再招生，在校学生按照旧章毕业即可赴美留学，1929年最后一届学生毕业后，留美预备部自然终结。但在校的旧制学生担心办了大学部他们不能出国，所以找出各种理由反对，给学

---

① 蔡竞平：《筹备大学略史》，《清华周刊》第339期，1925年3月13日，第1页。

② 华：《与胡适之先生谈话记》，《清华周刊》第268期，1923年2月9日，第28页。

③ 钱端升：《清华学校》，《清华周刊》第362期，1925年12月4日，第39页。

④ 梅贻琦：《清华学校的教育方针》，《清华周刊》第426期，1927年12月23日，第668页。

校造成很大阻力。[1]更何况长期以来社会对清华独享美国第一期退款派遣学生始终存有争议。[2]即就清华而言，大学部成立后新招的学生是否也要依此办理？如果不依照留美预备部，那么一校之内出现两种不同学生类型，课程体系判然有别姑且不论，学生毕业后待遇更是天壤之别。如何在过渡期内妥善处理，避免可能出现的两类学生之间的矛盾，是学校必须要考虑的问题。

对此问题，张彭春态度坚决、观点明确。他在1923年4月9日日记中写道：

> （一）学校与派留美分清为两项事业；款项也应在预算内作两种算法。下五年内派留学欠款应由五年后留学项下出，不应干涉学校进行。
> ……
> （三）派留学应公开考试，清华大学毕业生与他大学毕业生有同等报名投考的权利。现在校生都应一律送美，从本年秋学生起，入学时写清志愿书时标的不出洋。[3]

留学机会面向全国学生体现了教育权利公平。张彭春指出：

> 赔款是全国人民的，绝不能由某一系或清华本校毕业生专利把持。全国的利益应按最公平的法子支配给全国，绝不容一

---

[1] 《钱端升访谈录（1965年6月15日）》，清华大学校史研究室藏。
[2] 金富军：《清华大学留学管理研究1909—1949》，第25—27页。
[3] 《张彭春清华日记（1923—1924）》，第48页。

小部分人用作党系的根据地。[①]

　　张彭春将改办大学、大学部招生及毕业与选派留学分开的观点，为解决清华改办大学及成立国学研究院、学生出现分化、留美预备部与大学部及国学研究院三部短期共存出现的问题提供了稳妥可行的思路和政策。

　　第三条面向全国公开考选留学生而非清华学生专享留学资格，这是张彭春对社会意见的吸纳。美国退还庚款溢款独用于清华而非普济全国教育，清华毕业生自动享受公费留美，不免引起有关教育公平的争议。与张彭春同时考取第二批直接留美生赴美的许先甲在1914年撰文指出，清华学生"有应最后考试之资格；其他无论程度如何，举不得与，此事理之最不公者也"[②]。1915年，胡明复提出："第二次出洋考试最为适当。凡有志出洋者皆应得预考，不问其为清华与否也；考而及格，即与出洋，不问其为清华与否也。"[③] 许先甲、胡明复本身即为庚款留美学生，他们的批评极有代表性。1918年底，留学康奈尔大学的北大校友张世俊致函北大校长蔡元培，批评"清华学生外国皮毛习气，染受甚重。……以俊愚见，以后美国退还赔款，学额似可以半数充国立大学，每年考送毕业学生，或造高深之教员。半数归教育部考选派出。清华学生，仍准一律与考。则志

----

① 《张彭春清华日记（1925）》，第141页。

② 许先甲：《遣派赔款学生办法管见》，《留美学生季报》夏季第二号，1914年，第58页。

③ 胡明复：《论近年派送留学政策》，《科学》第1卷第9期，1915年，第970页。

学者，免向隅之慨，国家得有用之材。"[1] 张彭春显然十分熟悉，并同情支持这些意见。这也恰恰能体现张彭春、许先甲、胡明复等人求公利摒弃私利的可贵品质和高尚人格。

张彭春的这个意见为校长曹云祥接受，遂成为学校的方针。

1925 年，专科女生考试，学校聘请颜惠庆、王正廷和范源廉为评定员。[2] 同时，学校也评定通过了两年后专科生考试办法以及四年后留美考试办法。张彭春在 1925 年 7 月 25 日日记中记载了办法的主要内容：

> 一、二年后，男、女生各五，都须大学毕业并一年以上作事经验。
>
> 二、四年后，共送二、三十人，公开考试，本校毕业与他校毕业同，并二年以上作事经验。男女合考，女生至少占全数三分之一。[3]

接着，张彭春写了他对留美考试办法的理解：

> 按政策，留美考试必须于大学之外。选择方法很待研究。将来在美应入何科何校，也不应如现在这样没系统。选择标准与全国高教育有莫大关系。派送种类也不应只限一样。各承认大学教

---

① 《张世俊致校长函》，《北京大学日刊》第 304 号，1919 年 2 月 8 日，第 5 版。

② 《北京清华学校考试留美专科 / 女生揭晓通启》，清华大学档案馆藏 "汪鸾翔档案"。

③ 《张彭春清华日记（1925）》，第 141 页。

授，任职在三年或五年以上，有相当研究成绩及教授经验，每年可选派五人至十人。他们在外年限至多不过二年，并且他们任职大学及所派个人都须负相当供给之责，如学校出一年的半薪，个人筹旅费，或用别的方法鼓励学校及个人出相当代价。[①]

面向全国公开留美机会，体现了教育机会的公平，也体现着将来学校性质的变化。1925 年成立的大学部定位于"纯以在国内造就今日需用之人材为目的，不为出洋游学之预备"。"俟旧制学生毕业后，留美学额之给与以公开考试定之。全国各大学之毕业生均得投考。"[②] 张彭春指出："本校从前之方针系为预备学生留美。此项方针，现已见为不适用。清华大学之工作，将完全以预备在中国应用之人材为标准，与将来之留美学生额毫无关系。将来留美学生，完全以考试选取；全国各大学之毕业生，成绩优良而毕业后又有任事经验者皆可以与试。本校大学部出身之学生，亦自可以与试，但大学部之教育，则绝不以预备留美为方针也。"[③] 曹云祥校长代表学校表示："四年之后，公开留美考试，并非专派清华学生。凡国立大学毕业之学生，成绩优良，并本所习学科，在社会服务二年者，均可应试。每次考送以三十名为限。"[④] 这都是张彭春意见。揆诸 1929 年以后学校历史，虽有迁延，但这些政策还是得到了实施。

---

① 《张彭春清华日记（1925）》，第 141 页。

② 《大学部组织及课程》，清华大学校史研究室编：《清华大学史料选编》一，第 293 页。

③ 《普通科教务会议（一）》，《清华周刊》第 350 期，1925 年 6 月 7 日，第 36—37 页。

④ 曹云祥：《开学词》，《清华周刊》第 350 期，1925 年 6 月 7 日，第 3 页。

七、促成制定《津贴毕业生留国研究试办章程》

清华学校留美预备部毕业生为公费赴美留学。学生毕业前，在学校辅导下，根据自己兴趣、特长、性格等选定留学学校和专业。但留学以后，存在大量转学、转系、转专业等情况，原因之一就是对专业了解不足。为此，清华尽可能以各种形式给予留学专业辅导。在传统的职业辅导演讲、编印留学手册、在《清华周刊》开设留美通信栏目等外，1924 年，清华创造性地提出了毕业后留校或留国实习或继续学习的计划。[①]

1923 年 11 月，张彭春领导课程委员会设计制定了清华过渡期内课程。过渡期内课程方针第一条为：

> 子，除民国十二年入校之学生外，现在清华之学生如能修毕"大一"年级，可以赴美。但校中当鼓励此项学生于赴美继续研究之前，先在本校（或国内）进修大学课程。
>
> 丑，民国十二年入校之学生修毕"大一"年级时，本校择优选派赴美留学。对于此项学生，亦应鼓励其先在本校（或国内）进修大学课程，再行赴美研究。[②]

这个方针，意在提高学生对国情和学科的认识。同时，留国进一步深造或实习，也有利于学生更加充分地考虑自己的留学专业，增强学生出国留学的目的性。除此之外，也意在让毕业生除了常规

---

① 金富军：《清华大学留学管理研究 1909—1949》，第 40—44、157—209 页。

② 《教职员会议》，《清华周刊》第 298 期，1923 年 12 月 14 日，第 22—23 页。

的赴美留学外，也可以进入即将筹备成立的大学部。正如曹云祥指出："目下在校肄业学生，如毕业后，自愿插入大学部，或进他校肄业，即给以相当之津贴，俾使留国，多受高级教育，并可增进社会阅历。如此办法，一举数得。"①

张彭春制定的这一方针立即得到学生响应，有学生建议"由学校予毕业生之留国进修大学课程者，以实力之鼓励，由学校资以津贴"②。

很快，1924年3月，清华制定《津贴毕业生留国研究试办章程》。其中规定：

一、清华学生修毕本校大一级课程后，如愿留国研究暂不出洋，必须缮具陈请书，开列留国详细计划，向校长陈请，经批准后方为有效。

二、留国期限至多不得过两年。

三、留国期满时，须提出报告及其他证据证明留国计划已然完全实行。

四、留国津贴规定如左

甲、如在国内他校读书者，每年津贴三百元。其应交学费由本校于津贴内直接扣付，余额分四次付给该生。

乙、如在本校研习者，每年津贴二百元，亦分四次付给。

---

① 曹云祥：《改良清华学校之办法》，《清华周刊》十周年纪念增刊，1924年3月1日，第69页。

② 井：《一个鼓励学生留国进修大学课程的办法》，《清华周刊》第301期，1924年1月4日，第3页。

丙、如在外任职而无薪俸者，亦给付津贴三百元。倘有薪俸，本校应酌量情形分别核减或免给此项津贴。

丁、如有特别情形，其津贴支给方法另行规定，但其额亦以三百元为限。

五、留美年限不因留国研究而缩减。

六、凡得留国津贴者，均须遵守本章程并须请适当之人出具保证书。

七、领受津贴者，如果品行不端或违背本章程，本校得取消其赴美游学资格。[①]

应该说，清华学校对学生留国训练提供的条件非常优厚。如，在清华研习每年津贴 200 元，在外校研习则每年津贴 300 元；"留美年限不因留国研究而缩减"减少了学生享受公费留美的后顾之忧。

1924 年毕业的潘大逵、周先庚、黄翼、徐永煐等立志学习教育，申请在国内实习一年。徐永煐、潘大逵也充分肯定这一制度。可见，这一制度对部分学生是非常有利的。

当然，对大部分学生而言，毕业后马上出洋更值得期待，因而对留国一年响应并不踊跃。1925 年，清华学校在校学生及部分留学生曾就毕业后是否需要"留国"进行讨论。[②]从学生选择结果看，绝大部分学生都是毕业即出国。

1924 年颁布的《津贴毕业生留国研究试办章程》所开创的出国前留国一两年、了解和熟悉国情、更好认识个人兴趣特长的做法，

---

① 《清华周刊》第 307 期，1924 年 3 月 28 日，第 25—26 页。

② 金富军：《清华大学留学管理研究 1909—1949》，第 199—206 页。

也是对学生职业指导的深化。尽管留国学习或实习、推迟出洋的学生并不多，但这种可贵的探索仍有积极的意义。10 年后，当条件成熟时，这个做法便发挥了重要作用。

1933 年，清华开始举办留美公费生考试，到 1944 年共举行六届。这项考试与中英庚款考试并列为当时国内最重要的两项留学生选拔考试。

在六届 132 位考取者中，涌现了一大批杰出人才。包括，34 名中国科学院（含外籍院士）、中国工程院院士，诺贝尔物理学奖获得者杨振宁，两弹一星功勋奖章获得者钱学森、赵九章、屠守锷，美国国家工程学院院士沈申甫、林同骅，美国艺术与科学院院士何炳棣，美国科学院外籍院士夏鼐，台湾"中央研究院"院士郭晓岚、何炳棣、叶玄、沈申甫。一些人虽非院士，但都在各自领域做出杰出贡献，如宋作楠、张培刚、王铁崖、吴于廑、钱学榘、王遵明、张骏祥等。

清华大学公费留美生考试之所以成功，就在于它在吸收以往留学生派遣成功经验的基础上，进行了很多改革。[①] 其中一项规定："公费生录取后，于必要时，须依照本大学之规定，留国半年至一年，作研究调查或实习工作，以求获得充分准备，并明了国家之需要，其工作成绩，经指导员审查认可后资送出国。"[②] 显然，这是对 1924 年《津贴毕业生留国研究试办章程》的继承和创新。

---

① 金富军：《清华大学留美公费生考试制度考察》，《清华大学学报》（哲学社会科学版）2015 年第 3 期。

② 《留美公费生管理规程》，清华大学校史研究室编：《清华大学史料选编》二（上），第 187 页。

余论

张彭春在清华最大的功绩是促成改办大学工作的最终完成。钱端升回忆当时改办大学的主要矛盾之一为与原有教师的分歧:

> 在教师中,老一辈的人认为你们办大学,那我们就要被淘汰了,所以也反对,至少是不积极。当时这些元老派教员都反对办大学,只有梅贻琦同意。梅贻琦与张彭春都是南开的,所以梅同意了张办大学。在"改大"上、在教育上,梅贻琦、张彭春、陈寅恪都是很起作用的。……主张"改大"的是我们这一批(1923—1924 年左右归国的清华毕业生),是少壮派。老的教员觉得少壮派要办大学,没有我们的位子了。
>
> 美国教员,看其学术上如何而有不同态度,赞成或反对。如:谭唐(教德文)还有点学术,是博士,所以他同意"改大"。Winter 原在南京(金陵)教书,在英国文学方面比一般美国教员高明得多,所以我们也把他找来。我们并不排斥洋人,而是排斥不学无术的;有学问的我们还是欢迎。至于那些教中学的美国教员,他们对"改大"也是反对的。[①]

当各种矛盾积累到一定程度并爆发时,首先对着的就是推动改办大学冲锋陷阵的领头羊张彭春。陈达回忆:

> 张彭春(号仲实)是张伯苓之弟。他做教务长时,很不喜

---

① 《钱端升访谈录(1965 年 6 月 15 日)》,清华大学校史研究室藏。

欢清华一切学美国的风气。他很想自己来办教育、办大学。他是正派人，不过脾气很不好，我想教职员中有些人对他是不满的。例如：戴志骞（图书馆馆长）、虞振镛（教生物的）、赵学海（教化学的）、杨光弼（教化学的）、朱君毅（教育心理系主任）等人，可能对他都有些意见。他与朱君毅、庄泽宣都是学教育的，可能大家意见不一，主张不一，有些龃龉。[①]

实际原因比陈达所回忆的更为复杂。张彭春辞职时，国学研究院筹备部主任吴宓直言："反张运动，已非一日，此次研究院问题，不过适逢其会耳。张先生之去留，似早已决于研究院问题之前。反张之人，可分数类：有主张不同者，有利害冲突者，有出自野心者，有感情不洽者。"[②]

1926年2月，张彭春辞职离校。他在致校长曹云祥信中表示："在清华两年有半之工作，有无价值，亦听诸当世明达之公判。不过始终彭未背其主张。故今日决然求去，似可告无罪于良知也。"[③]

清华学生发起"挽张去恶"运动。学生在致董事会请愿信中高度评价：

张先生在清华之重大功绩：

甲、关于校政者

一、主张学校与游学划分，实行停招旧制留美预备班，历

---

① 《陈达访谈录（1965年6月16日）》，清华大学校史研究室藏。

② 《张仲述先生致董事会书》，《清华周刊》第368期，1926年2月27日，第31页。

③ 同上文。

年关于留洋之纠葛，一旦根本解决。

二、建立新大学，完全以在中国造就本国领袖人才为目的，立清华永久之基。

三、主张留美学额之给予，完全公之于全国各大学之毕业生，以公开考试定之。此议一出，全国各大学学生，均有游美深造之机会，外间攻击清华、忌妒清华之言论渐消。

四、提倡气节，以坚卓特立，不流俗为学生表率。

五、其言论操行无形中影响学生之思想行为者实深且厚，试细察清华年来校风之变迁不难了悉，非敢溢美也。

以上五端，万目共睹。即反对张先生者，亦莫能否认。总之生等此次之挽留张先生纯系为清华大局设想，为正谊公道求伸。众志所趋，如危崖转石，苟达目的，不惜牺牲。掬诚上陈，伫候毅断。[1]

学生请愿书呈览之日，即董事会通过张彭春辞职之期，故董事会是否阅览请愿书不得而知。

遗憾的是，虽有学生极力挽留，但张彭春坚决求去，离京回津。

学生对张彭春的感情是真挚的、持久的。1928 年国民党北伐胜利，在接收清华之际，张彭春被学生校务改进委员会推荐为与戴季陶、邵力子、胡适、凌冰、周诒春、周鲠生等政界、学术界名人并列的校长人选。[2]

---

[1] 《张仲述先生致董事会书》，《清华周刊》第 368 期，1926 年 2 月 27 日，第 32 页。

[2] 《校务改进委员》，《消夏周刊》第 7 期，1928 年 8 月 20 日，第 25 页。

长期以来，张彭春在清华校史上隐而不显，其有关教育学说也甚少被关注，正契陈寅恪先生在王国维先生纪念碑文中所写的"先生之著述或有时而不章，先生之学说或有时而可商"。哲人其萎，思想永存。时移世易，张彭春关于中西教育的思考对今天仍不无价值。他对清华由学校向大学过渡做出的重要贡献，理应得到充分的挖掘和肯定。

后　记

　　2024 年是梅贻琦校长诞辰 135 周年，为了表达对他的敬意，我不揣谫陋，将此前所写有关文章缀成此书。

　　梅贻琦一生慎言寡言，著述不多，但"大学者，非谓有大楼之谓也，有大师之谓也""大鱼前导，小鱼尾随"；"通识为本，专识为末""学做学问就是学做人""学术界可以有'不合时宜'的理论及'不切实用'的研究"等诸多深刻反映教育规律的洪钟巨响被广为传颂。他的嘉言懿行，鲜明体现了清华校风和清华风格。他的卓越事功，直接见于清华大学的快速发展及领导西南联合大学创造的战时教育奇迹。毫不夸张地说，任职期间的梅贻琦与清华大学一而二、二而一，密不可分。正如他自陈："琦自一九〇九年（即宣统元年），应母校第一次留美考试，被派赴美，自此即与清华发生关系，即受清华之多方培植。……以谓'生斯长斯，吾爱吾庐'之喻，琦于清华，正复如之。"

　　生前生后、校内校外，梅贻琦广受关注。在他去世后，他的家属、同事、校友、学生、朋友等发表了很多回忆和纪念文章，先后有数本传记出版，学术界也有数量可观的研究，这些对人们了解、认识、思考梅贻琦起了重要作用。

　　现有梅贻琦研究，主要基于亲友等人的回忆，有些传记甚至就是回忆整块或者大段的化用。由于他们的回忆大多限于日常交往，对梅贻琦为人处事观察大体不差，对校务领导和决策的结果较为熟悉，但对梅贻琦领导校务的具体过程则多不甚了了，因而现有成果，讲结果多于过程，表面叙述多于细致梳理，甚至出现由结果倒推过程以至于过度诠释，导致梅贻琦面目大处清晰，细节模糊。究其原因，乃是据以利用的材料多为回忆，无形中限制了研究者的视野。

梅贻琦长期担任清华大学校长，学校存有大量反映他从事教学、管理的档案。这些档案涉及学校发展的各个方面，是研究梅贻琦最重要的资料。我从事校史工作，随着对档案阅读逐渐增加、校史认识逐步深入，我越来越认识到，想写出鲜活的梅贻琦，须虑及三个方面：

第一，基于大量档案，很大程度上能够还原梅贻琦工作的具体思考和实际过程，使得梅贻琦形象不仅来自回忆，也可通过工作细节呈现，两者结合，让人物更饱满、更鲜活、更接近真实。

第二，校史研究和人物研究历史化、学术化，将档案与回忆等各类材料相互参证，多闻阙疑、慎言其余，将人物活动置于特定的时空之中并从历史与时代两个维度研究，以求对梅贻琦的评价更趋客观。

第三，与前后任校长进行比较研究，将梅贻琦视为在清华校史中承上启下而非空前绝后的人物，避免不虞之誉和求全之毁，对梅贻琦的贡献和缺憾认识更加准确。

本书各篇成文早晚不一，写作时我力图贯彻这三方面。具体效果如何，尚待广大读者做出评判。

本书写作得到了清华大学马克思主义学院蔡乐苏、王宪明，清华大学校史馆、清华大学档案馆范宝龙、刘惠莉、朱俊鹏、李运峰、代红、张利、贾磊、石慧中，清华大学法学院陈新宇、杨国华，清华大学教育研究院谢喆平、钟周，无锡学院匡辉，复旦大学钱益民、陈立，清华大学 1975 级建筑工程系校友袁帆等师友的鼓励和帮助，我表示衷心的感谢。

金富军

2024 年 4 月